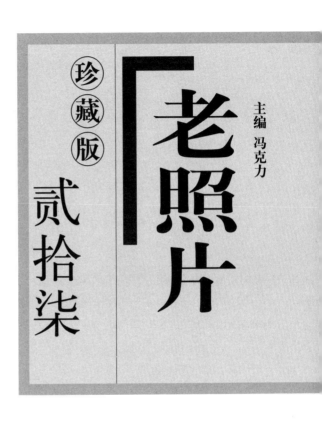

珍藏版

老照片

贰拾柒

主编 冯克力

山东画报出版社
济南

图书在版编目（CIP）数据

老照片：珍藏版.贰拾柒/冯克力主编.—济南：
山东画报出版社，2023.8（2025.5重印）
ISBN 978-7-5474-3190-0

Ⅰ.①老… Ⅱ.①冯… Ⅲ.①世界史－史料 ②中国
历史－现代史－史料 Ⅳ.①K106 ②K260.6

中国版本图书馆CIP数据核字(2019)第110944号

LAO ZHAOPIAN：ZHENCANG BAN ERSHIQI

老照片：珍藏版.贰拾柒

冯克力 主编

责任编辑 赵祥斌
装帧设计 王 芳

主管单位 山东出版传媒股份有限公司
出版发行 山东画报出版社
  社　　址　济南市市中区舜耕路517号　邮编 250003
  电　　话　总编室（0531）82098472
  　　　　　市场部（0531）82098479
  网　　址　http://www.hbcbs.com.cn
  电子信箱　hbcb@sdpress.com.cn
印　　刷 山东临沂新华印刷物流集团有限责任公司
规　　格 140毫米×203毫米　32开
  　　　　24印张　450幅图　480千字
版　　次 2023年8月第1版
印　　次 2025年5月第2次印刷
书　　号 ISBN 978-7-5474-3190-0
定　　价 80.00元

如有印装质量问题，请与出版社总编室联系更换。

出版说明

　　《老照片》珍藏版是《老照片》单行本的合订版，本书为《老照片》珍藏版贰拾柒，内含单行本第一一九辑、一二〇辑、一二一辑和一二二辑。此次出版，稍有修订。

　　特此说明。

《老照片》编辑部

老照片

OLD PHOTOS

定格历史　收藏记忆

父亲胡钊的抗战经历　胡恩金　口述　曹立先　整理

石不能言——故乡雁荡杂忆之五　傅国涌

革命漩涡中的曾祖父　王明远

母亲的容颜——岁月台湾1960之一　秦风

我与「敌伪档案」中的老照片　曲德顺

山东画报出版社

带孩子去玩的妈妈

一名母亲带着一对子女，提着灯笼，搭三轮车参加元宵灯会。无论妈妈或孩子，皆盛装打扮，显示他们来自富裕家庭。这种高收入的家庭在当时台湾社会极为少见，一般是地方富绅或官宦之家。（参阅本辑《母亲的容颜——岁月台湾 1960 之一》）

（秦风　供稿）

老照片
OLDPHOTOS

出 版 人 李文波
主　　编 冯克力
执行编辑 赵祥斌
特邀编辑 张 杰 丁 东 邵 建
美术编辑 王 芳

第一一九辑

目 录

胡恩金 口述　曹立先 整理
　　父亲胡钊的抗战经历 ⋯⋯⋯⋯⋯⋯⋯⋯⋯⋯⋯⋯⋯ 1

傅国涌　石不能言
　　——故乡雁荡杂忆之五 ⋯⋯⋯⋯⋯⋯⋯⋯⋯⋯ 18
王明远　革命漩涡中的曾祖父 ⋯⋯⋯⋯⋯⋯⋯⋯⋯ 34
龚玉和　著名建筑师董大酉与家人 ⋯⋯⋯⋯⋯⋯ 48
冬　冬　传奇丁公量 ⋯⋯⋯⋯⋯⋯⋯⋯⋯⋯⋯⋯ 62
于学敏　怀念方玲之 ⋯⋯⋯⋯⋯⋯⋯⋯⋯⋯⋯⋯ 75

池登科　枪林弹雨前半生
　　——一位抗美援朝老兵的回忆 ⋯⋯⋯⋯⋯⋯⋯ 81
王秋杭　我曾承包一家店 ⋯⋯⋯⋯⋯⋯⋯⋯⋯⋯ 99

张鹏程　大巴山轶事 ———————————— 110

孙祺然　老汽车，新生活 ———————————— 119

秦　风　母亲的容颜
　　　　——岁月台湾 1960 之一 ——————— 125

曲德顺　我与"敌伪档案"中的老照片 ——————— 130

邹士方　我的"文革"摄影遭遇 ——————————— 140

施顺才　岁月神偷 ——————————————— 144

张丹非　我的一张"老照片" ——————————— 158

谭金土　一百零三年前的济南法官们 ——————— 161

王学美　1952 年的济南标山小学 ———————— 164

李　宾　1954 年：中国亮相大马士革博览会 ———— 168

马　均　也说《一张梅兰芳拍摄的照片》 ————— 179

冯克力　默契 ——————————————————— 188

封　　面　1964年的家庭合影（孙祺然）

封　　二　带孩子去玩的妈妈（秦风）

封　　三　中式乡绅打扮的传教士（曲德顺）

父亲胡钊的抗战经历

胡恩金 口述　曹立先 整理

　　我的父亲胡钊原名胡洪钊，生于1906年，安徽省绩溪县上庄人。1928年毕业于复旦大学土木工程系。1929年赴美国康奈尔大学学习土木工程专业，1933年获硕士学位回国。抗战前曾任国民政府军事部门国防工程驻场工程总负责人，而后任复旦大学、之江大学、大厦大学及大公职业学校等学校土木工程系教授。抗战胜利后任江苏省建设厅技正（相当于总工程师）。他曾设计过抗战军事工程以及工厂、商厦和民用建筑。

　　在我的记忆中，父亲是个典型的知识分子，每天忙于建筑工程设计，到大学授课，阅读英文版的技术资料，对家庭照顾得很少，所有家务都是由母亲操持。在相当长的一段时间里，父亲从未向我们兄弟姐妹六个谈他过去的事情，直到晚年才陆陆续续讲述了他不平凡的人生。尤其是他还亲历了淞沪会战，其事迹虽鲜为人知，却也惊心动魄，值得历史铭记。

　　作为家庭一员，我从1955年考取大学就离开了上海的家。因此每次回上海，只要有机会，就动员家人合影并将其珍藏至今。同时，我还在上海和安徽绩溪老家收集了一些关于父亲的距今已有九十余载的老照片，以纪念父亲在天之灵。

图1 1924年，刚刚考入上海复旦大学的父亲。

放弃祖业，听取胡适建议远赴美国深造

说到父亲，就不得不提及祖父，我的祖父胡祥钧（1871—1937）早年家贫，十三岁到汉口胡开文贞记墨庄学徒做墨工。1890年，在乡友和兄弟的扶持下，开办了徽州老胡开文笔墨庄汉口店。1900年，又自筹资金在上海创办了广户氏老胡开文总店，经营徽墨、墨汁、毛笔及其他文具用品。此后生意发展很快，除在上海本埠广设分号外，还在汉口、南京、北京、天津等地设立分号和销售点，拥有工人百余名，资本累至几十万，其资金之雄厚，分店之多，在徽墨业中堪称第一。祖父也因此成为

图2 1928年，父亲与堂兄胡洪开及家人合影。后排站立者左为胡洪开，右为父亲；左四为母亲曹种兰，怀中抱的小孩为姐姐胡恩英。

上海滩的著名人物，结交了不少名人政要。像上海总店的店名是聘请当时著名的书画家、收藏家及政治活动家叶恭绰题写，叶先生曾任北洋政府交通总长、孙中山广州国民政府财政部长、南京国民政府铁道部长；总店大堂的上端曾挂有两块匾额，一块是国民政府军事委员会委员长蒋中正用楷书撰写的"撷其精英"四个大字，另一块由国民政府监察院长、书法家于右任书写，均由时任上海警备司令杨虎出面所请。1937年末，祖父因心脏病发作去世，收到了各界名人的悼词，包括于右任、胡适、李烈钧等，足见其影响之大、交游之广。此外，祖父还在上海经营茶庄生意。

作为家中独子，父亲原本可以继承墨店、茶庄，但他自幼好学，进入高中后致力于建筑工程专业的学习。祖父在去世前立下遗嘱，不让父亲继承"广户氏老胡开文"，原因是他"习工程，不善商，故所有店业，均交从弟等经营"。

在父亲的求学过程中，胡适起了重要作用。父亲与胡适是同辈人，按照宗谱，他们都是安徽绩溪上庄胡氏普义公的后代，普义公以下胡适家族和胡开文家族才开始分支。胡适家族为道政公，胡开文家族为道福公。但父亲结识胡适却是一个偶然的机会。在《胡适的日记》1921年7月17日有："是日来访的有汪静之、胡洪钊，皆绩溪人；曹□□，歙县人，皆少年。"父亲对此一直记忆犹新，1921年7月的一天，得悉胡适到了上海，住在同乡汪惕予家的"余村花园"，父亲等三个绩溪小青年兴冲冲地跑去见他。徽州人一般是比较认同老乡关系的，何况还沾亲带故，于是胡适便对小青年们的积极进取，尤其是在诗歌方面的努力，大加鼓励。

以后，父亲和胡适的交流较多，特别是对于出国留学的事情，他曾征求过胡适的意见。最终父亲也选择了胡适留学的母校美国康奈尔大学，继续学习土木工程专业。此时，父亲已与母亲结婚，姐姐三岁。继祖母曾对我讲，父亲临行前抱着尚不懂事的姐姐亲个不停，可见他对家庭是多么不舍。

在《胡适来往书信选》中有一封父亲1929年9月18日抵达康奈尔大学后写给胡适的报平安信，信中写道："我想在此毕业之后，转入伦敦 City & Guild Engineering College 念一年书，不知你否代在英庚赔款谋一津贴，如不成，那我明年就入美国工厂做工了。"当时，胡适是中英退还庚子赔款顾问委员会的中国委员，此款项专门用于捐助中国优秀学子出国深造。由于

图3 这是康奈尔大学 1930 年年册中的一页,合影人是中国学生俱乐部成员,第二排右三为父亲。

留洋的费用很高,所以父亲请胡适帮忙谋此津贴,但胡适并未答应。于是父亲从 1930 年开始,在美国边打工边读书,持续了三年。我小的时候,常常听父亲讲述在美国餐馆刷盘子的经历。

父亲在这封信中还谈到了三件事:一是同行的高君珊女士给与了很多帮助,高君珊是我国著名出版家高梦旦先生的长女,1931 年获美国哥伦比亚大学硕士学位,主要研究教育统计,她的小妹夫是文学家、文化部原副部长郑振铎;二是受胡适之托,把胡适的相片带给韦莲司女士,该女士系胡适在美留学时的异邦女友;三是因胡适发表了《人权与约法》《知难行亦不易》等文章,引起了国民党当局的不满,扬言要拿他问罪,此举被美国媒体披露后,受到广泛关注,此事被父亲的同学和友人问及最多。

2014 年 7 月,我姐姐的孙子章琪到美国进修期间,在康奈尔大学查找到了父亲的硕士学位论文,题目是《铁路建筑的经

图4 1933年，父亲留美回国后与家人合影。右为父亲，中为姐姐，左为母亲。

济研究》。文中研究了先进铁路建筑的抗压性和结构细节，对铁路建筑进行了预算分析、成本概算，阐述了概算成功的条件。父亲在论文简介中表示，如果自己将来参与此类工作，该研究将对他选择铁路建筑的种类特别是概算经济成本有所帮助。

义无反顾，设计独特的国防工事

1933年，父亲从美国学成回国后，正值年富力强，本想应聘上海的一家建筑公司，在民用建筑上干一番事业。而时局突变，使他改变了初衷。

1932年1月28日至3月3日侵华日军进犯上海，史称一·二八事变。此后，国民政府鉴于上海是全国经济中心，南京是政治中心，为了防止日寇再从上海入侵，1933年就开始拟议在沪杭一带构筑国防工事，由南京参谋本部城塞组（后扩成为城塞局）负责，并招聘建筑专业人才。父亲觉得自己是学土木工程的，抱定"工程救国"的信念，要以自己所学到的建筑知识抵御日寇的侵略，就应聘到城塞组。

参谋本部几经实地勘察和研究，根据日军可能进犯的方向，把京（此处指南京）沪杭一带划分为京沪、沪杭和南京三个防御区域，以京沪地区为防御重点，构筑工事，配备兵力防守。父亲入职不久，便参与了京沪区防御阵地永久性工事的设计。

图5　20世纪30年代末，父亲（前排右起第二人）参加复旦大学土木工程系的毕业仪式时与同事及学生合影。在四位教授中，除了那位长者，坐姿都较为随意，而父亲还保持着军人的作风气质。

当时，京沪区防御阵地选定吴福线（苏州至福山）和锡澄线（无锡至江阴）为主要阵地，修筑永久性工事。设计这两线永久性工事设施时，要根据地形特点，假想敌人的行动，从国军现有装备和可能投入兵力的实际情况出发，到现场去实地考察，拟订几个方案，然后再统一意见，最后定案报请上级批准。

父亲生前回忆，实地考察是很辛苦的工作，他和同事们每天徒步几十公里实地查看形势，再考虑工事的位置和施工方案，而且每座工事都要进行复勘，还要考虑到造价，以取得最佳的方案。

这两线永久性工事，有轻重机枪掩体和观察哨、通讯枢纽、指挥所等，参照德式筑城的标准设计。地面工事要求以抵抗十五厘米口径的炮弹和五百磅炸弹为标准，地下工事要求以

图6 中国军队在上海地区修建的作战工事。

图7 日军攻占上海后，一名军官在查看中国军队的作战工事。

抵抗一千磅以上炸弹为标准，因此，建筑工事的材料全部为钢筋混凝土结构，顶和墙都须有一定的厚度。在防御阵地中有百分之九十都是重机枪工事，分为正射和侧射两种类型。正射工事只有一间战斗室，射孔采用外八字形，一般呈九十度开口。工事顶盖和前、侧墙的厚度，均为一米左右。侧射工事，除战斗室外，还有一小间寝室，射孔是内八字形，呈七十度开口，也有外八字形的，呈六十度开口，其厚度较正射工事稍薄。

父亲设计这些工事时，没有照搬德式的设计标准，而是在综合了多方因素后，运用国外的先进经验，形成了独特的设计风格。这种设计使得工事体积小，便于选择位置和伪装；构造简单，施工方便；造价低，花小钱办大事；实用性强，考虑到日军可能释放毒气弹，他在每座工事的射击孔、展望孔、出入口设计了钢板门窗，并有密封防毒设备，一旦战争发生，只需挖掘交通壕将掩蔽部连贯起来，即可形成整体防御，迎击来犯之敌。

这些工事于1934年至1936年三年期间，分期分批建造。令人叹息的是，后来的淞沪会战中，在上海、南京相继沦陷后，各部队未能及时主动撤至并利用永久阵地继续作战消耗敌人，使得大部分工事未被利用或未被充分利用，没有发挥应有的作用。

临危受命，出任上海防御工事总工程师

1936年2月，中央军校教育长张治中兼任京沪区的负责长官，他在苏州的留园组建"中央军校野营办事处"，是国民政府抗战部署的总指挥部，选调了一批文武干部秘密进行战备。园内是筹划和部署，园外则同时进行侦察测绘，搭建战争装备基地，修筑国防工事。在这个时候，入职仅三年的父亲，凭借着优异的工作业绩，被任命为南京参谋本部技正，成为等级最高的专业技术人员，奉命参加了园外的工作，参与了江阴要塞的炮台设计与修建。

1936年底，父亲又被南京参谋本部任命为上海国防工程建设总工程师，负责在上海市区设计修筑国防工事。

早在1935年冬，国民政府就开始在上海修筑防御工事，原本是由德国顾问负责设计。1936年11月25日，德日签署《反共产国际协定》，建立起公开的军事同盟，在华的德国顾问被陆续召回。南京参谋本部为了不影响上海防御工事的修筑进度，便在城塞局的工程师中物色新的人选。

父亲能够在候选人中脱颖而出，并不是偶然的。他主持设

图8 1956年8月，父亲进入上海民用建筑设计院工作后与家人合影。前排右为父亲，抱着的小孩是妹妹胡恩佑，左为继母顾英达，身边小孩是小弟胡恩麒；后排立者右为口述者胡恩金，左为大弟胡恩龙。此时正值在哈尔滨外语学院上学的作者放暑假回家。

计修筑的各类防御工事，不仅造价低，而且实用，其设计理念得到了广泛认可。从祖父那辈起，我家就与时任上海警备司令杨虎多有交往，这也为父亲在上海开展工作提供了一些便利；同时，父亲又是上海人，熟悉当地地形，有利于设计防御工事。1934年，杨虎主持编纂了民国《宁国县志》，父亲受邀参与了绘图工作，后来还为其在杭州设计建造了私人别墅青白山居。1949年，杨虎过六十岁生日曾请父亲出席，但他临时有事，派了我和一个堂兄一起去送礼，我记得那次的场面很大。

　　在上海市区修筑国防工事，需要考虑的因素很多，首先要准确掌握日军的部署情况。当时，驻守上海的第八十七师、第八十八师乃国军最精锐之部，前身系国民政府警卫军，多年来一直接受德国军事顾问指导训练，武器装备和单兵装具皆属上乘，很多官兵参加过一·二八淞沪抗战，士气很高昂。八十七师师长是孙元良，镇守四行仓库的五二三团（团长是谢晋元）就出自该师，八十八师师长是王敬久。父亲在得到上级允许后，与这两个师的工兵，身着便装，分批潜入上海市区进行实地侦察，对日军所建地堡、街垒，统一编号，标志在五千分之一的

图9 1958年春节，我家的全家福。前排右起为父亲、继祖母周桂宝（父亲十四岁时丧母，祖父续娶了继祖母）、叔祖母（只知道姓汪，因丈夫早逝，膝下无子女，一直由父亲赡养并养老送终）、妹妹、继母；中排右起为小弟、表叔周自强（系继祖母的侄子，从小在我家生活，后去外地上学）、外甥女章丽萍（姐姐的女儿）、大弟、姐姐、外甥章继平（姐姐的儿子）；后排右起为姐夫章荣明、哥哥胡恩来、口述者胡恩金。

地图上；对每个据点的通道、射向、兵力、可能配置的武器，均登记在册，每个步兵团印发一本备用。

在此基础上，父亲设计了上海市内的两道防线，以月浦—宝山吴淞口为第一防线，黄浦江西岸为第二防线构筑防御工事，计有地下通道、通信设施、明碉暗堡。

构筑防御工事还要想方设法摆脱日寇的窥视。根据1932年一·二八事变后中日签订的《淞沪停战协定》，中国军队不能在上海设防，日寇布置了大量的便衣特务，监视中国方面的举动，构筑防御工事不能大张旗鼓地进行。

吴淞炮台是保卫上海的水上门户，在1932年一·二八事变后已被拆除，而且不得重建。父亲与王敬久考察吴淞炮台时，炮台仅残留炮座痕迹。他举目向吴淞口外望去，发现有日本战舰多艘在江面游弋。他向王敬久询问了炮火配置，被告知没有远距离大口径平射炮，对敌舰较难阻止，于是就选择了几个关键位置的炮座进行修复，又把建成的炮位外表做了伪装，从表面看，显得一切都很正常，没有引起敌人的注意。修复后的吴淞炮台由吉章简率领的上海保安总团固守，在淞沪会战中与敌血战，日寇损失惨重。为此，日军占领上海后，愤怒地将吴淞炮台拆毁并将吴淞镇夷为平地。

父亲选定了控制公路、渡口的合适地点，秘密进行防御工事的构筑。以警察派出所的名义，先圈好地点，围上篱笆，造几间房，再选择合适的一间造重机枪、小炮等掩体。平时派警察或上海保安队守卫，战时拆毁篱笆，打开射口，即可御敌。当时上海北火车站正在修建房屋，父亲借此机会在房屋底层构筑了重机枪掩体两座，控制宝山路，淞沪会战时发挥了重要作用。父亲还设计了分解式的钢筋水泥掩体，先在后方做好，然后趁着黑夜送至前线。

在设计修筑上海防御工事的过程中，出现了资金、人力、物资紧张的状况。父亲通过杨虎向上海陆根记、陶馥记、沈桂记等私营营造厂借调了许多熟练工人参加修筑工作；请杨虎出面，向时任上海代市长俞鸿钧、市工务局局长沈怡等多方筹措国防经费，甚至拆用了铁路钢轨、枕木，方解建材不足的燃眉之急。据父亲回忆，上海防御工事建成后，得到了时任国民政府军事委员会副总参谋长白崇禧的首肯。

淞沪会战爆发后的最初一段时间是父亲最紧张繁忙的日子，他把三个年幼的孩子（姐姐十岁，哥哥三岁，我一岁）交

图 10　1980 年 10 月，父亲平反后的全家福。前排右起为父亲、继母、大弟的儿子胡喆，站立的小孩为姐姐的外孙女章怡蓓和孙子章琪（居中）；后排右起为小弟、大弟、哥哥、姐姐、口述者胡恩金和妹妹。

给我的母亲，自己无暇顾及生命安危，全力以赴地投身于抗击日本侵略者的斗争中去。就在淞沪会战期间，我家位于闸北的自建楼房遭日本战机轰炸而烧毁，家人逃难到法租界。

淞沪会战从 1937 年 8 月 13 日开始，至 11 月 12 日结束，历时三个月。在敌强我弱的情况下，中国官兵凭借防御工事，浴血奋战，坚守阵地，击退敌人一次次的进犯，使敌人只得放弃正面进攻，改从杭州湾金山卫登陆，侧面迂回侵入上海市区。而父亲精心设计建成的国防工事，在敌人的炮火下起到了重要的防御作用，打破了日本帝国主义速战速决的迷梦。

中西结合，在民建设计上施展非凡才华

淞沪会战失利后，父亲深感国民政府内部腐败，办事效率低下，国防工事建设经费被层层克扣后所剩寥寥无几，以致无法正常工作。于是，他离开了参谋本部，边在大学教书边做一些工程设计。抗战胜利后，父亲在上海开设中平建筑事务所，从事厂房、民房等的建筑设计。他设计的建筑有上海华商电器公司、江湾中心制药厂、怀恩堂大教堂、闸北宁海路的南高寿里和北高寿里、闸北南山路的永祥里和钧安里等，还曾设计过常州、广州等地的纱厂、糖厂等工程。

父亲在继承传统的基础上，吸取西方建筑的长处，设计出各种石库门式的商号、店铺用房，既保留石库门牢固、实用的特点，又美观大方，并有防盗、防火等功能。他设计改建的胡开文墨厂厂房，车间分门别类，生产流程井然有序，车间空间高大宽敞，光线充足，通风干燥，并建有汽车进出的通道，便于原料和产品的运输，还建有仓库及栈房。墨厂仓库设计具有

战略眼光，建材上采用高标号的水泥和钢材，具有防震、防弹、防火、防盗等功能。在淞沪会战的炮火中，仓库附近民房损失惨重，唯独"广户氏老胡开文"新建的仓库安然无损，所贮藏的贡墨、印模、金箔、麝香、梅片、八宝五胆药料及资料档案等，均未受到损失。

20 世纪 30 年代，父亲为改建上庄胡开文祖居，用了钢筋水泥和进口瓷砖、木材等建筑材料。当时上庄陆地不通车，河道不能行船，所用建材从上海由水路运到歙县渔梁和旌德三溪，再从那里靠人挑、骡马驮到上庄。楼房建在上庄村口，面对常溪杨林水口，与青山绿水相辉映。走进上庄，登上数级石阶，

图 11 1982 年 4 月，作者到上海出差时与父母、小妹的合影。前排右起为父亲、继母，后排右起为口述者胡恩金和妹妹。

一个拱形的门口就呈现在眼前，门额上有"清和瑞启"四个遒劲古朴的大字，四周雕刻精致入微。整个门楼用红陶砖按嘉禾瑞草图案砌成，色彩斑斓，祥光瑞气。主楼四周建有楼厅，合抱成四合院，地面平常保持干燥。这幢楼房的门楼，整体以红色为底色，称为"红门楼"。它在上庄村的古民居建筑群中，推陈出新，独树一帜，成为胡开文在故乡的标志性建筑，也是当时徽州古民居建筑中的一朵奇葩。2006年，中国邮政发行了一套胡开文创业二百四十周年的纪念邮票，其中有一枚为"红门楼"图案。

新中国成立后，父亲拥护党、拥护社会主义，率先响应政府的号召，带领中平建筑事务所的同仁到上海市建筑设计院工作。1956年，父亲被上海市人民委员会任命为该院结构总工程师，为上海市政建设和民用建设作出不少成绩。正当他精力充沛、满怀壮志为社会主义建设作出贡献的时候，由于历史原因和"左"的影响，遭受迫害，蒙冤入狱达十三年之久。在此过程中，特别是在十年浩劫中，不仅他自身的身心受到伤害，而且殃及了家人，大弟被隔离审查，小弟得了精神分裂症，家中失去了经济来源。党的十一届三中全会后，落实了党的政策，冤案得到了平反。此时父亲已是七旬老人，在体弱多病的情况下，他积极参加各种科技学术活动。经康奈尔大学的同学、旧上海最后一任市长赵祖康介绍，参加了上海市民革组织，为祖国统一事业作出了贡献。1989年2月7日，父亲在上海病逝，享年八十三岁。

石不能言

——故乡雁荡杂忆之五

傅国涌

一

前些天看到一张老照片，是故乡的那条石头路，路边有大树、庄稼、树丛、沟坎和远方层叠的山，黑白的画面平静而寂寞，恍若世外桃源，只是没有桃花缤纷而已。这路我曾千百次地走过，路上洒满了我的记忆，却从来没觉得如此之美。或许是距离产生美，在异国摄影家的眼中，这条平平常常的小路，竟成了他表现雁荡山之美的第一个镜头。初读这一大段说明文字，仿佛说的不是我熟悉的这条路：

紧邻东海岸，在秀美的温州古城以北100英里（160.93千米）处，有一处最引人注目的东方景点，人们称为"雁荡山"。不过，这个谦逊质朴的名字，似乎与此处中国的"人间仙境"不太相符，实际上，雁荡山的美远远超过著名的长江三峡。这里有如画的溪谷、高耸的山峰、陡峭的悬崖和深不见底的洞穴，但最美的还是从悬崖和山坡上奔流而下的无数条壮丽的瀑布。浙江南部这片神奇美丽的土地，

1930年美国怀特兄弟《美哉中国》中的故乡旧照之一（源自《西洋镜》第十三辑）

理应跻身于世界自然奇景前列。

这张拍摄于老僧岩附近的照片中，我们得以一窥雁荡山的美丽。蓝天下高耸入云的山峰恍若仙境。这座山曾经是伟大中国的骄傲。古老的石板路、远处的中式水井、色彩缤纷的树林、金黄色的稻田，甚至是即将收获的甘薯——这一切都为整座山谷增色不少，成为雁荡山风景的美丽缩影。[（美）怀特兄弟：《西洋镜：燕京胜迹》，赵省伟编，赵阳、于洋洋译，广东人民出版社2018年4月版，第226页]

千百年来，这条路因与雁荡的核心景区连接，徐霞客他们都曾从此经过，但这条路穿越的这个山谷一直是贫瘠而荒凉的，自我记事起，我最强烈的感受就是——这是一个沉默的石头世

1930年美国怀特兄弟《美哉中国》中的故乡旧照之二（源自《西洋镜》第十三辑）

界，却从来没有想过这是"雁荡山风景的美丽缩影"。

这张老照片出自美国人怀特兄弟 1930 年出版的摄影集《美哉中国》，这一年我父亲已有两岁，正在这个山谷的小村里等待着莫测的命运。民国已进入十九年，编年史上的大事有蒋介石与冯玉祥、阎锡山之间展开的中原大战。倒退两年，1928 年，在我父亲出生的那年，也正是中国历史大变动之际，蒋介石的北伐事业如火如荼，北洋军阀走到终点，张作霖被炸死，在年轻的张学良主导下东北归向南京，北京改为北平，这一切都发生在这一年。"山中岁月无古今，世外风烟空往来"。话虽如此，每个人生在不同的时代，所要承受的命运还是会不同。即使一个卑微渺小的生命，也是和他所在的时代联系在一起的，没有人可以例外。像我父亲这样一个小人物，在历史中似乎可以完全忽略不计，中国的史书也少有涉及小人物的生死，有之也只是符号、数字而已，发不出自己的声音来，他们的生老病死仿佛从来都与世无关。

二

我父亲少年丧父，母亲远嫁他乡，他随祖母生活了数年，祖母又撒手而去，留下他孤身一人，栖栖惶惶，开始自己养活自己。其时他还只有十几岁，放牛、砍柴、种地，在石头世界里求生存，养成了坚韧、沉默的性格。父亲坚韧像石头，沉默也像石头，拥有一块山中普通石头一样的命运，日晒雨淋，风里霜里，无人理会，要靠自己坚强地熬过一天又一天。

他从小养成了早起的习惯，是每天沾着露水的人，勤快已成为他的一种本能。无论刮风下雨，他总是闲不住，一旦闲下

1960年前后，父亲（右）在浙江交通厅工程队时与同事合影。

来他会浑身不自在。他身上有一种强大的力量，推动着他日复一日地劳作，从中找到一种踏实感，也是他的价值感。他生下来明明是一贫如洗，却不知是谁给他起名叫"财富"，听起来很有反讽意味。他一辈子都以勤劳为荣，小时候常听他教训我们："油瓶翻倒了懒得竖。"

他遗憾的是自己没有念过书，吃了不识字的亏，只能在劳作中度过一生。我少年时，有一次买回一幅印刷品，我至今还记得是书法家沈鹏录朱熹的诗《春日》，没想到不识字的父亲竟然念了出来："胜日寻芳泗水滨，无边光景一时新。等闲识得东风面，万紫千红总是春。"我大为惊讶，问他怎么会认识这些字。他说自己年轻时村里舞龙灯，每次出发前，一个断文识字的长辈都要郑重其事地教他们背《千家诗》，他虽不识字，也硬生生记住了，舞龙灯时他们将这些诗唱出来。我一直以为，他一辈子就记得这么一首诗。前几年，我们有一次闲聊时，他突然又用方言背了几首诗出来，其中完整的有程颢的《春日偶成》："云淡风轻近午天，傍花随柳过前川。时人不识余心乐，将谓偷闲学少年。"苏轼的《春宵》："春宵一刻值千金，花有清香月有阴。歌管楼台声细细，秋千院落夜沉沉。"还有一首杨巨源的《城东早春》，他只记住了后面两句："若待上林花似锦，出门俱是看花人。"这几首和朱熹的《春日》都在《千家诗》第一卷。我蓦然意识到当初村中长辈教他们背诗时，是按《千家诗》的顺序，前面的几首他牢牢记住了，乃至年近九十还能脱口而出。他常常感慨自己没有机会上学，不识字，最终没能留在城里做工人。

对于父亲早年求生的艰难，我从小知道。他是一个孤儿，很早就拜师学习砌石头。大约是 1947 年，因为没有钱给村里的

父亲年轻时

保长送鱼肉，他被国民党军队抓了壮丁，还好有亲戚说情，没有送到国共交战的前线，就在本地的保安团参加"剿匪"，他成了一名机枪手，与共产党领导的三五支队交战时，他总是不忍心打死人，有意手下留情，幸好也没被长官发现。1948年他们在虹桥镇驻防时被三五支队包围，缴了枪。他穿着军服逃出来，回家路经雁荡的中心响岭头，被三五支队的人抓住，差一点被拉去枪毙了，幸好遇到一个远亲，说他是被抓壮丁抓去的。他的这段经历我一直搞不大清楚，因为父亲说自己只是"炮灰"，详情从来说不大清楚。三五支队领导人周丕振倒是写过一本回忆录《雁荡峥嵘》，可惜只写到1945年抗战胜利为止。胡兰成避难雁荡，在淮南中学教书，《今生今世》中有一篇《雁荡兵气》，可以隐约窥见一点1949年前夕三五支队在山中活动的踪迹——

……其中在雁荡山出没的一百几十人，名称只叫三五支队，国军却开来了一旅还征剿他们不了。淮中附近一带村落都向三五支队输粮，政府的税吏不敢下乡来。三五支队行军，有田夫樵子先在岭路上为他们放哨瞭望。

山高谷深和贫穷也正好成为打游击的基础。胡兰成曾几次提及雁荡山中的"地瘠民贫"：

> 雁荡山的米多是红米，色如珊瑚，煮饭坚致甘香。红心番薯亦比别处的好，整个蒸熟晒干，一只只像柿饼。但学校邻近的村落总是地瘠民贫。
>
> ……
>
> 但是此地实在地瘠民贫，我在溪边路上，见村妇掘来地瓜尚未成长，只因家中米粮不继，要可惜亦没有法子。

我的少年时代是在 20 世纪 70 年代到 20 世纪 80 年代初，我对故乡最深的感受也跟他一样，就是"地瘠民贫"，许多人家还是以番薯为主食。

可以想见，上推二三十年，当我父亲年轻时，山中的生活有多么艰难，求生有多么不易。

父亲这次逃生回来，不过二十出头，还是可能被抓壮丁，所以 1949 年春节刚过，他就跟村里的同伴到宁波天童寺去打工。这一年春节是在 1 月 29 日。也就在这里，他目睹了下野的蒋介石来去匆匆。对于蒋的这次天童寺之行，蒋经国日记有记载：

1949 年 3 月 15 日

> 父亲于晚间到天童寺游览，天已混黑；适有八校学生旅行团亦在寺寄宿，一时僧侣青年，皆在山门热烈欢迎，热情可感。

父亲在自家院中。

3月16日

　　父亲六时起床，游寺内一匝。早餐后，登小盘山……
十一时，由盘山出发，经天童、小白等处而达育王，沿途
民众皆放爆竹欢迎，父亲至感不安。

　　此时离蒋介石黯然辞别故乡只剩下一个多月。即使看到一
代枭雄的落幕，我父亲的心中也兴不起兴亡之慨，对于二十一
岁的他，压倒一切的只是糊口、求生。

　　他在天童寺大约八个月，时代正处于急剧的变化当中，等
他从宁波步行回家，路上又遇到土匪（当地人称"绿壳"），
他辛辛苦苦攒下来的一点钱和衣服之类的用品都被抢光，只穿
一条裤衩回来。他沿着怀特兄弟夸赞过的那条路走回无父无母
的家，心中的沮丧和凄凉可想而知。

为了谋生，他开始了长达几十年的石头生涯，成为能辨石头雌雄的匠人，养活了我们一家子。那时，我外婆怜惜父亲孤苦伶仃，又是一个勤劳吃苦，挑水、砍柴样样能干的后生，要将十五岁的母亲嫁给这位外甥，外婆与我未见过的奶奶是姐妹。

三

两年前，我去建德，路过建在新安江上的白沙大桥。这座桥建于1959年到1960年，正好是父亲在浙江省交通厅工程队那段时间。这是座青石大桥，长362米，高24米，桥面的栏杆上还有256个大大小小、神态各异的石狮子，因此赢得了"北卢沟，南白沙"的称誉。

网上的资料说："当初建设白沙大桥的造桥工人都是来自全国各地的能工巧匠，因为这是当时建造的全国最大的一座石拱桥，在建设的时候，大家风餐露宿，日夜奋战。这些能工巧匠们真是名不虚传，建设中他们充分发挥了勤劳和智慧，在当时缺乏大型施工设备的前提下，想出了许多技术革新的好点子，使工程又快又好地进行。"

我小时候就听说父亲在浙江省交通厅工程队时，参加过新安江大桥的建造。我猜想这也许就是父亲口中的新安江大桥，后来问他，果然就是，只是他不愿意称为"白沙大桥"。不知道父亲算不算那些"能工巧匠"中的一位。

前些年，我妻子为了却父亲的心愿，也是母亲生前的意愿，费了好大的劲，终于辗转查到了父亲早年的档案，原来已不在杭州梅花碑的交通厅，而转到了浙江省公路管理局。由于改制，他昔日所在的单位已不属浙江省交通厅，变成了浙江省交通工程建设集团第三交通工程有限公司。只是此时我母亲已不在了，2010年春末夏初的雨夜，她最后合上了双眼。

档案中有一份《固定职工申请审批表》显示，我父亲是1959年2月进入浙江省交通厅工程队施工大队的，工种是砌石工，工资52元，1960年5月2日工程队批准第一批转为正式固定工人，上面写的年龄是三十四岁，其实还不到。另一份《职工登记表》上有一张他的一英寸照片，还记录了他1956年在湖州桥梁工地和一个公路工地上获奖的信息；背面的"任职经历"记着，在1956年到1959年间，他在宁波铁工厂、湖州桥梁队、

父母和作者的儿子傅阳幼时的合影

宁象公路、巨山公路做砌工。1961 年 10 月 11 日，他成了"返乡支农人员"，在批准他返乡的情况表中可知，他当时的工资是 53.3 元，单位给了他 20 元旅费，还有 142 元生活困难补助费。

砌石头是个力气活，又不仅仅是力气活，还要懂石头。他常说自己分辨得出石头的雌雄，他砌的石头，无论公路、桥梁都不会有问题。我猜想，石头与石头之间的咬合，大概就是他所说的"雌雄"吧。

在父亲的口中，他之所以选择回乡，是因为在杭州常常吃不饱，那个时候正值三年困难时期，一个重体力劳动者，正在壮年，定量供应的伙食不够吃，饿得发慌。但我从档案中看，分明是裁减人员，打发他回乡。

即使回乡，他也是继续和石头打交道。作为个体工匠，父亲参与修过几个水库，特别是福溪水库，我小时候，总记得他在那里干活，背着干粮袋回家，里面沉甸甸的是工具，排锤、凿子之类。

我家在 1972 年建造了一幢石头屋，也是父亲和他的徒弟、同伴们一手完成的，可惜二十年后被拆除，改成了水泥钢筋的楼房。每次看旧照片，石头屋上每一块棱角分明的石头，都令我怀念永不复返的少年时光。

四

对于我来说，出现在怀特兄弟镜头中的那条石头路，一头连接着山连山、峰连峰的雁荡，一头连接着一个叫做大荆的古老小镇。

大荆这个地名不知怎么来的，一个"荆"字常常让我望文

母亲 1989 年春天在长城留影。

生义地想到荆棘丛生，早在南宋时这里就设有大荆寨，元初改为大荆驿。徐霞客留下的两篇雁荡山日记中都提及"大荆驿"。民国元年大荆开始设镇。

父亲当年外出谋生都要从大荆进出。在雁荡山有高铁站之前，我从故乡进出，也都在这里坐汽车。父亲曾无数次到车站送别，越是到老年，他的目光中越是流露出早年难得一见的温情，但他一直都像石头般的缄默，很少说什么。

顺便说说这个小镇，我们日常用的许多物品，包括吃的鱼肉、副食品都要到这里来买。家中的水果、柴火、晒干的番薯丝，父亲也会挑到集市上卖掉。父母的箩筐、篮子里带回来的则是吃的、用的。

小镇上只有一条窄窄的小街，却是我少年时留连忘返的去处，吃的，玩的，仿佛那里什么都有。每逢农历三、六、九的集市，也就是我们当地人所说的"市日"，热闹极了，四面八方的乡亲带来了各样农家、渔家的出产来交易，使小镇保持着长久的繁荣。到现在，父亲还习惯了隔些日子去一趟镇上，买些东西回来。

在他童年时代，小镇上发生过的大新闻莫过于蒋叔南的突然死亡，时在1934年7月26日。蒋是民国年间故乡最知名的大人物，早年就读于浙江武备学堂、保定陆军速成学堂，辛亥革命时出任沪军八十九团团附（团长是蒋介石），民国元年（1912）为绍兴禁烟监督，民国二年（1913）到北京，任大总统府军事处咨议官，民国四年（1915）不满袁世凯帝制自为，解甲归来，此时不过三十二岁。从此开始他的名山事业，自号"雁荡山人"，又好游山，足迹遍及全国各地许多名山，梁启超称他为"徐霞客第二"。

他的尸体是在石门潭中发现的，对于他的死因一直众说纷纭，至今未有定论，有人说他自杀，有人则说是被杀。石门潭与老僧岩相去数里，由仙溪等溪水汇流而成，是雁荡最大的一汪潭水，水深而至清。冯玉祥送给他的挽联倒很是贴切："半世功名随流水，一生事业在名山。"

我们家后面石梁洞的建筑就是他主持修的，通往雁荡主景区的道路也是他修的。他在近二十年间，致力于雁荡建设，邀请了康有为、张元济等许多名流来雁荡，对于雁荡的影响可谓深远。在我的故乡，他是个家喻户晓的人物，人们称他为"叔南公"。我小时候，在许多石头上都看到过他的名字，虽然数十年过去了，他的痕迹仍处处可见。

我父亲对他却颇有非议，因为村中有个木匠曾为他家造过房子，这家人于是依仗这层关系在村里欺负弱小，我们祖上有人就挨了他们的打，伤后不治过世了。那时，父亲还年幼，以后每次提及仍耿耿不平。

五

我故乡的山村，满眼都是石头，四面八方都是石头，从坚不可摧的崖壁到坚硬有力的岩石，尤其是被千万人注视过的老僧岩，那块屹立在路边的大石头，在我见到的所有叙述中，唯一有点不同的是黄炎培，他竟然还想到了耶稣基督：

> 才出大荆，过一道溪，就是从石门潭流出的蒲溪。不一会儿，路旁边很高的岩石，像一位老僧，正在那里迎客，又像耶稣基督，又像圣诞老人，尽你把脑海里所有的印象来模拟，好在他横竖是呼牛便牛，呼马便马的。

自幼看着这些石头长大的父亲，六十岁以前大半生几乎都以砌石头为生，早已摸透了石头的脾性，他砌的石头，无论房屋、桥梁、水库，大大小小，也都是那么结实、坚固，就像故乡山中那些他见惯了的巨石，不会轻易动摇，哪怕有风有雨。他晚年改为种花种树，说起他种的那些植物，总是兴致勃勃，一如回忆起砌石头的往事，有着一种单纯的满足感。如今他已年过九十，依然像坚强的石头一样活着。

我从小看的也是这些石头，不会说话的石头，以它们亘古不变的沉默，迎接一切的风雨，熬过了漫漫长夜。我的幼年、童年、少年时代，日日夜夜与石头为伴，我似乎也成了石头中的一块。

关于石头的诗句，最动人的出自陆游笔下，也有人说这是中国人天长日久形成的谚语："花如解语还多事，石不能言最可人。"宋人题画诗中也有这样的句子："竹不可食，石不能言。"

我生五十余年，离开故乡已近三十年，其他的一切都在变化，唯有那些洪荒时代就起就矗立在那里的石头没有变，它们自信而淡定，不争不闹，有着极大的确定性，在万古长空之间，默对云聚云散、日出日落。多少沧桑世事，在它们的眼前都不过是过眼云烟，过客们来来往往，也很少有人留下了值得纪念的脚踪，我又想起了徐霞客，他五十四岁的人生里数次从这里经过，见识过这些令他难忘的石头。

生于1928年的诗人余光中是我父亲的同龄人，2010年他第一次来到雁荡，在灵岩谷口见到徐霞客的雕塑，想起1641年徐霞客去世之时离明王朝灭亡只剩下了短短三年，不禁发出一声感叹："他未能像史可法一样以死报国，但是明朝失去的江山却保存在他的游记里，那么壮丽动人，依然是永恒的华山夏水，真应了杜甫的诗句：'国破山河在'。"朝代可以更迭，兴亡也许只在转眼之间，而江山依旧。

时代变化的节奏不断加快，快得人类几乎跟不上了。但我想，只要故乡的石头还在，石头般沉默的父亲还在，故乡就还在。即使我们都不在了，这些石头也还会在。只是这些石头能记住我们吗？不过这已经完全不重要了。

革命漩涡中的曾祖父

王明远

从一份"土改"资料说起

去年我去国家图书馆查资料，意外地在东北大众书店1947年编辑的一个土改文件集《土地改革的实践》里，发现了我的曾祖父王厚甫的文章。这篇名为《王家对河清算后如何统一分配土地》的文章，介绍了他在王家对河这个试点村领导土改的经验，最初发表在山东省委机关报《大众日报》上。除此之外，文件集里还有时任《大众日报》总编辑匡亚明为曾祖父领导的这个试点撰写的社论《学习王家对河的经验教训，迅速实现耕者有其田》，更有刘志丹的弟弟、时任陕甘宁边区副主席刘景范等人的文章，总之，这是一份不可多得的研究土改的原始资料。又经过查询得知，曾祖父这篇文章的原件，连同他在抗战时期发表的一些其他文章都作为重要革命文献收录在国家档案馆里面。

1946年5月4日，中共中央下达了《关于土地问题的指示》（即"五四指示"），这个指示提出了"耕者有其田"的口号，号召在解放区实行土改。曾祖父作为山东根据地的一名干部，先是参与领导了这场土改，去革地主的命，紧接着随着土改风向"左"转，他个人也成为"革命对象"，而他的地主家庭更在这场史无前例的农村社会革命中遭遇了很多变故。

山东分局滨海行署（管辖今临沂、日照、连云港及青岛、潍坊南部一带）为了摸索经验，决定先以临沂城南的王家对河村作为土改试点，曾祖父当时是滨海区行署实业科（局）长，被任命为试点工作组的副组长。曾祖父在这个村蹲点近一个月，指导土改，并且顺利实现"耕者有其田"的目标，成为山东解放区土改的先进典型。之后，依照王家对河以及其他试点的经验，山东的土改也逐渐推广开来。

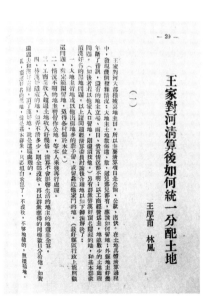

图 1 东北大众书店《土地改革的实践》刊登的曾祖父的文章

图 2 东北大众书店《土地改革的实践》刊登的匡亚明撰写的社论，该文被收录到《匡亚明纪念文集》（南京大学出版社1997年版，第492页）。

总体来讲，1946年的土改是比较温和的。根据曾祖父的文章可以得知，王家对河土改没有针对地主的暴力行为，主要以发动群众讲理为主；分地时，大地主依然可以保留一些土地，并且是"尽量留靠近家门的地"；而小地主，只要遵守土改法令，一概不予清算。应该说1946年的土改调动了农民革命积极性，又反对平均主义，保留了适度规模经营和农村工商业。

然而，到了1947年后，在饶漱石和康生的领导下，山东的土改越来越血腥了。1947年初，饶漱石担任华东局书记，他不做调查就指责山东土改"右"了，要对地主采取暴力，他在华东局干部大会上说"一锅端杀了地主是好的，即使个别杀错了，端错了，只要是群众行动也不要紧啊"，"地主、富农在土改中杀我们一个人，我们就要杀死他们十个，如杀死我们十个人，我们就杀他们一千人"（见《黎玉回忆录》，第246页）。在饶漱石主导下，华东局发布了"七七指示"，彻底否定1946年土改的做法，要求土改"大权必须给百分之九十的农民"，贫农有权任意处置地主。

1947年11月，康生亦被中央派往山东"支援土改"。康生此前在山西临县指导土改就以极"左"著称，来到山东后又把在山西搞的那一套搬过来。康生一来山东，就以"投降主义""富农路线"的罪名，将渤海区和胶东区的主要领导撤职，接着又亲自兼任鲁中南区委书记。康生还把"反特"与土改结合起来，一时山东遍地"特务"，人人自危。我祖父1947年底从国统区来滨海寻父，在路上围观当地群众殴斗地主，被当地人当作国民党特务抓起来，差点被群众处决，多亏曾祖父连忙派人去解救才得以刀下留人！

由于曾祖父是地主出身，他的家庭——沙埠王氏有地八千余亩，堂楼高达四层，并且有"义和兴"钱庄，银票在百里内通行，与"庄坞杨、涌泉傅、新汪杜"并称临郯南部四大家族。因此，他在风暴漩涡中，也不可避免地受到冲击。虽然，他在1946年就动员家里主动向政府"献田"，但是1947年土改复查时，他留在老家的婶母依然死于非命。

除了清算地主外，饶漱石、康生还把阶级斗争矛头指向党内的干部，发起了对干部的"三查三整"的运动，即"查阶级、查思想、查作风，整顿组织、整顿思想、整顿作风"。一位领

图3 嘉兴区专员公署合影，摄于1951年。曾祖父坐在前排右三，前排左三为专员吕志先，他后来曾经担任浙江省委宣传部部长、中国驻朝鲜大使和文化部副部长。

导找曾祖父谈话，说：你和我们不是一路人，你还是回家当地主吧！他不仅被开除了职务，还要被驱逐出革命队伍。曾祖父无论如何也不愿意离开，他和当时的临沂县长张云榭被一起安排去铡草、喂马，没想到他干得有滋有味，国民党进攻解放区他紧随着机关转移、不掉队，即使受再大委屈也不往对方那边跑。幸亏有张鼎丞等老同志纠正了这股风气，过了半年多他才又被重新分配了工作。

"三整三查"中，曾祖父带出来参加革命的两位堂弟王兆培和王兆垠也被清除出来，回到老家又被佃户殴打，一怒之下投靠了国民党军，并组织地主武装"还乡团"杀回老家，一口气活埋了十几个曾经批斗他的共产党员和积极分子。此二人建国后先后死于"镇压反革命"运动，其中，王兆培还曾经潜至曾祖父家里，幻想让兄长给当年已经做了省市领导的抗日战友

图4 曾祖父（前排右二）1954年在浙江绍兴视察工作。

图 5 曾祖父二弟王寅生，他为人谦厚温和，是参加革命的兄弟六人中得到善终的唯一一个。

们说情，看在抗日有功份上饶他一命，曾祖父连忙将弟弟轰走，没过多久他就落网伏法。曾祖父将兄弟们带出来参加革命，既不能约束他们，也不能挽救他们，最终眼睁睁看着他们走向灭亡，这后来成为他和曾祖母心中的一大心病。

"五四青年" 与 "乡绅"

曾祖父 1900 年生于山东省沂州府兰山县沙埠村（今属临沂市兰陵县），他八岁失怙，在叔父培养下成人。据《苍山县志》记载，他 1918 年考入北京大学，并参加过五四运动，曾被北洋政府逮捕入狱。消息传到家乡后，懦弱的寡母生怕独子有什么

图6 曾祖父三弟王兆歆与妻子崔铭霞，崔铭霞系枣庄籍光绪十七年（1891）进士、翰林院庶吉士崔广沅的后人。

不测，连忙派长工到北京把他叫回家，死活不让他再回京念书。另外，族人也中断对他的供应，因此，他不得不放弃学业，成为一名大学"肄业"生。

不过曾祖父回家乡后，没有沉沦，由于他在北京经历过新文化运动的洗礼，也给家乡带来一股新风气。他做的第一件事是"教育改革"，发动家族中有钱的出资兴办了当地第一个新式学堂，由出资最多的堂叔王炳南做理事长，他做校长。新学堂不仅教学内容新，而且还招收女学生。曾祖父的第二件大事是"社会改革"，沙埠村有当地最大的集市，他就在逢集的时候，对老百姓演讲，宣传放足、剪辫子，还组织学生挨家挨户去给剪辫子。这方面，他最了不起的事情是带头移风易俗，节俭办红白事。山东作为礼仪之乡，红白事极其繁冗，1935年，他的

图7 曾祖父、曾祖母与长孙女王彦勤摄于20世纪50年代中期。

母亲去世时，家里没有披麻戴孝、磕头烧香，就简单安葬了。他做的第三件事是"经济改革"，联合当地几家大地主减租减息，救济穷人。抗战前鲁南是地地道道的"白区"，作为地主有如此"革命觉悟"，实在是罕见。曾祖父的思想，从他给子侄取名上也可窥探一二，他们的名字分别是一民、扶民、志民、惠民、新民，体现了他匡世济民的情怀。

如果套用近代社会史研究的术语，曾祖父就是地地道道的民国初年新兴起的"乡绅"，他们有文化，又有社会影响力，对于推动乡土社会进步起了很大作用，可以说二三十年代是近代乡村文明进步最快的时期。可惜，这一进程被日本的侵略打破。

毁家纾难　举族抗日

抗战甫一爆发，中共苏鲁边区党委就派韩去非（建国后任中共济南市委书记）到临郯一带活动。他了解曾祖父思想左倾，因此，联络的第一个人就是他。在曾祖父引荐下，韩去非拜他的堂叔、王氏族长王炳南为干爹。曾祖父又做通了临郯一带几个大地主的工作，动员他们抗日。依托几大家族的钱粮支持，中共在临郯一带的第一支武装——八路军一一五师临郯独立团成立了。曾祖父任后勤部主任，他发挥自己的特殊优势，为队伍筹集钱粮枪炮。

曾祖父还把家里的几乎所有成年人都动员参加了抗日，这包括他的弟弟王兆坿（寅生）、王兆歆，堂弟王兆坊、王兆培、王兆垠。就连新婚不久的长子王一民、长媳秦永芳、十六岁的次子王扶民、十四岁的女儿王云芳也让罗荣桓夫人林月琴女士带走做群众或卫生工作去了。其中堂弟王兆坊任临沂县副参议长，在1941年反"扫荡"中牺牲，年仅二十九岁；次子王扶民在淮海战役中牺牲，年仅二十四岁。

根据临沂市委党史研究室编著的《八路军第一一五师师部转战沂蒙驻地村庄概览》一书的记载，一一五师司令部也曾经两度住在沙埠村曾祖父家里。祖父还清楚记得当时情形，司令

图8 曾祖父独女王云芳（前排右一）在淮海战役前后为战友送别，摄于1948年初冬。

部人员一过来，他的二祖父急忙让人拿出最好的麦子给做面条和纯麦子煎饼吃。

据家里老人回忆，曾祖父为了抗日，家里的什么都不要了。抗战前家里刚刚建起了四层高的门楼和豪华大堂，为了避免日本人把司令部设在村里，就毅然拆除了。他一次就为抗战部队贡献出三十七支洋枪，粮食也全部拿出来做军粮。到最后，曾祖父带领全家舍弃偌大家业到沂河以东开辟根据地去了。

南下干部

曾祖父虽然一心向着革命，但从一开始就遭遇挫折。尽管

图 9　曾祖父 1963 年摄于浙江台州，他面色沉郁，半年以后就去世了。

他是一一五师临郯独立团创始人之一，他动员入伍的战士都成了"三八式"干部，而他到了 1941 年才被批准入党。入党后又赶上"整风运动"，他对根据地的一些官僚主义作风不满，曾经抱怨说"如果不整风，快成国民党了"，这又成了他的罪状。祖父说根据地开大会，会场每个人都向曾祖父提批评意见，整个会场只有祖父没有发言批判他。

　　虽然曾祖父受到历次政治运动冲击，但是他认定了跟共产党走。我认为这倒不是他自保的权宜之计，他是知识分子，有社会阅历，他真是从内心认识到只有共产党和共产主义才能救中国。

1948 年 10 月底，中央发布指示，决定从华北、华东、东北等老解放区抽调五万三千名干部南下接管新解放区政权。那时候他虚龄已经五十，孙子都很大了，本来可以留下来过安稳日子，但是他还是积极报名，参加了前途未卜的南下征程。

今天说起来，南下好像是轻松地去"坐江山"，其实当时在很多人心中"南下"却是畏途。1948 年，党中央估计赢得全国解放还需要五年时间，光解放上海就打算牺牲三十万人，选择南下是需要坚强的意志和勇气的。我想他做出这个决定，除了他坚决的革命斗争意志外，也大概是因为被整怕了，所以尽量挑艰苦的工作，希望获得组织的信任。

曾祖父参加了解放苏南和浙北的战斗，随即被留下来成为嘉兴军管会的成员，嘉兴行政公署成立后，他担任行署办公室主任兼粮食局长。由于他在革命前经营过钱庄和贸易，是革命队伍中少数有商业经验的人。1952 年初，按照华东军政委员会的安排，他被调往杭州参与接收、改造民国时期最大的商业银行交通银行，并任浙江分行副总经理。1954 年浙江省人民建设银行成立后，他又担任副行长兼党委书记。这个时候曾祖父住在西湖畔的南山路，似乎日子过得很舒畅，家里保存的照片多数都是那个时候拍的，虽然他总是不苟言笑，但是能看出他踌躇满志，意气风发。

右派岁月

好景不长，1957 年"反右"之后，党内也开始了"反右倾"的运动。他有个宿命，只要是政治运动，就一定逃脱不了。他

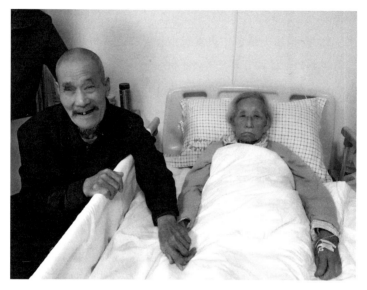

图 10 2017年4月，八十八岁的祖父前去浙江金华看望他九十四岁的长嫂秦永芳，他们是这个家庭革命历史的最后亲历者和见证人。

是地主出身，旧社会培养的知识分子，喜欢仗义执言，还爱好批评别人，只要有一条就很危险了，何况他这几样全占了。

这个时候，遭遇挫折的不仅是他。他的弟弟王兆歆，原是济南市政府的干部，也被打成了右派，被下放到临沂郊区付庄镇供销门市部改造，1960年随同他下放的夫人，因为在乡下缺医少药，难产而亡；他在沧州工作的妹夫沈德一亦成为右派，妹妹因为受不了这个刺激，投河自尽了。曾祖父兄弟六人出来革命，结果是一人捐躯抗日战场，二人叛变革命被枪毙，二人被打成右派或右倾，只有一人得到善终，细思起来，令人扼腕叹息，这难道是他们出身不好导致的？

曾祖父被打为"右倾"之后，向组织提出干他参加革命以前的老本行——教育。这次他被降级分配到台州的临海一中做校长兼党委书记。临海一中，也就是解放前的台州中学，是浙南最著名的中学，曾经培养出柔石、周至柔、尉健行等杰出校友，朱自清、郑振铎也曾经在这里任教。然而，经历建国后政治运动和思想改造，这座浙南学府已经元气大伤，教师们如惊弓之鸟，无心教学。曾祖父到任后，处处给老师们打气，说"我们都是胜利中人"。他严抓教学质量，到1962年，临海一中高考升学率已经达到82%，当年8月经浙江省人民委员会批准成为17所省重点中学之一。

由于他在临海一中的突出表现，1960年他被评为全国劳动模范，6月份他又当选为全国文教战线群英会代表，受到刘少奇、周恩来、朱德和邓小平等国家领导人的接见。会后周总理宴请了全体代表，据说他是浙江代表团年龄最大的一位成员，周总理在给浙江团敬酒时，看到他的年龄很大了，还专门过来询问他的工作和身体情况。

1964年除夕，曾祖父因肝癌在杭州去世了，这大概跟他遭受政治打击、心情沉郁又忘我工作有关。曾祖父去世时没有为家里留下一分钱，虽然他的工资有200多块，但大都资助困难下属和学生了。至今保存的家书中，他总是在不厌其烦教导子孙"为国家服务是最大的快乐"。他去世前，立下遗嘱，把遗体捐献给国家用作医学研究。

著名建筑师董大酉与家人

龚玉和

　　许多人对于董大酉较陌生，可在20世纪的30年代至60年代，他是我国建筑界的一位名人。有人说，中国现代民族建筑设计的故事应从董大酉开始。他所设计的建筑，时至今日（仍能保留下来的），多数已成为历史文物保护建筑了。20世纪50年代，他与梁思成齐名，同时被评为新中国的首批"一级建筑师"。

　　董大酉出生在杭州，在杭州辞世，安葬在杨家牌楼，是一位地道的乡贤。他是我父亲（龚文千）同事，独子董艾生也是我儿时的玩伴，多年来音讯全无。2017年4月，意外听说董艾生下落。4月28日，我到杭州同德医院闲林分院探访了正在养病的艾生，请他谈谈父亲（大酉）一生的经历。虽在病中，艾生思维清晰，说话条理分明，对于父亲的记忆以及小时与我玩耍的情景，依然历历在目。

　　艾生说，在20世纪50年代，建筑业有"北梁南董"之说，不过，梁思成偏重理论，而父亲既有著述，又有在上海、南京从事建筑设计与规划的经历。

　　以下是艾生的讲述。

董大酉先生（1937 年）

求学时代的大酉

　　1898 年 2 月 1 日，我父亲大酉出生在杭州，爷爷董鸿祎（1878—1916）与奶奶钱瑛都是地道杭州人，有两个儿子，五个女儿，父亲（大酉）是老大。

　　爷爷是庚子辛丑举人，因他是晚清外交家钱恂（1853—1927）的女婿，担任过清廷学部候补主事。后来，到日本留学（1901—1904），在早稻田大学政治科读书。毕业后，相继在阿姆斯特丹与罗马使馆当三秘。

　　民国后（1912 年 2 月）爷爷升任教育部次长。早年爷爷出

49

董大酉在上海寓所前（摄于 20 世纪 30 年代）

使欧洲期间，将父亲（董大酉）也带到了国外，所以父亲的青少年是在国外度过的，在欧洲上的中、小学，能讲一口流利的外语，刚回国时，竟然听不懂国语。

有一次父亲说，小时候随爷爷到罗马参观，就对这座有着丰富历史遗址的城市产生了兴趣，圆形剧场、罗马斗兽场、大杂技场、万神殿、公共浴场这些古建筑给他留下了深刻印象。他想，中国也有许多古代建筑，与西方式样大相径庭，为什么不能将东方的建筑形式与欧洲建筑相融合，取长补短呢？父亲认为应当将祖先的建筑遗产发扬光大，于是，他兴起攻读建筑学的念头。

回国后，父亲考进清华学校，这是一所中西并重的留美预备学校，课程设置上注重英语，还有数学、地理、国文、社会等。毕业后，学生可插班进入美国就读。1922年，父亲考取庚款留学资格，离校赴美，在明尼苏达大学就读于建筑专业。两年后获建筑学士学位，继续攻读研究生，钻研城市设计专业。1925年毕业，获得建筑与城市设计硕士学位。1926年至1927年，在哥伦比亚大学研究院攻读美术考古学博士，同时在纽约建筑师事务所兼差。

1928年，父亲进入纽约墨菲建筑师事务所工作。那段时间，墨菲建筑师事务所的业务一半在美国，另一半在亚洲，承接的最大业务是在中国建造大学校舍，尤其是参与了首都（南京）现代化建造项目。

三十年代前后的董大酉

1928年父亲回国，在上海庄俊建筑师事务所做事。庄俊是我国最早留洋的建筑师。庄俊于1927年在沪上发起成立中国建筑师学会。在庄俊介绍下，父亲也参与了学会工作。1929年庄俊被推选为中国建筑师学会会长。1928年，上海特别市政府成立，那时申城中心地块皆为租界。为了与租界抗衡，当局决定将政府大楼建在郊区的江湾，以解决华界基础设施落后的面貌，并提出"大上海建设计划"（都市规划与建设），与此同时，

董大酉夫妇（摄于 20 世纪 40 年代末）

以发行公债与出售土地的方法筹集资金。

　　1929 年上海中心区域建设委员会成立，聘请父亲任顾问兼建筑师办事处主任。次年，创办了以自己名字命名的董大酉建筑师事务所。同年，"大上海区域建设计划书"公布，对虹江码头、机场、水厂、道路、铁路枢纽等基础设施进行了规划，

落成后的上海市政府大楼

包括了市府大楼、图书馆、运动场（今江湾体育馆）、博物馆、市立医院、市立公园、各局办公楼、音乐学院、上海铁路局二路管理局大楼，以及工业区、住宅区的建设。

大致上来说，在抗战前上海市政府完成的道路与公共设施，分别有原市府大楼、原五局办公楼、京沪京杭两路管理局大楼、市立图书馆、市立医院、市运动场、市博物馆、市卫生试验所、上海航空陈列馆等项目，都贯注了董大西建筑师事务所以及父亲本人的心血。尤其是市府大楼的设计，公开悬奖设计方案，最后由父亲综合各方意见，并参考了各个获奖方案，另行设计建造。这座大楼气魄宏伟，向南端坐在一个高约一层的仿石质基座上，抬高的宫殿摆脱了古典建筑的"平矮"之感，给人以高大宏伟之感。落成时，大楼矗立在旷野之上，气势恢宏，非比寻常。基座前方延伸出宽大的台阶，台阶中间是一块长方形的石头浮雕，称为"石雕御道"。其他诸如博物馆、图书馆、

董大酉夫妇与孩子（摄于 20 世纪 40 年代）

游泳池等，董大酉事务所均参与设计与建造（这些建筑仍能保留下来的，多数已成为文保单位）。

父亲受过现代建筑学教育，并未一味追求西方风格，也没有完全采用中式传统建筑方法，而是兼具实用与美观的新现代主义。在民族风貌的外表下，采用钢筋混凝土结构（而非木质结构），内部设施则力求现代化，电梯、卫生与消防设备等，一应俱全，可说中西合璧，既具民族特色，又有实用性的建筑风格。

五十年代后的大酉

解放后，父亲带头响应国家支援大西北的号召，放弃上海的优裕生活，奔赴陕西。在西安，先后任西北公营永茂建筑公司、西北建筑工程公司总工程师，主持了西安新城广场规划、军医大学等项目。

1955 年开始，任建设部民用建筑设计院总工程师。

1957 年，随中国建筑师代表团出访苏联与罗马尼亚，代表团团长是建筑部副部长周荣鑫。回国不久，调任天津民用建筑设计院总工程师，主持了天津车场道干部俱乐部等的规划设计。时至 20 世纪 60 年代，父亲已年过六十岁了，萌生南归之想。不过，上海户口很难再调进了，于是他想到调回老家杭州。

在建设部的会议上，父亲早就结识了时任浙江省建设厅副厅长的余森文。父亲虽多年在北方工作，但每到沪杭考察，耳闻目睹，对杭州建设与西湖开拓也有些想法，聊到杭州城市开发与西湖景区建设时，与余副厅长谈得很投缘。有一次，余森文问道，你怎么对杭州那么了解？父亲告诉他，我是一个杭州人，想调回南方工作。余森文听了，非常高兴，经请示后，向他表示，浙江可以"工作调动"，将户口落实到杭州。后经上级批准，父亲被邀请到杭州担任顾问。父亲是一级工程师，根据政策规定，可终生任职。

我家与大酉一家的交往

艾生说，他父亲四海为家，杭州没有直系亲戚，也没有房屋，

董大酉在办公室（摄于 20 世纪 50 年代）

于是，市政府将他们一家四人（他母亲卢育宝、艾生与一个姊姊）安排住进劳动路新民里市委宿舍（今孔庙气象局旁）。艾生的这一番讲话，让我不由想起了早年与他们一家人相处的日子。大约是1964年末的一天，大酉和设计院的同事到西山路踏勘。考察后，边走边议，来到西山路口，同行的人指着我家的小屋，对大西说："这座房屋是龚工自己设计的，至今一家人仍住在里边。"

大西听了，十分好奇，在父亲带领下进屋休息。

当时我家虽只有两个房间，大西仍细细察看了整座房子，说道："建筑很有构想，中式斜坡瓦房，二层小筑，背山面湖，依坡而筑，利用坡地落差，进门设置几级踏步。一楼为客厅，落地门窗，西式壁炉；二楼卧室有吸墙书架、壁橱，客厅一排玻璃窗，视野开阔，能鸟瞰周边景观，可说中西结合建筑典范。"

那天是周末，我也在家，站在一旁，父亲介绍道："这是我儿子，在读初中。"大西听了，眯起眼睛看了我一会，说道："我儿子也是初中生，刚从天津过来，在杭二中。初来乍到，一个人待在家中摆弄半导体，我看你儿子很文气，过来找他交个朋友罢。"我母亲见有客人进来，忙着沏茶倒水，父亲说道："我妻子早年在金女大（金陵女子大学文理学院）英文系读书，当过教师，帮着料理家务。"大西说道："内人也是金女大毕业的，学的也是外语。"

母亲一打听，原来董师母比自己长了几届，可说是金女大外语系的先后同学，无形之中，拉近了距离，话题就多了。后来，母亲带我去董家几次，大西一家人住在市委宿舍，也是政府为他们一家安排的一个三房一厅、卫厨齐全的大套公寓楼房。房间里多是杭州难得一见的西式家具，想来是大西早年从上海带过来的。

母亲与董夫人聊的内容，大多是抗战时学校西迁成都，在华西坝（金女大所在地）的生活片断，以及学校西迁路上的艰难曲折。这样七长八短的谈话，由工作聊到了家事。父亲告诉我，他们当时有一个规划构思，想将玉泉植物园延伸到西山路，直至花港观鱼公园，开发一大片景区。用当下话来说，就是"西湖西进"，将游客扩散到湖西地方（20世纪五六十年代时，西

董大酉在杭州寓所内（摄于 20 世纪 60 年代）

山路十分旷寂，路以西地方基本上仍是农田鱼塘村落）。当然，他们设想的那些西湖扩建方案，随着"文革"爆发，无疾而终。直到 2000 年后，"西湖西进"计划，才得以落实，此乃后话。

"文革"时的大酉

后来，我见到大酉的时间是 1966 年夏天，"文革"的洪水已漫延到了杭州。我到他家去找艾生。大酉见到我，问起我父母的遭遇。我讲到父母受到冲击的情形，他十分同情，接着，不无幸运地说："我刚调到建设局，还没有来得及上班。他们不认识我，因此，没有什么人贴我的大字报。"言下之意，似有不幸中之大幸。我最后一次见到大酉是 1966 年夏秋之时，在玉泉马铃山上的张超昧医师家。

那次父母将我也带到了张家，大酉常向张医师请教医药知识。谁也没料到，那次后，我们再也没有见到大酉了。

1973年的一天，大酉离开了这个世界。令人慰藉的是，他的精神却通过设计的有形建筑留存下来了，多数已成为"市级文保建筑"。每当见到这位建筑大师的杰出作品时，让人不由怀念这位乡贤的人格与理念！

大酉夫人与独子（艾生）的经历

我们不由谈到这些年来艾生的经历，他说："我1948年出生在南京。'文革时'，我是杭州第二中学老三届学生。1968年随同学一起上山下乡，在余杭县黄湖公社向前大队插队落户。四年后，我以'病退'名义回到杭州。后来被居民区分配到杭州电子仪表局所属的光学仪器三厂做工。'文革'结束后高考恢复，我考进杭州大学外语系。1982年分配在杭州化工局业余大学当教师。1996年因病提早退休。"

又说："我们原住的是市委分配的三室一厅（劳动路）的公寓房，'文革'时，因父亲受到批判，又搬进来一户人家，那套房屋两户人家合用。1986年，落实政策，新民里宿舍拆迁。我搬到石灰新村一座新宿舍楼，我也分到一个大套，因只有我一个人居住，前几年我将大套卖掉，在南星桥买了一个小居室公寓（40平方米）。"

说到自己的生活，艾生说，1991年他与一位杭州姑娘结婚，没有小孩。未料，只过了半年多，妻子患癌症去世，自此，心灰意冷，至今孑然一身，不过，有个阿姨照顾起居。

董夫人年轻时

艾生告诉我，他父亲是患肺癌去世的。父亲在1965年底调到建设局，1966年开始搞"文革"，许多人不知道他，加上平时慎言谨行。开始时，造反派批斗内容是他曾主持过"大上海市政府建设"以及南京"新首都建设规划"。造反派到他们家来"抄家"，将父亲书籍信件与照片拿走了，不过，运动结束后，又送了回来。

他母亲卢育宝1914年出生，在金女大文理学院外语系毕业，先在上海市立第三女中教书，抗战胜利后，母亲在一家英文报上见到驻沪美军招聘中国职员的启事，于是去应聘。录取后，担任出纳与仓库保管员。1948年美军撤退，将她介绍到驻南京美国大使馆工作，不过，只做了半年，使馆关闭，母亲又回到上海。自此后，母亲一直待在家中，烹菜煮饭，相夫教子。"文革"时，造反派抓住母亲曾在美国使馆工作的那段经历，穷追不舍，大肆批斗，无限上纲，他母亲不堪污辱，于1976年服安眠药过世了。

说到大酉在上海的住宅时，艾生说，他父亲在上海五角场的住宅是一所二层西式建筑。1935年竣工，只住了几年，1937年淞沪战事爆发，江湾沦为战场，父亲只好搬进公共租界（华山路）。日军占领时期，房子成了日军司令的公馆，西边球场

董大酉独子董艾生（摄于 20 世纪 70 年代）

成了养马的地方。抗战胜利后，百废待举，许多工程在手头，父亲忙得晕头转向，加上已经习惯租界生活，一时也没有心思料理那个屋子，一直空关着。

解放后，五角场的老屋成了派出所和上海钢丝厂所在地。父亲在西安工作时，上海方面曾汇来几十元房租（扣除了房屋修葺的费用）。其实，父亲没有出租的意思，这是他们自作主张寄来的钱。1958 年社会主义改造中，江湾住所被"改造"，原因是那是一座"出租房"，按政策规定，必须要"改造"。艾生说："从小到大，我就听父亲不断地唠叨着江湾的房子，似有恋恋不舍之意，只是回不去了。近年来听人谈起，有人提议将父亲的老房子列为市级文保单位，改建成董大酉纪念馆。对这个设想，我举双手赞成。"

传奇丁公量

冬　冬

　　2017年3月7日，我所敬仰的革命老前辈丁公量同志去世了。回想起第一次见到丁公量的情形，是在十来年前吧。我退休后去看望他的夫人——我所在单位的老领导苏菲同志。丁老陪着苏菲与我聊天，就像原本认识的朋友，还送给我两本书。一本书是反映皖南事变的电视剧本《在他们的青春岁月里》以及剧评汇编，丁老写的前言。丁老是皖南事变后从上饶集中营越狱逃出的幸存者。上饶集中营里的新四军战士曾经策划过三次暴动。第一次是1941年丁公量所在的茅家岭监狱的中秋暴动，因叛徒告密而事败，丁公量作为策划者之一，遭到严刑拷打、单独监禁。第二、三次是1942年的茅家岭暴动和赤石暴动，都取得了成功。暴动前后集中营里有一百多位同志被国民党杀害，丁老铭记战友们的嘱托："出去的同志一定要把国民党一手制造的皖南事变和在集中营里迫害杀戮新四军战士的罪行告诉全世界。"1989年，丁老与上海新四军历史研究会军部委员会的同志发起编写反映皖南事变的电视剧，邀请了国家一级编剧陈志达任编剧，丁老任总策划。在上海市委的支持下，前后历时五年，终于拍摄完成。实际上，丁老本人也有着感人的故事。

丁公量在学生时期

丁公量生于 1921 年 10 月，是浙江定海人。他的祖父做过清朝的县太爷，父亲则是辛亥革命之后的第一任舟山县县长。丁公量十四岁就投入抗日救亡活动，十六岁参加了新四军。抗战时期，他家祖孙三代分别是"维持会"、国民党、共产党的成员。他的胞姐在抗战初期投奔了国民党，得知弟弟被关押在上饶集中营，便前来劝降。那是 1941 年初秋的一天，丁公量因中午洗衣服被狱方罚做"抗日"（狱警对一种刑罚的称呼，即双脚下蹲在烈日下暴晒），丁公量讥讽他们说："你们就是如此抗日的吧！"为此遭到一顿暴打。就在此刻，他姐姐前来劝

丁公量在解放战争时期

降，丁公量拒见，姐姐只好留下一封劝降信后离去。国民党的队长在信上加了一段批语"亲恩姐爱，不容同志再如此茫茫也"，将信交给丁公量。丁公量写诗《斥胞姐来信劝降》作为回复："抗日明真伪，疆场识英豪。原为同母生，各走各自道。今坐冤囚狱，劝降徒齿劳。一刀断亲根，大义赛天高。"数日后，有叛徒举报丁公量、汪海粟策划中秋暴动，两人在严刑拷打下坚守秘密，保护了狱内党组织。他们被锁上脚镣，关押在监狱旁边的一个谷仓里，只等长官司令部批文下来便予以处决。丁、汪两人用皮带扣撬开脚镣上的铁销，又原封不动地在铁销外缠上布条，并悄悄计算出从谷仓到附近小卖部（看守班驻地）来回所需的时间。第三天下午，他们终于等来了机会：他俩从窗缝里见到看守班的人一个个扛着铁锹铁镐往村外走去（说不定就是去挖坑准备埋人的），只留下副班长与一名看守。黄昏时分，副班长也跑开了，看守只好自己到驻地去加灯油。汪海粟拿出钱来，请看守顺便替他们买两块乳腐、一刀草纸，多余的钱奉送。看守一走，他俩马上打开脚镣，顶开谷仓上的木板爬出去，飞快地跑上山。为了摆脱追兵，从山头上往下滚，结果摔下了峭壁，丁公量的一条胳膊也摔伤了。他们并不知道新四军已经去了江北，两人便商量去福建寻找党的组织，应该是往南方走。黑夜里如何判别方位呢？老汪说月亮从东南边出来，就跟着月亮走吧。走了一夜，跟过路的老乡打听，居然还在茅家岭以西十五里处。两人这才想到月亮虽从东边升起，但是从西边落下，他们是在茅家岭旁边绕了一圈。这以后，他们就只在上半夜跟着月亮走了。一路上，他们假称自己是逃出来的壮丁。在沿途老乡的帮助下，好不容易跑到福建浦城境内，却被当地乡公所抓了壮丁。扮叔叔的老汪假装夜盲眼，扮侄子的丁公量半夜里扶着他上茅房，一会儿拉屎，一会儿撒尿。结果，老汪给放走了，丁公量仍被关在壮丁队，又受了许多折磨，编到新兵连后才乘机逃了出来，辗转回到苏北新四军军部。此时，已经是1942年六七月间了。不久后，丁公量被分配到浙东新四军工作。

另一本书，名为《日寇宪兵队里的新四军——四〇〇反间谍小组纪实》，是军旅作家夏继诚撰写的。这本书记叙了自1943年潜伏于宁波日本宪兵队的几位新四军战士的斗争故事，他们的领导人就是当年才二十二岁的中共浙东区党委敌伪军工作委员会副书记丁公量。丁公量工作作风稳重、细致而不拘一格，在他领导下的"红色特工"多达近百人，先后打入杭州、宁波、绍兴、余姚日伪军内部，负责与他们联络的交通员也有将近二十人。这些同志贯彻敌工委"迷惑敌人，站稳脚跟，广交朋友、积蓄力量"的十六字方针，收集敌方动态及兵力部署情况，向敌方提供我假情报，为根据地采购物资、营救同志、处决叛徒……有一次，四〇〇小组巧妙利用敌人内部矛盾，组织力量砸掉了依仗"梅"机关权势而与宪兵队闹对立的侦缉队，放走那里的全部犯人，轰动了宁波城。最令人称奇的是在日军无条件投降后，四〇〇小组带领敌方六十多名密探、联络员"投奔"新四军，临行前宁波日军宪兵队设宴欢送，还赠送给他们两部电台、六挺机枪、十一支英制半自动步枪及弹药，宪兵队长亲自带了一个排的士兵护送他们到四明山根据地。一同前去的宪兵队思想课课长铃木军曹提出想与三五支队情报系统负责人粟后见上一面，未能如愿，便当场写了一封信，请四〇〇小组转交。所谓思想课，是宪兵队分工专门对付共产党、新四军，收集我方情报的，所以铃木很清楚，粟后是他的对手。信中他这样写道：

> 粟科长：
>
> 你们胜利了！你们的工作胜利了！我钦佩！我想留下来。我懂得你们的政策，但我不能决定我自己。现在你们要建设你们的国家，我想回国去建设我们的国家。如果回不去的话，我还会来找你们！我想你们会留我的。
>
> 铃木政一

粟后是丁公量的化名，兼任新四军浙东游击纵队政治部敌工科科长。看来，日本宪兵队的人也在考虑自己的出路，在中国国民党与中国共产党之间，他们选择了共产党，或者说，他们更相信中国共产党人的政策力量和人格力量。至于铃木自信新四军会收留他，其中也有一段小插曲。丁公量那里新调来一位同志，是浙东区党委机关报《新浙东报》的通讯员，看到一份有关铃木的情报题材不错，便写成稿件投了稿。当丁公量看到报纸上赫然登出"敌官铃木军曹未死先备后嗣"的标题，马上警觉到出了大问题，立即对四〇〇小组提出三条应急方案，派联络员赶往宁波处理：撤出当事者一人；撤回小组全体人员；采取有效措施挽回危局，力争一个不撤，由四〇〇小组根据具体情况定夺。此时，铃木已经看到了报纸，正怒气冲冲地下令对当事人进行监控，但铃木的左膀右臂皆是四〇〇小组成员，所以事态尚未失控。联络员与四〇〇小组讨论了整整一夜，决定选择第三方案，将走漏消息的责任推给一个

丁公量摄于 1955 年授衔后

知道铃木准备叫未婚妻领养孩子的伪乡长，同时请上级组织找到这个伪乡长，让他不要再进宁波城。联络员回去向丁公量汇报后，丁公量又亲自动手编了几条假情报，让当事人拿去讨好铃木。这件事就这样敷衍过去了。估计铃木会拿这件事向新四军表功，因为当事人的记忆力太好了，看了一眼铃木写的信封，就将他未婚妻的地址姓名都记住了，登到了报纸上。铃木是个大学生，不傻，之所以网开一面，还是丁公量的假情报起了作用，至少铃木可以拿去向他的上司应付交差。需要说明的是，丁公量的假情报都是能够找得到佐证的，有的用媒体报道予以配合宣传，有的利用时间差，使敌方看得到、用不上……

解放战争中，丁公量担任三野一纵保卫部长；抗美援朝时，担任志愿军九兵团保卫部长、板门店谈判代表团战俘遣返办公室副主任；回国后担任华东军区保卫部副部长；转业至中科院

工作，曾担任上海分院党委书记兼院长，上海市科委党组副书记、副主任等职务；先后荣获中华人民共和国二级独立自由勋章、二级解放勋章和朝鲜民主主义人民共和国二级自由独立勋章等。

2009 年，丁老又送给我一本书，是他主编的《上海科技发展 60 年》，其中有他撰写的《结晶牛胰岛素攻关中的党的工作》。这是一份他个人的工作总结，为何说是"党的工作"，因为他是以党委书记的身份参加攻关活动的。丁老在文中说，他的学历不高，1937 年初中毕业后考进上海中法工学院，读了不到半年的法文预科，就参加了新四军。1964 年转业调入中国科学院后，他本着"学习""调查"两条宗旨，首先到有机化学研究所集体宿舍住了三个月，与研究员、实习员同吃同住，大家都愿意和他说心里话；然后，他一个一个实验室、课题组地去看去听去问，虚心向科学家们学习、请教，逐渐懂得和理解了科研工作的一些特点、规律。此时，分工给有机所与北大的人工合成胰岛素课题遇到了困难，为了搞清楚问题的症结所在，丁老请教了有机所所长汪猷院士，又遍访课题组各位专家，针对存在矛盾做好各方协调工作。课题组最终成功攻克人工全合成结晶牛胰岛素，也就是说，人类第一次用人工方法合成了蛋白质，这个荣誉属于中国！

我曾经看到丁老在一篇文章中这样评价英年早逝的老战友蔡群帆："是一个好学习，善钻研，对了解情况穷追不舍，善于发现和解决问题，善于吸取别人的智慧和经验，以求改进和改善自己工作的好领导。"我觉得这段话也正是丁老自己的写照，还可以加上一句"勇于提出问题"。丁老曾经告诉我，"大跃进"后期，他在一次讨论会上发出疑问："现在这些情况，

苏菲 1950 年摄于朝鲜战场

会不会存在路线错误？"结果被狠批一通。

丁公量丰富的革命阅历成就了他的功勋，也给他带来几多曲折与苦难。1955 年审干，他被隔离审查了将近三年时间，后有关部门作出结论说他没有问题。"文革"中，旧事重提，被抓进看守所关了六年。有一次，我冒昧地问丁老为何受到审查，他给我列举了一大堆的"理由"：托派嫌疑问题，上饶集中营问题，胡风集团问题，丁玲、陈企霞问题，潘、杨问题，等等。

我问丁老"托派嫌疑"是怎么回事，他告诉我，新四军在皖南时已经开始抓"托派"了。1935年，在浙江老家读初中的丁公量参加了由一位共青团员组织的"读书会"。1937年他到上海就学，但上海很快就沦陷了，于是，他回到浙江，重新参加了"读书会"。"读书会"里的那位共青团员介绍他加入为苏联大使馆服务的抗日情报小组，丁公量当上了情报小组的交通员，来往于丽水与武汉之间，向武汉的苏联大使馆传递情报。两个多月后，上海红十字会煤业救护队一行前往南昌新四军军部接洽参军事宜，途经丽水，其中有丁公量的两位同学，于是丁公量当机立断，跟着他们参加了新四军，并成为一名年轻的共产党员。上海煤业救护队是在八一三淞沪会战时成立的，于1938年1月集体参加新四军，共一百零八人，带去二十五辆大卡车，是中共上海地下党支援新四军的第一批力量，在八省十四个地区的红军游击队奉命向皖南集结的过程中发挥了重要的作用。煤业救护队党支部由新四军政治部主任袁国平直接领导，他派给丁公量的第一个任务是护送上海地下党领导同志林枫从温州乘货轮回上海。安全到达上海后，丁公量又接到新的任务，以红十字会疏散上海难民去皖南开荒的名义，带领八百多位同志前去皖南充实新四军的力量。从温州至皖南，中间有很大一片国民党统治区，十七岁的丁公量克服种种困难，胜利完成了任务。而后，丁公量被分配到军部教导总队担任保卫干事，有一天整理资料，忽然看到有一份是写自己的，称他是"被托派强奸过的青年"，不免大吃一惊。一旁的领导看到，方才想起有这么一份材料，急呼："嗨，这份材料你不能看！"原来，丁公量在填写入党履历表时写明曾为苏联大使馆工作，故引起怀疑，其实这项工作是由周恩来直接掌握的。不过这份材料并没有影响对他的使用，在皖南事变之前，他已经是教导总队的特派员了。1942年，丁公量越狱来到江北新四军军部，他一边接受组织审查，

苏菲在铁路局时的留影

一边参加保卫部工作。一天，部长来问他，"读书会"是怎么回事？因为有人怀疑"读书会"是托派组织，已经将三分区的一个人杀掉了。丁公量对部长说，1935年前后，上海、江浙等地的地下党组织被破坏，一些失去关系的党团员自发地组织"读书会"，利用合法形式团结群众，宣传革命思想，属于我们党的外围组织。部长一听，马上命令三分区将关押的另外两个人送到军部来，解救了他们。新中国成立后，丁公量还碰到了其中的一位，已经是省级干部了。

我又问丁老："胡风、丁玲、陈企霞都是文化界的，您是部队干部，怎么会与他们有牵连呢？"丁老作了一一说明。可惜，我听得一头雾水，还是弄不明白，只知道大概的意思是，与接触过他们的人接触过。

丁老担任上海市新四军历史研究会名誉会长。回顾亲身经

丁公量夫妇 1991 年摄于美国

历的中国人民解放斗争历史，纪念为理想献身的同志与战友，
是他的心愿，也是他执着的事业。有多少个夜晚，丁老奋笔疾
书写回忆录，每每写到凌晨，年逾九十了还在写，住在华东医
院病房里还在写……丁老去世后，我向他的小儿子米秋打听，
得知丁老写的长篇回忆录还在整理之中。米秋发给我其中一个
片段《越狱记》，文章写得诙谐、生动而又不失严谨，比小说
还要好看。我向苏菲赞叹丁老的文笔，苏菲告诉我："他都是
靠自学的。"最近，我又去图书馆查阅了丁老在《大江南北》
杂志上发表的一系列文章，其中有一篇他写到 1943 年夏听到的
一次党课，由浙东区党委组织部长杨思一主讲。杨部长说："不
论遇上任何险恶环境，极其不利的因素，艰苦困难的条件；或
当革命处于低潮，甚至遭到某种程度失败的时候；或者个人受

丁公量夫妇 2011 年合影

到各种委屈的时候，都应该把它看作对革命、对个人是有利的。任何时候、任何情况下都不能忘记为党工作。"丁公量始终将杨思一的这段话当作自己的座右铭，并且对如何将"坏事变好事"进行了深入的思考。丁老在文中写道："是不是可以这样理解，在社会主义这一漫长的历史进程中，将会有多次的曲折和反复，才会一步一步地走向成熟。但关键有一条，就是真正的马克思主义者，在曲折和失败中，是否能实事求是地面对现实，去进行客观的深入的分析，认真总结经验教训，在'痛定思痛'中和人民群众真正血肉相连地进行坚决的改进和改革，继续前进。"（摘自《大江南北》2012 年第 6 期《一句终生难忘的话——忆杨思一同志》）

　　"文革"时丁老在狱中自学中医知识，出狱后，继续拜师学艺，取得了医师资格。我去他家时他曾经为我开过一次处方，我见处方单签名不是丁公量三字，很好奇，他解释说那是他行医专用的名字。丁老真是一位传奇人物啊！

　　丁公量与苏菲都是浙东新四军出来的干部，他俩结婚时，丁老已经七十岁了，苏菲也有六十五岁。两位老人相敬如宾，上午一起做气功，晚间一起看新闻联播，一起写革命回忆录，一起向灾区捐款，还通过居委会资助贫困学生，先后资助了二十多名学生，自己却过着节俭的生活。有一次，丁公量与苏菲一起走访舟山烈士家庭，看到有的孩子因经济困难无法继续学业，两人马上与当地居委会签订资助协议，只要孩子能够读上去，一直资助到他们大学、中专毕业。苏菲离休后学习国画，造诣颇深，举办过个人画展；丁老一生写过许多诗词，书法亦为上乘，于是，他俩一人作画，一人题字，自费印刷了《丁公量、苏菲诗画集》。两位老人都喜欢听我讲社会上的所见所闻，每次丁老都是全神贯注地倾听，听完后还要郑重地说一句："谢谢你。"丁老是中共上海市顾问委员会委员，记得2011年秋的一天，他打电话给我，询问我有关社区管理的情况，这是关系到老百姓安居乐业的大事情。他对小字辈平等、信任的态度令我十分感动，更使我敬仰的，是他心系人民群众的博大胸怀和对党的事业始终不渝的一份责任心。

　　丁老早就签下了捐献遗体的协议，且留下不开追悼会的嘱咐，但他留下的精神财富，是值得我们永远珍惜的！

怀念方玲之

于学敏

1978年7月，我被抽调到秦城监狱参加公安部的整理档案工作，历时一年半。其间，与来自江西省公安厅的方玲之相识。

初次见面，方玲之给我留下了极深的印象，她带着一副金丝眼镜，皮肤白皙，声音清脆，一脸的文静，有着基因传下来的优雅和坚毅。那年她大概三十五岁，比我大十几岁，刚一见面，连连对我说要叫她阿姨，大气、亲切，与众不同，即刻引起了我的注意。

更让我注意的是，这一年的7月28日，全体整档人员参观毛主席纪念堂，瞻仰毛主席遗容，人们表情严肃沉重，缅怀情深，但没有了当年悲天恸地的情景，方玲之却悲情难抑，哽咽不止，那种情感像是对家里的亲人。

返回秦城监狱，我不时盯着她看，她对我说："看什么，你不懂……叫阿姨。"

参加整理档案工作的人中有些干部子弟，方玲之是名人之后，红二代，方志敏是她的堂伯。由于对方志敏的崇敬，我对方玲之特别留意。

方玲之的父亲方志纯，曾是江西省省长，当过中顾委委员、常委、中纪委委员、常委，有着非凡的革命经历，曾在毛主席身边工作，与毛主席沾亲。方玲之有着非同寻常的身世，她是"监狱之花"，她的生母楼曼文出生于官宦富家，很早投身革命，是中共早期的特工。1942年9月，父亲方志纯和母亲楼曼文在新疆被盛世才关进监狱。1943年6月，楼曼文在监狱生下了方玲之，狱中地下党为她起名"图子"。"图子"来到人世间后，三岁以前是在新疆监狱度过的。当时毛泽东的弟弟毛泽民和妻子朱旦华及儿子毛远新也同在监狱关押，后毛泽民被害。1946年7月，由毛泽东提出，周恩来亲自协调与张治中商量，张治中答应拨十几辆苏制卡车送他们到延安，在张治中的安排下，被关押的一百多人包括二十多名小孩释放回延安。途中，他们出了吐鲁番，经过火焰山、戈壁滩，骄阳似火，有的车轮胎甚至被烤化，饱受监狱生活磨难的人中有两个人没能活下来。到达延安后，所有人员受到毛泽东、朱德、任弼时等领导人的接见，中央决定让他们休养三个月，伙食按小灶标准，外加牛奶、鸡蛋，还发保健费，自此"图子"有了正常的童年生活。

回到延安，方志纯撰写了《在新疆监狱中反法西斯斗争经过》的报告，这份长达数万字有珍贵历史价值的文献，现保存在中央档案馆。

1947年，楼曼文又生下一男孩，方玲之的弟弟。1949年2月，楼曼文在西柏坡病逝，追认为革命烈士。不久，在革命女性先锋帅孟奇、蔡畅、康克清的撮合下，方志纯带着"图子"和弟弟，朱旦华带着毛远新组成了一个新的家庭。方玲之有了继母和兄长，也就是革命女性先锋朱旦华和狱中难友毛远新。进入北京后，开始时方玲之和毛远新在育英小学学习，后来两人一起回江西南昌，不久毛远新回到毛主席的身边。

十年动乱，因所谓"新疆监狱叛徒集团"，方志纯、朱旦华夫妇被审查了八年，据说方志纯在"文革"期间曾被批斗五百多场。1976年"四人帮"被粉碎，毛远新与"四人帮"同时被捕，后他被判刑十七年。

我们到秦城监狱时，他正关在这里。我时常感慨，方玲之光鲜身世的背后，其实命运多舛，尝遍了赞美诗和哀乐，经历了那么多的苦难，她是怎样承担下来的？！

方志纯曾在回忆录中写道，"图子"，意思就是监狱之子，这个孩子一出生，就没有奶水哺乳，营养又差，直到三岁出狱，还没有长出头发，像个小和尚。

1978年，我遇到的方玲之，头发依然不多，更凸显出宽宽

图1 1946年，"饱尝铁窗风味的娃娃们"回到延安后合影。后排右二为毛远新，前排右三为方玲之。

图2 朱旦华、方志纯与毛远新、方玲之、方荣欣合影。1951年摄于南昌。

的前额，她的脸颊酷似照片中的方志敏。尽管她一再让我叫她阿姨，我还是以方姐相称，而有的人称呼她方方。参加整理档案的女同志不多，我们年轻一点儿的包括方玲之都住进了空闲的监号。整档人员分若干组，我是天津组，方玲之在华东组，按规定，组与组之间不准谈工作。熟悉以后，我们时不时一起海阔天空地聊文学，聊电影，聊服装，甚是投缘。记得有一次聊天，说起皮肤白和黑的人分别适宜穿什么颜色的衣服，方姐直抒己见，白皮肤穿什么都好看，世界上的衣服都是给白人准备的。说完摇头晃脑十分得意地看着我，我当然知道她是有意气我，但我感觉的是快乐。

方姐对我很关心，她像很多高干子弟那样，对关心的人总是显示出一份责任和人情味，私下里问我是否写了入党申请，我说写了。她是1978年入的党，她总是指点我怎样处理好和周围同志的关系，告诉我要坚持写思想汇报，两三个月或有重大事件都应写。接触多了，我觉得她是那种有着坚定信仰的人，个性明显、执着、认真，内心潜含着一股激情。我至今难忘，有一天她神情郑重地问我，你写的思想汇报有没有"批邓反击右倾翻案风"和"四五天安门事件"的内容，我点头，她说把那些东西要回来，放在那里不好……我特意请假回了趟机关，找到当时的办公室主任，刘主任说我多此一举，我坚持要回了"我的思想汇报"。记得返回秦城监狱的当天晚上，方姐急着问我拿回没有，我告诉她拿回来了，她才如释重负地对我说：

图3 参加整档的女同志与部领导合影。前排左七凌云、左九吕剑光，后排左二作者、右三方玲之。

79

好！仿佛完成了一件大事。几十年过去，许多事情不再值得论道，但每忆及此事，我既感动也感慨。

方姐为人低调，从不流露自己的家事，是那种自觉的谨慎、自律。她丈夫在北京工作，她来秦城监狱，暂时解决了两地分居问题，秦城监狱整理档案结束，我以为她会留在部里，她是有条件的，但是没有。当时她还没有小孩。秦城一别，最初我们还通过电话，后来没再联系。多年后，她调至江西省驻京办事处任副主任。大约是2006年，我在《作家文摘》上看到有关当事人回忆新疆监狱的文章，照片上的方姐已经发福，想来她过得很好！又过了六年，2012年3月得知，方姐因病去世，这一年她刚刚七十岁。

幽凡路隔，此生我再也不能见到方姐了。

· 书讯 ·

《老照片》温情系列

《老照片》编辑部 编

山东画报出版社 2018年6月出版

单册定价：25.00元

《老照片》温情系列图书共四种：《我的父亲》《我的母亲》《我的老师》《一封家书》。所选文章大多是从《老照片》中精心挑选适合青少年读者阅读的温暖篇章，文字质朴平实，感情自然真挚。另约稿、辑录了汪曾祺、曹文轩等名家的有关作品。在《老照片》陆续出版二十年之余，我们冀望与更多的青少年读者一起成长，通过共同翻看《老照片》，开阔阅读视野，增长人生阅历，滋养人文情怀。

枪林弹雨前半生

——一位抗美援朝老兵的回忆

池登科

家　世

我于 1933 年出生在皖北涡阳县城郊五里湾村一个贫穷的家庭里。我母亲十三岁时被我外姥（外祖母）送到我祖父家做童养媳，十七岁时与我父亲完婚。我母亲先后生育十一个孩子，其中就养活了我和最小的妹妹，其他九个孩子都夭折了，我的哥哥七岁时、姐姐十八岁时、弟弟七岁时、妹妹十三岁时，相继离开了人世。我父母靠开菜园卖菜和务农维持最低生活水平，年年还要借债，家里真是穷得叮当响。

我十一岁上学，三年级肄业，又读私塾一年多。1945 年至 1946 年在本村上难民学校，上到五年级就解放了，那时我才十六岁。刚解放时，我非常积极，在工作队的领导下，组织儿童团、姊妹团，并担任了儿童团团长，每天的活动就是学习扭秧歌，学唱解放区的歌曲。由于我斗争性强，能打开面情，乡政府组建武装基干民兵时，把我吸收进去，并发给我一支步枪。每天晚上，除了唱革命歌曲、学文化、扭秧歌外，我们民兵就去各村查岗放哨维护社会治安。

我于 1950 年 10 月由本村农会主任池登领、村长马广清介绍，参加了青年团。当时我还担任了村财粮委员，积极配合土改工作队，开展土改前的准备工作。

参 军

在声势浩大的抗美援朝保家卫国的宣传鼓舞下，1951 年双庙区进行了有名的"五一"大游行，并在王大庄召开了万人大会，不少青年在大会上踊跃报名参军，我的侄子池子俭也报了名，这个场面使我很受感动。我心里想，我是青年团员，我不参军谁参军，我不带头谁带头。不但我要去参军，还要动员几个年龄差不多的青年一起去报名。5 月 2 日、3 日两天，我动员了刘安清、史滚架二人，当晚我们三人到乡政府，找到乡主任方效先要求给我们写介绍信，到双庙区报名参军。方主任说："你们几个还小，家庭不会同意，你们参军，这个信我不能给你们写。"

经过死缠硬磨，乡主任才给我们写了介绍信，我们都很高兴。当晚不敢回家睡觉，在一个草庵里过了上半夜就动身出发，到天明才到双庙政府。我们找到区政委陈紫香同志，说明来意，递上介绍信。他注视着我们三个人，问道："你们家里都同意了吗？"我们三个人齐声说："同意！"政委高兴地说："欢迎你们参军保卫祖国，好样的，先去洗脸休息一下，再去食堂吃饭。"随即发给我们每人一双布鞋，上面绣着"抗美援朝，保家卫国"字样，我们看了很是高兴。

5 月 4 日的早晨，家人不见我们回家吃饭，就在全庄找，问谁都说没见我们，早几天只听说他们三个人要求报名参军，

1952 年 5 月，作者负伤回国动手术在佳木斯市
三十二陆军医院病休时留念。

没准真去报名了。三个家庭的老人急忙到双庙区政府，找到区
政委说"他们年纪小，不懂事"，要求带回家，我父母说："家
庭劳力少，没有人干活，又没有牲畜，我家就他自己，将来有
困难怎么办？"政委看我们参军的决心很大，就耐心细致地跟
家人讲解革命道理，并说共产党和人民政府永远不会忘记对军

属的照顾。区政委对我父母说："特别你是双军属（此时大伯池恩玉已参加抗美援朝），是要优先照顾好的，像你老人家培养了这么进步的好儿子，为报效祖国挺身而出，是值得骄傲的，我这个区政委都感到光荣。劳力少干活有困难，我们现在已组织互助组，互相帮助，互相帮耕，就解决了你们家的问题。今后有什么困难，就直接找我这个区政委。"我父母是知情达理的人，经区政委的耐心疏导，也就不再要求我回家了。刘安清也留下了。只有史滚架一人由父亲带回家了，因他年龄才十六岁，身高不到一米五，政委鼓励他过几年再来报名。就这样我们送别了亲人，正式报名参加了中国人民志愿军。

军训和政治教育

我们在区里过了两天，全县的新兵都集中到我县西阳集进行体检。我的身体完全合格，只有刘安清体质差，身高又不够，不合格，带兵的区领导安排他回家了。我的侄子池子俭体检也合格了，并与我编在一个新兵班。

不久，我们县的新兵又集中到蒙城县东双涧集马家凹村，由华东军区接收，编制为华东军区新兵三十团。这次我县新兵共批准入伍一千六百名，我分配到二营五连一排二班当战士，随即发了军服。排以上干部都是部队老同志，对我们进行队列训练，政治教育主要是忆苦思甜。随后我又调到营部通讯班当通讯员。

经过三个月的基础军训和政治教育后，我们由蚌埠火车站乘车北上。一周后到达东北凤凰城境内，又军训了一个多月，增加了实弹射击科目。10月初，部队调往安东（今丹东），准

1953年6月,班长廖新、战士胡付连和作者(左一)
在朝鲜东海岸合影。从1951年开始,志愿军开始陆续
换掉了万国造的混杂装备,使用苏式武器。我们使用
的是苏式波波沙(PPsh)冲锋枪。

备入朝,补充到老部队里面去,因前线五次战役打得比较艰苦,
伤亡较为严重,所以急需新兵补充。同时前线部队急需一批有
文化的新兵去连队当文书。这时我被调到宽甸县随营学校学习
文书业务。我们县一千六百名新兵,在1951年10月初跨过鸭

绿江，正式入朝参战。

入朝参战

我们随营学校共两个集训队，一个是财会队，一个是文书队。我们文书队业务课还没有学完，因前线部队急需（那时连队官兵大都没有文化，连早晚点名都很困难），军部用汽车把我们文书队三十多人送往前线。那时朝鲜交通运输非常困难，白天不敢走，敌人的飞机不间断地对北朝鲜各地狂轰滥炸，道路桥梁基本都被炸毁；夜间敌机也不消停，不间断地在空中巡逻侦察，投下大量的照明弹，人员、车辆行动都很困难。几百公里的路程，走走停停，七天后我们才到达三八线中段的一个名叫子孙里的地方。

到达目的地后，我被分配到中央炮兵三十二团五十七山炮连当文书，后又当观察员。驻地离前沿阵地只有几里，前线的炮声、枪声都能听见。

我们五十七山炮连指挥班，在离前沿阵地几公里的一个无名高地上，我们在这里构筑了预备炮阵地，以备前沿失守，可退到预备阵地继续打击敌人。炮班的同志都叫我们指挥班是"小鬼班"，因我们十个同志年龄都在二十岁左右，个头都不高，也都有点文化。那时我在部队就算是知识分子了。我几次要求到前沿观察所，连里领导说："构筑火炮预备阵地就是战场，就是前沿。你们的任务是抬铁轨拉木料，把阵地构筑好，把连指挥所挖好，这是你们指挥班的任务。"军人以服从命令为天职，我们每天早晨抬铁轨做工事横梁，晚上拉木料。

我们阵地所需要的木料必须从别的山上拉回，预备阵地一

抗美援朝胜利回国后，作者（前左一）和战友胡连才、柴克吉、张春生、唐德光、董乐悦合影留念。1954年6月摄于江西广丰县。

草一木都不能动。炮班的同志用绳子从山上往下拉，然后再扛上山。我们指挥班每人配一匹马，用马拖运，来回十多里。朝鲜天气严寒，往常我都是穿皮棉鞋，有一次为图走山路轻快，我穿了布鞋，结果回来鞋和脚上的肉冻在了一起，又不能用火烤，只好放在被窝里慢慢地捂化，才把鞋脱掉。脚因此受了伤，破了几处，休息了几天，接着再干。

有段时间，每天早上我们都要到山下抬被敌人炸坏的铁轨。坡陡路滑，抬起来走几米就得放下休息，有时不小心还会滑下去。上有敌机盘旋，下有武装特务偷袭，我们连续干了二十多天，虽然又苦又累又冷，但我们没有一个叫苦的，连一点想家的念头都没有。

负伤住院

1952 年 1 月 31 日早上，当我和战友们在预备阵地上抬铁轨的时候，敌人的侦察飞机在我们阵地上空盘旋了两个圈，发现了我们连正在施工，便指挥后方的地面炮兵发射了一发烟幕弹，正好打在我们的预备阵地上，烟云腾空几十米高。排长见阵地已暴露，果断命令我们下山。

我和战友们撒腿往山下的防空洞跑，刚到山腰，就听见了敌人的炮声，我们还没来得及趴下，炮弹就在我和战友陈洲同志（四川人）左侧五米左右爆炸了，气浪把我们冲倒在雪地里。我们俩同时负伤，但我还没感到疼痛，起来又跑，可后面的人看得很清楚，几个同志快步冲到我们跟前，二话没说，把我们俩架起来就跑，直奔友邻的防空洞。敌方的炮弹连续发射三十多发，我们的伙房和友邻的伙房都被炸坏了。连卫生员赶紧跑过来给我们俩包扎。我的左腿，从大腿到脚跟全是血，单衣和棉裤都浸透了，这时我才感到疼痛难忍。当天上午，伙房端来一碗面条，我只吃了几口，就疼得实在吃不下去了。此时师部担架营派来了担架，在担架上整整睡了一天后，我被抬到临时

江西上饶市免费给回国的志愿军战士拍摄照片，
作者拍了一张两英寸照片寄给家人。摄于 1954 年 5
月。

设立的野战医院。病房里的伤员太多，不少伤员只好睡在地上，
动手术都要排队。我被抬上手术台，做完手术，我问医生："我
的伤怎么样？"医生说："你是轻伤，伤口里面有点棉花，夹
出来就好了，不需要回国治疗。"然而，一个多月过去了，伤
口不但没有愈合，反而一天比一天恶化，逐渐发黑。医生又确
定我为重伤员，必须尽快送回国内治疗。

　　1952 年 4 月的一天夜间，我坐上了回国的汽车。车行两天
一夜，到了朝鲜某火车站，搭乘军用废品运输车回到祖国。我

们十几个重伤员已不能自理，一路上都是被人抬着上下车。

国际红十字会在朝鲜某火车站设有检查站，监督交战双方不能再增加兵力，只能减少相应的作战人员。否则战争任其扩大发展下去，会造成双方更多的人员伤亡，给红会救援工作带来很大的压力。由于我被医生确定为重伤员，必须尽快转运祖国治疗，但要通过国际红十字会检查站检查才能放行。列车负责同志严厉告诫我们，从现在起不准吭声，不准弄出任何响声。我们的列车于夜间通过检查站时，国际红十字会有人上前问："车上装的是什么？"铁路工人拿着小铁锤敲着火车皮大声说"都是军用废品"，然后凑上前小声说"都是伤员"。红会人员又说："回国的列车可以不登车检查，如果入朝的列车必须登车检查后方可放行。"他们的对话，我听得清清楚楚。就这样，睡满一列火车的伤病员，被当作"军用废品"运回了祖国。

康复训练

回国后，我们被送到隆化县城接转医院，进行全身消毒，衣物也全部消毒，换发新的服装。之后确定伤情等级，我被确定为一级，补助了12元钱，作为身体补养费。凡是直接参加战斗负伤的同志都确定为一级，战勤和后方其他负伤的同志都确定为二、三级，补助相应少点。

不久，我乘火车转到佳木斯市三十二陆军医院二所住院疗伤。第二天早晨，医生查房逐个查看伤病员的伤情时对我说："你腿上还有弹片。"我说："没有，在前方动手术时我问过医生，说是轻伤，伤口上就一点棉花，夹出来就好了。""你的伤口深处已经发黑，你坚持一下，"查房的医生说着便用银针向伤口深处刺探，"很硬。"我感到非常痛，受不住。医生想直接把弹片夹出来，看我疼得厉害，就放弃了，当即决定动第二次手术。上午十点多，护士用担架把我抬到手术室，然后架上手术台，把手、脚、腿固定好，打上麻针。二十多分钟后，医生取出了弹片，往盘里一丢，听见"当"的一声响，医生说："这就是你腿上的弹片！"我问医生："为什么前线的医生不给我把弹片取出来？"他说："前线野战医院条件差，伤员多，没有足够的时间细查，况且你是早上负伤，晚上手术，伤口没有变化，弹片在里面，靠近筋骨，棉花在外，弹片穿透棉裤，棉花留在了伤口外面，手术时误认为只有棉花没有弹片，所以未取出来。"至此，这块在肉里三个多月的弹片总算取出来了。

1952年5月，手术后二十多天，伤口基本愈合，但左腿伸不直，只能蜷着腿睡觉。我问查房的医生："我的伤快好了，我的腿为什么伸不直？也不能走路，大小便都得由护士扶着，我很着急。"医生说："你的腿没有伤筋动骨，但肌肉损伤严重，局部神经受到挫伤，不要紧，能走路，还能跑步，再过几天安排护士帮你学走路。因为你的筋缩短了，所以伸不直。你先在床上练习伸腿蜷腿动作，会很痛，但要坚持，否则要打石膏绷带硬取直。"

根据医生的建议，我坚持在床上练习左腿的伸缩动作。十多天后，腿能伸直了，但还是不敢下床走路。医生安排护士拿来两个拐杖教我如何站起来，怎么使劲。坚持十多天，去掉右拐杖，又用单拐练了二十天，就运动自如了。这一段时间，我和伤病员们每天到郊外和市里，戏园子、电影院我去了不少次，因为前十排不卖票，都是留给志愿军伤病员的，随到随看。

伤病员中有干部，有战士，个别伤病员不遵守院规，有的

1957年6月，任司务长、佩戴准尉军衔的作者在三十五师后勤部集训时留影。

还居功自傲。于是，二所组建了一个伤病员连部，以伤病员教育伤病员，以伤病员管理伤病员。医生专管医疗和生活安排。我被调到伤病员连部当文书，同连里干部下到各病室做思想工作，安慰伤病员安心疗伤，听医生的安排，帮他们写封家信报平安，等等。

1952年6月底，我出院后和好几百治愈的伤病员一起，集中到东北某县接受教育，并确定了回乡安置的办法。我服从组织安排，准备返乡。

重返前线

1952年7月底，志愿军前线来电说，凡志愿报名重返前线的伤病员，可回部队继续参加抗美援朝。复员大会传达了前线来电，进行动员。我认为我完全够条件重返前线：一、我是轻伤；二、我是青年团员；三、我年轻，才十九岁；四、我要报负伤之仇。于是我报了名，并写下重返前线杀敌立功的决心书，上交复员队部。经党支部研究，批准了我的请求。

不几天，重返前线的同志单独集中到一个地方，编为成建制的健康团，设营、连、排、班。在恢复身体健康的同时，我们还要政治学习，鼓舞士气，做好重返前线的思想准备。

1952年9月底10月初的一天夜间，部队通过鸭绿江大桥到达朝鲜境内。我们每天行军只能走几十里。白天行军要拉开距离，怕敌人的飞机发现目标，晚上行军每个人都要跟得很紧，不能掉队，怕敌人的武装特务指示目标。敌人的飞机，不分白天黑夜，一来就是十多架，多的时候二十多架，向地面侦察目标轮番轰炸，哪怕只有点灯光，都不放过。我们就是在这种凶险的情况下前往三八线中段参加战斗的，行军十八天，非常艰苦。

到师部后，大部分同志都回原单位了，我的部队联系不上。我负伤时，编制在中央炮兵三十二团五十七山炮连。接收我们的十二军三十五师一〇三团的同志说："你们炮团回国换装备去了。因为你们的炮太小，击中敌人的坦克却炸不毁它。"他又拿来一张图，画好路线，叫我回国找原单位。这使我感到很为难，好不容易来到前线，我决不能再回国。我问他们这里有没有炮兵，他说有炮兵营，我听了很高兴。我说："我不走了，在你们这里干不是一样打击敌人？"那个参谋很高兴，随即把我分配到一〇三团炮兵营一二〇迫击炮连指挥班当观察员。班长史俊清和我是老乡，他家住涡南史黑庄，他的叔父史朝雨在我庄种地多年，邻里相处很好。他是1948年入伍的老中学生，指挥班还有一个大学生、三个高中生，其他几个都是初中生，就我文化水平最低为高小生。我们班八个同志，班长安排老同志教我学数学，学炮兵射击时的计算方法，学习地图识别方法等。连里有公差重活，都不叫我去，对我非常照顾。我感到非常温暖。

大约在1953年初，我们在三八线中段执行阻击战的任务。志愿军在朝鲜战场上以坑道战阻击敌人，还根据有利地形，结合我军的传统战术开展了多种形式的阵地战、破袭战、歼灭战和夜战，打得敌人晕头转向，敌人不但不能前进一步，还不断失去了很多有利阵地。这时以美军为主的联合国军队要从朝鲜半岛中间登陆，从东海岸到西海岸距离较近，如果敌军在东西两海岸一起登陆，再使用原子弹，这就危险了。为阻止敌人的图谋，部队经过六天急行军，调到东海岸，挖坑道，预防原子弹和敌军登陆。

敌机不时对我们打坑道的山头实施轰炸。一天上午，我们正在山头上挖坑道，敌六架飞机又来轰炸。朝鲜老百姓正在山坡上抬杠耕田，两个男老者和一个十几岁的小姑娘被炸伤，两条牛被炸死，我们团部的同志也有三人负伤，这是我亲眼所见。朝鲜战场上不分前方后方，随时都有牺牲的危险。

凯 旋

　　停战协议签订后，大约 1954 年初，十二军三十五师一○三团乘火车离开朝鲜。回到祖国怀抱，我们就像久别婴儿投到母亲怀抱里一样，一山一水一草一木，都感到亲切。每次在兵站下车吃饭时，当听到"最可爱的人胜利回来了"，我和战友们无不感动得流泪，激动得说不出话来。这样的场面，我永远不会忘记。

　　坐了几天火车，我们到了江西省上饶市。我们师部驻上饶市西十公里的罗桥，我们团驻文家乡，军部则驻在浙江省金华市。经过短期休整，我们就开始自己造营房，打石头烧石灰、

1959 年 3 月，作为司务长的作者（前排右一）与战士合影于上饶市。

烧砖，所有人员都有任务。我连负责打石头和拉运石头，供应石灰窑烧石灰。1954年底，我们终于建好了营房。

1955年，按照苏联军事训练纲要，我们进行军事正规化训练。5月，部队实行军衔制，我被评为中士文书。1956年6月，我由连长周万里、班长高金顶两位同志介绍入了党。7月被提拔至七十五无座力炮连任司务长，准尉军衔。按苏军的配制，连队司务长不管伙食，主要负责全连的行政管理事务，检查工作，从早到晚，值班员交接班、每天训练和政治教育情况的好与差，都由司务长讲评，同时安排第二天的政治教育和军事训练及其他工作。

探　亲

1960年底，我晋升为少尉军衔，并担任了一排排长。1961年我休假探亲一个月，来往途中时间不算，但我只在家住了几天就回到部队。祖母、父母和小妹那时都瘦得皮包骨头肉包筋。我把省下来的四十来斤粮票买了点山芋干面粉，把随身带的钱只留够路费，余下的都留在家里。

1962年春，我回家探亲，家里情况依然没有好转。父亲说庄里的几个军属年关都送了光荣牌和物资，唯有咱家什么都没有，难道我们不是军属？我听了非常生气，随即去找总支书记张某某、王某某，问他们为什么不给我家送光荣牌。他俩回答说："你是军官，所以没有。"我说："我是军官工资高，可以不享受物质待遇，但是政治荣誉我家还是有资格享受的，如果你们不承认我家是军属，我从现在起就不干了，也不回部队，到县里去告你们。"他俩有点害怕了，承认了错误，并说来年

1961年10月15日，作者（前排）与战友在江西金华双龙洞合影。此时作者任司务长，佩戴准尉军衔。

一定补上。我又说："我家生活困难怎么办？我要求我拿钱买你们总支一百斤红芋（山芋）片子。"他们勉强同意。但在我第二天归队后，此事他们并没有兑现。我思想上很是想不通，有点闹情绪，写报告要求复员。

　　同年秋天，团里调我到后勤处财务股当财务助理员。但我不接手续，同时又连续写了几次报告，要求复员回家，照顾祖母、父母、小妹。团里干部股长找我谈话，不让我复员，并问："你想干啥？"我说："除了到营部当文书，别的我什么都不干。"同时又把地方对我家所做的事情说了一遍。股长说："此事由团里向你们地方政府发公函解决。"我说："他们不会买账的，面对面都解决不了，发函怎能解决？请领导批准我复员吧。"他说："今年安徽没有接收任务，你在部队干了十多年，回乡里应当安排工作。"我表示就是回家务农，我也没意见。

复　员

我于1963年3月经部队首长批准复员回乡。部队发给我十三个月的工资，也就是当了十三年兵，每年发一个月的工资作为复员补助费，共980多元。我首先给祖母制了口寿材，又自己动手盖了三间土瓦房。复员后，我在生产队担任会计、民兵排长和大队民兵连长。这时，我们家的生活条件才逐渐好了起来。1965年春，区里抽我去检查民政工作，重点查优抚对象的生活情况。我对这项工作认真负责，发现问题及时就地解决，并向区里汇报。

1966年春，中央军委通知，凡是在地方区社担任武装部长而没有军事素质的干部，一律更换或调整，由军队复员干部担任区社武装部长。6月份，我被分配到城郊区张老家公社任武装部长，行政24级，月工资40.50元。

我的军旅生涯，至此画上圆满的句号。

我曾承包一家店

王秋杭

1976 年"文革"结束后，我顶继父退休的职，进了浙江省博物馆工作。1978 年被评为省级文化系统优秀共青团员。当时社会上"大锅饭"盛行，许多矛盾非常突出，最大的矛盾就是上班不干活，迟到早退没人敢管，甚至发展到公开干私活，偷拿公家东西，等等。博物馆食堂最后一名职工退休后，没有一位年轻人愿意去干食堂工作，而西湖周边没有几家饭店，游客吃饭难的问题又变得十分突出。

博物馆坐落在西湖平湖秋月和楼外楼之间，地理位置极佳。又逢正值改革开放后，1983 年农村家庭承包、包产到户普遍推广。于是我提出自愿承包博物馆食堂，并对外开办"又一村"餐厅。我贷款一万五千元，白手起家，聘请西子国宾馆一级退休厨师及民国时期曾任顾祝同私厨的退休厨师，再从上海招聘大型国营企业退休的总会计师担任小店会计并招聘待业青年十名。既保证了博物馆干部中午的用餐，又解决了西湖边部分游客吃饭难的问题。当时因为是杭城第一家个人承包的餐厅，一下子名扬四方：香港、美国、新加坡等地报纸大版面报道；中央新闻纪录电影制片厂前来采访；著名作家王旭峰为我写了长

那时候没有广告公司和专业美工，这块广告牌是本经理的得意之作。我当时提出留职停薪，但馆领导非要我拿百分之七十的工资。餐厅收入补齐我剩下的那百分之三十外，奖金拿餐厅所有职工的平均奖。

篇报告文学《现代派青年》，发表在《江南》杂志 1985 年第 3 期上……我记得当时来采访的记者每天不断，有认真报道的，也有来混吃混喝的……

　　不可否认，当时"弄潮"很时髦，但风险几乎没人去考虑。因为很多人只看到了"弄潮"的名和利，滥竽充数，难逃昙花一现，很快就被潮水吞没或掀翻。也有更多的人仅凭一腔热血，法律意识完全空白，到头来被污泥浊水泼得身败名裂，灰头土脸……

1978年浙江省文化局颁发的"优秀团员"证书。

"你就是王秋杭吗？"一天，两位身穿制服的人走进我的餐厅经理兼会计办公室。

"是的，我就是！"我答道。

"我们是××检察院的，你们博物馆告你贪污公款和公物，我们依法对你立案审查。现在我们跟你去你家，拿上日常生活用具，马上跟我们走吧！"

"对不起，我不是博物馆的，我是又一村餐厅经理，独立法人，有承包合同的。"

"有承包合同？"

"当然，请看！"我拿出合同书，上面清楚写着：一、营业额百分之三作为经理基金。二、净利分配：百分之四十上缴博物馆，百分之三十集体留成，百分之三十奖金分配。三、承

王锡沂是我中学班主任的哥哥，上海一家大型国有企业的总会计师。他是我餐厅日薪最高的，每天两元，做一天算一天。

包人对经理基金、奖金分配有支配权……

两位穿制服的人拿过协议书看了半天，商量了一下，立马和风细雨地说："啊，有合同就应该按合同办！这份合同书我们拿去，作为撤销对你立案审查的依据。"

这时墙上的挂历刚翻到 1985 年 10 月，距我 1983 年 5 月

20 日承包又一村餐厅两年多时间……我暗自庆幸：就是这一张在别人眼里根本不起眼的合同书救了我，否则抄家、坐牢、判刑，还有那永无天日的黑锅……我有多少同事、同学在改革初期因为没有求助法律保障，结果到头来撤销、查办、审查、抄家、坐牢，死的死、伤的伤、疯的疯……

我不愿让别人来安排自己的命运，是因为生父被迫害致死，改变了我的人生轨迹。在黑龙江兵团原始森林里一腔热血率领战士们构筑战备坑道，结果他们都火线入了党，偏偏抛弃了我……所以我要去舞场找老婆，要承包饭店当老板……

1983 年 5 月 20 日又一村开张前一天晚上，我摆了两桌酒席加两瓶茅台，请来杭州初露锋芒的中青年书画家们到餐厅挥毫补壁。这是当时颇有名气的钱大礼和蒋北耿在合作。

浙江美院（现中国美院）教授周昌谷接到我的请帖时正在浙江医院住院，但还是带病把宣纸铺在床上，斗笔写下他独创的"蚯蚓体""柳暗花明又一村"五尺巨幅（戴眼镜者背后墙上），并派人送来餐厅，仅索要龙井虾仁一盘解馋。

　　和我签订承包协议的博物馆领导退休了，新领导上任，首先拿我开刀。因为否定前任领导的政绩，是树立新任领导政绩最简便、最行之有效的手段，中国几千年的官场几乎都是这样。

可是在我这里，他们万万没有想到一纸合同书废了他们的企图。于是，馆××科有事干了，先是把我们餐厅几位女营业员一个个叫去审问，我看到她们一个个笑着进去，满面泪水地出来……

"你还年轻，不要以为有点小聪明就敢和组织上对抗。告诉你，组织上什么事情都是掌握的，就看你争不争取主动。如果你主动交代问题，还属于可教育好的人民内部矛盾，如果你拒不交代，非要对抗组织，那我告诉你，等到组织上给你摊牌了，性质就变成敌我矛盾了。你现在思想上跟组织的抵触情绪很大嘛！不要紧，组织上是宽大的，你先回去好好认真考虑考虑，不要现在嘴硬，要想想今后，也不要光考虑你自己，要考虑你的家庭、考虑你的老婆、孩子。等考虑成熟了再来找我主动交代问题，只要是主动交代还来得及……"××科长把我叫去审问道。

那几天我几乎饭吃不下，觉睡不好。

"我考虑了好久，实在不知道要交代什么问题？"几天后，我到××科跟科长道。

"你真不想交代？"科长问。

"不是不想，是实在没有啊！"我道。

"那好吧！现在跟你摊牌！"科长拿出厚厚的账本，翻开折叠的那一页推到我面前，厉声道："你10月份进了十二斤白糖，11月进了十四斤！"他猛一拍桌子站起身来，怒道："那两斤白糖哪去了？老实交代！"

"你应该先查查我们餐厅10月份卖了多少糖醋排骨和西湖醋鱼，11月份卖了多少？再来问我两斤白糖哪里去了！"我不慌不忙地回答。

××科长傻在那儿，半天说不出话来。

　　我的第二个"罪状"是花了三千元在当时极为畅销的《西湖》杂志封底做了一期软广告。新来的馆长直接找到我，说经过调查核实，我吃回扣一百元。我说：核实？这张封底照片是我拍的，给我的是稿费，你核实过了吗？馆长怒道：食堂做什么广告？我无语。

　　不久，省文化厅在胜利剧院召开省级文化系统全体干部大会，新来的领导在台上做数小时报告时，突然怒道：博物馆那个又一村，昂！吃大闸蟹！昂，我这个厅长都没有大闸蟹吃！昂……我坐在下面，一听就火冒三丈。但我没有申辩的机会，我这个省级文化系统优秀共青团员的形象，就被这位新来的领

又一村开张第一年还清所有借贷款，第二年开始赢利。这是第二年春天，我带全体员工到瑶琳仙境春游。

《浙江青年》杂志1984年第10期刊登图片报道《柳暗花明又一村》。

导当着全厅干部的面给毁了！我承包又一村前，自费吃遍了西湖周边为数不多的几家餐馆，全是国营的，只有春秋两季人如潮涌，但也只是中午一餐，早晚都没有生意，下雨天全完。因此包括当年的楼外楼也是亏损的，只是福利比其他国营餐馆好。职工全家一年四季都不用买菜，饭店整鸡整鸭地发，职工每天都是用锅子盛熟菜回去全家共享。跑、冒、滴、漏是开餐馆几乎无法避免的事……因此，我亲自制定了又一村的规章制度，极其严格，职工上班不允许带杯子。因为我们又一村是杭州第一家个人承包的餐馆。我自己带头，喝酒一律柜台上买筹码。我还专门指定一位职工收集餐桌上的剩骨头、空酒瓶等，集多了卖到废品收购站，得款存起来用做职工福利。这一年的中秋节生意大旺，赏月的人潮干脆把餐厅的桌椅全搬到西湖边，满满的冰箱存货全部卖空……一直到晚上 10 点才终于关上大门。没有加班费，我把早上卖空酒瓶、骨头的福利费事先买好五斤大闸蟹，关门后分给每位职工一只。我望着这些为了西湖游客、为了又一村餐厅全都放弃个人家庭团圆的职工们，感激得说不出话来。满上一杯酒，表示我深深的谢意！这就是那位领导大发雷霆"我这个厅长都没有大闸蟹吃"的由来！

又一村餐厅撤销后，馆里请来某省会计师事务所的主任和一名资深会计来查我们餐厅的账。别看我们餐厅小，可我聘来的却是上海国营大厂退休的总会计师，他是我中学班主任的哥哥，特地从上海来杭州帮我的。他是我们餐厅工资最高的，每天两元钱，做一天算一天。中午一份免费工作餐，喝酒自己到柜台上买筹码。他跟我说，他做的账是国营大企业才规定使用的借贷法，必须财会专科毕业，一般小企业是请不到这样级别的会计的，只能做流水账式的加减法，那是无法核算成本的。被博物馆聘请来查账的那位主任会计师，翻开账本，认真看了几页就合上了，问我：

"你们餐厅有多少员工？"

"十六名。"我答道。

"固定资产多少？"

"四万多。"

"银行存款呢？"

"两万多。"

"借贷都还清了？"

"第一年就全部还清了。"

"不用查了，餐饮业能做到不亏损就相当不错了，这么小的餐厅还能有纯利润两万多元，相当不错了……"主任会计师对馆长道。

不久，博物馆召开全馆大会宣布对我的处理决定，仅有一条"上纲"的，就是我用经理基金购买了一台价值一千零八十元的

《西湖》杂志1985年第12期封底，我花三千元刊登的又一村餐厅广告。

"富士卡"照相机。未经控办批准，公物私用。经馆务会议讨论决定对我的处罚：一、照相机缴公。二、一千零八十元从王秋杭工资中逐月扣除，每月扣二十元……之后，我离开了博物馆，并开始不断地向上级主管部门书面申诉：上缴了照相机为什么还要扣我工资？承包合同上写明：营业额百分之三为经理基金，用于承包人公关、交际，为什么不可以买照相机？又一村餐厅属于小集体性质，又不是国家机关，添置设备需要控办批准吗？一年多后，扣除的工资终于如数退还给我。

1989年，我凭着摄影的专长和所获得的荣誉，调到杭州市文联，被派驻杭州市摄影家协会任驻会秘书长，直至2009年12月退休。

大巴山轶事

张鹏程

多年前关于陕西省镇坪野生华南虎照片真伪的争论，引起了我的一些回忆。我曾经在镇坪附近的大巴山里进行过野外石油地质勘探，对那里的地理环境相对熟悉些，而且当年有关老虎的传闻，也略有耳闻。

镇坪在大巴山的北麓，其南面的大巴山区曾是我们石油勘探的区域。20 世纪 50 年代末，中国石油工业还比较落后，为了扭转这种局面，中央决定在东北进行石油大会战，以后又在华东地区的山东进行石油大会战。由于国内外形势所迫，1966 年随着国家大量重点工程和军工企业内迁西南大三线，从战略上考虑，中央决定在西南地区的四川组织石油大会战，寻找油气的战略后备储源。

1966 年毛泽东发出要在大三线的四川"找点石油找点气"的指示后，石油部立即派副部长张文彬为四川会战总指挥，由石油部勘探司长杨文彬、财务司司长陈李中等几位司长和四川石油局党委书记黄凯、大庆油田总调度长等组成会战领导小组，在四川石油局的基础上组建四川石油会战指挥部。指挥部设在川西威远新场附近的"红村"，当时任三线建设副总指挥

图1 1966年毛泽东发出在四川"找点石油找点气"指示后，石油部即组织四川石油会战，四川石油局地调指挥部地质大队立即奉命奔赴大巴山。笔者(左)在前往大巴山路途中与同事孙嘉陵(后任中海油标准化处长)留影。摄于1966年2月。

的彭德怀及邓小平、贺龙、彭真、罗瑞卿、李井泉等中央和西南局的领导人都先后前来参观视察指导。为配合石油大会战的需要，成都四川石油局大部分机关都迁往"红村"，为了发扬大庆的艰苦创业精神，沿"红村"山坡上兴建许多排"五好片石房"（建筑材料是当地山上的片石修建的房屋），作为四川石油会战指挥中心。原石油局编制按军事编制组建成团、营、连、排、班会战新组织，称呼随之也更改为政委、教导员、指导员，基层为班、排、连、营长，并将四川石油局南充石油地质调查处命名为地调指挥部（新组建的地调指挥部统辖五个地球物理勘探大队、一个地质大队、四个测量队及地球化学方法试验队等近七千人），原处长统称"指挥"。春节过后，新组建的地质大队下属近二十支新成立的地质队，立即奔赴大巴山，贯彻

图2 从城口进入大巴山区路经坪坝，地质队进行休整，在很多房屋墙上还可看到国民党军队和红军书写留下的宣传标语，可惜当时没有将其拍摄下来。后左为笔者。摄于1966年2月。

图3 前往大巴山区勘探油气资源路经渠江轮渡口时留影。左一为笔者，中为孙嘉陵，右一朱良庆（后调广东南海中海油研究院）。摄于1966年2月。

中央下达的在四川"找点石油找点气"的命令。军令如山倒，数十部解放牌卡车满载新组建的勘探队和行装器具，首尾相接，一路尘土飞扬，浩浩荡荡奔向大巴山南麓川北的万源，经城口进入大巴山区。

　　1965年我从北京石油学院勘探系毕业不久，就担任了裂缝队队长，在大巴山区的分水垭至明通井的数十平方公里范围内进行石油地质调查。当时天寒地冻，滴水成冰，白雪皑皑的群山和仰面见不到山顶的高山峻岭，就是我们勘探的工区，我们

图4 笔者在大巴山红四方面军根据地万源县城闹市区十字街口李家俊烈士（红四方面军领导之一）纪念碑前留影，当时城区仍保持着过去的面貌，此街市现已不存在。摄于1966年3月。

每天都要跋山涉水，翻山越岭，过着风餐露宿的生活。

大巴山区曾是红四方面军的根据地，在陡峭险峻的山体岩壁上还刻有大量的国共两党留下来的宣传标语，如"攘外必先安内""消灭共匪""打土豪分田地""红色工农政权万岁""红军万岁""列宁万岁"等，甚至国共打仗时的战壕还可依稀见到，墙上还残留着印有国民党党徽的宣传张贴标语和漫画。

在艰苦的野外勘探期间，我们经常和山区百姓吃在一起、住在一起。按野外工作纪律，在老乡家吃一顿饭，要交一角五分钱和半斤粮票，我们高山野外津贴每天为六角钱。与当地老乡接触时，他们常主动告诉我们说，山上有老虎和其他凶猛野兽，要我们多留心。有时在崎岖的山道上遇到山民时，便向他们打听山上有没有凶猛野兽。他们往往谈虎色变，还问我们，天天在深山老林里转，有没有看到过老虎和其他野兽。

进入山区工作，上级要求我们绷紧阶级斗争的弦，防止敌特防止"地富反坏右"的破坏捣乱，还说前几年在深山中发现过降落伞和不明的电波。山区的生活条件十分艰苦，最感不便就是没有电灯，晚上整理地质资料只能靠油灯照明，光照昏暗，图上地形标志看不清楚时，就只能用手电筒了。而且伙食很差，大家经常饥肠辘辘。而当地百姓的生活更艰苦，日常只能吃苞谷土豆，我们有时还好歹能吃到米饭和几角钱一斤的牛肉。山区农家的小学生穿得也异常单薄，严冬腊月还光脚穿湿透的布鞋或草鞋，走山路，踩着积雪去上课。

山区以种土豆和苞谷为主，所以我们也就用土豆炖牛肉来吃。因为我是队长，需要掌握一些生活情况，在吃牛肉时，我就想知道便宜的牛肉是怎么来的？经过了解我才知道，当地的耕牛在山上耕地、放养时，由于地势陡峭的山坡融雪结冰，往往不慎失足，从山上陡崖跌下摔死，然后才被分解出售的，而当地山民的习俗，又不吃摔死的牛，所以价格很便宜。

一天，炊事员买了许多还滴着血的新鲜牛肉，肩扛回来，大概有七八十斤。我看到后问炊事员，从哪买到这么多牛肉，他对我说，这些牛肉是被山上的老虎咬死的几只小牛的。我听后吃了一惊，意识到必须把野外工作的安全放在第一位，为了避免野兽伤人及安全地进行野外工作，防止虎袭，我托人下山买来哨子，给每个队员配发了一只。我在全队会议上反复强调，

图 5 在大巴山石油勘探中担任队长的笔者（中坐者）向全队传达会战指挥部的指示并反复强调野外工作安全。特别在大巴山区高山峻岭情况复杂，工作区域据说有老虎出没，必须时刻警惕防止意外发生。摄于 1966 年 5 月。

饥肠辘辘的老虎和其他野兽是会主动攻击人的，一定要加强自身的保护意识，提高警惕，见到野兽时千万不要主动做出攻击姿态，能避则避，能躲则躲，一定不要去挑逗它们，若遇到不测和危险时，立即吹响哨子，这样一来既可以吓跑野兽又可以迅速向在周边工作的同志报警，以得到救护和支援。刚开始时，大家的警惕性较高，翻山越岭，眼观四方，小心翼翼，工作区域稍有不正常动静即停下工作。数月下来后，既没有发生过任

图 6　笔者腰挂罗盘手持榔头英姿飒爽，在据说有老虎等猛兽出没的大巴山进行石油地质勘探时的留影。摄于 1966 年 5 月。

何野兽伤人事故，也没有见到大的野兽出没，大家也就放松了警惕，甚至有些胆大的还想看看野外的老虎是什么样，还专门带上照相机（勘探队配置的）准备去拍摄山上老虎和野兽的实照。有些胆大的队员还故意钻进山洞里大喊大叫，向洞里扔石子，希望引诱野兽出来。虽然没有看见老虎，也没有发现其他的猛兽，但是作为队长，我仍然反复强调安全第一，暗自祈求千万不要发生人身事故，组织上将几十号人交给我，万一出了问题，特别是出现危及生命的恶性事故，无法交代。每天出队前，都要反复告诫，注意安全；傍晚收队，首先清点各组人数，见一个不少，悬着的心始得放下。为了避免危险，我还深入一些最危险的区域去勘察过，沿途只看见野猪、野山羊的脚印，并未见到老虎和其他猛兽的足迹。

后来当各大报刊登了陕西省镇坪野生华南虎的照片真伪争论的报道后，我翻阅地图始知，镇坪原来就紧挨着我们的工区。回忆起来，在这一带工作时确实听到当地老乡说山上有老虎等猛兽，但我们近二十支地质队几百人的地质队员，在靠近镇坪的大巴山深山老林转战的数月里，并未碰到过老虎，也未遇到过其他的大型猫科动物和野兽。到底是什么野兽咬死了山上的小牛？几十年过去了，在我的脑海里至今还留有一个不解的谜。

我已退休多年，相册中还保存着五十余年前在大巴山工作时的一些老照片，回忆往事，感慨万千！我们是祖国石油事业创业的开拓者也是石油事业发展的见证者，石油工业有今天的兴旺发达，我们为之付出了极大的艰辛。

· 更正 ·

由于工作疏忽，第一○七辑《1956年：街道食堂》作者应为林鸿明，第一一五辑《感受〈老照片〉》作者应为张鹏振。特向作者和读者致歉。

老汽车，新生活

孙祺然

改革开放四十年，抚今追昔，我想讲述的是我家摆放的一幅汽车老照片的故事。

这张老照片看上去平平淡淡，记录着生活，珍藏着岁月。我读它犹如一首歌谣，或浅吟低唱，或起伏跌宕，或抒发未来，让人感慨万千。

20 世纪 50 年代，我们家是生活在焦作矿区的新移民。焦作煤矿原属修武县管辖，清末开埠由英国人经营，1898 年英国福公司与清政府签订矿山章程，侵占了"怀庆左右，黄河以北"的采矿权。英人哲美森原为驻上海总领事，后任福公司在华总董事长，福公司在此建立哲美森小镇，建立了教堂和医院，创立了焦作路矿学堂，修建了道清铁路，生产的优质煤炭远销欧洲。1939 年日本占领焦作，结束了英国人的治理。20 世纪 50 年代中国大干快上进入"超英赶美"时代，焦作汇聚了来自北京、上海、南京、唐山、太原和东北地区的建设者。

我父母也是矿山新来的建设者，父亲 1959 年师范毕业就投身煤矿教育。图 1 就是这张汽车老照片，是我不足一岁时在焦作新兴的矿区拍摄的全家福，那是 1964 年的五一前后，已经走出了"三年自然灾害"的影响。长辈们讲当时最理想的生活就是"电灯电话，天天吃饱"。为了纪念五一劳动节，把在矿区生活的近况向山东的亲人写信知会并附照片，爸爸、妈妈带着我和姐姐在百间房公社照相馆拍了一张开着小轿车的合影照。据说照片上的小轿车是美国流行的"别克"车样，而当时全家连一辆自行车也没有却为何竟敢去照相馆"开汽车"？爸爸讲照相馆里只有这种道具别无选择。很多人拍张千篇一律"开别克车"的照片，可能是借以给贫困的生活添一抹亮色，追寻一点平民的乐趣和希望。

图1　1964年全家四口在道具汽车里合影。

何来亮色？那时，由于没有彩色照片，爸爸挺认真地请人用油彩重抹了一番，说是彩色其实只是在浅色的地方抹了些粉红色或棕色，黑色原本也无力改变，就这样一张黑白不黑白、彩色不彩色的"公社制造"的合影一直挂在家里，点缀着质朴生活的生机和快乐。我记得，有一次搬家，毛驴车拉着全部家当，我站在车上的空水缸里，另一个空水缸里放置的就是这张从墙上摘下的合影照片。然而，照片却在"文革"时期被当作百姓生活的"封、资、修"给无情地粉碎了，爸爸把油彩照片和老版《红楼梦》《三国演义》都付之一炬。据说，当时照相馆都有黑白照片上油彩业务，而在"文革"之中都被认为是资产阶级情调而革除。

而妈妈小心翼翼收藏的这张黑白照却一直伴着我们走过了苦乐年华，并从中憧憬着希望和对理想的渴望。小时候我经常偷偷翻看这张照片，甚至会因此获得超出念"小人书"的欢乐。中国坚定地走进了改革开放后，人民的物质文化水平不断提高，我家几经搬迁，从乡郊到城市，从平房到楼房……每次变化，虽然丢弃了不少家具和物品，但这幅老照片仍始终相随。尽管这幅合影没有独具匠心的艺术创意，但却是那个时代的真实写照。老照片之所以能震撼人心，就在于它返璞归真，平淡含真。

1984年秋天，我学习毕业后从河南回了趟老家山东曹县，当时坐汽车需要两天时间。曹县历史上属黄泛区，也是黄河进入山东的第一个县。当时，农村实行了联产承包责任制，家里分了十五亩地，自己的地自己负责，大大激发了干劲，粮食喜获丰收，但刚刚温饱，住的还是茅草房。每年春天要养两头小猪，待来年把养一年的成猪卖了，每头兑换三十多块钱做为全年的花销用。我把我唯一值钱的财产自行车（约一百块钱）搬了来当三脚架支护好，自拍了这张洋溢着幸福希望的合影（图2）。拿着这张照片，茶余饭后，家里人七嘴八舌，畅想未来的好生活该是啥样子？如果家家能有个"话匣子"（半导体收音机），那就是最美好的生活啦！对汽车，愣是想都没敢想！

　　记录有真，冀希梦想。中国的改革在农村深入展开，1992年，我到河南孟县西虢村工作，当时的说法是，无农不稳，无工不富，这个村人多地少，解决温饱之后就想办个比摩托车多两个轮子的汽车生产厂。我第一次看到小汽车生产的场面很是震惊，他们真是充分发挥了农村劳动密集的特点，肩拉锤敲电焊喷漆，

图2　1984年，在老家丰收的玉米堆前合影。

图3 1992 年，孟县农村汽车制造厂工作场景。

一派生龙活虎的劳动景象，持锤子的农民最多有三百多人，噼噼啪啪，叮当作响，好不热闹！梦想越来越近，已经可以触摸到汽车了，我赶快拍了这张生产场景（图3）。用农民说的话：小汽车是用梦想的铁锤敲出来的！当时这种汽车每辆销售价是三万多人民币，著名演员巩俐就代言过这个叫"常剑"牌小汽车的广告，生产供不应求，汽车厂门口提现金购车的络绎不绝，眼看就要冲出国门，然而几年后却轰然倒闭了，而此时在欧洲手工敲制的汽车售价已达数百万，依然热销。常剑牌手工汽车的失落轨迹，令人惋惜。

我们家的汽车梦是在 20 世纪初实现的。

图4 2002年，父亲、母亲、姐姐和我在汽车旁合影。

2002年，我在一家公司从事营销宣传，上级领导要求必须买辆汽车便利工作，日货不买，就分期付款买了辆帕萨特。当时心情是非常纠结的，我贷款买的住房二十五万，而我买的汽车比我买的住房还贵一万多，我只好幽默地对媳妇说，我要住房车了，就是比房贵的自家汽车呀！

尽管每月还几百元汽车贷款，但全家还是挺开心，看来看去，其乐融融地在小汽车前照了张合影（图4），老爸拿着老照片（指图1）感慨地说：真没想到，终于能坐上自家的小汽车喽，小平的改革好，改革好呀！

母亲的容颜

——岁月台湾 1960 之一

秦 风

1960 年，三十岁出头的美籍牧师薛培德（Barry Schuttler）来到台湾，从事传教工作，并协助物资救济。两年间，他走遍台湾贫困的山区、农村和海边。他喜欢摄影，四处拍照。随后，薛牧师转往韩国和中东等地，最后终老于美国故里。2010 年，薛牧师拍摄的台湾影像底片流出，由秦风老照片馆购藏，经整理有近五千张，其中三千张有关 1960 年的台湾，我们从中整理了六组老台湾的生活影像，今通过《老照片》与大家分享。

在子女众多的贫困年代，母亲的双肩上压着不可承受之重。当薛培德牧师观看台湾的土地和人物时，台湾母亲的各种形象，背着孩子的、辛苦劳动的、沉默的、微笑的，等等，无不吸引着他的目光，自然而然地成为他猎影的对象。

或许薛牧师并没有刻意以母亲为主题进行摄影创作，只是极其自然地在各个角落里留意到母亲们含辛茹苦的身影，并不自主地按下快门。

母性是人性至高的表现，是一切爱的原点，如同初春的阳光撒在冰雪上，带来温暖、生机。尽管薛牧师相机里的母亲形象有着人类共通的情感，然而对于生活在台湾这块土地的人们而言，母亲的背后还代表了那个年代艰困持家的深刻记忆。

没有家用电器：母亲只能依靠自己的双手。她是全家第一个起床的人，一生不知道"贪睡"的滋味？天方露白，就忙着起身烧火煮饭，接着到蓄水槽或溪边洗成堆的衣服，由于反复搓揉浸水的衣服，她们手掌变粗，手臂和腰部酸痛，直到全身麻痹；然后，提着菜篮到市场买菜，几毛几分地精打细算，不厌其烦地讨价还价。回到家再煮午餐、烧开水、打扫、缝衣服、煮晚餐，在黑夜降临时呼喊仍在外头玩耍的孩子们回家吃饭……

喂孩子吃饭的妈妈

　　一名母亲工作之余，用筷子喂食背在后头的孩子，母亲嘴角的一丝笑意中有着无限的怜惜。

脸沾上乌黑的煤渣。

浣衣的妈妈

　　几名妇女在溪边浣衣，传统母亲的角色除了养育子女外，也要肩负沉重的家务。母亲坚实

]工厂上班，没有生育补贴，亦无育婴假。母亲不仅是慈爱的象征，也是万般辛苦的代名词。

无言的母爱

  一名年轻的母亲用花布将孩子裹在背后，装载了自己无限的爱意。母亲朴实的身影，坚毅的脸庞以及充满安全感的孩子，优美祥和的画面，犹如一阙永恒的生命乐章。

唱歌仔戏的妈妈

　　一名以表演传统歌仔戏为生的母亲，在后台带着两个孩子。歌仔戏班应各地庙会之邀，到处巡回演出，母亲只能带着孩子四处奔波，稍为年长的孩子有时也会加入母亲的工作，粉墨登场，帮忙挣几分钱。

当缝纫工的妈妈

　　缝纫厂的女性工人，为了补贴家用，许多妇女必须投入工作，即使产后不久，也要背着婴儿回到

她的背影，映着点点波光，令人动容。

挑煤的妈妈

　　来自矿工家庭的一位母亲，用扁筐装煤块，肩挑到他处，年幼的女儿在帮着妈妈铲煤，童稚的脸庞

阿嬷是母亲的母亲

　　一名背着孙子的阿嬷。由于儿女众多，有时从事劳动的母亲必须将幼儿交给阿嬷照顾，许多孩子成长过程中，与阿嬷关系亲密，阿嬷终身劳作，满面风霜，既是母亲，更是母亲的母亲。

　　没有足够的家用：母亲必须帮忙照顾丈夫家里的生意，哪怕是手搬肩挑的粗活，或在夜市摆小吃和水果摊。如果家里没自己的买卖，就到工厂做缝纫工，即使孩子出生才几个月，也得自己背着，没有育婴假，没有特别津贴，只有卖命劳作。

　　没有教育背景：孩子们放学回家，母亲催着孩子们做功课。当孩子们得意地展示着从学校带回家的奖状，或拿出成绩单得意地说："我考了一百分噢！"母亲脸上立刻绽放如莲花般笑容；如果孩子们成绩单上的数字不好，甚至偷藏着成绩单，或假造家长的签名，母亲发现后会气到掉眼泪，拿起棍子打孩子，边

街边哺乳的妈妈

    一名母亲与友人一边交谈一边哺乳。公开哺乳对她们来说已轻松平常，社会也习以为常。通常妇女与友人坐在街边闲聊，婴儿偶有哭闹，即喂乳安之，母亲角色即此，无人见怪。

打边哭，哭完后，开始想怎样从窘迫的家用中再挤出一些钱来，让孩子去补习。母亲大多没有教育背景，没有能力自己教功课，只能拎着礼物登门请老师多帮忙。孩子参加联考那一天，母亲准备了草席、小椅子、扇子、面包、橘子、开水，以及那句反复的问话："考得怎么样？"孩子最后考上或落榜，母亲的欣喜和失望甚至超过孩子，因为她多么希望孩子们获得她不曾拥

卖菠萝的妈妈
  一名母亲背着孩子在夜市卖菠萝。工作中的母亲，无论是在工厂上班，或在市场卖东西，都只能背着孩子劳作。

有的……

  有时候，我们会很惊讶那时代的母亲怎能熬过如此艰苦的日子？但她们真得熬过了。当她们的皮肤变粗、皱纹变深、容貌变老、行动变得迟缓时，成千上万的儿女已长大成人，成为社会的中坚。回首自己童年时，母亲坚毅的身影永远映在脑海里，永远带来温暖、关爱和力量。

  非常感谢薛培德牧师当年独具慧眼，这些老照片必将成为一代台湾母亲的形象记录，不仅反映早年母亲们的生命历程，更唤醒了每一个人内心中的感念之情。

我与"敌伪档案"中的老照片

曲德顺

　　1997年夏天，我陪保险公司的朋友到印刷厂去办理销毁保险单据的事宜（规定必须有两人在场）。出于恋旧物的癖好，我借机在印刷厂的废纸堆里到处转悠。这时两个鼓鼓囊囊的大麻袋吸引了我的目光，麻袋的敞口处露着影集的封面。在好奇心的驱使下，我上前从麻袋里抽出了影集，发现除了影集里面还有一些散落的卡纸，间或夹杂着黑白照片。照片里有外国人，也有中国人，我从他们穿着断定应是民国时期的照片。里面竟然还有一张二十厘米见方的底片，对着阳光一看，烟台山上的灯塔、街道、洋房赫然在目。

　　我正忙着从散落的卡纸间一张张地抽取旧照，一位大姐从身后拍了拍我的肩膀："干嘛呢？小伙子！"我连忙欠起身，慷慨激昂地给她讲这些照片的宝贵价值。可能是我的兴奋感染了这位大姐，她说："这两麻袋东西，是公安局送来要求销毁的，既然你说它这么有用，手里那些你就留着吧，别再扒拉了！"

　　感谢这位大姐，让我意外拥有了180张老照片！

　　这些中外人士合影的照片上，有的背面写着密密麻麻的外文，其中三张的背面盖有日本宪兵队的图章。照片里还裹挟着一些纸片，有一张《外宾港澳台人士登记表》，书写人的笔迹肥肥大大，似曾相识，再仔细看接待员的签名，竟然是我！那是1993年，我在校工作期间，利用暑期在烟台某星级酒店做前台接待，为客人登记时留下的笔迹。在当时还没有网络传输的条件下，按照公安局外管处的规定，每天必须将当日填写好的表格送到外管处备份。

通过对照片信息的研究，大致可以推断，这些照片是在烟台传教的外国传教士的工作及生活照片。1941年太平洋战争爆发后，日军首先关押、查扣部分在烟台工作、传教、学习的欧美等外籍人士及其物品。随后在1942年9月将在烟全部西方外籍人士（不包含法国、意大利籍人员，因当时法国被纳粹德国占领，法国人便不再作为敌国居民监禁），先行囚禁在烟台毓

穿戴整齐的师生合影。戴瓜皮帽的洋先生站在人群的边缘。

伏案的传教士。屋内的家具字画都是中式。

七个儿童在一个梯凳上合影。

璜顶集中营（有些照片的背面，还盖有"日本芝罘宪兵检阅济31.9.12"字样的图章）。1943年夏天，又将他们转移到潍县乐道院集中营。在战争末期盟军营救行动中，被解救的集中营人员因直接回国或没有拿回查扣的物品，造成照片仍旧滞留在日伪档案之中。1952年烟台天主教主教江世范（加拿大籍）被抓捕，其缴扣物品，与遗留的日伪时期资料合存于公安系统的档案之中。四十年以后，这些敌伪档案中的部分材料被销毁处理。

照片上的外国人，多为天主教方济各会的传教士。方济各会是天主教修会之一，该教会是由意大利人方济各（Franciso Javier 1182—1226）在1209年得到教皇的批准后发起成立的。

20世纪二三十年代，乡村富裕人家的家庭合影。

乡村的大家族

方济各会是最早向中国派遣传教士的教派。1839 年罗马教廷将
山东教区从北京教区中独立出来，成立山东代牧区，设立主教
并由方济各会代管。1885 年山东分为南北两教区，鲁南归圣言
会，鲁北归方济各会。1894 年方济各会北教区中又划出登州、
莱州、青州三府，成立山东东界代牧区，主教府设在烟台。
1924 年主教驻地更名为芝罘代牧区。1946 年 4 月升格为烟台教
区，仍由法国方济各会管理。据 1940 年的统计，烟台天主教
有教徒 12400 人、9 座大教堂、64 处小教堂，创办 2 所高中、1
所传教员学校、25 所小学、3 个孤儿院、1 个印刷所、4 家医院、
2 所养老院、1 所麻风病院、7 间诊所。

天主教传教的主要对象，是中国最底层的农民。中国农民相较于中国的士绅阶层，更容易接受天主教。为了更好融入中国农民的生活，传教士们完全实行了本土化，他们习汉字，学汉语，吃中国饭，穿中国衣。在清代，还要剃头扎辫。鲁南教区主教韩宁镐，在家信中曾这样描述他在中国的日常生活："我们的服装是中国服装，真不错。不过，色彩太多。比如，我的身上有这些颜色：鞋子是黑布做的，两指厚的鞋底是白的，袜子和裤子是黄色的，长袍是深蓝的，夹克是黑的，在我剃过的头上却戴着黑色的帽子。我后面戴着一条很长的辫子。我吃的面包（指馒头）的原料是小脚女人将小麦、黄米和高粱等谷物放在磨上，用手柄转动磨的。磨好的面粉加上一点水做成小面团，把这些面团放在一个屉上，屉子放在大水锅上。这样，水蒸气渗入这些小面块，面包就好了。我们喝着中国茶或黄米粥来吃这种热面包——没有牛奶，没有奶油，没有干酪。"这些照片中的传教士，除了大主教着礼服的标准照外，其他教士的日常着装都是中式马褂，戴礼帽或是瓜皮帽，完全是当时普普通通中国人的打扮。

这些照片大致可以分为传教士日常工作活动、外籍传教士之间的合影、教会学校的场景、胶东农村的婚丧嫁娶以及胶东乡村家族的合影几大类。其中乡村孩童的照片，还按照人头数冲洗了数张，可见照片这种当时的"稀罕物"成为传教士与百姓有效拉近距离、沟通情感的"公关手段"。烟台开花石上修建的受难十字架、扩建烟台最美的玛利亚进教之佑圣母堂的哥特式尖顶塔楼、崇正中学的校运会，这些活动在照片中都一一呈现。烟台历任主教常明德、罗汉光、杜安坤等也在照片中留下了身影。

以女性为主的教民合影。

有意思的是，专门为他人拍照的天主教神父梅荫华（Michel De Maynard）也在照片中现身。梅神父 1906 年至 1912 年在中国北方等地游历，留有 230 张反映晚清社会更迭的影像图片。梅神父 1912 年在烟台有过较长时间的停留，其拍摄的照片还被哈利洋行制成明信片对外发售。他在大集体的合影中出现三次，说明他当时也被认为是团队中的一名成员。这些保存下来的照片中是否也有梅神父的作品呢？

照片中唯一的烟台山的全景的底片，在一家照相馆冲洗时，店主称底片不慎遗失。烟台市政府修缮烟台山建筑时，曾在报纸刊登呼吁大家捐献照片、资料的文章。我将自己那张仅有的烟台山全景照片送到有关部门，可惜我当时没有再翻拍一张留

中外神父的合影

138

存，现在只能在烟台山的开埠博物馆里和大家不断转发的烟台开埠历史的微信中一睹它的身影。我还向烟台博物馆捐献了几张老照片，当时说要给个捐献证书，后来也不了了之。

去年看了冯克力先生《当历史可以观看》一书，在《曾入"敌档"》一文中，作者讲述了《老照片》创办的一段经历，说到"通过朋友引荐，从某博物馆相关人员那里获得的一批老照片，大大小小总共有两百张左右，绝大部分拍摄于20世纪初年的烟台及周边。在粘贴照片的账簿硬壳封面的背后，粘有一张巴掌大的字条，正是这张字条简单交代了这批照片的由来。大意是：这批照片原存于烟台市公安局的敌伪档案中，系解放初期从当地的外国教会缴没而来，八十年代初期为该博物馆所征集"。可见《老照片》早期采用的这批照片，与我的照片同出自于烟台公安系统的敌伪档案。想来八十年代初，这批教会人士的照片，已经不再作为"敌档"看待，便移交给了相关文物部门。而我的这批照片，可能是博物馆选剩下的，多是教会里中外人士的合影，感觉其价值不高，便被确定销毁，幸而被我碰上，得以又保留了一些。

后来经朋友介绍，与冯克力先生在烟台所城图书馆相见，看着一张张侥幸"活下来"的老照片，颇有《富春山居图》分而相聚之感。遂写下这些文字，记下这批"敌档"照片分分合合的命运。

我的"文革"摄影遭遇

邹士方

从 1968 年到 1971 年 8 月以前，我是个游山玩水的逍遥派。北京各处的名胜古迹，山山水水，都留下了我的足迹。虽然政治压抑着人们自由的心性，但花开花落，云卷云舒，自然风物依然美丽，我可以在山水中放纵自己年轻的躯体。长安街头的云朵也许预示着什么，动物园的鹅队完全是青春的圆舞曲。玉桥云霞凝重，暮色冬云壮丽，蔷薇双鹅浪漫，高山青松庄严。清晨，当一只小鹿睁开朦胧的双眼，午后，当一只蜜蜂徜徉于花朵间，你感到生命的活力无处不在。

生活依然在继续。

但有时你还是逃脱不了政治。1969 年夏天，北京修建环线地铁，将西直门城楼、箭楼等拆除，在箭楼下发现埋在地下的元朝和义门瓮城门。我闻讯赶去拍照，却被工作人员没收了照相机。他们阶级警惕性很高，让我到他们的办公室谈谈。结果发现我并非坏人，才将相机还我，还好没有曝光胶卷。瓮城门原址现已辟建为道路，城门没有保留。同学们认为我拍的这张照片，很有历史价值。在明代的城墙里砌着元代的城门，这是北京地域层累型文化记忆的一个象征，也是一个佐证，呈现了

作者在元代和义门瓮城门前（1969年夏）

作者（中）与中学同学顾江（左）等在颐和园摆弄照相机（1969年）

北京的历史感和文化纵深。

后来我在牛街拍摄礼拜寺，又遇到同样的情况。我刚掏出相机，就被当时被戏称为"小脚侦缉队"的戴红袖标的居民大妈们抓住，扭送公安派出所。结果也是有惊无险，不过照片后来没有保存下来。

1970年我因为洗照片，有过一次尴尬的遭遇。我的一位小学同学和他的一个弟弟、一个妹妹都去了黑龙江生产建设兵团，父母也去了干校，他家里只留下一个小妹妹，与我也十分熟悉。他家有洗照片的设备，但没有暗室，过去我经常夜里在他家洗照片。现在虽然他不在家了，但我征求了他小妹妹的意见，夏天的晚上就在他家外屋洗照片，他的小妹妹在里屋睡觉。谁知半夜街道居委会老大妈来查夜，怀疑我与同学的小妹妹刚发生过不正当关系。我怎么解释，她们还是抱着怀疑态度问这问那。

天安门广场国庆雨夜（1970年）

长安街的云（1974 年）

我脸上发烧，同学的小妹妹害羞得更是语无伦次。由于天热，我只穿着裤衩，上衣脱了，光着上身。同学的小妹妹也只是穿着小裤衩、小背心。那年我二十一岁，同学的小妹妹虽然只有十四岁，但身体已发育得凸凹有致，个子又高，乍一看，完全是个大姑娘。孤男寡女，深夜同处一室，穿着暴露，难怪被人怀疑！老大妈们询问了我的住址，就叫我端着一盆泡在水里的照片，押解我到我住处的居委会去。我当时十分尴尬，好在同学家距我家不远，只隔着一条马路。到了居委会，居委会主任是认得我的，她是解放军萧文玖少将的夫人，她的儿子与我是北京三中的同学，她也知道我喜欢摄影。于是她为我做了担保，放我回家。一场误会才消除了。

岁月神偷

施顺才

翻开我的"家庭照片档案",像面对一个储存记忆的大仓库,随着一张张照片的展现,仿佛是在倾诉着自己的无忧无虑、少不更事、风华正茂、身陷囹圄、重整旗鼓的历程,情不自禁地发出无奈的感叹:岁月神偷。

无忧无虑

幼年和童年是一片模糊的世界,只有零零星星的记忆碎片在闪烁。母亲四十三岁才生我,父母亲喊我"老巴子"(小儿子),上面七个兄姐称我"小老弟"。我是一个幸运儿,在我出生时父母已通过勤劳致富走出寒门,开起五洋店(洋烟、洋酒、洋火、洋油、洋蜡烛),当起老板,打小就有人叫我"小开",过着饭来张口、衣来伸手的无忧无虑的宠儿生活,且有老巴子享有的特权,如1940年春节,母亲就带两岁左右的我到照相馆拍人生中第一张"春节照"(图1),母亲说我人小却不胆怯,又很配合摄影师的摆布,说明我从小就爱照相。尽管穿的开裆裤,甚至连"小麻雀"都露出了,母亲仍视为珍宝把它挂在墙

图1

上的相框内。

　　每逢过年，我收到家人与亲戚给的压岁钱最多，但又不会花，也舍不得花。父亲怕我把钱弄丢，想方设法要把钱"骗"去，他经常对我说："你把压岁钱交给我保管，我给你利息好吗？"我不肯。他又换个说法："把你的压岁钱折合香烟，你不就成了股东小老板了吗？"我仍不答应。母亲领会父亲的意图，对我说："老巴子呀！你就把压岁钱折合成香烟存在店里，待过

图 2

生日时给你做新衣拍生日照。"我就毫不犹豫地把压岁钱通通
交给了父亲。

　　1943 年，母亲信守对儿子的诺言，带我到南京新街口中央
商场，选购了一套时新的中山装和一双新皮鞋，在照相馆拍摄
了一张五岁的生日照（图 2）。

少不更事

　　读书时代，我是一个少不更事、严重偏科的学生。有句谚语：

图 3

"学好数理化，走遍天下都不怕。"我偏偏对数理化不感兴趣，而偏好文史地，更爱体育、音乐和文艺。

上小学时，我是舞台上的活跃分子，演讲会获过头名，演话剧屡获好评，演双簧受观众啧啧称赞。1950年在明德小学毕业互赠纪念照时，我的双头照（图3）亦受到同学们羡慕。小学毕业后班主任还常找我到校为毕业班排节目，我扮演的双簧剧成了母校一个保留节目。

在南京市立五中读初中时，家里突然发生变故，我不得不休学，一年后才复课。这时我变成了球场上的活跃分子，特别

图 4

喜欢篮球、乒乓球等运动，尤其酷爱篮球。让家人匪夷所思的是，我可以一天不看书，不能一天不打球，即使下雨天，学校无室内体育馆，也要和几个球友冒雨步行一个多小时，跑到有室内篮球馆的金陵中学去打球，门卫不让进，我们偷翻围墙进去过球瘾。当年我身高仅一米六左右，不是打球的料，但在球场上十分活络，不但投篮命中率高、假动作多，且运球、传球、投球的姿势讲究优美。体育老师给我起了个外号叫"小球鬼子"。

由于偏科，数理化成绩平平，家人提醒我要全面发展，我还振振有词地说：普希金不也是对数理化不感兴趣吗！1954年虽然毕业照（图4）贴到初中毕业证书上，但高中入学考试，我班仅三分之一同学升入高中，三分之二同学名落孙山，其中包括我，从此自灭了大学梦。接下来与爱好相投的学友报考西安地质专科学校，不料考前发高烧被迫放弃，病愈后进了工商专科学校。当意识到蹉跎了太多青葱的岁月后，便告别了篮球，把兴趣转移到阅读及拉小提琴上。记得一次老师布置作文，我自作主张写了一篇题为《我的心呀！在未来》的抒情诗，是仿英国著名诗人彭斯的《我的心呀！在高原》而写的，并准备挨老师批了。但出乎意料的是，这首诗被选登到学校的墙报上，它像一针兴奋剂，激起我的写作热情，并将我的习作请语文老师审阅、指教。令我印象深刻的一句评语是："……你不但要学普希金的艺术性，而且还要学马雅柯夫斯基的战斗性……"为了表达谢意，我专门请老师在胜利电影院看了电影《乌克兰诗人舍甫琴柯》。

风华正茂

1955年，同班两位高中落榜待业的同学动员我和他们一起报考南京科学仪器厂（后为江南光学仪器厂），结果三人录取两人，其中包括我。考虑到家庭再度发生变故，经济出现拮据，我毅然决然地选择退学进厂了。

进厂时我才十七岁，风华正茂，又遇火热的"学习苏联老大哥"的时代，学苏联涉及政治、经济、文化等各领域。当年苏联提出要"十五年赶超美国"，中国也跟着提出了"十五年赶超英国"的目标，我们光学仪器厂则提出了"赶超德国蔡恩光学厂"的目标。为了实现这个目标，我们一度白天上班争分夺秒地抢任务，晚上加班加点，参与土法上马的全民大炼钢铁。那时大家也不叫苦不叫累，干得还特别欢。

前苏联的文学作品、电影、歌曲、舞蹈、着装等是我们那代年轻人争相追逐模仿的内容与目标。当年仿苏的就是时尚的，仿苏形成了全国性的潮流，而我称得上典型的"弄潮儿"。专读苏联名著，喜看苏联电影，爱唱苏联歌曲，沉湎交际舞，追求苏式打扮。那个时期拍照亦是我的一种癖好，1955年仿苏联男青年的卷发就烫了卷发（图5）；1956年做了一件新苏联花

图 5

图 6

布衬衫（图 6）；1957 年借戴一顶苏式猎帽（图 7）；1958 年看了苏联电影《在和平的日子里》就羡慕苏联水兵的海魂衫，千方百计购买海魂衫和吹苏式火箭头（图 8），成为当年的时髦青年。

1958 年底，南京江光厂抽调一百八十余名技术骨干支援北京教学仪器厂上马生物显微镜，我有幸成为其中一员。当年我们为能参与首都建设而兴奋不已，虽然国家正处于三年困难时期，但北京的物资供应大大优于其他城市，就粮食定量而言，北京员工每月三十多斤，而南京只有二十多斤，那时我经常寄粮票贴补南京家人。文化生活仍很丰富，单位周末举办舞会，节假日发放电影票，周日就游览北京景点，每到景点就少不了要留影（图 9）。

调京第二年，厂里派我们一行五人前往长春光学研究所和

图 7   图 8

沈阳光学仪器厂参观，返京前同行者到商店买土特产，只有我大街小巷寻找有特色的照相馆，当发现一家长春照相馆橱窗内的"树叶头像"很奇特，便毫不犹豫地进去拍摄一张（图10）作纪念。

在北京工作期间使我大开了眼界，每年国庆节、五一国际劳动节都举行盛大游行，也经常有夹道欢迎或机场迎送或欢迎大会等接待外国国家元首和政府首脑的任务，我多次有幸参与，近距离目睹我国与外国的最高领导人。这给我留下了不可磨灭的印象。

身陷囹圄

1965年结束援京，又重回故里。怎料得到等待我的竟是一

图9

段身陷囹圄的日子。我是一个谨小慎微的人，"文革"期间自己有个"四不一坚持"原则，即不参加宗派、不写大字报、不与人辩论、不到武斗现场和坚持正常上班。越想安分守己，却越事与愿违，这期间，市工农兵文联《东方红》刊物主编向我约稿，我写了一首《敬祝毛主席万寿无疆》的诗歌投去且刊登了。后来有人对刊物内一篇杂文进行批判，称文中影射"伟大旗手"江青，故将该刊当作"黑刊"批判，我写的诗歌本毫无问题，却被扣上为"黑刊"打掩护的罪名遭批斗。

图10 　　　　　　　　图11

　　"文革"期间，曾掀起"全国学习解放军"的热潮，顿时人们把穿黄军装视为时尚，我一向追求时尚，在侄子退伍时，跟他索来一件旧军衣、帽，特地到新街口环球照相馆拍了一张"文革"时尚照（图11）。就是这张照片在抄家中被没收，并作为我冒充解放军招摇撞骗的"铁证"。

　　"文革"期间，召开各种大会前，齐唱"语录歌"已成惯例，由于我会指挥，主持人往往请我指挥"造反有理"的大合唱，结果又批判我煽动大家起来造反。

　　我长在商人家庭，父母信仰基督教，我爱看世界名著和爱唱世界名曲，喜欢跳舞、摄影和着装时尚，等等，这些都成了我追求资产阶级生活方式的"罪状"，没少挨批斗。

　　接下来，我又在深挖"五一六"反革命集团中，被打成"五一六分子"，接受审查，给我办走读学习班，即下班以

第78号

关于施恒才同志的平反决定

在清查"五·一六"中，由于林彪修正主义路线的干扰和破坏，吴大胜同志等人违背了毛主席的革命路线和政策，在路线斗争中犯了严重错误，破坏党委集体领导的原则，搞逼、供、信，搞扩大化，混淆了两类不同性质的矛盾，打击伤害了一部份干部和群众，否定无产阶级文化大革命，性质和后果是严重的。我们执行了吴大胜同志等人推行的这条错误路线，把施恒才同志作为"五·一六"审查，这是完全错误的。

遵照毛主席关于"有反必肃，有错必纠"的方针，根据省委〔197 4〕89号和91号文件，决定对施恒才同志平反，恢复名誉，消除影响。对其被错误的作为"五·一六"审查的一切材料，由组织统一销毁。如有遗漏，一律作废。

中共江南光学仪器厂委员会
一九八〇年4月1日

图12

后不准回家，办学习班或批斗或写交代，我拒不承认自己是"五一六分子"，就每天让我学《南京政府向何处去》《敦促杜聿明等投降书》，至深夜十二点甚至两三点才让回家，骑一个多小时自行车回到家，仅能睡两个小时左右又得起床骑车赶去上班。对我而言，可谓精神折磨，惶惶不可终日。

莫须有的罪名和精神摧残，颇感生不如死，欲寻求摆脱，当我深更半夜有气无力地骑着自行车行驶在城郊的路上，几度想骑车冲入路边水塘里一死了之，转念想到命归黄泉解脱了，但肯定给我定性为"畏罪自杀"，那么妻子与两个读小学的天真可爱的女儿，将背上反革命家属罪名，我才是千古罪人啊。一番思想斗争后，感悟到没有过不了的坎，也没有过不了的河，下决心受再大委屈也要活下去。之后办完学习班在万籁俱寂的深夜骑行在郊外路上，不再想寻死，而是背诵普希金《假如生活欺骗了你》的诗句以自慰。可喜的是，在望眼欲穿中，终于企盼到落实政策，于1975年4月正式平反（图12），我手捧"平反决定"笑靥如花。

重振旗鼓

十年"文革"不堪回首，但不可因此郁郁寡欢、一蹶不振，我暗下决心必须换个环境重振旗鼓。经过努力，通过"贵人"推荐，1976年我调至国营南京分析仪器厂工作，在新单位不时会遇到一些新产品的关键技术难题，由于心情舒畅，我废寝忘食地钻研与试验，克服一个又一个技术难关，并被评为全厂三连冠标兵，1977年还在全厂大会作交流发言（图13）。

改革开放的热潮席卷华夏大地，人们的积极性得到充分挖掘和释放，为填补我厂大型物理光学仪器（原子吸收分光光度计）的空白，我带领的攻关小组夜以继日地运用现代化管理方法，进行质量控制，攻克了"狭缝刀片"的产品关键部件的难关，且能与先进的日本同类产品相媲美，并于1983年在省、市发表和演示该项现代化质量管理成果（图14），荣获优秀成果奖，一时名声斐然。

要说"文革"十年不平常，"文革"之后的十年亦不平常，我在工人、组长、调度、分工会主席、企业报记者等不同岗位，均有建树。例如，在担任光学研磨组长时，曾在创先活动中逐年上台阶，直到被授予中华全国总工会先进班组。记得当年到厂调研的中华全国总工会副主席王崇伦，看到我的事迹后提出

图 13

要见我，询问如何把光学组打造成全国先进的，我向他一一汇
报后，他拍拍我的肩膀："你是好样的，继续努力。"又如我
担任分工会主席时，创造性运用现代化管理的方法组织劳动竞
赛，开创了竞赛的新局面，收到了竞赛的好效果。具体做法是：
一、运用目标管理建立竞赛体系；二、运用系统工程规定竞赛
程序；三、运用矢线图法安排竞赛计划；四、运用价值工程评

图14

价竞赛效益。这种采用科学方法开展竞赛是一种创新，效果十分显著，并荣获"现代化管理成果奖"。

在那些呕心沥血的日子里，我共获得各类先进荣誉二十多项，发表各类现代化管理成果十多项，入党后又被评为优秀共产党员，并在1985年党支部大会上作"如何发挥党员先锋模范作用"的发言。"文革"中的"落后分子"，改革开放中成为名符其实的先进分子。蓦然回首，迢迢人生路上像一首动人的乐曲，一个个跳跃着的音符，仿佛铺设了一条喜怒哀乐的旅程。神偷岁月，令吾怀想。

我的一张"老照片"

张丹非

　　前段时间因搬家整理旧物，我又翻检出了这张已近半个世纪的老照片（图1），父亲在照片背后写有"1970年8月7日摄于黑龙江省双鸭山市"的字样，那年我五周岁。照相的原因是独自生活在山东老家的外婆想念我们，想要一张我家全家福以慰思念之情，为此才有了我的这张"老照片"。

　　那时照相是件奢侈的事，我家又距城里较远。因为后来爸爸多次提到这次照相的经历，所以我还能隐约记得那天全家起得很早，吃过早饭后如过年般每人换上平日舍不得穿的新衣服。爸爸还特意给我整了个三七小分头，以至于后来大家都嘲笑我这发式像小汉奸、小特务。然后，爸爸用自行车推着我和姐姐，妈妈和哥哥步行，大概走了八九公里的路，才到城里唯一的一个国营照相馆。

　　我们先照了张全家福（图2），之后爸爸又提出给我照张单人照。照相师傅是一位四十岁左右的男士，人很风趣幽默，给我摆了个很酷的叉腰造型，然后扮着鬼脸逗我笑。由于年幼和不常照相加之对陌生环境不适应，咋逗我也不笑。见逗不笑我，照相师傅突发奇想，上前将我活裆短裤里"男性商标"亮

图1

了出来。我依然一脸严肃地在那认真摆着我的姿势，可照相师傅却大笑不止，乐得前仰后合地按下了快门，定格了这张照片。

父亲特意嘱咐照相师傅将这张照片放大成六英寸，并着了色，那时的彩照是很时尚的。这张照片后来一直和许多家庭照一起镶嵌在一个大相框内挂在家里墙上（这是那个年代许多家庭室内标配装饰物），长辈和小伙伴们看了总要逗我一番。再

图2

后来我渐渐大了，自己感到不好意思，就悄悄地将这张照片从相框中撤了下来。

弹指间已过去四十多年了，爸爸妈妈早于2006年和2015年去世，哥哥、姐姐也都年逾花甲，成了孩子们的爷爷、姥姥，我也年过半百，女儿研究生都即将毕业。深叹时光荏苒岁月如梭，随着年龄的增长越发怀旧，每每睹物思人，睹物思事。

一百零三年前的济南法官们

谭金土

　　清朝末年，沈家本作为修订法律大臣，主持法制改革，光绪三十二年（1906）颁布的《大理院审判编制法》，设置了四级三审的审判机构。大清宣统三年（1911）一月二十六日，山东高等审判厅和济南地方审判厅正式设立。

　　民国初年的司法，基本承袭了清末的制度。这张照片上题着"山东高等暨济南地方审判厅民国四年厅员全体摄影纪念"，民国四年为公元1915年，从大清宣统三年成立算起，山东高等审判厅和济南地方审判厅成立已五周年了。照片上共有五十七位山东高等审判厅和济南地方审判厅的厅员参加合影。照片的题款中称厅员而不称法官或推事，或许这五十七人中包括书记官及相关行政管理人员在内，厅员的概念可以指在两级审判厅内工作的所有人员。

　　这张照片的背景建筑两侧镶有两块牌子，右侧写着"济南地方审判厅"，左侧写着"济南地方检察厅"。光绪三十二年颁布的《大理院审判编制法》除设置各级审判厅（法院）外，还第一次设置了各级检察厅。山东省高等检察厅和济南地方检察厅都是大清宣统三年同时成立的。

山东高等审判厅设在山东省城济南，管辖全省一百零七县的司法案件。那时的地方审判厅是比初级审判厅高一级的审判机关，大清宣统三年二月，山东省设有二处地方审判厅：济南地方审判厅，管辖胶东道八县及济南、东临、济宁道三道八十一县；福山（烟台）地方审判厅，管辖胶东道福山、掖县等十一县。民国十一年（1922）收回日本人对胶济铁路及青岛的管辖权后，又设立了青岛地方审判厅，管辖胶东道胶县、平度等七县。

民国初年也曾尝试在各县设置初级审判厅和初级检察厅，

山东高等暨济南地方审判厅民国四年厅员全体摄影照片

不久就因为摊子铺得太大、经费不足而裁撤。民国三年（1914），国会议决废除了初级审判厅、初级检察厅，仍然由县知事兼理司法事务。

照片中山东高等审判厅、济南地方审判厅的厅员中还没有从国内的法政大学毕业的，朝阳大学是国内第一家法政大学，它是1912年创办的，而以研究英美法为主，兼及国内法的东吴大学比较法学院则于1915年才在上海创办，因此照片上的这些法官绝大多数还是由清末考取功名的知识分子通过选拔经法政训练班结业后成为法官的。清末民初的法官、检察官也有极少数是从日本、德国学成归国的，清末的的司法改革请的是同为大陆法系的日本和德国的顾问，所以清末民初送了一批人到日本、德国去研习法律。照片中第二排居中和左侧有两位穿西装的，他们或许就是留洋喝过洋墨水，从日本或德国的法政大学毕业后回国入选山东高等审判厅的。

这张照片的右下方标明了照片是由"芙蓉街振华公司照"，振华公司即振华照相公司，那个年代照相馆名号的叫法可谓五花八门，有学日本叫写真馆的，而叫公司的，是英语翻译的叫法，还有不少用的是馆、阁、轩、记等中式名号。

这振华照相公司开设在芙蓉街上，芙蓉街是济南一条始于金、元，发达于明、清时期的街市，位于济南市中心，得名于是街中路西的芙蓉泉，芙蓉街现在依然是济南的繁盛之地。

振华照相公司拍摄山东高等暨济南地方审判厅厅员合影，不是在照相馆的摄影棚中，而是带着照相器材到济南地方审判厅大楼前实地拍摄的。照片28厘米×20厘米大小，泛着紫褐色的色彩，图像非常清晰，隔着一百零三年的时光，那个时代的法官们的模样依然清晰可辨。

1952年的济南标山小学

王学美

建国初期，百废待兴，生产建设各条阵线人才缺少，国家便号召无业的知识分子、技术人员接受专业培训后上岗工作。1952年，济南市创办了知识分子失业训练班，即"失训班"。

失训班位于现在济南市山东省实验中学校址，面向全市招生。我原籍安徽省蚌埠市，高中毕业后结婚，来到济南赋闲在家。听到招生通知后，当即前往报名参加考试。当时报名人员年龄不一，经考试、政审合格后我被顺利录取。之后，参加了一个多月的培训，课程安排十分紧凑。我因为离家远，每天早晨带午饭去学习，直到晚上才能回家。结业后，学员由失训班按照每个人的专长和表现，分配到各县区的文教、医药、工商会计等岗位试用。我那时二十二岁，刚结婚不久，被分配到市教育局。局领导找过我，了解到我有一个哺乳期的女儿，困难较多，便就近将我分配到市郊区的标山小学工作。

那时候的标山还是村庄，进村时我看到周围很多地方用石灰水画着大圆圈，据村民说常常有野狼进村祸害牲畜，狼性多疑，见画的圆圈就以为是陷阱，便会离去。学校就在村里的小山上，是由一座破庙改建的，房屋不多，条件简陋，而且交通

图1 作者时年二十二岁。摄于1952年。

不便，从市区来只有一条通往北郊的公共汽车，在标山有站牌，下车后，曲曲折折要走很多路才能到学校。老师们都住校，吃住在一起。学校从村里请来一位村民做饭和干些杂务。我那时带着哺乳期的女儿住校和大家在一起不方便，就住在学校附近的一户村民家里，这家人也帮我照顾孩子。那时，村里没有电灯，老百姓晚上照明只有小油灯，而学校也只是点带灯罩的煤油灯，老师们便在煤油灯下备课和批改学生的作业。

我是第一次当老师，虽有热情却苦于没有经验，除了向其他老师请教外，学校还安排我到校外接受补习培训。在校的学生文化参差，高低不一，有些学生的年龄比老师还大。而且同层次的学生数量往往不够组成一个班，所以在一个班里通常要包含三个年级的学生，称为"复式班"。老师每天需要备三个年级的课程，而且由于学校的教师不多，一个老师需要兼着语文、算术、音乐和体育等多门课，称为"全能老师"。教学缺少教具，上音乐课没有伴琴，老师只能按照乐谱口授；没有操场，体育老师便带着学生在教室间的空地上跑步和练习列队做操。不过，工作条件虽然简陋艰苦，但老师们互相帮扶和照顾的氛围与尽心尽职教学的态度，是我这个初进校门的新教师倍感钦佩和敬重的。

图2 1953年尹校长调往他校工作时，全校老师欢送并合影留念。前排左起柏光坤、教导主任石素、尹校长、朱永熙，后排左一为高英、右一为作者。

图3 1960年在阁子后街小学任教时与全体老师合影。后排左五为作者。

　　解放初期，劳动人民文化层次较低，尤其在农村很多人都不认识自己的名字。1952年，国家号召全国各地举办识字班学习文化知识，即"扫盲运动"。学校领导组织老师们晚上深入村里办识字班扫盲，动员和劝导村民到识字班学文化，来识字班的多是青壮年和家庭妇女，从读写自己的姓名开始到读写农具名称等生活常识用字，但人员并不稳定。我去外村的标山小学分校识字班上课的时候，村民担心有野狼，危及老师的安全，便提着灯往来接送，使我非常感动。

　　1953年，国家选拔优秀人才深造，我们学校分配到一个名额，经大家推荐，柏光坤获得了去北京广播学院深造的机会。1956年，我调往市区岳庙后小学。1960年到阁子后街小学任教。1986年退休。

1954 年：中国亮相大马士革博览会

李 宾

1954 年首届大马士革国际博览会，从 9 月 2 日开幕到 10 月 1 日闭幕，历时一个月。中国参加这届国际博览会可谓一波三折，在冷战时期，博览会也被赋予了政治色彩。

在这之前，1951 年 3 月，在新中国成立不到一年半的时候，我国首次参加了莱比锡春季博览会，之后又参加了布拉格博览会，这标志着新中国展览业由此拉开了序幕。尤其是 1952 年中国国际贸易促进委员会的成立，更使新中国参加国际博览会的活动有了组织机构。当时百废待兴，一切都在有条不紊地走向正轨之中。

中国此前参加的两次博览会，都是在社会主义阵营中举办的，自然受到了社会主义大家庭的关照，一切也较为顺利。1954 年 5 月叙利亚舆论界就对邀请中国参展发出了呼吁，当叙政府决定邀请中国参展时，还是受到了美国驻叙利亚大使馆的阻挠和抗议，在叙利亚四十多位律师的声援下，叙政府顶住压力向新中国发出了邀请。但留给我们的时间已经很紧迫了，这对新中国来说是个挑战，好在有前两次对外参加博览会积累的经验，从中国代表团人员的组成到展示产品的内容的确定，都

图1 中国馆外景

图2 叙利亚总统9月2日来到中国馆。

在紧锣密鼓有条不紊地进行中。考虑到叙利亚为阿拉伯国家，为便于交流和拉近关系，代表团成员特地配备了两位穆斯林，翻译也配备了法语和英语翻译，可谓阵容齐整。先期工作人员提前一个月就到达叙利亚，开始了紧张的筹备工作。

博览会会场位于大马士革著名的巴拉达河两岸，占地约二十五万平方米，实际展出面积为四万平方米，著名的莎拉雅曼清真寺就在博览会场馆旁边。中国馆的主体建筑为中国皇家建筑风格，装饰上施以彩绘、宫灯和红纱灯，中国元素得以在异国充分的展示。

这是中东国家举办的第一次国际博览会，叙利亚上至总统、

图3　叙利亚总理参加招待会

图4 社会主义大家庭的朋友参加招待会。

总理和部长，下到广大人民群众无不对博览会表现出极大的热
情。博览会于9月2日如期盛大开幕，共有来自东西方阵营的
二十六个国家竞相展示自己国家工农业发展的最高水平。苏联
和美国这两个代表东西方阵营的两大主力，其展馆也是居于显
耀位置，他们更是不遗余力地展示自己的科技成就，其规模也
是所有参展国最大的。叙利亚国家领导人在博览会总监陪同下，
出席开幕式后就亲自来到中国馆，对新中国来参加博览会表示
欢迎和祝贺。

中国馆由于展品还没到达，没能如期开馆，直到9月11
日中国展品才到达贝鲁特港，代表团成员和工作人员夜以继日

地搬运和布展，中国馆于 9 月 17 日终于拉开了帷幕。当地报纸和电台对中国馆即将开幕的消息做了报道，人们潮水般地涌来，离开馆还有一小时，售票处就已经挤满了人。

现在搞个博览会，无不突出经济的作用，即使与经济联系不大，也要"文化搭台，经济唱戏"，可当时的博览会却是"经济搭台，政治唱戏"。作为配合新中国政府外交政策的重要活动，为冲破当时西方国家对我国的政治孤立和经济封锁，为促进同世界各国人民之间的友谊，我国对这次博览会自然是极为重视，更想利用这次博览会难得的机会，宣传新中国的经济建设成就，并广交朋友。所以各种外交往来也是频繁不断地进行，为此中

图 5 位于展厅正中的工艺品玻璃橱

图 6　色彩缤纷的丝绸塔

国代表团于 9 月 17 日开馆的当晚就举行了盛大的招待会。

　　为了搞好关系，也是加强对外宣传。代表团的穆斯林和翻译，还把从国内带去的礼品分别送到叙利亚总统、总理和一些部长官邸。当时的代表团成员还清晰地记得，阿塔西总统拿到礼物时高兴地说："贵方送给我的礼品，让我感动，您们快要回国了，祝您们一路顺风。"而总理加斋拿到礼物时更是平易近人地说："星期天请您们一起吃饭，届时我的夫人和女儿也一起作陪。"给沙特阿拉伯驻叙利亚大使送礼品时，还出现了点波折，事前打听到其使馆不接待女士，而我们团的翻译就是两位女同志啊！这可如何是好？代表团又不愿放弃这次难得的机会，去时大家对此一点底都没有，内心一直是忐忑的。然而，去后大使不仅热情地接待了大家，还和同去的两位女同志握了手，这更是出乎所有人的意料。团里的穆斯林还专门拜访了世界著名和平人士阿什玛尔长老，抓住一切机会介绍新中国的宗教政策。

这届博览会，中国共带来了两千余件展品，在展厅中央布置的是八个玻璃厨，展示着象牙雕刻、景泰蓝和漆器等中国传统的手工艺品，特别是二十四层的象牙球代表了当时手工艺品的极致，让观众叹为观止。一位来自埃及的古玩收藏家参观后，对我馆的工作人员说："我走遍了欧洲和美洲，从未看到过这

图7 中国产的机床设备

图8 纺织机械

样精致的艺术品，中国人民真是富有艺术天才和悠久的文化传统，了不起的人民啊！我祝福你们。"特别是中国解放初修建的水利设施（治淮、荆江分洪和引黄济卫三大水利工程）电动模型，更是带给观众视觉的盛宴，让观众仿佛有身临其境的感觉，他们无不为新中国的成就赞叹！色彩缤纷的丝绸塔和羊毛织品展台更是引来了无数女性观众的驻足，她们不断地问："这种衣料卖吗？我想订一套衣料。"各种风格的地毯、抽绣、挑花、刺绣等手工艺品，更是博得了中东观众的赞美，他们争先恐后地订购心爱的产品。最有趣的是一位来自约旦的"土豪"，指着地毯对我工作人员说："请务必帮我把这块地毯留下，我要把这块地毯送给我女儿做结婚礼物。"而机械部分的展品更是给观众带来了惊喜，观众连称"奇迹，奇迹"。中国馆的机械设备及工人的示范操作，无不让参观者兴趣盎然，另外我们也展示了轻工产品和钢铁制品。参观的人流真是摩肩接踵、熙熙攘攘，相机也是不停地闪烁。此外，中国馆陈列的各种粮食、油脂、土特产、茶叶、药材也引起了观众的注意，特别是各种瓜果蔬菜模型做工精美，使观众连连称赞不已。观众对展品的书面说明，也都要仔细阅读，可以看出观众是想通过参观更多地了解新中国，特别是很多商人仔细地打听出口物质的规格、大小、特性与价格，对与新中国开展贸易往来表现了浓厚的兴

图9 钢铁制品

图 10 黎巴嫩总理萨姆在中国馆参观。

趣。

　　中国馆展出的两周中，约有六十万人次来馆参观，其中有黎巴嫩总理萨姆、沙特阿拉伯亲王、各国外交使团人员、宗教领袖、社会名流、工商界人士以及叙利亚的工人和农民等。中国馆问讯处前常挤满了人，中国进出口公司的代表忙得也是不亦乐乎，接见来自中东国家的工商界人士，他们有的打听各种产品的价格，有的探讨与新中国开展贸易的可能性。显然，中国馆的产品强烈地吸引了各方来宾，他们对与新中国交往产生了极大的兴趣。

　　此次博览会的作用和效果，正如回国后总结的那样：宣扬了新中国五年来的和平建设成就，增进了中国与叙利亚及其他阿拉伯国家人民间的相互了解和友谊；与叙利亚政府发生了若

图 11　沙特阿拉伯亲王在中国馆参观。

干务实性关系，促进了中叙两国的经济关系与贸易往来。中国
参与国际博览会活动，不仅有着发展国际经济贸易、促进新中
国社会主义经济建设的目的，还有维护与巩固新中国的国际地
位和新政权政治稳定的意图。此次博览会也为其后 1956 年的中
叙建交打下了良好的基础。通过这次博览会也暴露出了组织水
平和专业化程度还处于初级阶段，把博览会作为一个产业来发
展的经营意识远未形成，博览会从严格意义上讲还不具备现代
贸易博览会的特征。

也说《一张梅兰芳拍摄的照片》

马　均

三年前，我有幸在老照片收藏家谭金土先生处，收得梅兰芳先生亲手拍摄的照片一张（图1）。其间有机会一直关注和收集此影背后的人与事，期有一日能对这张佳片作出较完整的诠释，也不负这张照片存于吾处。此间有缘由此片结识片中天台山农之孙刘天学先生及上海文史学者李建华先生。

早在2009年4月，谭金土先生即于《老照片》第66辑中发表了一篇《一张梅兰芳拍摄的照片》。2009年7月天台山农之子刘小农老先生撰文《新花园宴请梅兰芳小记》发表于《上海滩》，对谭金土先生一文做了补充与更正。2016年李建华先

图1　梅兰芳所摄照片

生在其博客中发文《一张梅兰芳初学摄影时拍摄的照片》，又对这张照片拍摄地点等作了进一步说明。在与谭金土、刘天学、李建华就此照片交流过程中，我也受益匪浅。今就这张照片背后的人与事，略作记叙，以悦同好。

照片基本概述：此片横 14.5 厘米、纵 9.5 厘米。银盐基质，贴于周南陔个人影集之中。照片用透明护角固定于黑色底版之上，底版横 20 厘米、纵 15 厘米。周先生用白色广告颜料在照片右侧，由左及右竖写书道："此影为梅浣华手摄于海上霞飞路沙发花园，时梅郎正于摄影初感兴趣，犹忆其影器以重值购自某处（似为商务印书馆）。自告奋勇，特为予等摄此也。"在照片下面依诸宾位置交错注记有："姜妙香、姚玉芙、袁寒云、施某、天台山农、文公达、张聊止、予留小髯、余子英、步林屋、美名记者某、沙发之弟、美某女伶某、许建屏、美名记者某、沙发。"片内中宾十一人，西宾五人。宾主穿着冬衣，严谨正规。站立于石阶之上，随性自然，未分层阶。一副平和之状，自由之态。

该片拍摄时间和地名，照片中未予注明。初始谭先生推断为 1929 年末，梅兰芳离沪访美前夕。后片中主角天台山农之子刘小农老先生论证此片拍摄的确切时间为 1923 年 12 月 13 日。其父亲天台山农和世伯步林屋均参加即日游园宴会，并分别撰文《新园游记》和《新康花园谦梅记》，发表在 1923 年 12 月 14 日的《新闻报》上，将这张照片的拍摄时间说得一清二楚，并对拍摄过程作出详尽的撰述。

新康花园谦梅记

昨日（十三日）午，大陆报社沙发君昆季宴梅兰芳于新康花园。绍介者，余与寒云盟弟也。门人施榆邨、俞子英及许建屏君为通译。来宾有山农、公达、镠子、姜妙香、姚玉芙诸君。西宾三人，西女宾一人，名蓓蕾，美国艺术家，其名遥与兰芳相埒者也。宴为华筵，敬华宾也。沙发君颇致景慕兰芳之词，谓天之有日，其光也明，其气也温。今仰梅君亦如日之在天云。又与寒云各致国际亲善之意。宴罢，兰芳以自携摄影器，亲为沙发昆季摄一影，蓓蕾女士摄一影，诸西宾一影，与宴者共一影。寒云为兰芳沙发昆季摄一影，西宾与兰芳一影，兰芳与蓓蕾一影。兰芳又为山农寒云建屏与余共摄一影。余为寒云兰芳摄一影，寒云又为山农兰芳与余共摄一影。都毕乃与辞出，已日暮矣。

上文记叙明确为十三日，所以这张照片应为 1923 年 12 月 13 日所摄。另从文中可看到很多的基本信息，从而补充和更正了原照片之内容。

第一，正确地点应该是现淮海中路（原霞飞路）1273 号的新康花园，该园为新康洋行 1916 年建的私人花园，1933 年新改建成有 15 幢公寓楼组成的公寓式花园里弄，1937 年更名为欢乐庭院，1949 年 9 月 10 日复名新康花园至今。而沙发花园位于现淮海中路（原霞飞路）1285 号，毗邻新康花园，始建于 1916 年，系英籍犹太人沙发所建私园，1933 年园地售浙江兴业银行，1938 年到 1941 年由该行投资分期建造混合结构住宅 5 排 75 个单元沿用初名，50 年代改为上方花园至今，如此详尽考证足见李先生对学术之严谨。

第二，片中的俞子英误写成余子英，施某指为施榆邨，美某女伶某指为蓓蕾，依照片上标注判断应该是多年之后整理装订成册时写的，离这次游园应有一段时间了。回忆以往情景，略有偏差，亦是难免。

此文虽短，但将本次游园过程作了较全面的记载：十三日午，大陆报沙发兄弟通过步林屋与袁克文介绍宴请梅兰芳先生，施榆邨、俞子英、许建屏为翻译，中宾十二人，西宾五人，以中餐宴请诸客。沙发言兰芳，为天之日，以表敬慕之情。宴后梅兰芳先生以自带照相机轮流拍摄，共摄十影，其中兰芳拍摄的与宴客共一影，就是本张照片。粗略统计了一下，梅兰芳、沙发兄弟及蓓蕾四人照了五张，袁克文、天台山农、步林屋及美两位记者拍了三张，许建屏拍了两张，余七人仅拍一合影。从此看来略见当时诸宾之地位。

对于这次游园宴会，此照片的原主人周南陔先生亦以文《寒浣离筵琐录》分为上下篇，发表于《申报》1923年18日和19日"自由谈"专栏中。

寒浣离筵琐录（上）

袁寒云先生北行之日，大陆报总董沙发君设□于新康花园，并谦梅浣华，以浣华尝称赞此园且与寒云相契故也。是会之大略，林屋山人既为记，予盖择其琐事之饶风趣者录之云。

午后三时，沙发以园主华车来迎，寒云、林屋、山农及予同至浣华所。浣目惠赤精，佩紫金瑷磑，无减□彻，别具风标，乃同乘而往。方登车时，寒云初据对浣一座，而让予坐浣山之间。予谦谨，固请得互易。不自意车适西行，微曛斜射浣颊，掩映多姿，此真宇宙间一丽景也。坐对佳士，偶然得此，甚幸！天独厚我。芸芸众生，此福当不许第二人觉矣……

寒浣离筵琐录（下）

宾主酬应之语，亦多可记者。寒云谓，各物富中原风味，食此如在故乡，征主人之意厚也。主人谓，艺术无国界，深愿诸客不以外国人见待，泯异国之成见，诚如袁先生言，令人感亲善之真意。寒云复言，人类之相与，情真则交亲，岂徒国界观念，不宜横梗中心，即种族之异感，亦应屏除胸外。胥人也，平等互助，相携入共进之途，方是世界之正义，云云。诸人为之动容，主人誉浣华为太阳，谓明星不足比也。阴霾四塞，徒见日光，则人人都增美感矣……

周先生此文之题《寒浣离筵琐录》证明此宴会主角实际是袁克文与梅兰芳两人，是为袁克文离沪北行设宴送行，特邀梅兰芳共宴。此处有两种情形，第一为袁克文饯行为主，请梅兰芳共宴；第二是以送袁克文为名，宴请梅兰芳赴宴。综合三文我更偏向于后者，这次宴请的中心人物实为梅兰芳。

此照片之人，能与袁梅两位先生如此交好，亦均为海上名流业界精英。谭先生在旧文中有简叙，不再赘述，然作为这张照片的原主人（图2、图3），亦为本邦先贤周南陔先生之事，再言一二。

周南陔（1893—1967），名然，祖籍贵州，生于吾乡南通如皋，住如皋冒家巷，有绮兰精舍。祖父陈霖在清同光年间多年连任如皋知县，父亲周莲则官至福建布政使。其早年加入同盟会，为上海报社记者，曾与袁克文有金兰之盟，郑逸梅先生在《清娱漫笔》中称其为著述家。辛亥时曾劝降大清吴淞炮台姜国梁。后任吴淞炮台少将指挥官，1913年2月20日晚宋教仁在上海遇刺，周南陔为办理此案的主要负责人并很快捉拿到凶手。曾任交际部副部长之职。1920年与如城诸诗友组成"冷冷诗社"。解放后为上海文史馆馆员，周先生长期居于上海，与上海文化界人士有着广泛的交往。

就在收得此张照片不久，有幸收得周先生解放后所写的一份材料《国民党命名之由来》，得知国民党命名之过程和周先生一些轶事，自述道：依党章有选举权者，二十五岁方可有入

图2 周南陔肖像照

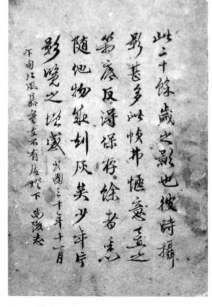

图3 肖像照背面题记

图4 崂山之行留影题记

党资格，我仅二十一岁，既无党员资格，何能充于事呢？于是由中山先生另写一手条，大意为："初创用人之际，不能为资格所拘，特破格准周入党，任为交通部交际部副部长云云。"国民党成立之后本部在北京，上海设国民党交通部，编制很大，人事任用经多次协商未果，最后由孙中山先生亲自指派，由居正做上海交通部部长，姚勇忱、温宗尧为副部长，总务部长庞青城，财政部长王一亭，交际部长虞和甫、周南陔为副部长（虞说明不来办事，由周代理），这些部中最受重视的就是交际部。

图4应该是一张三人合影，但照片已遗失，开始并未作关注，题记为："此景摄于青岛，时居觉生先生总司令东北革命军，予与苏兄住居家，刘兄长青岛办公处。民国五年夏日也，许汝为长参谋，蒋介石亦任参谋，朱霄青长第一师，回首前尘二十年矣，民国二十五年四月廿夜识于海上永吉里凤疴初愈。"照

185

片下分别注记，苏曼殊兄（其帽子犹借予者，故略小），予廿五岁影，刘白兄字耕尘。经查相关资料。大体情况为1916年苏曼殊从日本归国，寄住在上海环龙路44号孙中山的寓所内。得知先于自己从日本回国的居觉生被孙中山任命为中华革命军东北军总司令，已在山东起兵反袁，就急邀好友周南陔一起到青岛看望居觉生，居见苏曼殊特意远道而来看望自己，第二天就安排下属公办处刘白陪同他们去游崂山。这张照片应该是在游崂山时拍的。居觉生就是居正，曾任交通部部长，周南陔以前的直属长官。刘白，字夔臣，周先生误写成耕尘，曾是宋教仁之秘书，宋教仁在医院病故之时，他与居正均在场。由此可见周南陔与居正、苏曼殊的关系是非常亲密的。可惜这张照片已散失，不然亦是一张佳片。

但这张照片的落款就很有价值了。结合相册中另一张关于如皋教育照片（图5）的落款：廿五年四月中浣，志于上海爱文义路。证明了周南陔当时居住在上海爱文义路（今北京西路）永吉里。时间也是民国廿五年，所以这本相册整理成册的时间应为1936年4月。离崂山之行二十年，离梅兰芳所拍的照片也已过去了十三年。

这张梅兰芳所拍的照片承载的人物故事——浮出水面。唯蓓蕾，此次宴会中唯一的一位女宾，美之歌舞专家，由文可知其应为相当知名的艺术家，惜未考证出其人其事，甚憾。也期拙文刊印后，能有博闻之君，知其一二，以解吾惑。

1923年这年正是片中各位主角人生鼎盛风华之年，也是他们人生交集最频繁的一年。这一年梅兰芳先生正值三十岁，意气风发，献演于京、沪两地之间，一年之内连排三部新戏《西施》《廉锦枫》《洛神》（梅兰芳饰洛神，姜妙香饰曹植，姚

图5 如皋教育照片

玉芙饰汉滨游女），好评如潮，人气如日中天。这一年袁克文、步林屋、徐小麟发起"全国伶选大会"，会推袁克文为会长、张聊止与步林屋为副会长。这一年亦是袁克文发起成立"中国文艺协会"，袁克文为主席、周南陔为书记。这一年天台山农刘文玠所书牌匾已名振上海，步林屋自办《大公报》于沪上万纸风行，许建屏执掌《大公报》主笔，文公达司管于梅兰芳承华社宣传与文书。

　　此次游园宴会作为一次非正式的聚会，更能正常地体现出民国时期文化及艺术家们日常生活状态和生活方式。梅先生作为中国二十世纪文艺界代表性的人物，一生所留下的照片不胜枚举，但梅兰芳作为一名普通的摄影者，民国时期拍摄的最早有明确记载的照片，仅此张而已。对我而言，甚是珍贵。但更为珍贵的是因这张照片所承载的故人往事。然最为打动我的还是周南陔先生《寒浣离筵琐录》最后一段话，写得情真意切，文笔语感极佳，将其忧国忧民之心表现得淋漓尽致。每每读来，意味深长，感慨憾然。

予善感，置身绮丽丛中，极视听之娱，每怆怀难笑，念天地之悠悠，叹民生之多难，朱门蓬户，哀乐中人，遂觉荆棘在喉，疮痍满目，岂天生痴骨，不足以语人世豪情怼，抑学养未醇，达观难任，未竟平等之法，犹深悲悯之怀，触绪愁来，而心难把握也，倘荷仁者，应识予心。

默　契

冯克力

新编付梓在即，正寻思在"书末"说点什么，见到了编辑部同事转来成都一署名"阳光"的读者，在《老照片》微商城后台的留言：

"你好，七册书已收到，包装完美，没有一点破损，非常感谢你们对读者的尊重。一九九六年的一天，下班路过书店，看到了刚刚发刊的《老照片》，从那时起、从第一辑开始，二十二年来从未间断过收藏，单行本、珍藏版都有，一册不缺！这二十多年，我无论是在国内还是国外工作，几本最新的《老照片》都经常带在身边，出国时宁可减掉一些个人物品，书我是绝不会放弃的。经常有一些文章描写的感同身受，时时让人热泪盈眶，这在当下这个浮躁的时代实在是难能可贵。近年来因快递行业的便捷，我多在一些购物网站购买《老照片》，可是网站发货的工作人员对图书缺乏爱护、把图书仅仅当作一件普通商品，收到的书籍多多少少都有些损伤，每当翻到这些有损伤的书，心里总有一些遗憾。今天收到你们寄来完整无缺的书籍，非常高兴，谢谢你们的用心和努力！祝《老照片》青春永驻，让老照片里的那些经典故事永驻心田！"

从《老照片》面世到现在，二十多年来，有时私下里，有时在公开场合，经常有人问道，《老照片》还会出下去吗？你们到底能坚持多久？其实，我们很理解外界的这些疑问，像《老照片》这种平实无华的小书，既没有什么惊天动地的影响，明摆着也不会带来多大的经济效益，却风雨无阻，不惊不乍，一本一本地出了二十二个年头，总要有自己的理由吧？

我想，看过了上面的留言，大家或许也就明白了。《老照片》坚持了二十二年，而且还要一如既往出下去，归根到底，是缘于它与读者之间的一种默契。

这一默契，始于"一九九六年的一天"。打那以后，或于地铁站的书摊、或于街角的报亭、或于书城汗牛充栋的读物里、或于亲友的口口相传中与《老照片》不期然的邂逅，已成了我们与千千万万"阳光"们的共同记忆，历久而弥深。

图书在版编目（CIP）数据

老照片.第119辑／冯克力主编.—济南：山东画报出版社，2018.6
ISBN 978-7-5474-1988-5

Ⅰ.①老… Ⅱ.①冯… Ⅲ.①世界史—史料②中国历史—现代史—史料 Ⅳ.①K106 ②K260.6

中国版本图书馆CIP数据核字（2018）第062431号

老照片.第119辑
冯克力主编

责任编辑　冯克力　赵祥斌
装帧设计　王　芳

出 版 人　李文波
主管单位　山东出版传媒股份有限公司
出版发行　山东画报出版社
　　　社　　　址　济南市胜利大街39号　邮编 250001
　　　电　　　话　总编室（0531）82098470
　　　　　　　　　市场部（0531）82098479　82098476（传真）
　　　网　　　址　http：//www.hbcbs.com.cn
　　　电子信箱　hbcb@sdpress.com.cn
印　　刷　山东临沂新华印刷物流集团有限责任公司
规　　格　140毫米×203毫米　32开
　　　　　6印张　123幅照片　120千字
版　　次　2018年6月第1版
印　　次　2018年6月第1次印刷
书　　号　ISBN 978-7-5474-1988-5
定　　价　20.00元

中式乡绅打扮的传教士（参阅本辑《我与"敌伪档案"中的老照片》）

（曲德顺 供稿）

国内订阅：全国各地邮局

邮发代号：24—177

地　址：山东省济南市舜耕路 42—1 号天舜大厦 5 楼（250001）
E—mail：laozhaopian1996@163.com
网　址：www.lzp1996.com

责任编辑／冯克力　赵祥斌

装帧设计／王　芳

手机淘宝　扫一扫　　　《老照片》微商城

微信公众号　　　《老照片》网站

ISBN 978-7-5474-1988-5

9 787547 419885 >

定价：20.00 元

OLD PHOTOS

老照片

定格历史　收藏记忆

一个瑞士女孩的烟台记忆　魏春洋

想象山外世界——故乡雁荡杂忆之六　傅国涌

越南统一前的西贡　秦　风

「四清」文工队的回忆　孙家骐

一本抗战日记　冰　德

山东画报出版社

金色童年的大合唱

　　台湾中部山区一所国民小学男女学童的合影。纯真的笑靥在艳阳下明暗有致，亮丽动人，如同一个个跳跃的音符，又仿佛黄金童年的大合唱，即使物换星移，仍感人肺腑，扣人心弦。（参阅本辑《屋里屋外的童年——岁月台湾 1960 之二》）

（秦风　供稿）

老照片 OLDPHOTOS

出版人　李文波
主　编　冯克力
执行编辑　赵祥斌
特邀编辑　张　杰　丁　东　邵　建
美术编辑　王　芳

第一二〇辑

目录

魏春洋　一个瑞士女孩的烟台记忆 ………………………… 1

傅国涌　想象山外世界
　　　　——故乡雁荡杂忆之六 ……………………… 15

秦　风　越南统一前的西贡 ……………………………… 28

熊景明　外婆 …………………………………………… 40

徐世旭　我的父亲母亲 ………………………………… 45

宋英敏　父亲的一生 …………………………………… 57

李晓郁　父亲日喀则二三事 …………………………… 64

秦　风　屋里屋外的童年
　　　　——岁月台湾 1960 之二 ·············· 71

杨瑞庆　老照片中的水乡掠影 ·············· 82

孙家骐　"四清"文工队的回忆 ·············· 94

吴　畏　在西双版纳的日子里 ·············· 103

罗明威　知青跳"龙门" ·············· 112

李永安　我上过"七二一"大学 ·············· 120

陆源尔　1945 年：我的第一次旅行 ·············· 124

姚显伟　一样的坎坷　不一样的人生 ·············· 132

胡进青　忆瑞康 ·············· 139

冰　德　一本抗战日记 ·············· 152

陈　杰　一张老照片，圆了章氏后人梦 ·············· 175

陈探月　饶家驹与一位军官 ·············· 181

刘　斌　南京的一场婚礼 ·············· 185

冯克力　一张"电路图"与一份"书单" ·············· 188

封　面　1977年，父母在武汉长江大桥留影（徐世旭）

封　二　金色童年的大合唱（秦风）

封　三　伊迪斯和姐弟在烟台合影（魏春洋）

一个瑞士女孩的烟台记忆

魏春洋

近代烟台，作为一个开埠城市，以其美丽的风景、得天独厚的自然条件，吸引了大量西方人在烟台工作、生活。烟台，也给他们留下了深刻的记忆。20 世纪 20 年代左右，一位出生在俄罗斯的瑞士七岁女孩随家人在烟台生活了三年之久。回国后，她写下了一篇回忆性的文章，记述了她在烟台的这段"像是一场梦"一般的生活经历。

定居烟台

1919 年 9 月末，一位出生在俄罗斯的瑞士女孩伊迪斯（Edith Voegel）随父母和家人来到烟台。伊迪斯的父亲华格利（又名非吉利）是俄义勇船行（Russian Volunteer Fleet，亦名俄罗斯义勇舰队）派驻烟台的商务代表，义勇船行是当时俄罗斯最大的商业船队（商用兼军用），总部设在海参崴。华格利在海参崴时，就开办有自己的船务代理公司，是一个非常成功的商人。他在海参崴有两座楼房、大量土地以及海边别墅，并雇有中国厨师、女仆和园丁。全家在海参崴过着非常富足的生活。1919 年秋，

伊迪斯的父亲华格利

苏联红军占领了海参崴，要求外国人 48 小时内离开俄罗斯。由于华格利全家具有俄罗斯和瑞士双重国籍，他们没有被立即驱逐出境，但处境已是岌岌可危。此时，华格利正好被义勇船行任命为驻烟台的商务代表。1919 年秋的一个深夜，华格利携全家偷偷爬上一艘早已联系好的商船，逃离海参崴，前往中国。

经过一番周折，伊迪斯全家在烟台安顿下来。他们的居所在烟台山西侧山脚下的一座西式平房里面。这座房子背山面海，推开窗户，就可以清楚地看到所有进出烟台港口的船只。这座房子也是义勇船行驻烟商务代表的办公室。平房离东海关码头不远，既便于在东海关为进出口货物报关，也便于监督轮船上货物的装卸，而且离存放货物的栈房也不远。

伊迪斯一家来到烟台后，他们就深深地喜欢上了这座海滨城市。伊迪斯在回忆文章中提到：

> 芝罘是中国北方的一个海港城市，坐落在直隶湾（1929年改名渤海湾）南岸。这里的欧洲人街区非常小，中国人居住的街区很少有大房子，这些街区大多是由低矮的房子和狭窄的街道组成。这里是整个中国北方最适宜居住生活的地方。整个夏天，海边挤满了来自世界各地的游客，他们在这里游泳、嬉戏。

法国女校学生

从1919年到1922年，伊迪斯全家在烟台居住了三年。对

伊迪斯在烟台的家

伊迪斯全家

于这段经历，伊迪斯在她的文章中称"一切都像是一场梦"。

起初，伊迪斯的三个姐姐在烟台山东南侧的法国女校就读。法国女校是烟台法国天主教方济各会创办的学校（也称作烟台修道院学校）。第二年，七岁的伊迪斯也到法国女校就读。伊迪斯记述了她在法国女校读书的经历——

暑假结束后，妈妈和姐姐们带我去法国女校。学校紧靠海边。在这里，无论是学习还是做游戏的时候，总能听到海浪拍打海岸的声音。当我们穿过长长的修道院入口进入学校，一个年长的嬷嬷把我们领入接待室。她敲了敲挂在墙上的钟，提醒有客人来了。然后，一个修女出现并和我们打招呼。妈妈告诉她我应该现在就入学。当我看到妈妈不能和我一起进入教室的时候，我开始哭泣。修女把我抱在怀里，用非常和蔼的声音和我说话，她把我带到教室。我的注意力立刻被新的环境所转移，停止哭泣并四处张望。

我们的教室就设在一个长长的两层楼上。二楼住着寄宿学生，楼下是三个大的、明亮的教室。大部分学生是来自哈尔滨的俄罗斯女孩，她们只能在暑假的时候才能回家。但也有一些来自其他国家的女孩。学校把这些女孩分成三个年级。当然，我在最低的那个班级。

在教室里，黑肤色的学生桌椅紧靠墙边。教室的尽头，是老师的桌子和一个大黑板。寄宿学生穿着白领黑色百褶连衣裙，夏天时，她们穿着色彩鲜艳的衣服。

我的老师是一个年轻的修女，一年前她刚刚晋升为修女。我们非常喜欢她，因为她总是非常快乐。但她也非常严厉，我们跟着她学到了很多东西。在学校里，我们只能

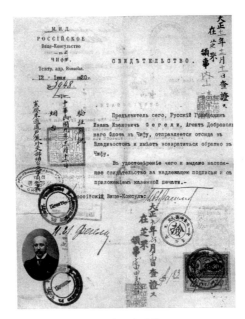

伊迪斯的父亲华格利来烟台的签证

说英语和法语，所有的课程也只用这两种语言来讲授。但我在学校里只学习英语。因为在家里，我跟妈妈学习了德语和俄语。妈妈说：对你的小脑袋来说，这三种语言就足够了。

一学年的学习结束后，就是一个长长的假期。在放假前，学校举行期末典礼。烟台的天主教神父、领事们、学生家长和亲属被邀请来到学校。首先由校长讲话，然后颁发奖品、证书。奖品有彩色的珐琅十字架等。我的姐姐们也曾经多次获得这些纪念品。那些将要离开学校的学生则会获得她们在校学习的证明———毕业证。仪式结束之后，

伊迪斯的父母在烟台山下居所庭院里。

伊迪斯（左）和弟弟在玩耍。

开始进行文艺表演，有唱歌、诗歌朗诵和舞蹈节目。在表演时，女修道院院长还会亲自给我们每人分发一小袋糖果，我们怀着感恩的心亲吻她的脸颊。

芝罘岛远足

除了在法国女校读书，伊迪斯还记述了她在烟台的一次旅行经历——

在一个夏日晴朗的早晨，我们的中国厨师和一个小仆人忙着准备各种各样的野炊工具，因为我们想在野外待一整天。船长在岸边清理摩托艇，船长的父亲在保养挂在舷外的马达。我们这些孩子们在码头上高兴地跑来跑去，恨不得马上就能乘船出发。最后，马达保养好了，各种野炊的东西装载完毕，我们坐到各自的座位上等待出发。这艘摩托艇很大，能乘坐18个人。我们一共有12个人，包括我们全家、中国厨师、中国小仆人、姐姐的两个朋友和船长。最终，马达颤颤巍巍地发动了，摩托艇向平静的大海进发。令人好笑的是，中国小仆人非常胆小，他坐在摩托艇的中间座位上，双手紧紧地抓住座位，看上去非常害怕。

我们的目的地是烟台山对面的芝罘岛海滩。为了到达那里，摩托艇穿过港口，绕过长达一公里的大坝尽头，才能够向目的地直线前进。当我们靠近陆地的时候，发现由于海水退潮，我们的摩托艇不能靠岸。大家都脱下鞋子和

伊迪斯（前排左）全家在烟台的家门前合影。

9

伊迪斯（前排左）和姐弟在烟台俄义勇船行门前合影。

袜子，涉水上岸。在岸边我有点害怕，因为在沙子里有无数小小的沙蟹爬来爬去，看上去像蜘蛛一样，踩上其中一只也会感到不舒服。

到了岸上，我们要寻找一个搭帐篷的地方。大家把野炊工具、毯子和枕头带到那里。当妈妈在监督厨师准备午餐的时候，我们这些孩子们就在旁边嬉戏。当午餐结束后，我们这些孩子们也熟悉了周围的环境。我们就向陆地深处进发。首先要穿越一片生长着豆子的农田，但爸爸说那是花生。尽管花生的叶子像豆类的叶子，其实它的果实是在土里生长的。穿过这块田地，我们遇到了一个小农庄。农庄男主人不在，只有他的老母亲、妻子和两个孩子在家。他们非常高兴地向我们展示他们的住所。他们夏天住在一个小木屋里面，门是由苇席编织的。木屋顶上坠满了饱满的水果，果实在阳光下熠熠发光。

这家农庄主人的妻子和她的小孩在磨玉米粉，我们饶有兴趣地围着观看。一头蒙住双眼的驴子拖着一个木杆，木杆又带动着磨盘不停地转圈。过了一会儿，农庄主人的老母亲招呼我们跟着她走，两个小男孩也尾随在后面。我们来到了一个人工挖掘的小池塘前。这里的风景非常漂亮。池塘里面长满了鲜艳的荷花，荷叶之间有许多小鱼在游来游去。池塘边种着一些高大的花卉，花朵是红色的，有着郁金香的外形，闻上去很甜。这里的农民每天都会砍一些带到市场去卖，因为当地的欧洲人非常喜欢这种花。在池塘边，爸爸尽情地为我们照相。

这一天，我们玩得不亦乐乎。一直玩到傍晚，大家才意犹未尽乘坐摩托艇回家。这次远足，给我留下了不可磨灭的美好回忆。

烟台的节日

在烟台居住的三年期间，伊迪斯也怀揣着一个孩童的好奇心和视角，对烟台人的节日活动表现出浓厚的兴趣——

11

在烟台，一年中最隆重的节日是新年。所有中国人都会庆祝这个节日，但由于人们的经济情况不同，过节的时间或长或短。当然，即使是最穷的苦力也会过两天节日，而富有的商人，在新年后的一个月内，他们的商店每天只营业一个小时。

中国新年不会在公历一月份开始，因为他们使用阴历，新年往往在公历的二月份庆祝。在年前两到三天，中国人每家都准备了大量的年货，有水果、糖果等，当然为儿童准备的玩具也必不可少。

除夕夜，没有一个中国人会躺下睡觉，大街上几乎所有的东西都被照亮了。早上，烟台城里大街上人来人往，相互认识的人们彼此亲切问候。这一天，人们几乎整天都待在外面。街上，不时有燃放的烟花、射向天空的爆竹发出噼里啪啦的响声。小男孩们最感兴趣的是将爆竹扔到过往的行人或拉洋车的苦力脚下，惊吓他们。在春节的头两天，街道上洋溢着喜气洋洋的气氛。然而，对最穷的人来说，这两天之后，他们的生活又回归到和平时一样忙碌的状态之中。不过，新年那一个月的最后两天，无论穷人和富人都要庆祝。

总的来说，没有受到基督教影响的中国人平时很少有节日，他们甚至没有周末假期。然而，他们却有一些非常郑重的庙会节日。庙会节日期间，烟台的寺庙周围会点燃很多蜡烛，还有佛事活动。这一天，一支穿着五颜六色服装的队伍出现在城里的大街上，这支队伍后面是一群尾随看热闹的人。走在这支队伍前面的是穿着红色僧衣的和尚，后面是吹着喇叭、敲着鼓、拉着二胡的乐队。中国喇叭可能像瑞士的阿尔卑斯号角一样长，但不能吹奏曲调，只能吹奏一些由高到低的特定乐音。在这些乐队后面，是一群踩高跷的人，他们戴着面具，大声喊叫着。在几乎每个街道路口，都有一张准备用来做供桌的小桌子。游行队伍走到路口，就会绕着这张供桌转来转去，同时会有一长串鞭炮被点燃。这支由和尚带领的游行队伍在大街上巡游一天，直到晚上才返回寺庙。

……

秋天，在烟台还有一个非常美好的节日（鬼节，又叫盂兰盆节——笔者注），这个节日是纪念那些在海里溺死的亡灵。黎明时刻，伴随着敲锣打鼓的声音，一支由和尚组成的队伍在烟台码头上走来走去。当黑夜来临的时候，一艘船从港口最深处的角落出现。这只船上的人们向海里"放生"大批用油纸折叠的小船。这些小船里面灌注了油脂，灯芯是固定的。人们在"放生"之前点燃灯芯。这个时候如果正好遇到退潮，小船就顺流而下，流入大海。如果是一个风平浪静的天气，小船就会摇摇晃晃、悄无声息地漂向深海。这时的海面上是一片星星点点的亮光，非常壮观。看到这一场景，即使我们这些西方人，也都惊叹于中国人纪念亡灵的宏大仪式。

从小女孩伊迪斯对烟台的描写可以看出，她是越来越喜欢这座海滨城市了。不幸的是，她父亲华格利在中国的事业却走向了尽头。1922 年，华格利的老东家俄义勇船行被苏俄政府接收，新政府解除了与伊迪斯父亲华格利签订的劳动合同关系，

xx the convent.
x Our school-room.
70 Pub by Nakamura. Consulate Hill Chefoo. 山台烟ノ冬

伊迪斯所就读的法国学校（打××的建筑）

并派出了新的驻烟商务代表。新义勇船行对他以前为公司垫付的资金也不予赔偿。这意味着华格利既失去了工作，也几乎没有了积蓄。更雪上加霜的是，华格利在海参崴的房产、土地也全部被新政府没收，他们返回俄罗斯的退路也被堵死了。无奈之下，1922 年 12 月底，伊迪斯全家乘船离开烟台，经上海返回祖籍国瑞士。

回到瑞士后，年仅十岁的伊迪斯把她在烟台的这段经历写了下来，文章引起了她的一位老师的兴趣。六年后，这位老师又把这篇文章推荐到瑞士格拉鲁斯市的《新闻报》（*Glarner Nachrichten*）上发表。伊迪斯在烟台的这段生活经历在当地引起了极大的轰动。

（照片由 Edith Voegel 的亲属 Luzius Huber 先生提供，特此感谢！）

想象山外世界

——故乡雁荡杂忆之六

傅国涌

一

层层叠叠的大山挡住了我的视线，坚不可摧的石头限制了我的脚步。我对山外世界的想象，最初是从一本没有封皮的小儿书开始的，我一直不知道那本小儿书的书名，讲的是越王勾践卧薪尝胆、最终击败吴王夫差的故事。但它让我从小就知道在离我不太遥远的北面有一个叫会稽的地方，更远有一个叫姑苏的地方，在一个十分遥远的叫春秋的时代，分属越国和吴国，两地之间有太湖，有钱塘江，那些个性鲜明的人物范蠡、伍子胥，还有美女西施，一部跌宕起伏的吴越史我在儿时便已熟悉，我记得当时还不大识字。

一套西湖民间故事的小儿书，则让我从小就对杭州向往不已，三潭印月、雷峰夕照、南屏晚钟……和许多古老的传说连在一起，我熟悉的西湖和杭州就藏在这些故事里面，甚至连出版这些读物的出版社地址"杭州市武林路196号"，我也牢牢地记住了。乃至1980年冬天我离家出走，朦朦胧胧中的目的地就是那儿，只是我出走时身无分文，未能凭双脚一路走到杭州。

15

1982年春，和同学在雁荡灵峰，身后是果盒桥。

　　小儿书中的世界让童年、少年时代的我想入非非，山外的世界不仅是地理上的，也是时间上的，我内心的渴望渐渐地被唤醒，我渴望走进书中的那些地名当中，深入到时间的深处。

　　那是荒凉的 20 世纪 70 年代，比起物质上的匮乏，精神上更为匮乏，任何读物几乎都能引起我的注意，可惜那时接触到的实在太有限了。

　　在回忆我的大娘舅时，我曾提及母亲在我念小学时，每年都要托大娘舅将宁波教育局教研室的旧报刊买下，每到冬天，这些旧报刊运来时，那真是我一年一度的饕餮大餐，我贪婪地寻找一切能吸引我的文字和图片，并剪下来，装订成册，时间久了，大部分都已无存，保存下来的只有完整的一册。是《秦始皇传》和《乌江东去》的合订本，前者是从《学习与批判》1973 年第 4 期剪下来的，后者是从《朝霞》1975 年第 4 期剪下来的。范凌的《秦始皇传》中讲到秦始皇从小身体不好，得过肺炎，后来经常要发气管炎的毛病，"但他为了他所代表的地主阶级事业，每天都要坚持看一百二十斤重的竹木简奏章，不看完不休息。"虽然肯定秦始皇统一中国的重要作用，却认为："在这里，历史的进步是以广大人民的牺牲和流血所换得来的。它犹如印度婆罗门教中的那个黑母大神那样，只有用牺牲者的头颅作酒杯，才能喝取甜美的酒浆！"对于秦始皇的"焚书坑儒"，则认为"是历史上一次维护新的生产关系的革命行动"。最后的结论是："从历史唯物主义的观点来看，秦始皇尽管遭到古今中外反动派包括苏修、林彪之流的谩骂，但他毕竟不愧是厚今薄古的专家，是法家思想的彻底的有成效的实践者，是建立和维护中国统一的地主阶级政治家。"

1975 年，我九岁，在山村的小学念书，能接触到的就是这些充满浓厚意识形态色彩的历史读物，相比之下，曹晓波的《乌江东去》只是刘邦、项羽的楚汉之争的故事重叙，从鸿门宴到四面楚歌、项羽自刎，整个基调是扬刘抑项，项羽在他笔下完全是匹夫之勇，而刘邦则是"气宇轩昂""神气凛然，英姿逼人"。那时，我不知有《史记》，在司马迁笔下的项羽、刘邦并非如此。

另有一篇残缺的《雪夜袭蔡州》，是从《朝霞》1975 年第 8 期剪下来的，至今还在。后来我读文言文《李愬雪夜入蔡州》觉得特别亲切，就是因为小时候和二姐一起读过这篇唐代的故

1975 年第 4 期《朝霞》里的文章。

1973 年第 3 期《学习与批判》中的文章。

事新编，作者姜顺卿、吴荣良也不知何许人，但在那个阶级斗争话语压倒一切的年代，这篇历史故事的语言却显得干净，比如——

麦收时节，田野里一片金黄。熏风吹过大地，空气中弥漫着麦熟的微微清香。

驻守在兴桥栅的叛将李祐，带着数百名士兵出来抢麦子。他体格魁伟，黑脸虬髯，手执黑缨枪，身披乌油甲，跨下乌骓马，如同一朵乌云降临在金黄色的麦浪中……

黑李祐像一朵乌云降临在金黄色的麦浪中，这个镜头一直深深地留在我少年的记忆里。

冬天过早地降临到淮西大地。刚交十月，天空中就彤云密布，朔风凛冽。紧接着冷雨夹着雪粒骤然而下，再后来竟然纷纷扬扬地下起了漫天大雪。

风雪交加的夜晚，文城栅的校场里，一万名官军雄姿英发，整装待命。他们的盔甲、战马、弓箭、刀枪上都积满飞雪，呵出的热气在髯上也结成冰凌，可是人人面容严峻，毫无声息，只有风卷旌旗的撕裂声。

想到雪，或看到漫天大雪，我常常想起的就是李愬袭击蔡州的这场雪，和《水浒传》中林冲上水泊梁山前的那场大雪，

1982 年清明，和同学在雁荡山。

一句"那雪正下得紧",让我念念难忘。第一次读到《水浒传》是在1975年,绿色封皮,供批判用的,扉页上还印着毛语录:

> 《水浒》这部书,好就好在投降。做反面教材,使人民都知道投降派。
>
> 《水浒》只反贪官,不反皇帝。屏晁盖于一百零八人之外。宋江投降,搞修正主义,把晁的聚义堂改为忠义堂,让人招安了。宋江同高俅的斗争,是地主阶级内部这一派反对那一派的斗争。宋江投降了,就去打方腊。

但我读《水浒传》在意的不是这些语录,而是林冲、武松、李逵、鲁智深他们血脉偾张、快意恩仇的故事,显然那时还缺乏审视的、批判的眼光。在《水浒传》之后,我读到了《三国演义》,1976年之后古典小说开始解禁,特别是1978年我进入雁荡中学念初中后,从《西游记》《封神演义》《说唐》《说岳全传》到《儒林外史》《镜花缘》《官场现形记》,乃至《三侠五义》《小五义》《彭公案》《施公案》等公案、侠义小说,有三年多的时光,我几乎沉迷在这些书中,特别是《三国演义》,百读不厌,成了个"三国迷",1980年我用生平第一笔稿费买了一套人民文学出版社出版的《三国演义》,还买过林汉达编写的《三国故事》,连《漫谈三国》等研究《三国演义》的书都买。

少年的我被古典小说的世界所吸引,对现实中正在发生的变化感觉迟钝。山中信息闭塞,我没有听说过灰皮书、黄皮书,没有接触的机会,除了见过《天安门诗抄》,西单墙、民刊,我在当时也完全没有听说过。

1982 年我念高一时从图书馆借到了鲁迅的《中国小说史略》，当时我在大荆中学，那年遭遇洪水，教室、图书馆、宿舍都被淹，我们爬到房梁上躲避洪水，好在此书没有浸水，图书馆不用我们还书，此书便成了我的藏书。直到多年后我买了一套《鲁迅全集》，便将此书送给了一个好朋友。那时，我不知天高地厚，甚至想要写一部更详尽的《中国小说史》，1984 年我生平第一次北上，从杭州到天津、北京，一路买的书中不少都与此有关，比如阿英的《小说四谈》，刘世德主编的《中国古代小说研究》，书中有夏志清、唐德刚、余英时等人的论文。

　　书中的世界，无论非虚构还是虚构，对于我都是一个山外的世界，它们将我的视线扩展到遥不可及的古代，将嬴政和刘邦、项羽带到我的眼前，也将曹操、刘备和孙权带到我的眼前，或者将我带到瓦岗寨群雄奋起的时代，水泊梁山、宋徽宗和方腊的时代，或者岳飞在风波亭受害的时刻。小说与历史，常常分不清了，在不断的重构中，小说其实也在参与历史的塑造，那是另一个更深的题目，是少年的我从没有想过、也不可能想到的。

二

　　我从小时候就养成了剪报的习惯，分专题装订并保存至今的就有好多册，包括"中国古代小说史""史学""古典文学""旅游文学""雁荡山""温州地方史"等，其中还有一册"百年史话"，是从《中国青年》杂志上剪下来的，包括苗培时的《宋教仁之死》《蔡锷起义》《直皖之战》《直奉之战》，还有田志立的《孙中山伦敦蒙难》等，大约是 1980 年到 1981 年刊登的。正是这

1983年第5期《名作欣赏》

些通俗史话让我最初认识了宋教仁、蔡锷，近四十年后翻开这些熟悉的装订本，订书针已经锈迹斑斑。十八年后，我踏上中国近代史研究之路，千里伏线可以追溯到这里吗？

当然，那个时候，我的世界还很狭窄，一个在空间维度和时间维度、尤其在精神维度上更为辽阔的世界尚未出现在我的面前。

1983年冬天，我在雁荡山，有几种刊物《名作欣赏》《文史知识》进入我的视野，正是通过《名作欣赏》，我读到了屠格涅夫、托尔斯泰、茨威格、雨果、惠特曼、哈谢克、狄更斯、泰戈尔、雪莱、济慈、华兹华斯、莱蒙托夫，还有徐志摩、闻一多、郁达夫、沈从文、戴望舒、余光中、丰子恺、梁遇春，黄仲则、纳兰性德、《古诗十九首》也是这个时候喜欢上的……

从屠格涅夫的《门槛》开始，我走进了他的散文诗世界，去年夏天，我踏上他在《猎人笔记》中歌唱过的那片广袤大地，我们在沃尔霍夫河畔的落日中，看着成群的水鸟，朗诵他的《门槛》《对话》，我想起的却是三十几年前在山中的时光，我为屠格涅夫笔下的文字打动的那些日日夜夜。当我站在托尔斯泰青草覆盖的墓前，想起的是茨威格那篇《世间最美的坟墓》，那个又远又近的冬天，我在《名作欣赏》1983年第5期第一次读到此文，"没有十字架，没有墓碑，没有墓志铭，连托尔斯泰的名字也没有。"就是一个长方形的土丘，却成了世间最美、最感人的坟墓。阵雨越下越大，我在雨中向托尔斯泰致敬，向同行者分享我所理解的托尔斯泰。

在这里，我第一次读到沈从文的小说《牛》、郁达夫的散文《钓台的春昼》、戴望舒的诗《雨巷》，这些此前多年被屏蔽的作家、诗人开始出现在我面前，我惊奇地发现，他们的作品比课本中那些要美好许多。台湾诗人余光中的《寻李白》《白玉苦瓜》，使我记住了这个名字，从他的诗一直读到散文，那一句"绣口一吐就半个盛唐"，与李泽厚的"盛唐之音""青春李白"相呼应，令我久久难忘。

《名作欣赏》打开了我的视野，不仅文字，就是封二、封三、封底的艺术作品（绘画、雕塑等）也常常吸引着我，中国的名画如《溪山行旅图》《清明上河图》等都是在这里先看到的，一幅俄国画家笔下的涅克拉索夫像，那双沉静的眼睛迄今难忘。还有任伯年的《女娲炼石图》、黄永玉的《望乡》、齐白石的《荷花影》，都让我印象深刻。

雁荡山中没有报刊亭，每隔一段时间，我要步行四公里的石子路，到一个叫大荆的小镇上去买杂志，从邮局门口的报刊亭一路走回家，边走边看，常常一本杂志差不多也看完了。最初接触到华兹华斯的诗《致布谷鸟》《致云雀》是在1984年，这年八月，我第一次北行，在天津买到雪莱、拜伦的诗集，再晚点买到朱生豪译的部分《莎士比亚全集》特许书，也是肇因于此。至于接触洛克、休谟、密尔、亚当·斯密等人的著作，超出了文学的范围，那是1986年、特别是1987年以后了。

放在历史时间的脉络中，我经历的八十年代无疑是"长八十年代"，从 1976 年清明节就开始了，而二十世纪则是"短二十世纪"，八十年代末就提前结束了。我有幸在"长八十年代"慢慢长大，在阅读中有不断的惊喜，不像七十年代那么单调、贫乏，但在 1987 年以前，我在山中的岁月，并不知道外界的风云变幻。

当然我也已隐隐约约感到时代正处于巨变当中。1984 年 9 月 1 日，我在日记本上抄下了白朗宁夫人《十四行诗集》中的几句诗：

> 如今，我再不追寻
> 我生命中前半的样本
> 让那些反复吟叹
> 卷了角的书页放过在一边
> 我给我重写出新的一章生命

三

孤独寂寞的山村，从童年到少年，我一直没有找到可以分享读书乐趣的同伴，许多同学只能算是玩伴。

直到 1983 年后结识的邻村少年李建林，他也爱读书，最早送我几册《文史知识》的就是他，后来一起读尼采、叔本华，读萨特、海德格尔，旧影集中保存着难得的一张合影，那是 1985 年春天。我们最后一次见面是在 1988 年前，前几年听说他已病故。照片中的另一位叫卢达，有过短暂的交往，记得他考上大学后还给我来过一封信，之后失去了联系。时间如流水一般过去，许多人来了又走了，什么痕迹也没有留下，能在

1984 年 4 月 24 日，作者和李建林（后左）、卢达合影。

某一段留下些许痕迹，已属不易。

　　1985 年秋天，我在故乡的县城与徐新结识，他爱读书，爱思考，对文学、哲学都有浓厚的兴趣，他读康德，读钱锺书，大部头的《诸子集成》《全唐诗》《全宋词》他都买了。他那时就在啃康德的《纯粹理性批判》、萨特的《存在与虚无》，钱锺书的《管锥篇》《谈艺录》他都读得津津有味。在我们相交的几年中，我们分处两地，以通信为主，偶尔见面也多在他家，他只来过我家一次，我后来工作的乡村中学一次。每次见面，我们总是有说不完的话题，常常谈到夜深甚至凌晨。他有一肚

1983 年前后作者在家中。

子做学问的雄心大志，自学英语、德语，后来还在北外的歌德
学院学习过一二年，一心想考入北大哲学系研究哲学，结果功
败垂成，没能踏上治学之路。

在我成长的"长八十年代"，有过三次阅读转向，1983 年
冬天我的阅读趣味渐渐转向中国现代文学和世界文学（主要是
诗歌），重点则在文史研究方面，王国维、孟森、顾颉刚、蔡
尚思、柴德赓等人的相关著述是最初出现的。柴德赓《史学丛考》
中有一篇《从白居易诗文中论证唐代苏州的繁荣》，就引发了
我想写一篇宋代温州繁荣的文章，结果由于史料、笔力不足，
没有写成。那时我读到王国维的诗"人生过处惟存悔，知识增
时只益疑"，就很喜欢。

1985 年秋天，我对美学产生了强烈的兴趣，不仅读到了宗

白华、朱光潜、李泽厚这些人的著作，还开始阅读西方美学著作，进一步为哲学所吸引，从尼采、叔本华到维特根斯坦、雅思贝尔斯。我保存下来的笔记本还有几本都是美学札记，有克罗齐的《美学原理》、黑格尔的《美学》《精神现象学》、雪莱的《为诗辩护》、库申的《论真善美》，还有雨果、丹纳、罗丹、托尔斯泰、别林斯基、车尔尼雪夫斯基等人论美的文字摘录，鲁迅所译日本作家鹤见祐辅的《思想·山水·人物》也是那个时候读的，对于旅行、落日等的论述我都做了详细的笔记。这些读书笔记保留了我生命的痕迹，使我清楚地知道，在我二十岁之前的那些努力，如同我当年抄在笔记本上的诗：

在积少成多的日子里
汇聚着水滴石穿的信念……

1987年以后，我开始逐渐转向政治学、社会学和历史学的阅读，洛克、孟德斯鸠、卢梭、密尔、韦伯、汤因比他们将我带进一个更深沉辽阔的世界，我对山外世界的想象不再停留在吴越风云、乌江东去或秦皇汉武、水浒三国、说岳说唐，也不再停留在郁达夫、徐志摩、沈从文或拜伦、雪莱、泰戈尔、屠格涅夫、托尔斯泰他们的笔底，我开始为古希腊以来一代代的智者的思考所折磨，我渴望融入他们的阵营中，与他们站在一起。我想起一句诗："雁荡山有几滴雁声掉进谁的眼睛，谁的眼睛便飞起来"。山中的小世界终于与山外的大世界之间，从此不再隔膜，即使我终生都生活在雁荡山中，我也不再坐井观天，以为天空只有井口一样大小，在精神上我已看到了那个和天空一样大小的天空，人生至此，真是痛哉快哉！

越南统一前的西贡

秦 风

胡志明市，旧名为西贡，是越南的第一大城市。在1975年4月北越（越南民主共和国）军队攻入西贡实现南北统一之前，西贡一直是南越（越南共和国）的首都。冷战时期，在美国的支持下，韩国、日本以及整个西方世界，还有国民党治下的台湾，与南越均有密切的往来。

那时的西贡，究竟是一座怎样的城市呢？

秦风老照片馆于2017年收集到日本工业新闻特派员茂野统一先生派驻南越时期拍摄的西贡市照片，包含底片约有一千张。这批原本作为新闻报道的照片，真实地记录了1969年也就是南北越统一前六年的西贡市景观，有很高的历史记录价值。

在中法战争前，也就是法国殖民越南之前，西贡已经是越南最繁荣的经济城市。法国占领后虽仍在顺化城保留越南王室，但整个政治和经济中心全部移到西贡来。经历百年多的时间，西贡发展成一典型的法国殖民城市，有着法国式的建筑、庭园、街道，甚至居民还养成喝法式咖啡的习惯，整座城市充满休闲与浪漫的气质。整体而言，西贡的西化程度与当时的上海、香港、马尼拉、新加坡、吉隆坡、槟城等地齐名，一直是越南南北分

　　独立宫（今改名统一宫），南越总统在这里办公，1975年北越坦克驶进独立宫，象征南越政府统治的结束。

　　西贡自由路。这里显示出的西方殖民城市的风貌，与马来西亚的吉隆坡和槟城近似。

西贡自由路，道路两旁有法国的梧桐树，街道规划完善。

西贡雪铁龙汽车公司，经济繁荣也造就了新的富裕阶层。

西贡市中心圆环的陈元扦雕像，左方是滨城市场正面。

西贡议会大厅（今胡志明市歌剧院），这里是西贡的地标也是休闲广场。

西贡议会大厅前广场，前方有许多著名的商店吸引各地来的游客。

西贡街景,闹区的另外一个繁荣的画面。

西贡阮惠街上的口立银行,许多西方的大银行在西贡均有分行。

治前的首府，最繁荣的工商城市。邻近的堤岸则成为华人聚居的米市，华人经常将西贡与堤岸并称为西堤。这批照片主要就是反映 1969 年西贡市的城市面貌以及百姓的生活状况。

照片里的南越总统府又称为独立宫，法国殖民时期旧称诺罗敦宫，是法国在东南亚殖民地的总督办公之处，管理法属印度支那的各项事务。越南独立时被改称为独立宫，越南统一后被改名为统一宫。

另一著名景点就是充满法式设计风情的歌剧院，于 1900 年落成，由法国建筑师设计，在 1944 年二战后期被炸毁，后几经翻修。1969 年茂野先生所拍摄的歌剧院，设计线条简单利落，而现今的歌剧院外墙与廊柱则有华丽浮雕的装饰，不过建筑外

西贡街景，当时已经有许多摩托车了。

西贡河旁的陈国峻雕像，越南人具有深刻的历史意识。

西贡街道，街上也有许多自用车。

西贡军用飞机场塔台，美军和盟友的军用飞机在此机场起落。

西贡的铁路局（天桥后），西贡使用了许多当时堪称象征现代化的天桥。

观造型则是大同小异。在南北分治期间，歌剧院曾作为南越的议会大厅使用，南北统一后，为了提倡艺文活动，才又开放为歌剧院。

在西贡，遍布不同时代的遗迹。多元的民族文化和建筑，在茂野统一先生的镜头下，完整地存留了下来。这座城市常见纪念越南民族英雄的雕像或街名，比如阮惠街。阮惠史称光中皇帝，武功高强，曾击退暹罗等邻国的军队，他英勇抵御外敌

的事迹备受越南人怀念，越南常把这些有着丰功伟业的名人铸成雕像纪念。西贡河旁，陈兴道（国峻）的雕像竖立在街道中央，他是 13 世纪越南陈朝的皇室，同时也是位骁勇善战的将领，被视为越南的军事天才，且留下经典的军事著作数部，因此尤为后人崇敬。

另外，如陈元扦也是越南民族英雄之一。他的雕像位在西贡的市中心，即使南越易帜后仍保留这座雕像立于圆环交通要

越南西贡街景，车辆拥挤，一片繁荣的景象。

地。在明朝时，陈元扞作为越南名将，赢得了多场胜利。他是
后黎朝开国君主黎利的左右手，也是越南独立的一大功臣。西
贡竖立了许多越南民族英雄雕像的现象，反映越南人具有深厚
的历史意识，并且重视本国历史英雄所形成的光荣传承。陈元
扞雕像所在的圆环于西贡时期车水马龙，是热闹的商区，吸引
着内外游客。

　　在许多城市中，火车站被视作城市的地标，火车站的设计
外观表现出城市的个性。1920 年，印度支那铁路公司（CFI）
设立在咸宜路的转角，是典型的法式建筑设计风格，西贡最兴

盛大型的滨城市场就在附近。一旁的滨城市场也名列西贡地标之属，建于 1914 年，虽然不如另外两大著名古迹红教堂和百年教堂的年代久远，但市场本身的经济效益与热闹繁华更吸引商贾聚集，来这里观光采购的游客络绎不绝。另外这一带交通便利，火车站和公交车站在此交汇。1969 年茂野先生所摄就是这般车水马龙的景况。

阮惠街上的西贡市政厅，浅橘黄色的法式风格建筑，设计风格采用哥特式，于 1908 年建成，外墙的浮雕装饰华丽，且取材自西方神话故事以及法国英雄。从西贡市政厅往歌剧院、中

西贡河边的起重机，内陆货运往来密集。

　　日本驻西贡大使馆，在美国的鼓励下，日本在西贡有庞大的投资，大使馆也有相应规模的编制。

日本工商代表团访问南越军事基地，受到热烈的欢迎。

央邮局、独立宫、滨城市场交通十分便利，可以一览西贡的法
式建筑风情。

　　同样位于阮惠街上的口立银行，同样是浅黄色的二层法式
建筑，此处是西贡著名的滨城市场旧址之一。滨城市场原本设
在靠近西贡河的河岸，法国人在占领西贡时烧毁了市场，将市
场搬迁到阮惠街上。1911 年，市场设备逐渐老旧且不堪使用，
后法国殖民政府又在咸宜路上新建了滨城市场，也就是如今滨
城市场的所在地，原址上另盖了一栋建筑作为银行办公之用。

　　此外，这批照片中也包含了日本工商团体访问南越军事基
地，这些前南越政府军事设施和人员的影像也成为珍贵的历史
文献。统一前，美军曾带来丰裕的物资，闹区更是灯红酒绿。
统一后，这个区曾经出现几年的没落，变得冷清，不过在越南
政府开放政策，吸引外资后，又逐步恢复往昔的繁荣景象。

外　婆

熊景明

　　1908 年，昆明成立了第一所女子学校"云南省立昆华女子中学"，外婆为该校第一批毕业生。该校的高中部 1926 年才成立，故她应当是初中毕业。早年我曾见过外婆的毕业照，可惜现在已经找不到了。这些女生看起来已经二十来岁，一律梳着高耸的东洋发式。日本打扮是当时的潮流，似乎也预示了她嫁给留学日本的外公的宿命。

　　外公将追求维新、破旧习俗的使命带到家庭中，要求家人身体力行。外婆每两年生一个孩子，从 1910 年到 1936 年之间，不在怀孕，就在哺乳。奉行破旧立新的外公定下的家规之一，是不请佣人，真是难以想象外婆是如何应付下来的。想来她最为委曲求全的还不是永远做不完的家务，而是夫妻之间意识形态的抵触。外婆信佛教，家中却不能供佛。外婆念佛，逢初一、十五吃斋，逢年过节供奉等行为外公容忍了，算是对妻子的宽容，但不允许外婆"传播迷信"。每年七月半祭祖，外婆只能偷偷地行事。于是孙辈便被派上了用场，由外公最宠爱的一个小外孙去缠住外公，我们则做外婆的随从，在洗手间临时祭坛拜祭，之后手持香火，跟随外婆去花园"游行"，很是好玩。

生性幽默的外公大概并非不知道，只是无奈听之任之罢了。

外婆聊天的主要对象，是每天来家中厕所"倒粪"的大张。他长着两撇小胡子，蹲在厨房门口，咕咚咕咚地抽水烟筒，一面看外婆忙乎，一面笑眯眯地拉闲话。我记得听他告诉外婆，土碗不能垒在瓷碗上，否则姑娘会嫁得门户不当对。有时来倒粪的是他的弟弟小张，干完活就走。据外婆说，大张懒，得过且过，家里穷，后划为贫农成分，做了农会主席。小张勤快，买田置地，成了地主，土改时田地被没收，还挨斗。外婆说，她家运气太好了，她父亲不喜欢吃老陈米，所以家里没有买田

约1929年，外婆、大姨妈（立右）、母亲（立左）、二舅、三舅和（大概是）六姨妈合影。

41

1948年，外婆和外公于昆明塘子巷家中正厅外。

1952年，外婆在昆明文庙街家中庭院。

置地，否则一定成地主了。"佃户用谷子交租，多半交的是陈年旧谷子"。这是我童年时代上的一堂政治课，其中的意思，要等到多年以后才慢慢理解。

我脑海中的外婆，总有一只猫尾随于后。就像玛丽的小羊，外婆走到哪里，这只老猫就跟到哪里。如果它不在跟前，外婆只要一声"喵"，它立刻魔术般地出现。那时昆明人无论贫富，饭桌上大抵都有一碟下饭菜，曰腌抗浪鱼。抗浪鱼来自澄江抚仙湖，似乎取之不尽，到 20 世纪中期，因湖中投放的外来鱼种喜食抗浪鱼的鱼子，致其几于绝迹，卖到几千元一斤，据说只有招待部长级以上官员时才有的吃。而外婆的老猫当年几乎每餐都有抗浪鱼拌饭。

小时候吃过最美味的饭菜是外婆所烹，过年她必定准备令人流涎的红烧肉、酥肉炖红萝卜等几个荤菜，盛在土锅里，从初一吃到初好几，这一习惯一直持续到五十年代初期。她的八个女儿中，有四人承传了外婆的烹饪手艺和兴趣。我母亲是其一，但她做的苏氏传家菜已达不到外婆的水准，传到我这里更走样，以致连我自己都不觉得值得传给女儿了。母亲的兄弟姐妹，各人兴趣爱好，处世为人都不相同。外婆常道，"一娘养九种，九种不像娘"。而今这代人也都一一走完人生路程，看他们各人留下的故事，的确如此。

我曾写过一篇"妈语录"，记录了二百多条从母亲那里听来的"格言"，从人生观到为人处事，从行为举止到穿衣吃饭，无所不包。母亲总是用"外婆说"作为开头。什么"吃得亏，在一堆"，"心有天高，命如纸薄"，"宁替列汉牵马，不为温奴公当军师"，"天不容跳蚤长大"，生动而言简意赅的表述，在我们心中播下文化的种子。这些充满哲理和智慧的箴言当然不是外婆发明的，她一定也是从她母亲那里听来的。外婆的母亲那一代中国女性，都没有进过学堂，我们甚至不知道她姓甚名谁。

我的父亲母亲

徐世旭

父　亲

我的父亲徐承杰，1911年生于江西龙南。他一生勤奋好学，爱岗敬业，救死扶伤，默默工作了六十个春秋。

父亲自幼聪颖，悟性高。幼年由祖父教读《三字经》和唐诗。上学后，他将孔子的"学而时习之"抄在课本的扉页上，作为学习的座右铭以鞭策自己。赣州圣教小学为教会所办，校长是位严厉的英国牧师。与当时一般学校不同，该校增设了英语教学。父亲对英语颇感兴趣，白天学过的单词和课文，晚上睡觉时都要默默背诵一遍。放假回到家，在基督教会任牧师的祖父有时会请外籍牧师来家检查和辅导父亲的英语学习。小学毕业后，工资微薄的祖父未让父亲升学。父亲便买回《中学英文语法教科书》《英汉模范字典》等书籍，在家一边帮兄长放牛，一边坚持英语学习。这一坚持在他有生之年便再也不曾停歇。

父亲十六岁时，祖父送他去邻县信丰存真诊所学医。学医是父亲从小就有的愿望，他高兴之余却又潸然泪下。祖母生前罹患结核病，当时是不治之症。看见他母亲病得瘦骨嶙峋，父

图1 父母结婚照。摄于1938年。

亲从小便立志长大了要当医生，治好母亲的病。小学五年级时的一天，他从学校一位外籍女牧师口中得知母亲病故的噩耗。当时龙南至赣州不通公路，回家要走四天，山路崎岖多险道，祖父未让父亲回家奔丧。此时愿望已成遗憾，父亲决心努力学医，将来去救治像他母亲一样被病魔折磨的人。

诊所郑医师是广东人，原为福建上杭福音医院医师。他于1920年到赣南行医，是这一地区的西医第一人。他医德高尚，医术精湛。在先生的指教下，父亲刻苦看书学习，医学知识渐渐长进。1934年父亲开办西医诊所，成为信丰县最早的几位西医之一。1952年，父亲任乡卫生所所长，同年调任县医院医疗股长，1966年任乡（公社）中心卫生院院长。

身为医师，父亲以救死扶伤为己任，尽职尽责。日寇侵犯家乡那年，一位青年不幸被日寇刺刀捅穿胸部。当时父母正在山中躲藏，老乡找来，父亲背起药箱便走，丢下母亲和三个幼

图2 父母与祖父、大伯家合影。摄于1938年。

图3　父亲开诊所时留影。摄于1939年。

图4　母亲在乡卫生院工作时留影。摄于1952年。

小的孩子——一不小心我大姐走失，幸好后来在难民中找到。父亲天天去给伤者打针换药，还给家贫的他减免了不少医药费，直至伤者奇迹般痊愈。"文革"中的一天，医院抬来一农妇，她腹部被牛角豁开一个大口子，肠子流出腹外，人已经昏迷，情势很危急。父亲和另一位医师立即为患者施行手术。对父亲而言，这在当时是冒着很大风险的。在"造反派"为所欲为的疯狂年代，万一患者不治，身为"走资派"的父亲其下场不堪设想。我问过父亲，为何不将病人转送上级医院？父亲说，若当时不立即动手术，病人可能就没有生存希望了。身陷逆境的父亲，心里想到的首先是病人。

　　父亲是工作狂，在医院一直都在住院部负责危重病人的救治。无论是下班还是休假期间，父亲总是以工作为第一要务，总爱往病房跑。尤其是他任公社卫生院院长时，他一人负责住院部的医疗工作，还经常去门诊坐诊。每天晚上都要去病房查看病人和书写病历，若遇到有危重病人，他则会通宵达旦地工作，次日依然照常上班。

1976年，六十五岁的父亲早已过了退休年龄，有关部门动员他再干几年，父亲欣然同意。由于子女的反对（那时子女可顶编，我家尚有几位"知青"在农村），父亲才去补办了退休手续。受县卫生局的邀请，父亲先后去了几所公社中心医院代班，月薪仅21元（只发给退休差额）。有人说父亲傻，我知道，父亲看重的是他一生所挚爱的医疗事业。代班数年，父亲依旧不分昼夜地在病房忙碌，很是辛苦。在我们的再三劝说下，年已古稀的父亲辞职回到家里，但仍闲不住，开设了一家诊所。我知道，父亲依然离不开他所挚爱的医疗事业。

父亲一生没什么嗜好，唯爱读书。书籍是促使他医术不断

图5　父母与儿女的合影。摄于1952年。

精湛的良师益友。看书似乎成了他的生活习惯和人生乐趣。父亲一生节俭，唯购书不惜"重金"。所购医书学科广泛，如《内科学》《妇科学》《实用儿科学》《实地解剖学》《临床生化》《药理学》……除非卧病在床，在家时他几乎无一日不看书、不写笔记。"文革"时父亲受到某"造反派"头头的迫害，戴高帽、挂黑牌、交代"罪行"……身心备受煎熬。每当批判会结束，父亲回到房间便埋头书本，屈辱与痛苦全都抛之脑后，书籍伴

图6 "文革"中的父亲。摄于1968年。

图7 父母与儿女、外孙的合影。摄于 1966 年。

他熬过了那段非人的岁月。他还买回不少中草药书籍认真研读，还上山采挖中草药并应用于临床。如他用接骨金栗兰、白花蛇舌草等一些中草药治疗急性阑尾周围脓肿、急性盆腔蜂窝织炎等一系列病例，疗效确切，病人接受治疗后都能痊愈出院。

退休后父亲有更多的时间阅读书籍。他买回一些医书、医学资料卡片和不少英语书籍，如《英语非谓语动词》《英汉医学略语词典》《新英汉词典》《莎士比亚戏剧故事集》……兴致勃勃地学习。还尝试着将《托尔斯泰短篇轶事集》译成中文，以自娱自乐。20 世纪 90 年代，父亲数十年如一日看书学习的事迹被人写成散文《夕阳》《老翁嗜书》，分别发表在《江西卫生报》和《健康报》上。

父亲八十三岁时因患腿疾，诊所停业，结束了他长达六十年的医疗生涯。歇业后父亲依然天天捧着医书"学而时习之"。

图 8　父母于武汉长江大桥留影。摄于 1977 年。

他常站在阳台上望着下面的街道发愣。母亲说，父亲还想找地方开诊所。风烛残年，父亲依然割舍不了他一生所挚爱的医疗事业。

母 亲

我母亲何嘉琍，坚强、豁达、乐观。她原名钟惠兰，1922年生于广州。她两岁时丧父（父亲是教师），被香港李姓人家收养。七岁时外婆改嫁，将母亲接回。继外公是当时六十六军一何姓副旅长（后来为师长）。母亲在广州职中读书时活泼好学，是校女篮年龄最小的队员，很受李校长的喜爱，她给母亲取名卡妮。解放后，母亲思念恩师李校长，按卡妮谐音更名为嘉琍。

1952年母亲参加县妇幼接生员培训班学习，结业后在乡卫生院工作。那时产妇多，母亲经常不分昼夜地出诊接生，很是辛苦。有位三胞胎产妇，头胎是产妇家人接生的，生下来就死了；二、三胎是母亲接生的，安然无恙。产妇家贫，母亲送给两个婴儿一些衣物。有趣的是，后来得知这小哥俩竟是我高中同学的弟弟。

有一天母亲休假回来，带给我一件她亲手缝制的白衬衣。我很高兴，这是我上学后得到的第一件白衬衣。之前无论冬夏，我穿的多是蓝色中山装。我的第二件白衬衣，是母亲辞职后用父亲撂在家里很久不穿的旧白大褂缝制的。布料依旧很薄，没穿多久肩上便破了个孔。不久父亲知道了，他说工作服是公物，不能私用，并去医院按新价赔了钱。我相册里有张儿时的照片，身上穿的正是母亲为我缝制的白衬衣，它伴我度过了快乐的童年。每当看见它，我便想起父母。母亲的爱给了我无限的温暖，父亲的爱教导我要清清白白做人。

1956年，三十四岁的母亲已是九个孩子的妈。最大的刚上高中，最小的则牙牙学语。无奈，母亲只好辞职回家照顾孩子。回到家无论粗活重活，母亲什么都干。她以母亲的坚韧与伟大，养育了她的十个孩子（两年后幺妹出生）。母亲在医院附近和郊外开荒种菜，曾种出一个四十五斤重的大南瓜。她去建筑工地挑砖，下乡给铁器社挑木炭，还经常随街邻去远山砍柴。上初中一年级时，我随母亲去砍柴，那是难忘的一天。起五更，天微亮就出发。出入柴山要穿过一人高的茅草地，大家不说话，只顾用石块敲打着柴刀发出咣当咣当的声响，说是为了驱虎。我紧紧跟着母亲，心里很害怕。最难熬的是回家的路，曲曲弯弯似乎没个尽头。虽然途中母亲为我分担了一些柴，但觉得肩上的担子还是越来越重，压得我紧咬着牙，走不远便停下歇息。烈日炎炎，口渴难忍。如此走走停停，日落西山才回到家，其中的苦与累，只有亲历者才能真正体会到。退职后母亲在街道女工组做过缝纫工，干过粮油代售员和银行储蓄代办员，当过街道干部和镇办企业会计，还下放农村干过田头农活和乡村接生员。"文革"时父亲工资减半，母亲瞒着家人悄悄去医院卖血……母亲一生坎坷，但她坚强乐观，豁达开朗，像一株小草经历风雨，无论扎根何处都能顽强生长。

少小离家老大回。20世纪80年代，母亲随老乡回了趟阔别半个世纪的故乡广州。时过境迁，外婆家于解放前夕已离开大陆，杳无音讯。其实，母亲思念外婆，外婆也在牵挂着母亲。1998年我从台湾一老兵（外公老乡）的复信中得知，外婆家住香港九龙，外婆于20世纪80年代末病故。生前，外婆曾托他在写往大陆的家书中探听母亲的消息。人生最大的悲哀莫过于亲人近在咫尺却隔如天涯，有生之年不能再见一面。

像父亲一样，母亲也爱看书学习。尤其晚年，她也几乎没有一天不看书报。在她心脏病发去世的前一天，她还戴着老花镜、拿着放大镜坐在家中看报刊。母亲年少时爱写作，还在校刊里发表过文章。我读过她学生时期写的一首诗，表达了在音乐室里的欢乐和对前途的迷茫彷徨。父亲年少时也爱写作，他的《为来的魂儿》发表在当年《真光》杂志，得稿酬15枚银元。父母都爱好音乐。儿时我最爱听父亲用口琴吹奏《渔光曲》，他吹奏出的"复音"似人在一边吟唱，一边轻轻打着节拍，很

图 9 父母与儿女、外孙的合影。摄于 1981 年。

动听。母亲爱唱《送别》："长亭外，古道边，芳草碧连天……"
她年轻时唱，年老了还在唱；欢乐时唱，忧伤时也唱。20 世纪
70 年代母亲落实政策即将返城，她很高兴，去赶集的路上，我
心生一计，说："没人会唱这首歌：咪多索咪……"刚唱完，
母亲便亮开了喉咙："您是灯塔，照亮了黎明前的海洋；您是
舵手，掌握着航行的方向……"歌声伴着笑声在山风里荡漾。
若时光倒流，那该多好！

父母一生勤奋好学的执着精神，潜移默化地影响着子女。
在"政治是统帅"的年代，受继外公影响，我们都未能进入大

图10　父母与儿女的合影。摄于1996年。

学，但都凭自己的努力取得了中级技术职称。我们中有省音乐家协会会员，也有美术家、书法家、摄影家协会会员，年近古稀仍笔耕不辍，发表和出版不少作品。父母的孙辈也勤奋好学，有两位公费留学，分别获得博士、博士后学位。

　　父母相濡以沫六十二年，养育了十个子女。2000年八十九岁的父亲安静地走了，四年后八十二岁的母亲也离开了我们。他们安息在当年父亲曾放牛牧马的桃江畔的青山坡上。每当清明天空飘洒着"泪滴"，我们便乘车前往，寄托我们的哀思，久久不愿离去。

　　父母的音容笑貌永远伴随着我们。

父亲的一生

宋英敏

我的父亲名之瑞，字雪亭，1922年6月2日出生在山东德州夏津西关。十五岁在夏津师范读书之际，七七事变爆发，大批热血青年奔赴抗日前线，三岁便失去母爱的父亲上完最后一课，瞒着祖父报名参加了临（清）、武（城）、夏（津）、邱（县）四县宣传队，演出抗日救国节目。三年后改学电台，老师名叫李甫轩，东北籍共产党员。

1938年11月5日，抗日爱国名将范筑先与少将参议张郁光（电视剧《热血将军》中姚郁光的原型）及七百余名将士在聊城保卫战中壮烈殉国后，其下属的十支队被八路军一二九师收编为"筑先支队"，三支队队长齐子秋（剧中名为齐子修）投敌，属下被国民政府收编为山东保安二十二旅，旅长周致中，率部在临清、恩县等地继续坚持抗日游击战。我父亲十九岁时成为该旅的电台台长。同年，经旅部参谋陈明轩、共产党员刘子荣做媒，娶年仅十五岁的母亲于淑琴为妻。当年的父亲可谓是少年英俊，才华横溢；而母亲更是天生丽质，心灵手巧，是当地十里八乡出了名的美人儿。

结婚那天，父亲头戴礼帽，十字披红，坐乘蓝轿，用花轿

父亲的学生照

迎娶的新娘；母亲身着花缎旗袍，一根又黑又粗的长辫剪成了齐耳短发，头披粉红色婚纱，脚穿自绣花鞋和衣裤；怀抱鲜花一束。这对才子佳人在介绍人、证婚人、司仪的主持下，在冠县乔庄举行了老式、新式加洋式的婚礼。父亲属下的通讯兵列队敬礼以示庆贺，给本来就新、奇、妙的婚礼又增添了一道独特的风景线。七十七年前那幕梦幻般的场景不知令多少人神魂颠倒，看傻了眼。更让人难以置信的是，这是发生在 20 世纪 40 年代初的抗战间隙，在山东农村举办的一场婚礼。婚后的第二天，天空下着蒙蒙细雨，父母到柳林照相馆照了结婚照。

第三天回门，父母回到梅庄许家大院（我母亲的姥娘家），见过了各位长辈，又拜访了周旅长的母亲及夫人。抗战期间，周致中的家眷都安排居住在母亲的姥娘家。

父亲一生福大命大

1943 年大年初一，父母住在恩县（1956 年撤销，分别划归山东的平原、夏津和武城三县）管尔庄。一大早听说鬼子快

1941年，父母在聊城柳林拍摄的婚纱照。

要进村了，父亲赶紧把架在房顶上的电台天线收藏起来，母亲则抱着还未出满月的孩子躲到邻居家里。鬼子进村后并没有停留，而是穿过该村直扑国军的一个独立团驻地。二十二旅得到求援情报后，周致中立即率部救援该团。途经夏津苏留庄村东的一片大沙滩时，遭日军埋伏，毫无防备和掩体自卫的二十二旅将士就地反击，周旅长身先士卒，冒着严寒，脱掉棉袄，双

父亲年轻时的照片

手持枪，对部下吼道："谁逃跑我就先打死谁！"战斗从早上开饭打到日头西落，终因兵力、武器悬殊，二十二旅两千余人惨死在日军的枪炮之下。与周致中同时遇难的还有担任团长一职的弟弟周二虎及周姓九兄弟。侥幸死里逃生的几个人则目睹了战斗过后日军的残忍：对未战死的战士用刺刀活活挑死，有的用马踩死。荒凉的大沙滩瞬间血流成河。父亲的勤务兵周正范第二天到现场寻找哥哥的尸体，发现遍地是死尸，由当地村民挖了十几个大坑群葬了。现在的大沙滩变成了一片杨树林，没有纪念碑及任何标记能向后人诉说这些英烈的事迹。这场鲜为人知的惨烈抗战也被湮没在历史长河中了。

我父亲的报务组因未与大部队一起行动而幸免于难。劫后余生的十几人化装转移至济南谢家营继续坚持抗战。

1945年，日本投降后，父亲考入济南空军电台任组长。1947年，父亲经好友颜国夫介绍到新民报社电台工作，经常在夜间冒险接收国军情报转交给颜国夫。

1948年9月，济南解放后的第二天，颜国夫介绍父亲进入大众日报社任电台组长，享受供给制。此时才知道颜国夫原来是中共地下党员。由于父亲技术高，收、发、译电文一人完成，不用其他电译员，所以当时定工资是全台最高的 62.5 元。后调济南电台和北镇、沂南等地邮局工作。1956 年，父亲调入泰安邮电局任会计，1960 年下放山口、汶口支局干邮递员。

由于父亲在国民党军中任职多年，在后来历次运动中理所当然地成为"整改对象"。尽管在"三反五反运动"时，早有结论"历史问题交代清楚，原职原薪，无任何处分"，但在1962 年仍被强迫退职。1966 年 11 月 10 日，一伙不明真相的红卫兵闯入我家，给父亲戴上"房志华——历史反革命"的大牌子，连同全家一起被押送回原籍。而房志华何许人也，父亲根本不知。

1978 年，李先念副总理亲笔批示"张冠李戴，冤案十年，背累至今"，为父亲昭雪平反，经层层转发，公安局送来了户口准迁证。又经三年上访，1981 年复职，分文未补，工资还是三十年前定的 62.5 元，父亲当时未提任何要求。由于他的档案材料在"文革"中全部遗失，单位没有给按离休，只给按新中国成立前老工人待遇。由于父亲已经到了退休年龄，复职后一天班也没上，接着办理退休，让小妹英琴顶替。

在纪念抗战胜利五十、六十、七十周年活动时，我多次向单位领导和有关单位反映父亲及二十二旅的情况。父亲的老领导泮子毅和学生何树仁也出具证明："1948 年 10 月，宋雪亭在山东新华社新闻台任报务组长，泮子毅是队长，何树仁是报务员。"他们二人均是离休干部，但单位仍不给父亲改离休。学生是离休干部，老师是工人？真是怪哉！

我们感到心里不平衡，但父亲却坦然地说："比比那些埋在地下的两千多冤魂，知足吧！"后得知，周旅长的小儿子周

作者与周法山在家中合影。

法山也是四处奔波几十年，一心想为父亲证明是抗战烈士，至今无果。1948 年，国民政府为表彰周致中抗日殉国，颁发荣哀状，周旅长在台湾的两个儿子一直享受烈士子女待遇。2016 年，周法山通过《齐鲁晚报》与我取得联系，从北京赶到泰安——七十四年后，二十二旅的两位后人在泰山脚下相会。

父亲的晚年

父亲一生烟酒不沾，穿着朴素。但到了晚年，父亲变成了足不出户、自我封闭的白发老人，与年轻时活泼好动的样子相比，简直判若两人。1997 年因胃穿孔、肠破裂住院，一周内两次大手术。医院多次发出病危通知书，我们也为他准备好了后

晚年父母牵手合唱。

事，但他竟奇迹般地从死神手中逃脱。术后从重症监护室出来，医生建议他住高干单间病房。尽管父亲医药费能够全报，但他仍然坚持住普通病房，他说能给国家省一点是一点。平时我们有个头疼脑热，想沾光吃点给他开的药，他也坚决拒绝。

2002年是父亲的八十大寿，也是父母结婚六十周年钻石婚。在那可喜可贺的日子里，我们全家二十六口人在泰山大酒店为二老举办了隆重的庆贺喜宴。我们兄妹各自表演了拿手好戏，父亲也表演了他唯一的业余爱好"小魔术"，并和母亲牵手合唱了"我的家在东北松花江上"。

2008年5月1日，父亲到医院冲血管，27日猝死，终年八十六岁。现在离父亲去世已十年，但他的音容笑貌仍然深深地印在我们的脑海里。

父亲日喀则二三事

李晓郁

　　从小到大，父亲在我的印象中是大忙人，整天工作、开会、下乡……回到家话也不多，严肃有余，不怒自威，刻意与子女保持一定的距离。我们兄妹四人中只有小妹能享受到他的笑脸，敢在他跟前撒娇任性，我和弟弟、大妹在他面前都要中规中矩，毕恭毕敬，敬畏大于亲近，对他知之很少。许多事，我是在他去世后，陆陆续续从与他共事的同事、工作人员口中才知道的。

　　1995年春节，父亲病逝后的第一个春节，我去看望他生前好友史世宏叔叔（时任山东省人事局局长兼党组书记），在追忆父亲时，他给我讲述了父亲的一段往事。

　　1978年，奉中央命令，从全国各省、市抽调了一批优秀干部进藏援助工作。山东省委组织部在"领队"人选上加了特别要求：厅局级，不超过五十岁。经过对全省干部的一番筛选，选中了我父亲李太起（时任烟台地委副书记）。史叔叔代表省委组织部找父亲谈话，问有什么困难和要求需要组织解决？父亲只说，家中还有一位八十多岁的老父亲，相信组织会照顾好，别的什么也没提。

　　1979年元旦刚过，被任命为西藏日喀则地委书记的父亲，

图1 父亲在日喀则地委办公室前留影。

率领山东省援藏干部一行一百多人乘坐绿皮火车去了西藏。同去的人员中有孔繁森。

到了日喀则，父亲在给省委组织部汇报的第一封信中说："走前查出心脏、血压都有问题……过唐古拉山时胸闷气短，但挺过来了，很自豪！……"这时组织上才知道，父亲隐瞒了带病进藏的实情！说到这儿，史叔叔动情地说："太起同志是党性很强的人！如果当时他说出病情，组织是绝对不会派他去的！"话说完，我俩都流泪了。

事后我曾问过母亲，是否知道父亲进藏前查出身体有问

图2　父亲下乡调研时与藏族干部合影。

图3 父亲在日喀则与身边工作人员留影，前排右一为刘永源。

题？她说知道。我问："那为什么我爸不向组织说明？"母亲说："你爸说，全省符合两个条件的就他自己，不去，组织就没法安排了。"

日喀则地委大院坐落在离扎寺伦布寺不到一公里的地方，居于城市中心。20世纪80年代，日喀则地委行署无论办公场所还是宿舍多为土坯平房或是铁皮房。

2009年是父亲进藏三十周年，为了纪念这个特殊的年份，我专程去了日喀则拜访父亲曾经工作、生活的地方。接待我的是地委办公室主任杨兴武同志（山东泰安人）听我说出父亲的名字，他非常热情地带我到在原址新建起来的行署办公会议室看了看。会议室门外那两棵小树，见证了内地干部一茬又一茬地到来和离去。如今，它们已长成大树，枝繁叶茂。杨主任还带我去了当年援藏干部住过的地方，那是与早年开发大庆油田时工人们住的一样的"窝棚"，现在它们马上也要被拆掉了。接待我的援藏干部对我说，能在西藏坚守下来，就是一种奉献！这句话只有去过西藏的人，才会掂出它的分量！

2018年，为了更多了解父亲的故事，我特别走访了临沂市检验局刘永源同志。刘书记跟随父亲在日喀则工作期间任机要秘书、警卫员。听了我的来意，他深情地对我讲述了一个发生在他与父亲间的故事。

那是春夏之交的一个星期天。按计划我要跟随李书记去江孜县搞调研。简单收拾好行装后，忽然心血来潮，想趁书记看文件的空隙把手枪擦拭一遍。擦枪是有程序的，那就是首先要把弹夹取下，子弹退出，然后才能擦拭。我按照程序操作，只几分钟时间，就从里到外把枪擦拭了一遍，刚擦好的手枪油光锃亮让人爱不释手。我小心翼翼地把子弹一粒一粒地装入弹夹。

就在我将弹夹送入枪柄之际，却又鬼使神差地把子弹推入膛中。就在子弹上膛的瞬间，嘭的一声，枪响了，震耳欲聋的声音夹杂着刺鼻的味道，整个房间浓烟弥漫。

此时此刻，我的脑子一片空白，几乎在枪响后的瞬间，我立即冲向首长。

在我万分惊恐的目光中，一个熟悉而又陌生的身影在我面前缓缓站起，背手走出房间。

当我从惊慌失措中清醒过来，查找子弹的去向时，在

图4 父亲在威海与刘永源全家合影。

首长座椅右前方的墙上，子弹牢牢地嵌在里面。我大致计算了一下，子弹划出的方向离首长的最近距离最多也只不过十厘米。

就在我战战兢兢、忐忑不安，心里想着如何向组织"坦白交代"时，李书记走了过来："小刘子，通知马师傅，现在就走，去江孜县。""首长刚才我……"我断断续续地说道。"这事以后不要再提了！"李书记果断打断我的话。

1987 年，威海成立地级市，父亲任第一任市委书记、市人大常委会主任。刘永源携妻女专程去威海看望了父亲。

父亲走得太早，年仅六十四岁。我们在英灵山为他选了家。家的左邻右舍是他的两个亲家，周围还有曾与他共事的老友。有时我想，老爸他在天国好吗？记得他说过，等他退下来后要把几十年的工作日志整理好，写点回忆录；他要好好练练书法写写大字；他还要领着老伴儿四处走走看看……唉！女儿知道爸爸是个闲不住的人。一个那么热爱生活的人，在天国不会寂寞！

谨以此文祭奠父亲进藏四十周年。

（小妹李静参与照片收集和整理工作，特别感谢刘永源先生提供的文字与照片。）

屋里屋外的童年

——岁月台湾 1960 之二

秦 风

观看儿童的照片，常带来惊喜、错愕，甚至开怀大笑的感受。摄影师无需人为安排，只需捕捉到孩子们的自然表情，就能留下百看不厌的瞬间。

在薛培德（Barry Schuttler）牧师所拍摄的台湾人物中，儿童占了相当的比例。这并非他刻意为之的结果，因为那个年代儿童是那样地多，大街小巷地乱跑，触目皆是。薛牧师每到一个地方，都被一大群的孩子们围绕着。孩子们的各种状态自然就进入了他的镜头，从南到北，从城市到乡下，从室内到室外，一张张无邪的脸庞、一串串纯真的笑声化作了数百张儿童主题的照片。

大凡成年人被孩子们的照片所吸引，情感因素有二：一是看见人之初的纯真与讨喜；二是回想起自己的童年时光，忆起当年自己如何成长、如何看待这个世界，甚至进一步联想到当时的家人、同学、师长，以及读书考试的辛苦，追逐嬉闹的快乐，等等。因此，薛培德的儿童照片有两层价值：一是具有动人的儿童影像的普遍意义，放到世界各个角落都能激起共鸣；二是它们实际上记录了那个年代台湾孩子生活和学习的状态，是珍

儿童围观旋转小汽车

　　一个流动商贩来到村里，孩子们围观着这少见的电动玩具。乡下的孩子们较少到城里，流动商人带来了各种新奇的玩具和商品。

整洁有礼的小学女生

　　金门一所小学高年级女生正在上课，虽是清贫年代，学生模样清秀，整洁有礼，散发着朝气。教室前是新挖掘的战壕，这是一个十分特殊的战备防御工事。

野地的童颜

　　台湾南部的早春,农村里的一群孩子耳闻外国访客到来,好奇地飞奔而出。镜头里远山、草地、春风以及闪亮的童颜,合奏出优美的生命诗章。

晚上写功课

　　一名女学童晚间在家里客厅写功课。大人的藤椅被当成书桌，课本、笔记簿、铅笔盒为基本的文具，旁边摆放着《公民训练》课本。

贵的影像文献。

　　今天台湾的中年一代看见这些照片时，内心震撼不已，因为他们看到的几乎就是当年的自己，仿佛影像倒带般，又重新当回了"野孩子"，被站在门口的妈妈大声喊回家，然后低着头，既不情愿又得准备挨骂地慢慢踱回去。在编辑此书的过程中，几位中壮年友人被邀请来辨识印证照片里的生活场景。面对这些照片时，他们旋即眼睛一闪，七嘴八舌："我当时就牵过牛！""我的妹妹、弟弟都是我背大的！""我小时候根本连鞋子都没有！""噢！这不就是我吗！"……关不住的话匣中，他们仿佛脸上皱纹不见了，白发变黑了，甚至连声音也变得清亮，脸颊跟着红润了。谁说时光隧道不存在呢？人的头脑向前飞翔，称为"梦想"；往后追踪，叫做"回忆"。在梦想与回忆之间，正是一条时光隧道，眼前的他们无意间触到了时光隧道的按钮，顿时回到孩提时代，也变回了当孩子时的模样。

那一段时光，贫穷是普遍存在的现象，乡下的孩子光着脚，

工厂里的失学少年

　　一处铁工厂的童工在恶劣的条件下作业。由于家贫，不少孩子小学毕业后即被迫工作，失去教育的机会。尽管年纪尚小，因缺乏技能，往往只能从事体力劳动。

穿着破旧的衣服，即使住在城市里，真正家境好的也很少。经济的困窘带来的问题是显而易见的，不少孩子存在营养不足的问题，很多孩子缴不起补习和郊游的费用。更糟的是，如果家境太差，甚至小学毕业后，就不再念书，挺着仍嫌稚嫩的身躯，帮家里种田、顾摊子，或到工厂做工。失学的不幸，是经济状况不好和教育政策缺失双重因素所造成的，只能随着经济发展和教育改革，在后二十年间快速地改善。

另一方面，尽管早年物质匮乏，并不意味着精神上也是贫困的。没有高级住宅、家具、电器品，却有着亲密的邻里关系；

帮家里看顾摊位的女童

一名女童帮家里照顾市场里的摊位，亲切地接待客人。在劳动阶层家庭中，儿童稍长，往往要帮忙家里的生计。尽管占去读书的时间，影响学校成绩，但有一部分孩子仍能在课业上有杰出的表现。

吹气泡的惊叹

　　热闹的市集是孩子们最喜欢逛的地方之一，尤其市场里贩卖的玩具和小玩意更是吸引大批围观的孩童。吹泡泡总会带给孩子们无比的惊喜，一个个飞散空中的气泡，犹如点点金色的童年。

帮家里照顾弟妹

　　一位姐姐背着小弟弟，对着镜头浅笑，含蓄中几分温柔。由于一般家庭子女众多，通常较大的孩子肩负照顾弟妹的责任，女孩子被赋予母亲的角色，背着幼小弟妹的情形，四处可见。

儿时的玩伴

　　晚间屋外嬉戏的儿童。由于小孩子多，治安交通顾虑较少，一般大人会任由自己的孩子在屋外玩耍，孩子们放学，背包一搁，尽往外跑，直到吃饭时间才被喊回家。"儿时的玩伴"为早年习惯用语，而到了20世纪80年代后，孩子们多被锁进公寓居所里，几成历史名词了。

开心的跳绳游戏

一群孩子玩着跳绳游戏，这是最常见的游戏之一，通常使用有弹性的橡皮筋，有几种玩法。由于女生肢体柔软，往往跳得比男生好。跳绳虽是简单的游戏，却带来许多欢乐。

帮家里放牛
　　一名小女童牵着牛踏上回家的路。女童小不点的身躯牵着庞大的牛只，反映了农村生活艰辛的一面，无论男孩女孩均须帮忙农事，放牛为其中一项。

没有时髦的商店街，或是电动游乐场，却有着热闹的传统市场、夜市，以及一堆流动摊贩。更别说，一出门就有田地、树林、花鸟虫鱼。几个玩伴跑出去，就可以疯个大半天，精神上快乐地不得了。所谓的黄金童年，就是跟着同伴在门外、市场、田边、野外自由自在嬉闹的岁月。那样的童年里有着要好同伴的欢颜，有着难以忘怀的美好时光。

老照片中的水乡掠影

杨瑞庆

　　昆山地处江南水乡，北有阳澄湖，南有淀山湖，犹如两只水汪汪的眼睛，爱恋着这方风水宝地；穿城而过的娄江世代孕育着两岸的百姓，成为恩泽昆山的母亲河；青阳港和吴淞江十字相交，连通大河小潭，成为繁忙的黄金水道；还有星罗棋布的港汊纵横贯穿，形成了得天独厚的水网，因此成为名正言顺的水乡。

　　清澈的河水、江水、湖水是人类赖以生存的生命水，昆山水丰必定地沃，因此早在良渚文化时期就有先民居住，从少卿山、赵陵山、绰墩山出土的文物来看，早已创造了辉煌的史前文明。先民后来就在这块土地上繁衍聚居，逐步形成了村镇。

　　笔者在收集老照片时，发现了许多有关水乡风情的黑白照片，虽然画面不够清晰，但是内容真实，成为了解昔时生活和生产的生动载体。

　　旧时的村镇为了用水方便，总是依水而建，所以镇中有河，村边有河，然后就在房前宅后建有河埠，人们随时方便亲近河水，挑水饮用，以水浆洗，随需随取，用之不尽。

图1

　　图1是1975年玉山镇中一户大庭院后院的临水河埠，只见驳岸坚实，河埠石整齐，一位女子正蹲在埠边洗涮。两岸绿树成荫，河面波光粼粼，真可谓风景如画。

　　图2是农村小户人家场边的一个简陋河埠，为了用水方便，还垂直向外挑出石块，伸向河中。屋边有柴垛，屋后有树园，小日子一定过得很滋润、很幸福。

　　昆山的水资源十分丰富，因此成为盛产水稻的必备条件。旧时农村的河岸边经常能看见各种灌溉设备，先前有牛车棚、

图 2

人力踏水车、风车等，直至 20 世纪 60 年代初出现了四通八达的灌溉渠道。

图 3 是一条宽阔的大河，两位老农在河边用水，对河就是一个牛车棚，用四条石柱撑起了稻草尖顶，内有车盘，只要驾起水牛和龙骨车，就能提水灌溉了。

水乡交通依靠水上行船，如在小江小河中行驶，只需摇橹撑篙。如在无桥的长河里，或在宽阔的大湖里，就可以利用自然风力，乘风扯篷了。这是两种水上行船的主要方法。

图4，1952年昆山蓬阆镇郊河道里，但见桅杆高耸，大帆扬起，一人在船艄牵绳掌舵，一人在船头随时应对紧急情况。帆影倒映在水中，一派水乡独有风光。

有水靠水，因此水乡多水产，捉鱼捉蟹成为鱼米之乡的主要渔活。抓鱼除了一般的围网捕鱼外，还有特殊的鱼鹰捕鱼方法；捉蟹除了一般的点灯引蟹外，还有特殊的撒网钓蟹方法。

图5一老翁划着小船徜徉在河荡里，只见船上躲着两只鸬鹚（俗名鱼鹰），只要主人一声令下，鱼鹰就窜入河底，顿时衔鱼跃出水面，向主人报喜。

图3

图 4

图 6 几只渔家小船停泊在湖中央，女人在船艄摇橹，男人在船头撒网，网下装有吊钩和诱饵，大闸蟹往往会莽撞上钩，适时拉网，就能满载而归。

水乡还有摇快船的习俗。船梢左右装上大小双橹，集聚村中年富力强的青年，届时轮番掌橹纽绑，让船飞快地行驶，以

图 5

示村落强健的威风，或张扬热烈的情感。常用于比赛和婚俗场面。

图7是婚俗仪式中的摇快船。快船招摇过市后，正投篙靠岸，沿河岸边站满了欢迎的人群，这是，新娘即将上岸，一场热闹的水乡婚礼即将开始。

水乡的燃料就是利用去除谷粒后的稻柴，还常用作搓草绳，打草鞋的原料。农闲期间，一些老人和妇女就在家中"做柴草"，不但在劳作时运用，还将多余变卖，成为增加收入的副业劳动。

图8，一男子坐在特殊的工作凳子上，在熟练地添加稻草，制作草鞋。凳边已经挂满了草鞋，这是水乡既轻松，又防滑的廉价工作鞋，深受农民欢迎。

图6

图7

　　水乡除了主种水稻、小麦外，还在旱地上种一些棉花，然后，妇女们在农闲时就纺纱织布，除了自家制作衣裤外，还将多余的土布进入市场，成为水乡百姓的意外收获。

　　图9，一妇女坐在土制织布机旁，熟练地手推梭子，将各色经纱镶嵌在纬纱中，巧妙地编织成具有各种图案的土布来。主人穿的衣服就是用土布制成的。

　　水乡百姓除了艰苦的田间劳作外，为了调节生活，农闲期间还有各种丰富的文艺活动，有说有唱、有演有跳。传承年代较久的，表演水平较高的项目，还进入了各级"非遗"保护名录。

　　图10，三个村民在自拉自唱，虽然场面简单，但是拉得丝丝入扣，敲得有板有眼，唱得生动有趣。原来是已被评为国家

图 8

级非遗项目的"锦溪宣卷"。

　　图11，20世纪80年代，一个舞龙队在家中庭院里练习"段龙舞"，领舞人蹲在地上指挥上下舞动，功力不凡，这是已被评为江苏省非遗保护项目的"陆家段龙舞"。

　　由于水乡水多，为了通行方便，桥梁就多，可以连通江北江南的两个村落，可以沟通河东河西的两个街道。旧时的村镇中桥梁比比皆是，简陋的有竹桥、木桥，考究的有以石头为原料的拱桥和平桥。

图12，20世纪30年代里周庄的双桥。原来的两座桥都是拱桥，由于直角布局，而被称为"钥匙桥"。梁桥的桥栏石摆放样式也一样，成为镇中的标志性建筑。

令人陶醉的水乡生活和生产场景，有的保存至今，如捉鱼捉蟹、搓绳打鞋、纺纱织布还见老方法，特别是一些"非遗"项目至今还活跃着。但有些场景已经一去不复返，这里有自然

图9

图 10

图 11

图 12

淘汰的原因，如积肥、灌溉的方法先进了，所以罱泥、筑渠基本不见了；也有人为破坏的原因，如，由于当今大多内河水流被污染，所以，今日里已难见百姓在河埠上洗菜洗衣了。

　　水乡如果没有了生命水，那将不成为水乡了。即使有水，但肮脏不堪，人们也只能避水而去。为了确保水乡的长盛不衰，保护水源是唯一上策，只有水干净了，人就留住了。

　　（本文照片由顾鹤冲、毛宇龙提供）

"四清"文工队的回忆

孙家骐

　　人老了，昨天的事，今天就几乎忘记了，可五十多年前的事情却历历在目。

　　1965年10月，我参加了济南市历城四清工作队文工一队，这个队是由济南市歌舞团、京剧团、曲艺团、木偶皮影剧团和历城豫剧团以及文化馆抽调的业务骨干组成的乌兰牧骑式的宣传队。宣传队负责济南南郊山区仲宫、柳埠一带的文艺宣传，发动群众参加四清运动。工作队有严格的纪律要求，每人发了一本《四清工作队员守则》。我是个例外，我是市委宣传部指名从工厂里借调出来的非专业文艺工作者。我和两位市艺术馆的前辈成立了一个创作组，上面要求我们每人写一个四清题材的剧本。我们那时就是一个信念，一心一意为人民服务，为四清服务，为农村服务，虽然在这片土地上生活非常差。新中国成立十五六年来，农村的面貌没有什么改进，农民的生活也十分艰苦，几乎都家徒四壁，甚至有些地方的农民，劳作一年也难以果腹。

　　柳埠李家有一个华东地区的劳模人物，叫田立杰（现已过世），我慕名步行四十多里地前去采访。本以为劳模领导的村

图1 文工队在济南仲宫卧虎山演出后留影。

庄多少该富裕一点吧，但当我走进村子，看到的却是处处残垣断壁。劳模的家也是一无所有，穷得叮当响。为了向劳模学习，也为了更深入了解他的英雄事迹，我便在村子里住了几天。这是我一生中最不能忘怀的一个冬天，没有一点儿取暖的东西，甚至没有一点热水，布衾冷似铁的滋味我真是体会透了。清晨刷牙水如冰，沁得牙齿生疼，冷得我全身瑟瑟发抖。未想到这时走来一个小伙子，很奇怪地问我："大哥，你这是干啥？""刷牙。""刷牙？干啥？"我一时不知如何回答，只好抬眼看看他，他依然非常认真地看着我，在等待我的回答。我顿时明白了，这个村子里的人们从来没有刷过牙，他没有见过，也没有听说过。

我们文工队就是在这样的山区开展工作，与农民"三同"——同吃同住同劳动。睡地铺，将草铺地上，再盖上一领席，队员们挤在一起取暖。用煤油灯、蜡烛照明看书写字，整个地区基本没有供电，所以演出用煤油汽灯，没有舞台，我们就在山坡梯田上，稍作整理摆开就唱。没有扩音设备，全凭演员们的好嗓门。当时我写的"山坡梯田搭戏台，锣鼓响到十里外"，并非夸张。

除演出外，我们文工团还帮助当地农民处理了许多突发的事件。有一天晚上大家正在排练节目，有个老乡急忙跑来说，

图2 跋涉崎岖的山道，送戏下乡。

图3 女生演唱《二十三条就是好》，左起王俊荣、王俊香、郝玉兰、陈观霞。

他的小孩快要死了："我的小孩子吃花生米呛到气管里了！"
队长一听，立即叫放电影的把电影机和小发电机卸下车，开着
上海58-1型三轮汽车直奔老乡家，把孩子送到卫生院，但卫
生院没有相关治疗设备，又马上开车送进市立医院进行抢救。
事后我们了解到这家农民很穷，救孩子花了不少钱，而且借了
债，文工队员们虽然薪水微薄，但仍都慷慨解囊捐了不少钱。
后来，我们把这个故事搬上了舞台。有一天，我们又接到一个
农妇喝农药自杀的消息，这次我率先跑了出去，叫来了卫生队
的医生一起去了农妇家，喝农药的青年妇女已经半昏迷，医生
便立即给她打针、灌药，但她并不配合。医生便叫我摁住她给
她灌药，我用一只手摁住她，另一只手压住鼻孔，迫使她张开
嘴，医生趁机把药灌了进去。片刻后，她便呕吐起来——总算
把她抢救回来了。我们又留下了两位女队员照顾她，后来她成

了我们文工队的朋友。我们与农民交朋友，他们也愿意把知道的事情跟我们说。我认识一位饲养员大爷，他说："俺村也有'红嫂'。"我听了很有兴趣，便细问究竟。原来这年冬天，他喂的母牛下了崽，小牛落地后，母牛没有下奶，这急坏了老饲养员。正在为难时，来了位正给孩子喂奶青年妇女，她问："小牛舌头上有刺吗？"老饲养员听懂了她的问话，忙说："没有，没有。"又借故走出了饲养棚，这位妇女便把自己的奶头递进小牛的嘴里——救了这头小牛。听完这个故事，我请大爷引见了这位妇女，问她是怎么想的，她笑了笑说："什么也没想，牛是队里的集体财产，不能受损失！"她的确是一位另类的红嫂。我把她的故事也编成了节目演出。

图4 队员在表演山东快书《十粒种子》。

图5 简陋而真诚的演出，受到农民观众的欢迎。

　　我旁听过一场揭发大队长利用职权胡作非为的批斗会。这个大队干部贪污、多吃多占，事实清楚，证据确凿，更有欺男霸女之恶行，令人发指。当时，农村劳动都是在天不亮之前就要抽水浇地，这个大队长便利用职权安排大姑娘挑沟引水，隔几块地就安排一位。这样，他就利用视察之名行奸污之实，一天之间就有三位大姑娘受到伤害。应该说，四清在当时还是有一定的正面作用，至少在某种程度上打击了农村的不正之风。

　　可惜的是受条件限制，许多珍贵的场面未能用照相机记录下来。我主要的任务是写一部"四清题材的大戏"，但根据具体情况，我也写了许多配合阶段任务的小节目。那年旱情非常严重，我便写了一个长长的对口词《抗旱》，由曲艺团的李志强和话剧团的宋玉凤担纲演出，在最短的时间内排练好，到田间地头演出，受到了农民朋友的欢迎。我还写了《四清就是好》，由四个队员表演，前两位用普通话，后两位则是豫剧味，南腔北调，激情昂扬。这期间，文工队还演出了《箭杆河边》《小保管上任》《两个老汉看比武》《三世仇》等。值得一提的是，扮演《三世仇》中母女的演员是一对亲姐妹，在演出中，她们完全投入到剧情中，每次都把母亲卖女儿的悲情戏演得十分逼真，她们在台上哭，农民在台下哭，哭声一片，拉近了文工队与农民的距离。同时，我们在演出空当，还到地里参加劳动。图7就是雪后队员们在山上扫雪积雪，再装上小推车推倒在梯田里，整整忙了三天，弄得满身泥水，却没有人叫苦叫累，这

图6 文工队冒着严寒扫雪堆雪，把雪推进梯田养田保墒。

图7 女队员冒着严寒为农民演出。

对队员们来说真是锻炼。推完雪后，我们马上又安排到其他村庄演出。

　　有天夜里，我们演出回来，天上没有月亮，连星星都不知藏在哪里了，住在城市的人们是无法想象出大山里的夜路，是多么黑，黑得让人感到压抑、沉重，乃至恐怖。真的是伸手不见五指，仅仅靠一两盏马灯照出一点点光来。我们跌跌撞撞地前行，突然一个人大喊："别再过来！"接着就听见他在山坡上滚动的声音，原来我们正走在一个塌方的崖头上。队伍停了下来，大家一起呼唤这个队员的名字。幸好他摔得不很厉害，大伙赶忙解开拉大幕的麻绳投了下去，费了九牛二虎之力把他拉了上来。大伙围了过去，用马灯照见他头上、手上都在流血。

他笑着说："没摔坏骨头，明天误不了演出。"他叫潘群，是文工队的老者，听说他年轻时候到延安鲁艺学习过，他爱开玩笑，已经离世二十多年了。

1966年5月，"文化大革命"的前奏开始了，四清文工队队员也各自回本单位参加运动去了，这段使命宣告结束。随之，"四清"也就不了了之了。

（照片由张德绍、孙家骐提供）

征　稿

《老照片》是一种陆续出版的丛书，每年出版六辑。专门刊发有意思的老照片和相关的文章，观照百多年来人类的生存与发展。

对稿件的要求：所提供的照片须是20年以前拍摄的（扫描、翻拍件也可），且有一定的清晰度，一幅或若干幅照片介绍某个事件、某个人物、某种风物或某种时尚。文章围绕照片撰写，体裁不拘，传记、散文、随笔、考据、说明均可。

编辑部对投寄来的照片，无论刊用与否，都精心保管并严格实行退稿，文字稿恕不退还，请自留底稿。稿件一经刊用，即致稿酬。

来稿请寄：山东省济南市英雄山路189号　山东画报出版社《老照片》编辑部

邮　编：250002

E-mail：laozhaopian1996@163.com

网　址：www.lzp1996.com

电　话：（0531）82098460（编辑部）（0531）82098479（市场部）
　　　　（0531）82098460（邮购部）

邮购办法：请汇书款至上述地址，并注明所购书目。

邮发代号：24-177

《老照片》网站与微信公众号

官方网址：www.lzp1996.com

微信公众号：山东画报出版社老照片

在西双版纳的日子里

吴 畏

2018年，对于国家，是个重要年份——改革开放四十周年。而1978年，儿子出生，我考取大学，告别版纳，对我个人与家庭，无疑也都是新生！

复兴同学情

复兴中学，早就是上海的一所重点中学，且是五年一贯制。1964年，通过全区统一考试，我进入其中就读，"名牌大学梦"就此开启！可，"文革"伊始，复兴中学被匆匆挂起个"上海市工农第一中学"的名号，从那时起，"刘项原来不读书"了！尔后，在漫漫"停课闹革命"的等待中，更在母亲，解放前就跟随党从事地下斗争却被扣上"特务"嫌疑而遭隔离审查的逼迫下，我远赴彼时蛮荒的西双版纳（1969年4月24日，恰是"九大"闭幕日）！好在来自复兴中学的，连同我，勐腊县勐腊公社曼庄寨子里就有七人：钱建兴、何亦雄、沈季常、曹宏杰、王炜阳、王沪麟。与我们寨子隔河对望的曼列寨，还有严密、严捷兄弟以及江楠楠、董雷统、杜国庆等五人。而同学之间的

图1 1969年4月24日，前往西双版纳插队前与弟妹合影。

往事，印象最深的，则是"半夜鸡叫"与"护送泅渡"。

那天，正逢"赶摆"（赶集贸易），往常每到这时，傣族老乡家做了"米干"（米做的面条），都会端上一盆来给我们知青户，可是，遇上雨季，我们受不了来回挑秧、递秧的劳累，先是"磨洋工"，而后就以种种理由"歇工"了。这天夜里，吹熄了煤油灯，我们上床瞎聊着，这才发现，一整天都没见有人端"米干"来。这时，钱建兴便放大喉咙学起鸡叫来，其他人顿时也心领神会跟着"喔喔喔……"起来，不一会，全寨子的鸡都来呼应，此起彼伏，煞是热闹！听到动静，隔壁竹楼上的贫农组长波依甩问："干哪样吗？""没有吃到'米干'，肚子饿！""不要闹嘛，我马上拿来！"一会工夫，他就送来了满满一盆的"米干"，我们赶紧点上灯，一边道着"多谢、多谢"，一边找出各自的搪瓷饭碗，盛上"米干"，大快朵颐了！自此以后，每逢"赶摆"，始终没有断过老乡们送上门来的"米干"，当然，我们也渐渐习惯了田间劳作，没有再"大歇工"了！

1970 年 7 月，我们这批刚参加了县"三代会"（活学活用毛泽东思想积极分子、首届四好单位、五好职工代表大会）的知青代表和县干部组成了"政治边防"工作组，去宣传修改宪法。严密加入到我们这个组中，一道徒步去到距县城四十公里

图2 曼庄寨上海知青在所居竹屋前合影。前排何亦雄、钱建兴、吴畏；后排李国庆（外校）、沈季常、王沪麟、王炜阳、曹宏杰。

山路的瑶区与"五一六"公社，晚上组织老乡学习修改宪法草案，白天，要么赶路，要么和老乡一起干活，几天下来，几乎跑遍了整个公社。8月7日，第一阶段任务完成，返回县城汇报。正值雨季，沿途河水猛涨，原来五六米宽、齐膝深、缓缓流淌的清澈小溪，一下子成了二十来米宽、深没人头、湍急浑浊的大河，严密、王胜利、许龙虎三位上海知青会水，夹着行李，脚蹬手划，在下游几十米处爬上对岸。我虽然看得心惊肉跳，也只能横下心来，听天由命，屏住呼吸，任由严密和王胜利死拉硬拽，带过河去了。接着，他们二人尽管筋疲力尽，还是高呼着"下定决心，不怕牺牲"，又游回对岸，把一个小护士也拉上了岸，我们赶在天黑前，踏上了出山回县城的唯一大道！

图3 作者与曼列寨严密（后左一）、严捷（前左四）等合影。

图4 在寨旁南腊河边合影。

山寨当教师

　　"龙林寨"，是布朗族的集聚地，同属一个大队、却处于山区，既贫瘠又偏僻。1970年年底的一天，大队领导找我和另一名"插弟"谈话，说那里没有学校，小孩们没法读书，让我们去把那些大大小小的孩子聚拢来，识些汉字，懂点算术，唱唱歌，玩玩游戏。说实在的，一是领导器重，情不可却，二是可以名正言顺地躲避每天强度虽不大却烈日焦烤下着实难熬的田间劳作，我俩二话没说，便欣然同意且很快出发了。初次的教师工作，对我们来说，不但新鲜，而且充满了欢乐，成天和这些孩子在一起，既教书，又共同嬉耍，令我们暂时忘却了那经常困扰自己的对于前途的迷茫。那时，我们寄居于队上的仓库里，那儿堆放着稻谷、花生壳什么的，夜里常有老鼠光顾，吱吱喳喳的啃嚼声不绝于耳，有一次，我伸出蚊帐的脚趾头也差点被咬！因此一开始夜晚睡眠甚差，不久就发烧生病了。但是，到第二天中午时分，我刚感觉人轻松一点，从床上欠起身，就觉得有一个个小脑袋在门前晃动，然后高高矮矮的孩子接踵进屋来，手里端着的，或是一团"好糯"（"糯米饭团"），或是几块"金该"（"鸡肉"），几片"巴炳"（"烤鱼干巴"），都说是让老师好好补一下！后来，我们要"上调"分配工作，

图5 作者与李国庆出发去龙林。

图6　1970年，作者在龙林寨边与大队长、学生合影。

在这里也就待了半年多一点，但，直到我大学毕业当了一名真正的教师，印象最深最亲切的，仍然是这山寨里的第一回。

高考进大学

读书，是我的爱好，插队时，就带上了整整一箱书，还时常觅些杂书来阅读，既以伴随每日的辛苦劳作，排遣对家人的思念与对前途的茫然，更借以遐想与怡情。1977年冬天，全国高考恢复了，可我一心想着早些探亲，陪伴即将分娩的妻子，

图7 20世纪70年代初，作者在勐腊县勐捧商店卖布。

迎接孩子的降生。好不容易挨到1978年春节后探亲，回到昆山，儿子已经满月了。一到家，太太就盘问为什么没有报名参加高考，这顿时勾起了自己暗藏心底多年的梦想，更何况，当时要解决夫妻分居，高考也真是一条捷径！

　　但是，毕竟连初中数理化也未学全，只能选择报考文科。我一边在家帮助带孩子，一边捡起了荒废已久的学业，开始紧张冲刺。幸运的是，那次高考，不但取消了"高考1977"时的种种条件限制，并且由教育部统一制定考试复习大纲，统一命

图8 作者1978年全国高考准考证。

题，还统一了全国考试的日期。自己按照大纲，搜罗相关教科书，循序摘录归纳，而且主攻目标明确——数学，很是"恶补"了一通，直到踏进考场的前一刻，手里还攥着本已经破损的数学书！接下来公布成绩，我的总成绩在全公社高居榜首，346分，那年云南的重点大学分数线才320分！记得，为了尽早获知录取情况，我天蒙蒙亮就从几十公里外的公社搭顺路的货车赶到县城的邮电局，守候着当天的邮车抵达。当我突然发现了写着"云南省勐腊县招生委员会办公室转勐捧人民公社党委交勐捧商店　吴畏同学收　四川大学（录取通知书）"字样的信函时，那"仰天大笑出门去，我辈岂是蓬蒿人"的诗句几乎要脱口而出了！

知青跳"龙门"

罗明威

　　我生逢特殊的年代，势必会有特殊的人生经历。我在高中毕业后，便被裹挟到上山下乡的热潮里，于1969年3月从上海下放到云南边疆农村插队。在那段艰苦的岁月里，先后在澜沧拉祜族山寨和思茅郊区农村，从开山放炮烧石灰到下田耕地插秧……十八般武艺，全都尝试过。皮肤被高原紫外线晒黑，手上长老茧，虽拼命干活争表现挣工分，但由于贫穷落后的现状，仍然填不饱肚子……理想的失落，前途的渺茫，使我和绝大多数知青一样，坠入无奈迷茫的痛苦中。

　　令人百思不解的"文革"仍然在进行中，上山下乡运动还在持续，个人的命运与国家的现状和前途紧密相关。哪怕你有天大的本事，如果没有适当的机遇，你是无法改变困境的。有句话说得对：机遇是留给有准备的人的。所谓"有准备"，指的就是一个人的生存能力，具有与环境抗争的能力，改变个人命运的各种技能……否则，命运之神永远不会垂青于你。

　　在下乡一年半之后，我终于等来了改变自己命运的一次机遇！由于我在学生时代爱好文艺，受过一段时间的声乐训练，个人的嗓音天赋也不错，下乡后也经常练习唱歌唱样板戏，所以被思茅群艺馆选上，参加了几个月的业余宣传队。这样，无意中就名声在外了。当时正逢大演革命样板戏的高潮，文艺单位要增添新人，甚至解放军各部队也要招收文艺兵……我的机遇之神翩翩而至。在 1970 年 11 月的某天，我突然接到南屏公社的电话，叫我赶紧去一趟！到了公社党委办公室，一张通知书摊在我面前，大意是当年某月某日带着户口迁移证和粮油关系证明，去思茅军分区革命样板戏学习班报到！我顿时发懵了：这究竟是什么事啊？上调？当兵？跳出农门？……不可能！按照当时的知青政策规定，下乡不满两年的知青是不允许改变身份离开农村的。但是，那张纸上明明盖着两个鲜红的大印——思茅专区革命委员会（相当于如今的地级市政府），还有思茅军分区政治部的大印！还说要转移户口和粮油关系！管它三七二十一，去就去！我半信半疑地在公社办理了有关手续后，按照指定的日期前往思茅军分区报到。

住进了军分区招待所，我意外地遇见另两名上海知青——吹笛子的张基光和拉手风琴的潘元平，他们俩正好就是先前思茅镇业余宣传队的老伙伴呀！我们正聊得热闹时，几个军人陪同一位年约五十岁胖胖的首长模样的人进屋了，经介绍他就是军分区毛副政委（后来才知道，他原为总政宣传部文艺处处长，是著名电影《英雄儿女》的编剧毛峰！因为在"文革"中该影片被指责为"大毒草"，而被下放到思茅军分区任职）。毛副政委一点也没有大干部和名人的架子，挨个儿跟我们握握手，亲切地开口道："既来之，则安之。小伙子们，别紧张，亮一亮自己拿手的吧！"专业考核开始了，张基光吹了一曲笛子独奏，潘元平拉了一首手风琴独奏，我则独唱了一首歌。表演者忐忑不安，聆听者心中有数。乐器声唱歌声完毕，随从的军分

113

区宣传队战士和毛副政委，都笑呵呵地鼓了掌。毛副政委慈祥地点点头说："行啊！你们就在招待所休息一两天，空闲时多和他们宣传队的同志交流交流，等待政审结果。"随后他跟我们三人握手告别，我们则去宣传队宿舍参观军旅生活。

隔了一天之后，等来了最终结果：三取一！张基光出身于"红五类"家庭，业务考核和政审合格，顺利地招兵入伍，穿上令人羡慕的绿军装。我和潘元平虽然业务考核通过，但是由于家庭出身非"红五类"，而被刷下！眼看着幸运天使翩翩而降的关头，却突然飞离而去，犹如一瓢冰水浇在头顶，我和小潘简直从头凉到了脚跟，整个人都呆如木鸡。前来通知我们的军务科长见到我们的尴尬状，便笑了笑安慰说："小罗，小潘，别沮丧嘛！毛副政委说了，你们俩都是文艺人才，有用武之地。"接着递给我们一张介绍信，上面盖着军分区政治部的大红印。原来是叫我们去思茅专区文艺宣传队报到！灰头土脸的我们，就像落水的人一样，望见一根救命的稻草，赶紧牢牢抓住。我心里明白：当时正值"文革"动乱时期，地方党委和政府被造反派斗得乱了套，所以中央作出"三支两军"的部署，由部队派出各级干部担任地方政府的一把手，地方干部任副职。毛主席说："全国人民要学习解放军！"一言定乾坤，军代表在当时最有权威。他们点燃了我和小潘挣扎着"跳龙门"的希望之火！

手持"尚方宝剑"般的介绍信，踏进专宣队的驻地——思茅城新大街旁边的专区商业局宿舍。接待我们的军代表叫岳队长，一位二十七八岁的现役军人（据说他在部队的职务是副连长）。他热情地表示欢迎我们加入队伍，说这支新建的文艺团体正在招兵买马，从思茅各个单位和老的滇剧团和花灯剧团里

1974年春节，思茅文工团歌舞队深入孟连某边防哨所，为解放军指导员演出民族歌舞。

选调了部分文艺骨干。还经过地革委领导班子讨论，决定抽调少数上海知青文艺人才补充不足。除了我和小潘外，还有三名知青比我们早来几天。岳队长叮嘱道："千万要珍惜啊！这个机会来之不易……"据说为了抽调知青，领导们以响应大演革命样板戏的号召为理由，冒着违反知青下乡政策的风险，打擦边球，最后拍板的。可见边疆地区对于人才的渴求。我们五名知青被定为文艺学员级，月工资18元，户口转为城镇人口。身份瞬间变成干部编制，属于地革委政治部宣传组直辖，吃上了"皇粮"……就这样，我们几个知青终于逃离"农门"，跳进了"龙门"！失之东隅，收之桑榆。这一巨变可把我乐坏了，好像老鼠掉进米缸里！仔细想想，当时百分之九十九的插队知青还在农村苦苦挣扎呢。

1973年夏天，作者在大地震后新建的文工团驻地门前留影。

　　1970年11月，就像做梦一般，我在专宣队开始了一段文艺工作者的生涯。那时我们每人发给一套没有领章帽徽的绿军装，六七十人的团队，分为歌舞队、戏剧队、乐队和一个舞台美术组，实行半军事化管理，岳队长和另外两名现役军人加一名地方干部担任领导。每天早晨，随着广播喇叭里的起床号声一响，在岳队长巡视的急促口哨声中，专宣队员们一骨碌爬起来。大家以军人的速度洗漱完毕，拿着饭盒去食堂吃早餐。8点整，就进入附近的红旗会堂开始练功。舞蹈队员齐刷刷跟着编导的口令和音乐，拉腿筋、踮脚尖、旋转、"探海翻身"……直练到一身臭汗方可稍事休息。戏剧队员跟着指导老师走台步、跑圆场、拿大顶、翻跟斗、练云手……也是个个气喘吁吁，不达目的不罢休。我们声乐演员在琴房里，由上海音乐学院六十年代毕业的哈尼族阿普老师指导，反复练习怎样控制气息、如何调节共鸣腔、如何咬字发声……直练得头昏脑涨，疲劳嘶哑。每天我们同样要接受舞台形体训练，适当参加一些舞蹈队戏剧队的基本功训练项目。我们几个知青不敢怠慢偷懒，绝不会落后于别人，自己要争口气。何况我们在农村已练就了吃苦耐劳的本领，这点苦算什么？逐渐地领导和同事们认可了我们这批学员，并且在各自的行当里也能独当一面！大约又过了一年，

1973年2月，文工团赴中老边境的勐腊县尚勇，为出国筑路部队（代号5支队）慰问演出，在雷锋团参观时的集体合影。

专宣队陆续从云南生产建设兵团和水利兵团里，又招来三十多名北京、上海、四川知青和少数民族学员，扩展为一百二十人的团体。此时正式更名为"思茅地区文工团"，定为县团级单位编制。

　　思茅文工团渐渐在云南省内小有名气，专业素质和表演水平更上一层楼。我们数次参加省里的革命样板戏调演和民族

1973年秋天，思茅文工团戏剧队深入西双版纳傣族村寨，为老百姓演出现代京剧《杜鹃山》片段。

歌舞会演，都获得一等奖。还先后排演了京剧《沙家浜》《海港》《杜鹃山》全剧，在省里首次排演钢琴伴唱《红灯记》——由上海知青姜志辛主奏钢琴，我担任李玉和角色，北京知青陶丽明主演李铁梅，为知青们增光添彩。文工团除了在思茅城里的日常演出和参加省里的会演外，每年都要抽出一定的时间，去下属九个县巡回演出。特别是逢年过节要深入边防部队前沿哨所慰问解放军指战员。另外还承担去国防公路慰问筑路工人，深入边疆少数民族村寨演出的艰巨任务……此刻，文工团便打着"思茅地区革命委员会兼思茅军分区春节慰问团"的旗号，常常两三个月游荡在外，一辆大客车外加一辆装服装道具灯光的大卡车，在尘土飞扬的红土公路上飞驰，打一枪换个地方，疲劳不堪地赶场子。我们去过云南生产建设兵团在西双版纳三县的驻地，澜沧、西盟、勐腊、孟连边防部队营地，最远到勐腊中国老挝交界处慰问沈阳军区所属的"雷锋团"出国部队（当时他们在老挝帮助建设九号战略公路）。甚至为了一个中缅边境阵地的三十几名战士能看到节目，我们组织二十来人的"乌兰牧骑"式的小分队，黄昏出发，由全副武装的几名战士护送，翻山越岭步行两三个小时（由于不通公路），天黑到达立即演出。完毕后星夜兼程赶回住地，还险些遭到境外国民党残军的伏击……

青春是美好而短暂的，我在思茅文工团虽然只工作了六年时间，后来恢复高考进大学，毕业后改行当了中学英语教师，但是泥脚杆知青"跳龙门"的奇特经历，和那段起步于舞台生涯的日日夜夜，恍若发生在昨天……

我上过"七二一"大学

李永安

这两张照片，是1977年我在西安市百货公司"七二一"大学写作班时的留影。岁月如流水似的过去了四十一年，回过头端祥这些老照片，不由得勾起对往事的回忆。

现在，有的人已很难知道曾经的"七二一"大学了。这是当年为落实毛主席的"七二一"指示，创办的一种业余大学，其特点是由单位自办，学员来自单位，实行不脱产或半脱产，学习结业以后，仍回原单位。在我的记忆中，当时稍有条件的单位，都开办了"七二一"大学，单位里缺什么专业就办什么专业，尤其是工厂里开办的"七二一"大学最多。

我那年二十一岁，在西安市百货公司文化用品批发部青年路仓库工作，平时喜爱写作，只是基础知识比较差，总想着有机会进修一下，进一步提高自己的写作水平。1976年，当听到西安市百货公司"七二一"大学写作班招生的消息后，我马上到公司报了名。我记得当时各单位报名上写作班的青年职工很多。最后，根据报名职工的自身条件，择优招了十九名学员，学制定为一年。这些学员全部是公司下属的基层商店、批发部、仓库的一线职工，有营业员、保管员、搬运工等。那时候，各单位都缺少写材料的，公司办班的目的，就是计划为各单位培养一批会写的笔杆子。

报名开学的那天，我多么想看一看大学是什么样子！来了以后才发现，公司"七二一"大学的教室竟是一间极为普通灰色砖瓦平房，房子不大，有二十多个平方米，里面放着十几张小课桌，靠西边的墙上，挂着一块方方

1977年4月在"七二一"大学学习时，作者参观西安洪庆车丈沟村张百万民居时留影。

正正的小黑板。这就是我们"七二一"大学的教室，这就是我日夜期盼要来上学的地方。老师说这里原来是公司工会的办公室，腾出来做了教室。教室的简陋虽然超出我们的想象，但只要能让我们出来学习，大家就心满意足了。我们兴奋不已，围在一起说个不停，仿佛有说不完的话。在"七二一"大学上学，有一个特点，就是不能脱离工作单位，我们实行的是上午听课，下午赶回原单位上班。学习的课程实用性很强，主要学习新闻报道和应用公文写作。师资是从公司职校抽来的两个老师，有时也请正规大学中文系的老师来讲课，在课堂上布置作文，老

"七二一"大学写作班毕业时，在风景秀丽的西安兴庆宫公园合影。
后排右一为作者。

师进行讲评。记得我们在上新闻写作课时，班上的老师将我们
分成三个组，到公司所属的百货大楼、批发部、仓库去实习采
访写稿，最后由老师进行点评。有次老师对我说："你们不仅
要学会写新闻报道，还要学会快速投稿，新闻的特点是新和快。"
听了老师的话，我就认真地观察和思考，为写稿和投稿作准备。

记得 1976 年国庆节快到了，商业部门都在抓节日供应。我和几名学员去采访国庆节市场，走进百货大楼，营业场里顾客熙熙攘攘，营业员应接不暇。我们连日在柜台采访，最后写出了《节日百货市场见闻》《方便群众的修理摊》等稿件，经班里老师修改后，很快发往媒体单位，结果这几篇稿件全部被报社和电台采用了。老师表扬了我们，这也是我的第一次投稿，大家心里都很高兴，随后，有的学员还发表了诗歌和杂谈等稿件。在学习的同时，学校还组织我们学员到大型工厂、大专院校、文物古迹去参观学习。

我们由于实行的是一边工作一边学习，在学校上完课，下午又赶回工作单位上班，有时候晚上还得加班写作业，回想起来也确是辛苦。我们在这里学的东西也是现学现用，一边在学校学习，回到单位就发挥作用，为所在单位写工作总结，写事迹材料，写新闻报道，办宣传专栏……

一年的学习时间过得飞快，1977 年 7 月，学制一年的"七二一"大学写作班要毕业了。记得是 1977 年 7 月 21 日的那天，天气晴朗，万里无云，我们"七二一"大学举办了毕业典礼，随后，我们全班十九名师生又来到了美丽如画的西安兴庆宫公园，一起在沉香亭下合影，一起畅谈着理想和未来，度过了难忘的一天。

从公司"七二一"大学写作班毕业以后，我即在单位从事宣传和党建工作，几十年来，一直没有放下自己手中的笔。现在，我又从事散文创作，已在报刊发表散文三百多篇。如今四十一年过去了，我只要看见这些老照片，就回想起在"七二一"大学学习的日子。

1945年：我的第一次旅行

陆源尔

民国三十四年（1945）的秋天，中国人民还沉浸在抗日战争取得伟大胜利的欢庆气氛之中。我和堂兄（伯父家长子）跟随父亲，由苏州乘火车去无锡，看望父亲多年不见的朋友。这是我第一次乘火车（那时汽车也没有坐过），也是我的第一次旅行。

民国时代，无锡素有"小上海"之称。下火车出站后，父亲叫了一辆黄包车，带着我们到光复门（后来改名为胜利门）外的中国饭店开房。火车站到光复门（解放后被拆除）的工运路是一条比较繁华的商业街。我们到达时，无锡正在筹备欢庆抗日战争胜利后的第一个国庆节（双十节），工运路一派喜气洋洋，热闹非凡。

第二天，随父亲步行到他朋友在新源路惠农桥附近的商行。路过大洋桥（即工运桥），桥下环城古运河船只川流不息，小火轮的汽笛声和船夫的号子声夹杂在一起。父亲朋友的商行是一栋砖木结构的二层楼，一层接待商务，二层是老板房（经理室）和账房（会计室）。父亲与朋友寒暄一番后，带我和堂兄到惠钱山（即惠山）寄畅园去玩玩。出门后，父亲朋友叫了一辆三轮车，载着我们三人前往惠山。

图1 长春桥，左中是父亲，右中是我。

三轮车进入惠山横街，就可以看到街道两旁众多的泥人摊店，摆放着各色各样的泥人。下三轮车后，父亲当然无心去看摊店上的泥人，领着我们向寄畅园走去，我还不时回头远望泥人摊店。

解放前的寄畅园是一处私家花园，只需凭本地商家名片就可以进入游玩。孩儿时代不懂园林观赏，只是跟随父亲东看看、西望望，没有留下难忘的记忆，倒是惠山的泥人却被我深刻地记忆着。父亲知道我想买泥人，因此走出寄畅园后，带我们在

图 2　摩崖石刻

　　惠山横街挑选泥人。我一眼看中了刘关张一套三件的泥塑脸谱，父亲欣然买下两套，商家用《申报》的报纸分别包裹放入纸盒包扎好。

　　父亲偏爱面食，雇了辆三轮车带我们直奔位于三阳的"王兴记"，品尝"王兴记"的小笼馒头和开洋馄饨。"王兴记"的小笼馒头咬一口卤汁喷涌，嚼一嚼有"甜出头咸收口"的特殊回味。1982 年父亲病重期间想吃"王兴记"的小笼馒头，我专程去无锡买，这是他一生最后一次吃"王兴记"的小笼馒头。

图3 梅园

由于三阳离惠农桥不太远，那时也没有公交车，我们步行回到
父亲朋友的商行。

上二楼后，父亲到他朋友办公室，我和堂兄在客厅各自打
开刘关张泥塑脸谱。紧挨着客厅楼梯口木栏杆旁，摆放着茶几
和靠背椅。我把泥塑脸谱按刘、关、张顺序平放在茶几上，挨
个儿看看刘备的白脸、关公的红脸和张飞的黑脸。泥塑脸谱既
不能立着放，又不能戴在脸上。由于茶几紧靠栏杆，栏杆又刚
好高出茶几，所以我就把泥塑脸谱立着靠栏杆排放。折腾一番
后，我在靠背椅坐下。哪知道坐下来时碰了茶几一下，张飞从
茶几上滚了下来，落到地板上后穿过栏杆，掉落到楼梯上，被

图4 凝春塔

摔得粉碎，我急得号啕大哭。听见哭声，父亲急忙从办公室跑出来，我哭诉说："张飞打掉了！"父亲安慰我说："明天给你重新买一套。"。

第三天，父亲带我们专程去惠山买泥人。到惠山横街走了几家泥人摊店，看到一家有九件一套的白雪公主石膏像（白雪公主、王子和七个矮人），越看越喜欢。我看过格林童话《白雪公主》小人书，记得魔镜和七个矮人，也记得白雪公主的继母心地歹毒，嫉妒白雪公主的美丽漂亮，小孩子当然不懂白雪公主与王子的爱情。说起小人书，我婶婶的兄弟，在山塘街荣阳楼隔壁开"大有南北货店"，店门外边有个小人书摊，我有时到小人书摊租小人书看。父亲知道我的心思，没等我开口就让店铺伙计包装一套。我还算识相，没跟父亲再提刘关张，就这样高高兴兴回程。下午，父亲他们可能在说着明天的日程安排。果然，在回饭店的路上，父亲告诉我们明天要去太湖鼋头渚、梅园玩，叫我们吃过晚饭早一点睡，明天要起早。

第四天，吃过早点后就往父亲朋友商行走。父亲朋友约了他三位朋友加上他与我同龄的儿子（小胖子），已经在二楼客厅等候我们。稍息后，我们一行八人赶往大洋桥附近的轮船码头，一艘小火轮和后挂航船已在码头等候。我那高兴劲不用说了，出娘胎后没坐过小火轮，当然也没见过太湖。我们当时的着装是现代人没有见过的，父亲和我穿的是长衫，我堂兄（大我四岁）一身童子军服装。

这艘航船可以摆放一张八仙桌和八只靠背椅，并配备有厨房，我记得这艘航船叫"金陵"号。我们一行上船后没有多久，小火轮便发动起航，拖着航船启程，顺着古运河驶向鼋头渚。一路上，大人们磕着西瓜子和吃花生聊他们的事，我们三个小人吃花生和糖果聊我们的天。大约快到中午时分，父亲朋友指点说船已进入五里湖。船放慢从菱塘边驶过时，有采红菱的划着木盆过来叫卖，大人买了些水红菱。无锡的大青菱很有名气，苏州人习惯叫"无锡菱"，大青菱一般是烧熟了吃，而水红菱必须生吃。

这时，船家阿姨来清理桌子上的瓜子花生壳，准备上菜和酒。现在苏州人节假日跑光福太湖边吃船菜，据说太湖船菜就是起源于无锡，所以也称无锡船菜。在船家上菜时，他一一介

图5　相传范蠡和西施隐居处

绍菜名："八宝鸭""西瓜鸡""荷叶粉蒸肉""全家福"……
还有几道时鲜嫩爽的素菜，几吊烫热的绍兴黄酒也一并上桌。
1957年暑假探亲，我第一次到南京，姐夫姐姐带我到新街口
"三六九酒店"，也吃到"全家福"这道苏帮菜，菜里面的油
氽肉皮和兰片特好吃，所以念念不忘。这些年，我在苏州进了
不少酒店，菜谱上并没有见到"全家福"菜名。这次暑假探亲，
是我在沈阳读书三年的唯一一次探亲。此时，我才知道父亲的
不幸遭遇，父亲为了让我安心读书，事发后一直瞒着我。儿时
哪里懂得无锡船菜讲究"味真"，每一道菜都是原汁原味。那
时没有饮料，小人只管大口大口吃菜，大人们边吃边划拳。

不知不觉船到了鼋头渚，酒席还没有完。船靠岸后船家放上跳板，我们一一上岸。父亲朋友带了一台120德国"莱卡"照相机。民国时代，德国的电器、照相机在江南比较吃香，当时中国不生产，老家照明用的电线、灯具都是德国"西门子"产品，供电电压110伏，解放后改为220伏。儿时旅游不会留下多少记忆，只知道当时望见浩瀚的太湖出神，从来没有见过这一望无际的水面。只是到自己成人后，再度游览鼋头渚时，才知道那时走过的景点，如长春桥、广福庵、"包孕吴越"和"横云"两处摩崖石刻、鼋头渚灯塔等。父亲给我留下的在鼋头渚拍的两张照片，图1是在长春桥拍的，左中是父亲，右中是我。图2是在摩崖石刻拍的。

　　而后上船去梅园和蠡园，当时都是私家花园。

　　由于季节原因，在梅园没有看到梅花，所以没有玩多长时间，父亲、我、我堂兄和父亲朋友的儿子四人在刻有"梅园"两个大字的石牌旁合拍了一张照片，即图3。梅园虽然没有鼋头渚好玩，但它与解放后称之为"红色资本家"的荣毅仁相关。梅园是荣氏私家花园，我们留影的石牌上"梅园"两个大字就是荣毅仁父亲荣德生亲笔题词。乘船去的最后一个景点是蠡园，蠡园与梅园相距不远。蠡园相传为纪念越国大夫范蠡而命名，在那里也拍了两张照片，图4远处是凝春塔，图5是小别墅（相传是范蠡和西施隐居处）。

　　鼋头渚、梅园和蠡园在历史上就是无锡太湖边上的三颗明珠。

　　第五天上午，父亲领着我们去他朋友商行，与他朋友礼仪告别，父亲朋友已经准备了无锡特产：竹箩子装的油面筋和肉骨头。随后乘火车返回苏州。

　　这次旅行，萌发了我的旅游情趣，伴随了我一生。

一样的坎坷　不一样的人生

姚显伟

20世纪90年代初的一天早晨，四川省高级人民法院派车把父亲从家中接走。来人告诉母亲："是我们法院工作上的事，请姚老去一下，明天就送回来，你放心！"曾经是"历史反革命"，解放后一直在小学教书且退休多年的父亲，究竟与法院工作有何关系？这还得从父亲的身世说起。

父亲姚虞九（1912—1999），湖北武昌人，早年毕业于复旦大学法律系，曾加入国民党，就职于国民政府司法部门，当过律师。约在1944年至1946年间，任遂宁中级法院院长。

解放初，政府对旧社会来的人员拉网式审查，父亲进入政府安排的"革命大学"。经内查外调，定为"历史反革命"，取消选举权和被选举权，保留其已在泸州市梓桐路小学教书的职业。

听父亲讲，他之所以未被定为"反革命分子"判劳改，一是解放前三年，他即辞去法院院长一职；二是任职期间，无民愤，亦未欠革命人士血债，故得到人民政府宽大处理。

至于辞职原因，父亲坦言道：抗战胜利后，官场腐败，社会动荡，货币贬值，物价飞涨，而他从订阅的《新华日报》上了解到共产党追求民主自由的主张，看到中国的曙光，对国民党失去信心，故毅然辞去官职。

解放后，在共产党的领导下，社会安定，万象更新，国家逐渐强盛，父亲对新政权心悦诚服，决心认真改造自己，努力适应新的社会，全身心投入教学工作，兢兢业业，任劳任怨，除了算术课外，几乎所有小学的课程他都教过，深受学校领导和同事的好评，笑称他为"姚博士"。

在政治生活中，父亲处处谨小慎微，与世无争。然而，树欲静而风不止——作为旧社会有过一官半职的父亲，在接二连三的政治运动中，诸如肃反、"三反五反"、反右、四清等，均极有可能成为被运动的对象，但他却安然无恙。"大鸣大放"

20世纪60年代，全家合影。后排为父亲、母亲和我。

20世纪60年代，正在备课的父亲。

时，父亲自知像他这种身份的人，只有"听党的话"的份，哪有"帮党整风"的资格。另有一位教师因替父亲鸣不平，说"姚某大学毕业教小学，大材小用"，而当上了"右派"。更令人不可思议的是，十年"文革"浩劫，横扫一切牛鬼蛇神，像父亲这种货真价实的"国民党残渣余孽"，非但躲过了被揪斗凌辱的厄运，反而在学校停课闹革命，忙于搞派性时，让父亲出来管理学校食堂，足见他驾驭命运浮沉的智慧和善于对人处事的能力。

在很大程度上，支撑父亲渡过一道道难关的精神力量，来自温柔贤淑的妻子。父亲在复旦大学读书时，与当妇产科医生的母亲相爱，因抗日战争爆发，两人携手来到重庆结为夫妇。

父亲刚退休时的留影。

作者在台北环亚大饭店，与父亲的中学同学熊丸共进午餐。

刚一解放，明智的母亲即把从前的照片、信件等资料全部烧毁，以免招来麻烦。母亲曾任泸州市妇幼保健站站长，组织上动员她与"历史反革命"的父亲离婚，但她宁愿被免去站长职务，也要为父亲保住一个完整的家。

三年困难时期，紧张的工作加上繁重的体力劳动（开荒种菜），正值壮年的父亲饥肠辘辘，忍不住把代收学生的学费买了把红苕吃了而无力偿还，最终还是母亲把50年代认购的公债券拿去抵了，方才避免了"挪用公款"的罪名。在那些艰难的岁月里，亲情是身心疲惫的父亲唯一的慰藉。

出生于上海嘉定农村，善于勤俭持家的母亲，哺育了三个子女成人，且让"衣来伸手，饭来张口"的父亲衣食无忧，老两口不离不弃，白头偕老，这是父亲一生的幸运。

父亲八十岁时，在家中与母亲合影。

　　父亲退休后，偕母亲在成都与儿孙团聚。不久，"四人帮"垮台，全国人民同心干"四化"，父亲焕发出从未有过的热情，佩戴着复旦大学的校徽，"毛遂自荐"到夜大和中学任教，为在职青年辅导英语等，他还在居民大院担任管委会主任，并参加了复旦校友会活动。闲暇时，在茶楼打麻将，会京剧票友，操琴自拉自唱几段《玉堂春》《空城计》——"我正在城楼……"——原来父亲也曾是一个颇有生活情趣的人。

　　为了将隔断的历史延续下来，四川省法院编写司法部门地方志，但几乎无从搜集到民国时期的史料。像父亲这种亲历者，要么解放初已被镇压，要么去了台湾，能活下来的所剩无几。这就是他们登门造访父亲的缘故。

　　1998年11月，我作为城市建设专业人士（成都市城市建设科研院副院长、四川省市政工程协会常务副秘书长），应台湾道路协会邀请，出席在台北召开的两岸运输工程交通管理学术研讨会。父亲终于在有生之年看到隔绝了半个世纪的两岸关系解冻，居然自己的儿子还能去台湾，并代他看望了当年在重庆益州高中读书时的挚友熊丸（追随蒋介石多年的"御医"、圆山饭店董事长、《中华时报》副董事长）。

当父亲看到我从台湾带回的中正纪念堂、熊丸与我的合影等照片和那张台湾"行政院公共工程委员会"为我制作的印有青天白日之旗帜的会场座位牌时，不堪回首的往事让他百感交集，思绪难言，竟潸然泪下。

父亲于辛亥革命的第二年出生，去世于20世纪的最后一年，目睹了中国一个世纪的战乱连绵和风云变幻，北伐战争时武汉围城四十余天断粮的饥饿和重庆遭日寇大轰炸时"跑警报"的惊恐，留给他挥之不去的痛苦记忆。

纵观父亲一生，他毕业于名牌大学，三十多岁即任法院院长，本应成就一番事业，在国家司法界有所作为，但因时代变迁、政权更迭，不得不过早退出历史舞台，这是他人生悲剧性的一面；后半生，他侥幸躲过历次运动的冲击，有尊严地活了下来，潜心教书育人，对社会作了力所能及的贡献，精神也得以寄托；晚年欣逢改革开放，国泰民安，他过得充实而有意义，尽享天伦之乐，从容淡定地走完了人生最后一程，无疾而终，享年八十八岁。

· 更正 ·

第一一九辑第183页倒数第2行，"陈霖"应为"周际霖"，特此更正，谨向读者致歉！

忆瑞康

胡进青

2017年7月11日晚7点43分，突然接到同学邓瑞康的夫人来电，称邓瑞康上午骑电动车外出，没带手机，失去联系，下落不明。我顿时感到此事凶多吉少。第二天一早，家属告知：邓瑞康出门不久即遇车祸（肇事者全责），10时多在常州市二院抢救，下午1时许宣告抢救无效死亡……家属在殡仪馆见到他已是深夜了。

对于瑞康兄的突然离去，我太难于接受了。他除了每天服一颗药就可以控制的高血压，终年不进医院，定期体检找不出其他疾病。退休以后被返聘工作，后又被一再挽留，直到2016年春节以后才完全退下来。瑞康兄喜爱运动，体型保持极佳，喜欢以步行、骑自行车、骑电动车等多种方式外出。哪里新建、扩建了公园、绿地，哪个城市建设项目有什么进展，某某大商场的家电或日用小商品的行情，事事关心。"白脚花狸猫"（方言，形容在家待不住的人），有空就往外跑，"四城门八水关"，随心所欲。他是老同学中最可望长寿者，6月20日全班市内同学聚会时，还谈笑风生的，怎么一瞬间就没了呢！

这些天来，瑞康兄的音容笑貌无时无刻不往大脑里闯，毕

图1 邓瑞康单人照。摄于 20 世纪 50 年代。

竟是持续交往了六十五年有余的老同学、老朋友了。

　　1952 年初，我们小学毕业考上了常州师范初师班。那时常州市的中小学还有春季班，我们是小学最后一届春季班毕业生，常州师范的历史上也只招过这一次春季班，而且此后也不再办初师部，我们的初师春季班是常州师范校史上的唯一。解放初期，城市的失业率还很高，师范生百分之百享受国家颁发的甲等助学金，作为伙食费，标准不低，家境贫寒的同学还可申请困难补助金，毕业以后由政府统一分配工作，一辈子的生计，通过一次入学考试彻底解决。那时各学校都是独立招生，报纸上刊登招生通告以后，邻近市县也纷纷赶来报名，应届生、往

图2 作者的小学毕业证书

届生、已经在普通初中或职业学校就读的学生、郊区农民，等等。在总计一千二百多名考生中录取六十人，竞争激烈，但新生的整体素质也随之提高了。其中小学应届毕业生被录取的寥寥无几，我毕业于常州师范附小，几十人报名，只录取了我一个人；邓瑞康是常州市另一所名校龙城小学毕业的，符焕顺同学的母校西大街小学也只考取了他一人。常州师范附小还遵循传统按名次为毕业证书编号（图2），邓瑞康和符焕顺都说不出毕业时的名次了。我们小学应届毕业生年龄都偏小，我虚岁十三。而班内年龄最大的二十七岁，入学时已有两个孩子，在校读书时有了第三个孩子。我们是少先队员，是少年，而大多数同学是青年，是成人，和他们有点"代沟"，这也是我与邓瑞康容易成为好朋友的基础。我们应届生报考师范，主要不是为了生计，而是当时常州市仅有的两所公立中学都不招春季班，而私

141

立中学每学期的学费高于一般小学教师的月工资，读师范不要学费，还有钱拿，碰到这样的好事，也就不放弃了，就这样有点稀里糊涂地读了师范，也因此做了一辈子教师。

在常州师范读书很是轻松愉快，没有题海，不排名次，也没有升学考试的压力，课余活动内容丰富，中午及下午两节课后这样大段的时间可以自由支配。学校要求每个师范生都要会一两种乐器，风琴演奏是音乐课的考试内容，二胡与箫笛也相当普及，加上歌咏和戏剧爱好者又多，个个教室都是排练场，热闹非凡。自发组织的篮球队相互间要搞友谊赛，只要写块小黑板，出个告示就把场地定下来了，为了能抢占到比赛场地，有时需要两三天的提前预定。瑞康和我年纪小，只能当热心的拉拉队员。瑞康的身体素质好，被学校体操队看中，全班只他一人。常州师范的体操队在市内颇有名气，常常外出表演。毕业前夕，学校安排了一次全校观摩，瑞康在单杠、双杠、木马、跳箱等每个项目都有出色的表演，是体操的全能运动员。在课表规定的体育活动时间，我班常组织去天宁寺林园散步，三三两两，悠然而去，悠然而归。林园空气清新，游人心旷神怡。如今林园虽在，当初的静谧已不再。

我们班十二个通学生，坐教室边上靠墙一行，初一时坐过右侧，后来换到左侧直至毕业。初一期末时我和邓瑞康的身高都长到一米七以上，就坐到最后排，成了同桌，交往更多了。两家都在市中心，相距不远，你来我往，彼此的家庭成员也都熟识了，我的父母都直呼其名，叫他"瑞康"。

那时我们对科技知识有共同的兴趣爱好，除了阅读书刊，也喜欢动手做点小制作。如买电动机模型的套件装配了电动机，成功后我们又根据电动机的基本原理，用长约十厘米的铁钉，做成了立式两极电动机模型。

我们在沪光眼镜店买镜片，用纸卷起来糊成镜筒，做成了"伽利略望远镜"，课余时间带着它走到学校附近的赵家弄南口，欣赏郊外风景，远处大成一厂烟囱上的避雷针，肉眼看到只是一根针，用望远镜可以分辨出其顶端分叉的三叉戟，简直是"哥伦布发现新大陆"，惊喜不已，六十多年过去，记忆犹新。

常州有文具店出售飞机模型材料时，我们买了弹射飞机模型的套件，买斜凿、木锉、砂纸、牛皮胶等工具，模型材料不贵，工具却不便宜。最幸运的是，新华书店恰好到了一本书——《弹射飞机模型》。从基本原理、制作工艺到调试技巧，这本书里讲得言简意赅，细致周到，让初学者一步到位，马到成功。模型做好后，我们相约到省常中操场试飞，那时省常中操场没有围墙，就是一大片草地，对飞机模型有很好的保护作用，不怕模型摔坏，也不怕它飞到找不到而丢失。由于我们各自在家中做过认真的调试，首飞就很完美，几十个橡皮圈交错连接成大约一米长的橡皮绳，一人高举橡皮绳的一端站在前，一人把弹射飞机模型上的弹射钩套在橡皮绳另一端的回形针上，捏住飞机模型的机尾，蹲在后面，一松手飞机模型就弹射了出去，飞机模型到达最高点后就自动转成滑翔飞行，我们改变弹射的方向（与风向的夹角）和倾斜角，以求得最长的留空时间，也把作垂直尾翼的薄木片稍稍弄弯一点，想让飞机能盘旋而下，不致为拣飞机跑得太远。晴朗的夏天，万里无云，烈日当空，偌大的操场没有第三个人，没人旁观，也没有干扰，我们一次又一次地放飞，奔跑拣飞机，直到将近中午，意犹未尽，回到家中，才感到暴晒了半天的皮肤隐隐作痛。

初三时，我们的兴趣逐渐转移到电子技术上了，当时口语

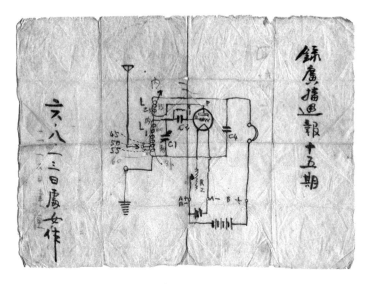

图3 父亲1937年画的单管收音机图纸。

都称其为"无线电"。这还与我父亲的一段经历有关系：1937年，我父亲在苏北东坎一家常州布店的分店做职员，凭着对新生的无线电技术的好奇心，且有机会出差上海时顺带购买零件，照着《广播周刊》的解说，竟成功地制成了一台电子管收音机，它工作起来需要两组电源，一组是30节一号电池串联起来的"乙电"，另一组"甲电"是两节直径大约5厘米、长度约15厘米的大号电池。所有这些东西装在一只木箱里，木箱一侧作为面板，上面三个旋钮分别调节灯丝电压、电台频率和再生强度。为使收音机能收到电台还必须架设室外天线，这台收音机正常工作时还只能供一个人戴着耳机听，制成这台单管收音机（俗称"一灯机"）的当天，适逢淞沪会战爆发，中央电台每晚普通节目结束以后播送"记录新闻"，我父亲记录下来，随即刻好钢板蜡纸。第二天一早，两位志同道合的小伙伴，便油印、散发，三个年轻人就这样凭着抗日的热情，办起了免费的油印小报《抗敌情报》，每天出刊，在交通与电信还很不发达的苏北小镇，成了新鲜事，很受欢迎。这件事发生在我们出生前，但是十多岁的小孩，听长辈讲自己的经历，兴趣盎然，印象极深。我父亲还把当年制作收音机时留下的图纸传给了我，也给瑞康看了，那是一张与教科书差不多大的发黄的拷贝纸，上面是用毛笔画了电路图（图3），我们看到这张图纸，如获至宝，神秘而又好奇。不久前，我们师范同学三家六口聚会时，瑞康又提到这张图纸，我当时就想回家复印一份给他的，可惜没抓紧办，噩耗传来，才赶快复印，到瑞康家吊唁时带去，复印件只得随遗体火化携往天国了。

师范生生活不愁，但自制收音机，经济能力绝无可能。我们在市图书馆办了借书证，找到一套好书《矿石收音机》和《单管收音机》。作者都是程权，每次借一本，借期两周。我们轮流借，反复看，填写借书证上"书号"一栏时，我们都不用抄写，烂熟于心，背出来就是。这套书实在是非常好，把理论与实践结合得极佳，无线电技术的基本理论分散在各个分册，每个分册讲透几个知识点，不重复，没疏漏，循序渐进，安排得恰到好处。如果能融会贯通学到《五管收音机》，对当时百货公司出售的收音机，就都能了然于胸，看到外表就能想到它的内部构造。这套书讲实践也很具体，每提到一种元件，总是作用、性能、分类、辨认、选购注意事项，面面俱到。天线的架设，焊接技巧，布线的统筹安排，调试经验都讲得细致周到，当初的无线电爱好者如果真能按部就班，照这套书的教导去做，一定会少走很多弯路的。爱屋及乌，有一次瑞康见到旧货摊上有二十本左右

图4 左起胡进青、邓瑞康、符焕顺。

程权主编的杂志，也当机立断，统统买了下来。初三毕业时，我们俩就这样成了"知"而无"行"的无线电爱好者。

1955 年 2 月，我们被分配到农村做小学教师，有了固定的工资收入，可以实现无线电梦了。邓瑞康工作的武进溪南小学，离城约二十公里，每逢节假日都可以回家。不久，瑞康就先后制成了矿石收音机和单管收音机，在家中小院竖起了蛛网式天线。我在溧阳南渡小学工作，在 20 世纪 50 年代要坐一整天内河轮船，第二天再乘车船才能抵达，当地还没有电力供应，缺乏制作收音机的条件。瑞康与我通信频繁，他每有进展都及时相告，让我分享他的喜悦。矿石收音机只能听本地电台，而且不稳定，装单管机用的核心部件是30号真空管（现在的正式名称是"电子管"），还是在旧货市场淘来的，自己制成的直流单管机接上天线能收到邻近省市的广播，惊喜不已，总是要听到十点多钟，电台都停止播音了，才肯关机就寝。但直流的单管机离不开天线，且电池的耗费也颇为巨大。瑞康很快就想到把30号的直流真空管换成27号交流真空管，再加装了一个真

图5 常州师范毕业30周年纪念合影。摄于当初的教室前。前排：左七教导主任吴伯松、左八班主任尤宗林；中排：左四胡进青、左五邓瑞康、右六符焕顺。

空管镇流电路，变成了交流两管收音机。不仅便利省钱，而且接上了交流电源的大电网，不用外接天线，拖一根一米长的尾线，就可以有不错的收听效果。我在一百多公里之外不断得知他的进展，真是眼馋心痒，跃跃欲试，装一台同样的交流两管收音机所需购买的一切，就全权委托瑞康了。那时，中国还不能生产电子管，真空管和变压器都得淘旧货，要做到物美价廉，需要熟悉旧货市场的行情，需有鉴别货品的知识和眼力，还要有与卖家讨价还价的口才与经验。这些几乎都是瑞康与生俱来的才能，我始终望尘莫及，同时也滋生了我的依赖性，遇到相关的麻烦事，总是找他，他也总是乐此不疲。当我假期回到常州，装置收音机的元器件他全部买好，送到我家，旧变压器是从日式收音机上拆下来的，初级、次级的接线十多根搅在一起，他早已花工夫，把一组一组的接线头分清楚，测试过，标注好，让我放心使用。还花几毛钱帮我买了一个大小适中的收音机木盒，尽管写信时已告诉我不少，还是不厌其烦地再一次交代了他的装机经验。长年的知识储备加上充分的物质准备，我一晚上就把交流两管收音机装成功了，超乎意想的顺利。

没有隔太久，瑞康成功地装置了超外差式中短波五管收音机（五灯机），花费不到百货公司成品价的一半。最大的收获是，经过由简到繁的装机实践，彻底掌握了当时家用收音机和单位用的收扩音机的原理和维修技术。我要等到 1963 年，常州无线电厂大批甩卖电子元件清仓时，在瑞康的敦促并陪同下，买了成套元器件，按照熊猫牌收音机的图纸，装置了一台"山寨"熊猫。因为常州无线电本来就是仿制熊猫的，清仓机箱、底板、主要元件也都跟熊猫一样，所花成本不到 30 元，与正品熊猫牌收音机 120 元相比，实在是很便宜了。当时青年工人月工资才

图 6 常州师范毕业 50 周年纪念合影。后排：左二邓瑞康、左三胡进青、左七符焕顺。

30 元左右。

邓瑞康在师范毕业以后，进修、函授不断，自学能力强，又抓得紧，曾获得南京师范学院物理专修科的毕业文凭。武进县曾做过把中小学合并的改革试验，瑞康就在这一阶段成了奔牛中学的物理教师，而后又调到武进县教育局教研室担任物理教研员……最后退休于武进县教育局。

20 世纪电子技术的发展突飞猛进，瑞康总是跟着时代前进的步伐，与时俱进，市场上能买到晶体管时，他就自制晶体管收音机。大约 1970 年，《科学普及资料》杂志（《科学画报》

图 7 邓瑞康，2006 年摄于常州市双子楼旁。

在"文革"时期的用名）刊登了高保真音频放大器的详尽资料，除电路图外还有印刷电路板的图纸，于是一段时间在本地区"高保真"广为流行，瑞康很快就顺利地制成了"高保真"，音乐不多声音好，也是一种享受。他在制作印刷电路板时，同时帮我做了一块，只是时间已过去了半个世纪，这块板子还躺在我写字台的抽屉里。

当无锡电子管厂能生产9英寸显像管时，无线电爱好者便纷纷自制电视机了，瑞康当然不甘落后，抢先成了拥有电视机的家庭。他一再促我装电视机，我懒字当头，不为所动。隔了好几年，市场上的电视机才慢慢多起来，同样牌子，同样外观的电视机有晶体管分立元件的，也有集成电路的，价格也一样，买哪一种好呢？瑞康的意见是买分立元件的，它单个元件便宜呀，维修就省钱了。我言听计从，用相当于8个月的工资买了台12英寸黑白电视机，用了很多年，出过几次故障，自己维修基本不花钱。

瑞康在电子技术上不断进取，总是能随时应对学校和家庭的电子设备的维护。一退休便被常州声达音响设备公司聘用了去，这是一家大公司，业务范围跨沿海好几个省。瑞康尽管有电子技术的基础，但公司经营的专业级音响设备，对瑞康却是一个全新的领域。大会堂或小会议室，游乐场或学校操场，不同的场合对音响设备有不同的要求，不同单位的资金投入也有天壤之别。世界级品牌、国产品牌等不同级别的品牌种类繁多，性能千差万别，瑞康在声达不几年就熟悉了全部业务，被委以"总工程师"之职，从项目的规划设计，资金预算，到现场安装，设备调试维护，全过程参与，全过程掌控，不管遇到什么难题，瑞康总能举重若轻，迎刃而解。

瑞康在常州主持的代表性大型工程有市委市政府双子楼大厦和嬉戏谷大型游乐场。2006年，双子楼投入使用后，瑞康约我去参观了，他的电子门卡具有很高的权限，引导我参观了大大小小好多会议室，大的会议室可兼作电影院，其设备优于当时市内任何一家营业性电影院，有一间小会议室是市委市政府电视电话会议的专用会议室，为保障设备的正常运行，每次电话会议瑞康总是在场，但关于会议情况他一个字也没透露。他明确告诉我的是，公司给他的工资是每月1500元，而他清楚公司与市政府签订的合同上，为"总工程师"一职索取的酬金为3700元。瑞康把获取新知识的机会看得很重，远远重于金钱的价值。瑞康在声达公司十多年，废寝忘食为公司积累了大量财富。好不容易退下来，能完全自由地享受人生了，却遇上了飞来横祸。老天不公！

一本抗战日记

冰 德

这是一本抗战时期的日记。

日记本的主人是一个名叫辜俊英的泉州人。他曾是马来亚华侨各界抗敌后援会的主要发起人之一；他因积极组织海外华侨抗日救亡运动，在延安受到毛泽东的接见，并得到他的亲笔题词。他的这一本日记本，记录了1937年至1938年国内抗战的烽火岁月，历史价值弥足珍贵。

1996年，泉州市筹建泉州华侨历史博物馆时，向各地征集有关华侨的实物和资料，其子辜诗鸿先生将这本《洪涛日记》及其他实物一并捐献出来。

日记为红皮精装，共计483页。日记封皮正面印有"中华民国廿七年生活日记""1938"字样，侧边印有"中华民国廿七年生活日记"字样，日记写有"洪涛"的名字，备注时间为1937年12月。日记开头几页分别印有中华民国廿七年周历表、岳飞的"还我河山"字样等，中间穿插名人撰写的抗日诗文及军民抗战图片，每一页页脚印有抗战语录，附录印有国难资料、防毒常识、防空常识等。其中还有苏荣在爆炸声中写出的那首《全民抗战歌》。

辜俊英，1938 年在武汉留影。

有关专家表示：辜俊英以"南洋华侨战地记者"的身份，记录从马来亚到延安沿途的所见所闻，反映日本侵略者给中国人民带来的深重灾难，是难得的第一手资料。

日记本封面

辜俊英为"记者团"领队

辜俊英，笔名洪涛，系旅居马来亚的永春籍华侨。1929年加入中国共产党，1930年任中共永春县委军事委员，年底带队攻打东溪陈铁卿民团，遭到国民党通缉，避往厦门时又找不到组织，遂浮海南渡马来亚。抗战爆发后，与粘文华（晋江人）、苏棠影（同安人）、王宣化（南安人）共同发起组织星马（新加坡和马来亚）华侨抗日后援会（简称抗援会），领导星马工人大罢工，四人被称为星马抗日"四君子"。

1937年11月，马来亚侨报《星洲日报》《南洋商报》等十余名记者组成"南洋华侨战地记者通讯团"回国采访、宣传、支援祖国抗战，辜俊英为领队。

1937年12月，记者团由新加坡出发，经香港、广州、长沙、武汉等地，于1938年2月到达延安。记者团在延安期间进行一系列的活动，并得到毛泽东、周恩来等领导的亲切接见。任务完成后，于1938年5月离开。在整个活动过程中，辜俊英写下这本长达10万字的日记，内容除辜奔赴延安沿途的所见所闻之外，还谈到了与中共领导人会见的具体细节等。

广九线上的各种见闻

辜俊英在第一篇日记写道："广九路线，最近一个月来，每天都有飞机轰炸……"辜俊英体味乱世民生，尝尽人间疾苦，他用记者特有的敏锐记下这段艰难的历史。

1938年1月1日，防空警报声响起，辜俊英在一位老人开的小商店躲避敌机来袭。经交谈了解到，老人已经七十岁，参加过北伐。谈话中，老人说的一席话颇耐人寻味，他说："国民党的官根本不行，都在贪污，用了很多钱去做防空壕，结果，炸弹未炸死人，在防空壕里面避难的却被防空壕压死！"

三七年十二月廿二，星期三，于广州市新华酒店

晚上四点五十分，乘广九车赴广州，一路刺骨的寒风迎面袭来，我禁不住打着寒噤。

广九路线最近一个月来，差不多每天都有敌人的飞机来轰炸，敌人企图主要是破坏我陆路交通，因此广九路的车因避免敌人袭击的缘故，最近都完全改为夜里开车，但

是有时候也要受着威胁。

当天我们车抵深圳站中英地界时，有中国武装士兵在那儿防守。车停片刻，几个武装战士立即登车，最初我疑是上车检查车上搭客行李，或检查车上有没汉奸间谍之类混进我们的国土，车开行后，指挥员命令他们分散到各车厢，雄赳赳手拿着驳壳枪。平常我看见中国的士兵很怒他，这次却不同，我看见中国的武装同志，觉得他们可爱，可敬，因为这次中日战争，我们的武装战士特别勇敢，整团整营壮烈牺牲。向敌人冲锋肉搏，他们不表示屈服，他们这样伟大的精神，纠正我过去对他们的感受。

他们是宪兵，被派来保护搭客的。

广州被日军飞机轰炸后

过了这车站后，不久，大地被黑暗所征服了。

沿途有些村落的屋子，门扉洞开，充满着空虚、寂寞的气氛，有些更不幸的在敌人的炸弹爆裂下葬送了那衰颓的生命了。

车抵樟木头车站，候车的搭客颇多。这站几天来香港的报纸常常登载被敌机轰炸的消息，果真，站上的屋盖被炸毁了，许多洞，在黑夜里透着灰暗的余光，显然被炸得相当严重。铁轨旁被炸的弹穴，仿佛是天然的战壕似的。

不久，经广州开来的火车在这站和我们碰头，里面满载着逃难的难民，行色匆匆，看来很可怜。

车开后，有三位着黑色制服的警官到我们坐的车厢检查一个外国人，非常严厉，看了护照，又问了很多话，后来那个警长又拿一份印中英文的格式纸给那个外国人填写，这恐怕就是我们在香港报纸看到登载的一则新闻说，"有个英国人当日本间谍，被我广州当局逮捕"的缘故，所以，对外国人要到中国境地，都要受严格的检查。

到了广州站，站上堆着很高很高的沙包，武装宪兵在站上严密防守着，目光直视着每个下车的搭客。

我们一行人分乘两辆汽车到太平路新华酒店住宿。

敌人进攻华南的空气最近虽然很紧张，但是广州市几条大的街道还是很热闹，酒店对面的茶楼出入的人颇不少，茶楼的歌伶的声音却调和了这布满战时状态的广州市。

三七年十二月廿三，星期四，记于广州新华酒店

早晨起来，鲜红的太阳把这恐怖的羊城晒得像血造成的长城似的，它显出被敌机炸后衰颓的景象。

157

八时二十分钟，吁吁吁……第一次敌机来的警报向市民报告着，可是大家司空见惯，马路上的车马人群照常驰骋往来地走着，一点都不见他们有惊慌的状态。

关于市上的空防，有关于军事的秘密，一点都不给你看到，因为提防汉奸告密给敌人有机会来破坏，所看到的不过是一部分建筑物把墙壁刷了刷深灰色，屋顶上面用竹编成，把整个屋顶盖着，下面门前堆着高高的沙包，防御炸弹落在街道上爆炸，这些都是消极的防空……不能克服敌人给我的威胁。

不过，在日记中，主人也对中国军人对日本飞机到处轰炸予以还击，作了详细的记述。

我高射炮准确，每一颗炮弹都在敌机距离很近爆炸，因此，敌机被我高射炮四面围攻的威胁下向西飞去，在郊外西村轰炸广九路。

俄顷，又有六只敌机从虎门方向侵入，我四百高射炮又一阵密集连珠似的向它扫射，结果它又是怕死向西飞去，敌机抛下来的炸弹，看得很清楚，炸弹抵地时，爆炸声，马上作响，黑烟被炸物立即向上空沸腾，这时候我们七个之中，庄明崇（记者团成员）最怕死，他连头伏在地上，动弹都不敢，我想一个人在平常说他怎样勇敢，要为国牺牲，在这种场合是我们年轻人的试金石，谁勇敢谁怕死，谁动摇，是没有办法掩饰的。

差不多二十分钟之后，敌机远逃了，我们再上七十二烈士坟前行礼，追忆他们过去的伟大精神，在这民族存亡

日军飞机炸毁了广州的建筑

时，我们该怎样去继续他们未竟的工作，去为民族生死存亡奋斗，我们对死者的致敬亦就是这个意义。

在陇海线火车上

大家听了起火车难的消息，更苦煞起来。

天黑了，站上的灯光灰暗地亮着，只看见站上每一个黑影被寒风吹得发出颤抖的声音，大家空着肚子，又饿又冷，不敢离开车站，恐怕吃了饭，火车来了赶不着，迟疑不敢离开车站一步。

我们还剩几个冷硬的馒头，肚子饿了，什么都好吃呀！

拿起来狼吞虎咽地细嚼着，车站一滴水都没有，馒头送到喉咙里，喉咙觉得发痛。

有一个兵士走近我的跟前，和我行个军礼后，告诉我他是在前线战场受过伤，经后方医院治疗后，现在好了，要再到前线——徐州归队去杀敌。可是他从医院出来，身上没有一个铜子，饿了三天没有吃，要我帮助他一点钱给他吃饭。他一面讲，一面两只饿饿的眼睛朝着我手上的馒头，嘴里吞着口涎，仿佛像告诉我，馒头应该分一点给他吃似的。我看了他的样子很可怜，胸前的军服印着一个大大的红"十"字，证明他是受伤的战士不错，我的心坎仿佛像把刀刺着，我对他特别表示同情，但是我身上同样是没有钱板，要朋友们帮助，没办法把吃了一口的馒头送给他，摸摸袋子里还剩下、没有人吃过的，都送给他吃顿饱，他接手，三四口就把一个馒头吃得光光。他边吃边向我道谢，我虽然尽了自己能力所及，可是内心同样是难过，觉得目前最严重的问题，就是伤兵难民的救济问题，因为成千上万的伤兵难民，如果政府能够好好设法去救济他们，是将来抗战的一支生力军。相反的，他们流离失所，没衣没食没得住，很可能给敌人卖命，帮助敌人消灭自己的国家民族，我真是替国家前途担心！

七时左右，火车才到，大家兴高采烈，一阵抢车骚动。经过十几分钟的骚乱，至车开行才平息。

在武汉参加慰劳伤员

1938 年 1 月 31 日，辜俊英在武汉，加入慰劳队到汉口八家伤兵医院慰问来自战场的伤员，其间得到很多有价值的信息和资料。

　　前线的给养非常成问题，士兵常常饿了四五天，连一粒饭一滴水都没有补充，尤其是在那冰天雪地、风雨交加时候，许多士兵还穿着单衣，饥寒交迫。前线缺乏药品，有些伤兵无人照顾，白白地死去，如果是和日本打仗，为保卫祖国而死那才是光荣的。老百姓帮助很大，不仅补充给养，还指示地形、提供情报、救护伤员等。

　　第五陆军医院在市区，有六七十个伤兵，分两个地方，医院里设备太简陋，没有一个看护妇，或医生都没有看见，也许他们都回家过新年去了，伤兵住的地方，肮脏透了，黑沉沉，没一丝光线，每个弟兄看见我们到那儿，他们是从惨痛中表现出一种说不出的愉快，人们从慰劳队的歌声中，和我们慰问中精神兴奋起来，他们要求多唱几首歌给他们听，我们回来，他们的情绪变坏，在那里呻吟。

　　普爱医院和协和医院是英国人办的，里面都是重伤的教员，普爱医院有重伤官兵二百多人，医生十多位（内英国人二位）、看护妇五十多人，还有女生看护八十多人，协和医院重伤官兵有一百四十一人，医生十多位（内英国人六位）、看护妇几十人，这两个医院设备最完全，空气清爽。据看护妇告诉我，医院里的经费、药品都是我国政府负担。

　　最使人注意的是，这两个医院里面有好几位英国女护士，讲国语讲得很流利，假使你不见她的人，听她讲话，绝不敢相信她是异国的女人。

因为我看她会说我们中国话，就赶前和她攀谈，她对我们这次抗战表示很同情，她告诉我，她们很愿意为中国服务，她对日本帝国主义侵略中国表示很愤恨。我告诉她我是从星加坡（新加坡）回来祖国服务，她又和我表示很亲热，以后我告诉她在马来亚的英国人以及其他种族，热烈募捐对中国援助，对日本帝国主义经济制裁、抵制日货等等消息，她听后表示很欢喜。

天主堂梅神父纪念医院是中国人私办的，里面的伤兵有一百零八人，医生只有二人，助手四人、看护四十多人，医院外表建筑很堂皇，空气也好，不过伤兵房设备稍差，卫生不太好。

天主堂医院，伤兵有二百多人，医生意大利人四人，其余是中国医生，全院共有十几位，医院是意国人办的，对待伤兵最坏，常常糟蹋伤兵，伙食也很坏，全院伤兵非常愤激，都表示不愿住在那儿。

那天慰劳队所到医院无不受到热情欢迎。

在另一家伤兵医院，里面的伤员告诉我，今天慰劳队能够进去还算是第一次，以前很多次的慰劳队都不能进去，慰劳品也不能送进去。

平汉铁路汉口医院第一分院，里面有伤兵五十多位，医生十多人，医院是设在货仓里面，设备非常简陋。据医院的负责人告诉我，本来平汉铁路管理局原定计划沿平汉线要设五个伤兵医院，因受上海、南京方面军事失利影响，故暂设一个，医院设备虽然简单，但医药品很充足，看护也很周到。

同仁会汉口医院，是在前日本租界，医院里伤兵有

日记内文

　　一百多个，满壁上贴着很大幅的抗战漫画和生动的标语。医院里面的管理都是长官，每个伤兵房里有十多个人，一个热炉器，空气也很好。院里伤兵都是快要好的，能走动的占大多数，不过，里面有几位已经残疾，不能走动，但他们一点都不表示颓废，他们告诉我，他们虽不能再上前线杀敌，但愿好好在其他方面进行抗敌工作，我听后，深受很大感动。

　　经过这一天和慰劳队到汉口市各伤兵医院去考察和调查，每个医院的伤兵大部分来自东战场（上海、南京），北战场和西战场也有，不过比较少。伤兵医院的黑幕以及伤兵的痛苦，我是完全了解的，不过我觉得中国的士兵是

163

勇敢的，敢于为国牺牲，是可以打走敌人的。

日记中的 1938 年除夕

今天是（1938 年）农历年的除夕，中国经过二十多年来的改除，结果还是除不了，依然根深蒂固的陈旧思想，还是普遍于整个中国，农村固然是文化不发达，可是文化的中心城市也是这样。

今年的元旦在广州过的，农历除夕，真的想不到在武汉过年，可是新历的过年与农历的过年我都没有过，不但是今年有这一个特殊的情形，就是这七八年来都是这样，几乎连过年那一天自己都不晓得，说起来也真是笑话。

武汉是敌人心心念念必攻的目标，在敌人飞机常常威胁下，武汉过去我虽没有到过，可是今年的除夕，一般看起来，还是很繁荣，不过，这个繁荣并不是指一般的繁荣，而是一种凄惨的繁荣，携老背幼的战区的难民，成群结队，在武汉随处可以见到，随处可以听到一种极凄惨的呻吟声。

有钱的不出钱，都跑到所谓安全的地方去逃难了，没钱的，逃不了，成群的难民没有人救济，没有人同情，虽然还有许多人在欢乐过着除夕，喝酒，吃大菜，可是成千上万的难民在饥寒交迫底下呻吟、挣扎。假若不是日本帝国主义的侵略、蹂躏，炸毁他们的田园屋宅，屠杀他们父母妻儿兄弟姐妹，他们不必流离失所，他们不必在风霜雨雪，在饥寒交迫底下呻吟、挣扎，今天他们也许要欢乐狂舞，不然，最少他们免受这种惨痛。

晚上新华日报请吃饭，我本是不想去，因为我只是与记者团名义上的关系，关于我的行动，已不再被记者团任何的干涉和阻碍了……所以勉强也就去，但是在那儿我一句话都不曾说。

新华日报主编潘先生，今年大概有三十多岁，但是他穿得很朴素，没有什么打理，仿佛看起来是四十五岁的老人，是典型的红色新闻战斗员，他每天写的社论都以抗日救亡、巩固国内和平为中心，指出抗日救国的方针、政策、路线，所以新华日报很得广大的大众所拥护，在现在武汉一二十家的报纸中最有权威、最有号召力的。

潘同志说话很慢很慎重，每个字说得很清楚，是个忠实的革命家，他对自己一点都不夸张，并希望人家对他批评和指导。

新华日报总编辑华西园先生也三十岁左右，人矮矮的，戴一副近视眼镜，说话态度很和蔼，很热情，是一位富有煽动力的红色战斗员。

陪客的有大公报战地记者秋江先生，他是刚从前线回来的，不久就要再去，秋先生是位二十多岁的青年，人很好玩，他说"八一三"上海战事爆发就参加到前线工作，到现在已五六个月，他说话很有趣。

大家痛饮痛谈，到九时许才散场。

在延安受到毛主席接见

1938年3月18日，辜俊英受到毛泽东主席的接见。在《毛主席会见记》中，辜俊英这样写道："警卫员把我的名片送进以后，不一会，毛主席亲到外面来接我们进去里面坐，并和我

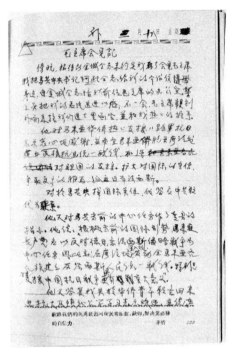

日记记载毛主席会见情况。

热情地握手。他对马来亚华侨热心支援八路军抗日表示衷心感谢，并希望马来亚侨胞更广泛地建立抗日民族统一战线，加强对祖国的支援。"

　　辜俊英向毛主席介绍了马来亚开展抗日救亡运动的情况，并就海外华侨抗日救亡运动如何开展等问题进行请教，还请毛主席为马来亚侨胞和马来亚华侨各界抗敌后援会准备创办的《南国日报》题词。毛主席欣然答应，挥笔写下了两幅题词：

　　"全体华侨同志应该好好团结起来，援助祖国，战胜日寇。共产党是关心海外侨胞的，愿意与全体侨胞建立抗日统一战线。"

"马来亚的侨胞用一切力量援助祖国，为中华民族的独立解放而斗争。"

辜俊英始终将毛主席的这两幅手书视为珍宝，一直珍藏着。毛主席去世后，中央为更好地保管、整理毛主席的手书、文稿等文物，特向全国各地广泛征集，辜俊英将毛主席这两幅珍贵题词上交给中央。

听周恩来报告

碰巧得很，三月一日早上，我得着一个消息，说周将军（周恩来总理）在陕北公学作时事报告，我拉着温涛、

辜俊英（右二）在延安与友人合影。

1938 年 3 月，辜俊英留影于延安。

崔嵬、丁里三个伴我一同去，一方面可听他报告，一方面
想我看机会和他谈谈，我把要和他谈话的问题都准备好带
去。

　　我们去的时候已经太迟了，他九点钟就已经开始报告
了，正在分析着日本帝国主义自占领上海、南京以后，对
中国采取怎样一个步骤进攻……问题还没有分析完，防空
司令部来电报告有日本飞机来，一时会场几百个新来的学
生有点紧张，周将军态度非常镇定，他等大家都走散了，

延安时期的革命军人

才和陕公校长成仿吾同志一齐到窑洞躲飞机去。

差不多一个钟头那么久，防空司令部来电报告说，日本飞机只有一架，在延安城外一带侦察一下就走了，防空警报也解除了。陕公学生再集合操场听周将军继续报告，这时候周将军不再在讲台上，是站在讲台左边一块大石块顶上，继续报告。他讲得很慢，声音高昂，我们坐在最后头，每一个字都听得很清楚，对问题分析得很详细。他是浙江人，可是他讲的话并不是浙江人的口音，仿佛是夹杂着长

延安的钢琴舞表演

1938 年 3 月 27 日，延安公审汉奸大会现场。

一对延安时期的革命夫妻

江流域一带的口音。他身上穿着灰布军衣，军帽两边还加着黑的皮毛，反结在顶上，刚剃的头发粗黑地露在外面，眉清目秀，气宇轩昂，越显示着他的政治家的风度。

他报告完后，已经是两点钟了，成校长留他和我们一齐吃午饭。还没有吃饭以前，记者就问他什么时候有空和他谈谈，他说时间很难确定，有什么问题要和他谈的，马上可以和他谈，我怕他讲话太多疲劳，请他休息一会儿再谈，我就把拟定的一张题目拿给他看，他看了一下，笑着对记者说，呀！题目这么多……

辜家后代再捐珍贵照片文物

一批记录抗日战争年代的珍贵照片，时隔七十七年，再度被拿出来，作为抗战记者的后人，泉州永春六十八岁老人辜长城面对其父亲辜俊英当年拍下的这些照片，忆起父亲奔赴延安支持抗日和中国革命事业，老人为父亲感到骄傲，同时对日本侵略中国、给中国人民所造成的深重灾难表示强烈愤慨。

辜长城老人是辜俊英的幼子。2015 年 7 月 23 日，辜长城代表辜家后代将家里保存完好的、近三百张抗战实况照片，一本土改时期的日记，一本父亲在南洋生活的相册，以及部分父亲担任战地记者的实物证明，悉数捐给泉州市华侨历史博物馆。

那些留存的照片，主要记下了大半个中国在 1938 年发生的大大小小的事件。包括 "1938 年日军在广州的暴行" "1938 年延安实况（一）" "1938 年延安实况（三）" " 1938 年 8 月新加坡华侨抗议英殖民当局的暴行" " 1938 年 6 月 7 日到 14 日，广州被炸惨状，日寇暴行录" 等五包照片以及 1938 年以后的部分照片，近三百张，尺寸不一，从几英寸到十几英寸不等。史料记载，1938 年 6 月 7 日，日本战机三次轰炸广州，用机枪扫射平民。在辜老家里的照片中，父亲辜俊英在装照片的匣夹的外壳上清晰地写有 "1938 年 6 月 7 日到 14 日，广州被炸惨状，日寇暴行录" 等字样。

照片虽然泛黄，但照片中战争场面依旧清晰可见。辜俊英清楚记录了当时广州城遭受的重创：变为废墟的商业街，随意摆放的尸体，安置在简易棺材中的儿童遗体……近五十张广州

日军飞机炸死的中国儿童

遭受日军轰炸的现场照片再现了当年的惨状和日本侵略者的罪行。

在这些照片中，那张用木板钉成的简易棺材里收着三个儿童遗体的照片最引人注目，靠左边的那个孩子脸上尽是血迹，其中最小的男孩子连裤子也没有穿，他们的年龄大概只有五六岁或七八岁的样子，他们可能对于战争还没有任何认知，可是，他们却倒在了日军飞机轰炸的战火中。

另有一张是一小姑娘躺在一个大人身边，他们相依在一起，那个大人应该是小女孩的父亲，他的一只手还揽着小女孩，可能是为了保护自己的孩子不被炸伤，结果却双双被炸死在瓦砾之中。父女俩都穿着整齐，小女孩穿着一双布鞋，看得出他们是热爱生活的，并且生活得比较好一些的，但是孩子还是倒在父亲的怀里，双脚压在父亲腿上，一起被日军飞机炸死。

被日军飞机炸死的父女

　　另一张被炸死的青年女子应该是一个孕妇，她有着姣好的容颜，但被炸死后，其痛苦的表情令人震惊，也许她在生前有听到警报，也许她来不及躲闪，也许是日本飞机投弹太密集，她没有躲过日军的炸弹，她倒在倒塌的房子里，也许因为炸弹引发火灾，照片上她的下半身有被烧的痕迹。

　　时隔八十年的今天，我在整理这些照片时，心里依然愤慨，对那个年代日军所犯下的滔天罪行，仍然无法原谅。

　　辜俊英在延安拍摄的照片也真实地记录了当时延安的重要活动，其中重点记载了1938年的延安实况。辜俊英还用钢笔在照片背后注明了"延安各界纪念总理（孙中山）十三周年""八路军胜利品""农民武装自卫军""延安妇女代表大会""延安少先队在野外上课"等事件纪要，弥足珍贵。

一张老照片，圆了章氏后人梦

陈 杰

2017年5月初的一天，我忽然接到一个来自宁夏的长途电话，电话是一个七十六岁的老人打来的，老人自述名叫章棣然，是杭州余杭仓前章氏家族的后人，其祖父章羰，字鸿炎，与章太炎是同辈族兄。章太炎是九房，章羰是六房。老人的父亲章评，解放前在家乡仓前教过书，当过校长，抗战时期，曾任国民党余杭县、杭县、杭州市政府秘书，抗战胜利后，担任余杭县参议会副议长和县银行经理。解放后被叫去"谈话"，一年多后病逝于余杭监狱。父亲去世时，章棣然才十岁，儿时很多关于父亲的记忆，原本就一鳞半爪，随着岁月的流逝变得愈加朦胧。现已退休多年，随着年岁的增加，怀旧和思念之情也与日俱增，他很想知道父亲的情况，辗转多人打听到我的电话，希望若有他父亲的一些史料记载能否提供给他，以聊慰思念。

我了解一位古稀老人的愿望，但我对章氏家族向无研究，也未曾看到过章评的资料及回忆文章，我只好向先生表示，他父亲的情况我并不了解，但可以到档案馆去查余杭民国档案，可能还有一些需要的东西保存下来。先生在电话里千般道谢。

我加了章棣然先生的微信，几经交谈，也大致了解了老人

175

自己的一些情况。

　　章棣然，出生于 1941 年，幼年在家乡仓前读小学。1954 年考入余杭中学，1957 年毕业，以全县第一名考进浙江省临安中学高中部，但"因政治条件不符合录取标准"被退学，回乡劳动，后在原籍当小学教师。1959 年浙江动员支边，即报名到宁夏，分在一农场劳动，后农场保送其到兰州西北畜牧兽医学院学习。1960 年，学院在国家困难时期下马，未毕业，回宁夏。之后，他先后担任过园林试验场畜牧队长、农场技术员、农场畜牧公司经理、机械化蘑菇厂生产副厂长和厂长（兼书记）至退休，已在宁夏工作生活了五十七年，其间只在 1988 年因公差回过一趟故乡。目前年岁已大，腿脚亦不便，回家乡的愿望变得渺茫。

　　我问老人有无保存父亲的老照片，老人说没有。以那个时候的环境，即使有照片也不敢保存。老人余生的愿望就是想使童年记忆中那个模糊的父亲印象变得更清晰一点，他也十分想了解其父亲一生的经历。

　　我想，要知道章评的情况，还是得去档案馆查找民国时期的原始档案。几天后，我抽一个空闲的时间，去了档案馆。余杭区档案馆保存了较为丰富的民国余杭县、杭县的档案，尤其是抗战胜利以后的档案较为完整。老人的父亲章评在抗战胜利以后不久，就从省城杭州回到仓前，当选为县参议员，后来（1947年）担任余杭县参议会的副议长，所以民国余杭县参议会的档案中保留了较多有关章评的信息，比如参议员选举表，参议会工作人员表，总理纪念周活动的签名，参议会历次会议的记录、提案、决议，包括当时创办的《余杭导报》上都有县参议会召开的完整报道以及县银行的广告信息，这上面都可以看到章评

档案中的章评照片

的名字。还有章评的亲笔签名都可以找到。

我尤其注意档案中各类表册里的老照片，若能找到章评的照片，这对于他的后人们来说是一个多么大的慰藉。功夫不负有心人，在我第二次来档案馆时，终于从一张发黄的1948年的"中国国民党党员登记表"中，发现一张一英寸见方的章评的照片。我的内心一阵激动，当即用手机拍摄下来。照片虽略有受损，但基本保存完好，我在电脑上对照片做了简单的后期处理，打印到相纸上，并塑封，制作了两份。我将章评的照片及其他档案信息先用微信发给了章棣然先生，再将打印好的照片也寄给了他。

老人看到父亲的照片和材料后，非常感动，幼年时那个父亲的形象终于在他的眼前清晰起来，这中间相隔了整整六十七年。他在给我的微信中说："儿时的记忆早已淡忘了。非常感激，您让我第一次看到了我父亲的遗像，不胜唏嘘"，"您我素昧平生，我有此心愿，即帮我奔波，费时，耗力，我实难表感激之情"。我对他说："您年岁渐大，仍不忘家乡，思念故人，此乃人之常情，我得以工作之余，能为您帮上一点忙，这也是我感到很高兴的。……其实也是您向我提供了一个了解那个时代的素材，我也应该谢谢您。"

虽然从档案中发现了不少章评先生的信息，但我仍对章评的人生经历有不少疑惑之处，因此我又通过章棣然去拜访了章评先生长子章俊然，章俊然已经八十八岁，住在余杭老家，但身体尚好，我把另一张塑封好的章评照片带给了他。章俊然也是第一次看到父亲的照片，他说家里从来没有留下父亲的照片。老人虽然没说什么，但我感觉得到他内心还是很感激的。老人虽已高龄，但思维清晰，甚至不用老花镜都能看清纸上的文字，看到父亲的照片和档案材料上熟悉的名字，勾起了老人对七十年前那段曲折岁月的回忆。他对过去的那些人名、地名还记得非常清晰。从老人慢慢地叙述中，我也得以了解章氏家族的一些情况，特别是章评的主要人生经历，还有章氏族人章文、章超的一些情况。这对于章氏家族的研究来说，也是很珍贵的口述史料。我离开的时候，年迈的章俊然老人还亲自送到电梯口。

回家后，我又一次翻看查到的章评的档案材料，对照其后人的一些回忆，终于整理出了章评一生的主要经历：

章评出生于1906年9月20日，字逊梅，毕业于浙江省立第一中学。高中毕业后，考取南京大学预科，当时恰逢父亲去世，家庭困难，未去就读。回到仓前中心小学教书，担任过小学校长，

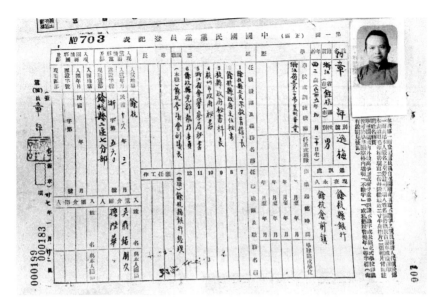

余杭区档案馆藏章评档

办过民众夜校。抗战前，担任余杭县立民众教育馆馆长。余杭沦陷后，章评不愿在日本人统治下做顺民，更不愿为日本人做事，投奔位于浙西天目山地区的抗日政府，即后来的浙江省政府浙西行署。到达位于临安的横畈时，受当时国民党杭县县长陈纯白所邀，担任杭县县政府秘书科长。后来国民党"三杭"（余杭县、杭县、杭州市）政府相继搬迁到余杭西部山区的太公堂村，章评随县政府从临安横畈迁徙到太公堂。1943年，陈纯白任杭州市市长兼余杭县县长时，章评担任了余杭县政府主任秘书。此后就一直在陈纯白手下做事，投身抗日事业。1945年春，新四军进驻余杭西部山区，国民党政府退往桐庐。章评任杭州市政府秘书。日本投降后，章评随陈纯白回杭州接收，全家人都搬到杭州。陈纯白调任省会警察局长后，章评也随陈纯白到省会警察局担任秘书。整个抗战期间，章评一直是陈纯白的主要僚属。大约在 1945 年底，章评回仓前担任县银行经理和国民党余杭县参议员、县党部执行委员。银行经理是他的主要工作，其他都是兼职。几年后，他辞去银行经理一职。1946 年，任余杭县参议会的副议长。1949 年 5 月 3 日，随余杭县长白冲浩向人民解放军投诚，余杭和平解放。解放后不久，章评即被叫去"谈话"，不幸的是，他原本身体就不好（有肺结核病），在审查期间，就因病去世了（1950 年），年仅四十五岁。这就是一个旧时代文人从教、从商、从政的人生缩影，但需要指出的是，在抗战期间，章评不愿附敌，不做汉奸，担任参议员和副议长期间，他还提出惩治汉奸和推行"二五减租"的提案，可见章评是一个具有民族气节和同情贫苦农民的人。

我再次整理了章评的材料，写了一篇关于章评一生概况的文字，发给了章棣然先生，老人微信回复我："我已将我父的照片及资料发给了我家的三代人。老老小小都感谢您为我家办了个好事。"

这件事，对我来说，是完成了一个老人的嘱托，对章评后人来讲，是一张老照片圆了他们多年来的一个梦。我在想，他们应该有权利追溯先人的种种事迹，其实对我们每个人都是一样，这不仅仅是一种对先人的缅怀和血脉家风的延续，也是岁月赋予的责任和对后人的交代。

饶家驹与一位军官

陈探月

这张照片摄于 1937 年上海国际红十字会救济委员会南市难民区办公室。照片中左边戴着红十字徽章、蓄着长须的是法国神父饶家驹（Robert Charles Emile Jacquinot de Besange），同他交谈的是上海公共租界英军司令斯马莱特（Alexander Telfer-Smollett）少将。一位法国神父，一位英国少将，他们同上海难民有着什么关系？

国内有关法国神父饶家驹的报道在十几年前几乎找不到。

直到十几年前，美国学者阮玛霞（Marcia R. Ristaino）在研究二战期间到上海避难的外国难民历史时，在文献中多次遇到饶家驹这个名字。他的名字往往同抗日时期成千上万的中国难民的救援连在一起。出于好奇，她开始了对饶家驹的研究，她东奔西走，挖掘整理他的历史。当阮玛霞来到中国上海时，联系上了上海师范大学苏智良教授，两人对这位曾经在日军侵占上海时，救援几十万上海难民的老人分享着共同的兴趣。

2008 年，阮玛霞的《饶家驹安全区：战时上海的难民》一书由斯坦福大学出版社出版。2011 年，此书作为"海外中国研究丛书"之一被翻译成中文出版，译者白华山是苏智良带的第一位研究生。

在中外学者的努力下，这位曾被人们遗忘的"活佛"和"难民之父"得到了国内各大媒体的大量报道。2015年上海淞沪抗战纪念馆内修建了饶家驹神父铜像。身为天主教神父，饶家驹是独身。但在他逝世六十多年之后，一些在德国留学的中国学子和上海等地的一些历史学家为饶家驹在德国柏林的墓地捐款制作了镶嵌玉片的墓碑，上面用中德法英四种文字写着"这里长眠着一位不朽的人道主义者，法兰西神父饶家驹"，墓碑上刻有中文"仁者爱人"四个字。

饶家驹神父，1878年出生在法国，1913年，他三十五岁时被天主教耶稣会派往中国传教。在来中国之前，他还曾在英国居住。在徐家汇学习了一段时间中文后，他给自己起了个中国名字——饶家驹。他早年任徐汇公学监学，兼教法文和化学。一次，在制作烟火时不慎引起爆炸，失去右臂，被人们称作"独臂神父"。他后来在上海虹口耶稣圣心堂为周围的葡萄牙籍教徒服务，并担任公共租界万国商团的随军神父。万国商团，又称上海义勇队（Shanghai Volunteer Corps），是上海公共租界内的一支准军事武装，由上海公共租界英军司令斯马莱特少将指挥。

1937年"八一三"淞沪会战爆发，国民党军队同日本军队在上海鏖战。战火使成千上万的市民逃离家园，而苏州河南岸的保持中立的租界是他们的目的地。面对越来越多的难民，租界当局开始在租界与华界交界口安装铁栅门，架设铁丝网，建构围墙，以阻止难民大量涌入。大批难民只好待在租界周边的南市区。

自古以来教会就有济贫救难的传统，饶家驹神父和其他教

饶家驹与一位军官

徒也是义不容辞。可是在当时旷日持久的战争中，只靠教会的
善心是不能解决难民问题的。饶家驹提议建立非军事难民区，
地点就在靠法租界的南市，那里有大批无人看守的空屋。神父
借助他在中国二十多年的经验和关系，努力去协调各方的利益。
上海当局有保护市民的义务，理所当然赞成设立无战难民区。
对租界当局来说，设立这样一个难民区既可减轻因为难民聚集
对租界造成的压力，又可使得租界外增加一个缓冲地带，隔离
战火延伸到租界地区。公共租界与法租界管理当局一致同意饶
家驹建立设立南市难民区的提议。在同日本方面的会谈中，日
方为应对国际舆论，也出于长期占领中国的野心，不反对设立

难民区，但表示主要担心难民区会成为中国军队抵抗阵地。饶家驹则代表法租界保证：这个由美国、英国、法国等民间人士管理的难民区将是彻底中立的区域，目的只是保护难民。如果有中国士兵进入难民区，法租界的维护人员将解除他们的武器。

1937 年 11 月 9 日 "南市难民区" 正式成立，成立当天收容难民达两万多人。与此同时，上海公共租界英军司令斯马莱特少将目睹中国军队的英勇抵抗，深受感动，除购赠粮食给在四行仓库孤军奋战的壮士充饥外，还亲自进入四行仓库会见谢晋元，建议孤军自租界撤出，英国驻上海领事愿给予最大协助。四行仓库临近上海公共租界，日军重炮随时都有射入公共租界，危及各国侨民的可能性。不日斯马莱特少将和各国使节团透过外交途径，正式提出照会，要求国民政府下令撤离孤军。11 月 1 日，谢晋元带领 376 人，在英军的掩护下，分批通过新垃圾桥，撤入公共租界，租界的维护人员则解除了他们的武器。

难民区成立后，饶家驹马不停蹄，为解决难民的温饱，多方游说，发动各界人士募捐，上海的士绅与民众被动员了起来。美国报纸也称来美访问的饶家驹为 "英雄神父"。饶家驹 1938 年 6 月在美国对美国红十字主席戴维斯（Davis）说，中国有两千万人在忍饥挨饿。他说一美元能够解决一个难民一个月的衣食住，单是上海就有三十万难民需要援助。1938 年 5 月他在白宫会晤罗斯福总统，获资助约七十万美元。

1940 年 6 月，饶家驹奉法国天主教会之命，离开中国去巴黎从事战时救济工作。在他离开后，南市难民区因缺乏有力的领导者，于 1940 年 6 月 30 日关闭。1945 年纳粹德国战败投降后，受国际红十字会的派遣，饶家驹又来到德国柏林，从事救济德国难民的工作。1946 年，他病逝于柏林，享年六十八岁。

2014 年，在上海举办的 "饶家驹与战时平民保护" 国际学术研讨会上，学者们曾提议加强对这段历史的研究，将饶家驹神父的事迹写入教科书和其他书籍。时隔几年，不知教科书是否已对饶家驹神父的事迹有所记载，也不知是如何记载的。不管答案如何，饶家驹神父所代表的人道主义的普世美德将会在人类历史上永存。

（选自《老照片》微信公众号之"世界读书日解读老照片"征文活动，照片选自《安特生的远东相册》。）

南京的一场婚礼

刘　斌

如果把"民国二十四年"换算成我们今天常用的公历，就是 1935 年。

从这张老照片上看，无论是那以弯曲长蛇阵前行的新郎官们，还是队外一先一后两位陪同入场的男主持人（也许是"证婚人"）皆着棉长袍马褂，两侧围观人群中的男士也多着长呢大衣，由此推测，拍摄此照季节应当在冬季。

其次，再从参加这场婚礼的人数上看（进入画面的新人在40 对以上），这在当时应当是一场轰动全首都的大型集体婚礼。而且从参加者至少在 40 对以上这个强大阵容上推测，当时的南

南京的一场婚礼

京，也唯有国民大会堂才能承载起如此庞大的婚礼阵容了！而拍此照片摄影师所站的位置，也只能在国民大会堂的汉白玉台阶之上，才能完成这一杰作。

1935 年（民国二十四年）恰值"民国黄金十年"的尾声，从照片两侧进入画面的围观人群，可以看到不少男子身着长呢大衣、头戴西式礼帽，作为民国首善之区的南京，已经形成了一个殷实的有闲阶层，而这场被拍摄的集体婚礼，在当时应当是相当时髦之举了！我们从画面两侧维持秩序的警察和围观的人群，就不难想象，这种新娘穿西式婚纱的扮相，在当时不仅不属于"有伤风化"，反而是官方大力倡导的时尚！也许此次大型婚礼本身就是当局有意开化民俗的一次授意呢。

这位摄影师巧妙地用镜头把新郎、新娘两股人流，以一个倒置的"儿"字型汇入一场场将要开始的"新生活运动"中来，这也契合了大多数中国人的"盼儿心切，以继香火"的理念。于是，历史也就满载着这种传统吉祥的喻义，被摄影师适时地定格在这一刻。同时画面也显示了，想要维护住"男女授受不亲"的来路向"新生活"并轨，其实也挺尴尬的，而这种尴尬的线头恰恰就体现在作为"女队"前导，那一男一女手中各提一盏传统宫灯上。传统的中式婚礼，新娘头上是被罩着红盖头的，被罩上红盖头后，新娘也就只能看到自己脚下半寸之地。傍晚时分以宫灯之光前导，绝对是必要的，而此时此刻宫灯在朗朗青天白日下，想要引导的是身后一个伴娘和一大队个个着一身洁白西式婚纱、手捧一束花西式扮相的新娘，而她们可没有红盖头罩头。所以说，怎么看这队前的宫灯引导都显得是画蛇添足，还不如由烫卷发、穿白色连衣裙的伴娘直接引导入场看着顺眼。再看新郎官们这一队，依旧长袍马褂着身，仿佛是千年男权习俗还守得很踏实似的？但凡关注点时事的都知道，往前推三年，前清的废帝溥仪从天津跑到关外，给日本人当傀儡皇帝去了！尤其是这位前朝废帝临跑之前曾出过的另外一个大新闻——他居然让媳妇文绣给"休"了！当然，新名词叫离婚，而且居然是媳妇跟他离？！这也自然成了"新生活"的一部分。不知鱼贯而行的新郎官们，对此会做何感想？至于明天会怎样？还是交给明天的镜头去回答吧，毕竟眼前一个小小的镜头，很难容下大千世界的所有风景。

（选自《老照片》微信公众号之"世界读书日解读老照片"征文活动，照片选自《安特生的远东相册》。）

一张"电路图"与一份"书单"

冯克力

人的一生中，很难预料会因怎样的相遇而丰富或改变了自己。这样的相遇一旦发生，在生命中往往就具有了某种类似坐标的意义。

只有领悟了这一层，我们才会理解胡进青为什么在好友邓瑞康意外辞世后，要将一张复印的"单管收音机电路图"随他一起火化。

（见本辑《忆瑞康》）同时，我们也才会理解傅国涌为什么对他青少年时期读过的书历历于心，如数家珍。（见本辑《想象山外世界——故乡雁荡杂记之六》）

那张电路图，是胡进青的父亲1937年所绘。当时已在布店做职员的乃父，酷爱无线电，还成功地动手安装了一台电子管收音机。时逢淞沪会战，他便将接收到的中央台战事新闻刻版油印，以《抗战情报》广为散发，鼓舞乡民士气……后来，胡进青与邓瑞康这两位师范同过窗的小学老师也双双成了无线电发烧友，两人切磋琢磨，追随着无线电技术的进步，一生痴迷，乐此不疲。邓瑞康从教学岗位退休后，还被一家音响设备公司聘为总工程师，把业余爱好变成了"正业"。而胡父手绘的这张历尽沧桑的电路图，也因之为他们所珍视，成了他们两人共同的图腾。

如果说，胡进青与邓瑞康因无线电爱好丰富了自己的人生，那么傅国涌青少年时代的阅读，则彻底改变了他的命运。其实，傅国涌并无心在这里晒自己的什么"书单"，而且他作为一个生长在偏僻山区的孩子，尤其是早年间，能拥有的书也委实有限，更谈不上什么高大上。但是他从小儿书起步的阅读，却渐渐打开了自己的视野，丰富了他对山外世界的想象与向往，并且随着阅读的深入，上下求索，使他终于拥有了一片属于自己的天地……

或许，我们有理由向胡父这张绘于八十一年前的"电路图"致意，为它的质朴无华；同时也向傅国涌这位曾经的山区少年的"书单"致意，为它的诚实与坦白。

图书在版编目（CIP）数据

老照片.第120辑／冯克力主编. —济南：山东画报出版社，2018.8
ISBN 978-7-5474-2923-5

Ⅰ.①老… Ⅱ.①冯… Ⅲ.①世界史—史料②中国历史—现代史—史料 Ⅳ.①K106 ②K260.6

中国版本图书馆CIP数据核字（2018）第186164号

老照片.第120辑
冯克力主编

责任编辑　冯克力　　赵祥斌
装帧设计　王　芳

出 版 人　李文波
主管单位　山东出版传媒股份有限公司
出版发行　山东画报出版社
　　　　社　　　址　济南市英雄山路189号　邮编 250002
　　　　电　　　话　总编室（0531）82098470
　　　　　　　　　　市场部（0531）82098479　82098476（传真）
　　　　网　　　址　http：//www.hbcbs.com.cn
　　　　电子信箱　hbcb@sdpress.com.cn
印　　刷　山东临沂新华印刷物流集团有限责任公司
规　　格　140毫米×203毫米　32开
　　　　　6印张　129幅照片　120千字
版　　次　2018年8月第1版
印　　次　2018年8月第1次印刷
书　　号　ISBN 978-7-5474-2923-5
定　　价　20.00元

A-Boo
CHEFOO.

華美台烟

伊迪斯（前排左）和姐弟在烟台合影。（参阅本辑《一个瑞士女孩的烟台记忆》）

（魏春洋　供稿）

国内订阅：全国各地邮局

邮发代号：24−177

地　址：山东省济南市英雄山路 189 号（250002）
E−mail：laozhaopian1996@163.com
网　址：www.lzp1996.com

责任编辑／冯克力　赵祥斌

装帧设计／王　芳

手机淘宝 扫一扫

《老照片》微商城

微信公众号

《老照片》网站

ISBN 978-7-5474-2923-5

9 787547 429235 >

定价：20.00 元

老照片

OLD PHOTOS

定格历史　收藏记忆

改革年代的影像
——一位日本摄影家镜头里的中国　本田善彦

美国亚洲舰队在烟台　魏春洋

寻访24道拐　林冠珍

詹天佑铜像的推倒与修复　姚小平

日本强占时期的威海影像　徐健恒

山东画报出版社

台湾街头的水肥车

　　南部一处村镇道路上，一名年轻的农夫用牛车运送大桶的水肥到田里。传统施肥仍使用人的粪便，由各家粪便池里采集，运到田里的大粪池，再行施撒。（参阅本辑《南部的阳光——岁月台湾 1960 之三》）

（秦风　供稿）

老照片
OLDPHOTOS

出版人　李文波
主　编　冯克力
执行编辑　赵祥斌
特邀编辑　张　杰　丁　东　邵　建
美术编辑　王　芳

第一二一辑

目　录

本田善彦　改革年代的影像
　　——一位日本摄影家镜头里的中国 ············ 1

陈探月　司徒雷登与献花学童 ············ 17

潘志豪　犹忆当年访名家 ············ 21

魏春洋　美国亚洲舰队在烟台 ············ 31

林冠珍　寻访 24 道拐 ············ 43

沈　宁　父亲下南洋 ············ 50

孟明明　我父亲与建瓯剿匪的那些事 ············ 56

姚小平　詹天佑铜像的推倒与修复 ············ 64

李百军　回望生产队（上）············ 75

胡武功　1988：见证北京 ················ 92

秦　风　南部的阳光

　　　　——岁月台湾 1960 之三 ············ 100

傅国涌　《语文小报》不小

　　　　——故乡雁荡杂忆之七 ············ 109

蔡力杰　下南洋：舅太爷的新加坡往事 ········ 124

王端阳　民国少女刘燕瑾 ················ 130

王　平　童年母亲与外公的合影 ············ 137

孙国建　我的"瞎眼的老奶奶" ············· 144

杨汉祥　六十六年前的"全家福" ··········· 147

周　建　一生奉献东北的父母 ············· 150

顾黎阴　父亲与一只黄雀 ················ 159

徐健恒　日本强占时期的威海影像 ·········· 164

周志跃　外交世家的后人 ················ 173

谭金土　一个琴师家庭的轨迹 ············· 180

冯克力　《老照片》的衍生出版 ············ 188

封　面　借个火儿（林冠珍）

封　二　台湾街头的水肥车（秦风）

封　三　1930年美国海军士兵在烟台照相馆合影（魏春洋）

改革年代的影像

——一位日本摄影家镜头里的中国

本田善彦

斋藤康一是当代日本摄影界人物肖像照领域的泰斗，他长期在《文艺春秋》《中央公论》等日本主流媒体的刊物上主持作品连载，曾跟随众多当代日本名人拍摄了许多经典作品。个性谦逊温和、平易近人的斋藤康一，容易获得被拍摄者的信任，加上他细腻的观察和温馨的影像风格，擅于表现出被拍摄者自然人性的一面，使得他的作品受到众多读者的喜爱。

斋藤康一还是日本摄影界里少有的"中国通"。1965年秋天，在偶然的机遇下，他参加了日中两国青年联欢活动，踏进当时被外界视为神秘大地的中国大陆，留下了近百卷胶片的照片。

斋藤康一从小即对中国文化感兴趣，这跟他祖父的教导有关。1935年生于东京的他，成长于二战时期的日本社会，在日本国内弥漫着对中国强烈敌意的那个年代，斋藤的祖父在家里私底下告诉他"自古以来中国拥有伟大的文化，是一个了不起的邻邦，本不应该跟他们交战的"，然后偷偷地教他中国的古典精华。或许早年受到祖父熏陶的缘故，斋藤康一对中国文化有一种朦胧的钟情和好奇。

斋藤康一通过实际的参访，开始对中国拥有浓厚的兴趣，回国以后一直期待有第二次访华的机会。然而，来年中国大陆即陷入"无产阶级文化大革命"的风暴，连跟中国特别亲近的外国友人也很难去大陆境内，何况是当时还年轻，也没有社会主义政党背景的斋藤康一自然更不可能有访华的机会。

目睹了"文革"最后一年的中国

直到1976年，斋藤康一好不容易等到第二次机会。此时"文化大革命"已近尾声，日本新兴佛教团体"创价学会"旗下的"民音（民主音乐协会）"邀请上海京剧团赴日本表演。上海京剧团安排于1976年5月在日本开演，民音方面先于4月间派媒体

1976年，上海。

1978 年，北京。

代表团到上海做采访宣传工作。斋藤康一以日本四大新闻媒体
所组成的采访团之摄影师的身份，第一次搭机直航中国大陆。
1965 年，斋藤第一次访华时，日中双方的邦交尚未正常化，访
问大陆的大多数外国人，要先飞往香港，再经过罗湖海关才能
够进入大陆。1972 年，日中实现了邦交正常化，1974 年 9 月，
日中定期航线终于开通。1976 年，包括斋藤康一在内的日本媒
体代表团，从东京飞往北京，再转中国国内班机到上海，开始
采访之行。斋藤对重逢久违十一年的中国大陆有着高度期待，
但他所看到的 1976 年大陆百姓的表情和 1965 年所看到的很不
一样。1976 年 4 月周恩来逝世没多久，也就是四五事件不久后。
斋藤说："在上海，看到一位学校老师站在两轮拖车的上面打

1985 年，昆明。

1985 年，苏州。

1985 年，苏州。

1985 年，苏州。

1988 年，扬州。

1988 年，镇江。

1992 年，上海。

鼓指挥学生们，老师的表情很明显地流露出疲倦，他打出来的节奏和声音，一点都没有活力，跟十一年前朝气蓬勃的社会氛围大大不同。目睹这些，我很震惊，印象也特别深刻。"

上海京剧团赴日本表演的是革命样板戏《智取威虎山》，因此，斋藤的主要任务就是拍摄京剧团的照片。京剧是中国的国粹，体现数百年来的中国传统舞台剧的精髓，大搞"破四旧"和"立四新"的年代，这些传统艺术到底被如何改造？他们的处境如何？特别是 1965 年，斋藤第一次访华时，访问过上海京剧团。因此，过去十一年之间，京剧团到底发生了什么变化？斋藤对这些问题特别感兴趣。斋藤试问团员，以前看过的传统戏服现在放在哪里？团员回答说，那些已经全部都烧掉了。由于斋藤在日本采访过无数艺术家，非常了解舞台演员演戏的本能，打死都不相信这些团员说的话。他判断，或许到了排练场就能看到被改造前的模样，于是他特别提出到要到排练场拍摄的要求。上海京剧团一开始婉拒斋藤的要求，但斋藤非常坚持，最后京剧团只好妥协，在舞台上铺好厚垫，让斋藤拍摄短暂的排练，适度满足他的要求，但坚决不让外国来宾看到后台。对此斋藤也没办法，决定不再为难京剧团，只是默默地拍摄临时的排练。上海京剧团的一举一动，都忠实地反映着教条生硬的"文革"末期的社会氛围。

采访的同时，斋藤不忘忙里偷闲，跑去市井小巷拍摄普通百姓的照片，虽然数量有限，不过还是成功地捕捉到"文革"末期的社会景观，目睹了死气沉沉、极度疲倦的中国社会。斋藤心中萌生一股好奇：这样被压抑到极点的中国社会，将来会走向哪里呢？

1992 年，上海。

改革开放启动，社会朝气蓬勃

"文革"终于正式结束，中国迎来了改革开放的时代。斋藤康一开始积极地往返日本和中国之间，有时以私人身份参加旅行团（当时，中国政府原则不开放外国人的自助旅行，只有特定的旅行团有办法申请中国签证），有时会通过受邀于日本或中国的单位主办的活动，尽量找机会去访问。斋藤康一每次来都带几十卷底片，他几乎跑遍了中国各地，包括北京、上海、广州等大城市，还有哈尔滨、呼和浩特、拉萨以及云南等边远地区。他所拍摄的内容和对象非常丰富，从人物肖像到名胜古

1994 年，北京。

1995 年，北京。

迹，包含了淳朴的乡村和多变的城市。这段时期，他快门下的
中国社会朝气蓬勃，充满魅力。

　　斋藤特别关注城乡景观和底层百姓生活的变化。他生长于
东京，会以直觉观察城市生活的变迁，因此很自然会拍摄中国
城市的生活。至于乡村的变化，有时虽比城市还要鲜明，少数
民族的生活、著名名胜古迹等都很吸引人，但那部分的变化有
时看来大同小异。因此，斋藤决定反复造访北京、上海等大城市，
记录市井庶民的点点滴滴，捕捉时代变化的细节。同时，斋藤
也费足心力追踪苏州、杭州等拥有悠久历史的中型古老城市的
当代演变。

　　斋藤康一不只用相机记录了改革开放以后中国大陆各地的

1995 年，北京。

1995 年，北京。

变化，同时也敏锐地通过自己的耳朵捕捉社会的变化。"改革开放后，中国城市百姓的服装明显多元了，表情和肢体语言也变得活泼，同时百姓的思想也逐渐改变"，这就是斋藤的心得。他举例说，1965年和1999年的两场国庆大典给他带来的不同感受。1965年的中国，虽然还很穷，但处处充满着建设新国家的喜悦，百姓的士气也非常高昂，国庆当天的游行队伍进行得非常整齐，过了天安门广场后还秩序井然。到1999年，建国50年国庆大典的氛围和1965年大大不同，庆典虽然华丽壮观，但整体的气氛缓和很多，游行队伍过了天安门广场后很快就放松了，之前的紧绷氛围再不复见。斋藤康一认为，改革开放的进展带来中国经济的大幅成长，百姓的所得逐年提高，生活质量也明显改善，同时因为整个社会相对富裕起来，百姓的紧张情绪也慢慢地弛缓下来，这也是很自然的现象。

重现中国人四十年之路

改革开放初期，照相机几乎是昂贵奢侈品的代名词，拥有相机的中国家庭并不多。根据斋藤康一的回忆，在早期中国的观光景点，一定会看到出租相机的从业者，旅客买底片的同时，跟租相机者花钱借用相机，和家人、跟朋友摆个姿态拍各式各样的纪念照，拍完后把底片拿去洗。当时，在大陆的景点周边可以看到，不少旅客拿着刚洗好的照片边看边走的样子，斋藤感到大陆百姓对照片的爱好。除了在相馆或景点拍摄的纪念照之外，大陆百姓手里自己拍摄的照片数量很有限。至于社会生活照，官方提供的宣传照片都是固定风格的摆拍，以作为宣传用，不太可能去拍摄自然状态的百姓生活。在这种情况下，

1996 年，北京。

1996 年，北京。

1999 年，哈尔滨。

斋藤康一凭着摄影师的好奇心和艺术感，拍摄了成千上万张的中国街头生活，包括北京胡同里凌乱的民居、上海石库门的窄巷的居所，还有许许多多拆到一半的老建筑。林林总总的城乡变迁、居民悲欢离合的容貌，共同交织成改革开放大时代的进行曲。

今天展阅斋藤康一的中国摄影作品，仿佛四十年来中国人的肖像，逐一走过眼前，看似久远，实际上重现了四十年来中国人所走过的路，自是无比的熟悉和感念。

（秦风老照片馆提供照片）

司徒雷登与献花学童

陈探月

　　这张照片由美国《生活》杂志摄影记者乔治·西尔克（George Silk）于 1946 年 7 月下旬在庐山牯岭拍摄。图中的老人是刚刚上任几周的美国驻华大使司徒雷登（John Leighton Stuart）。站在司徒雷登身后的是他的助手傅泾波。照片中的孩子们是牯岭女子小学的学生代表。司徒雷登会讲几种中国方言，他看上去似乎在和孩子们说笑。

　　根据司徒雷登 1954 年写的回忆录，1946 年 7 月 4 日，正当司徒雷登犹豫是否参加在南京举行的美国国庆节联欢会时，美国将军马歇尔打来了电话，说他的专机一小时之后来接司徒雷登去北平。1945 年底至 1947 年初，马歇尔（George Catlett Marshall）奉美国总统杜鲁门之命来华调解国共军事冲突。杜鲁门让他"说服中国召开包括各主要政党的国民会议，以实现中国之统一；同时实现停止敌对行动，尤其是在华北停止敌对行动"。司徒雷登在北平见到马歇尔时，没想到马歇尔问他是否愿意当美国驻华大使。司徒雷登一开始谢绝说，他刚过完七十岁的生日，已向大学递了辞呈，这把年纪应该退离繁务，不宜再接受新任务，而且他在外交上也没经验。但最后，司徒雷登表示，马歇尔的工作非常艰巨和重要，只要马歇尔需要谁的帮助，谁就应帮助他。他们达成协议，任期不超过一年。

根据保存在斯坦福大学胡佛研究院的美国军方解密文件，马歇尔 7 月 5 日急电美国战争部（国防部的前身）转交副国务卿艾奇逊，要求延缓魏德迈的中国之行，转而推荐司徒雷登当驻华大使。魏德迈（Albert Coady Wedemeyer）当时已整装待发，来华填补赫尔利（Hurley）1945 年底辞职后留下的驻华大使的空缺。魏德迈于 1944 年 10 月接替同蒋介石闹翻的史迪威（Stilwell）为盟军中国战区美军司令兼任中国战区最高司令蒋介石的参谋长。他在 1946 年 4 月任期结束后返美。马歇尔在电报中表示，鉴于眼下蒋介石和周恩来的会面情况，以及舆论对魏德迈任命的反应，任命魏德迈为大使会影响和平谈判。马歇尔说，他需要一位能激发双方对谈判增加信心的大使。

而燕京大学校长司徒雷登，正是马歇尔眼中的合适的人选。马歇尔说他不指望司徒雷登正式参加他的谈判，或负责繁重的使馆工作。马歇尔让司徒雷登利用他对各派政治人物的影响力，将眼下的军事争端谈判提升到政治谈判，以引导出实现民主政府的真正开端。

7 月 10 日，美国总统杜鲁门向参议院提交了对司徒雷登的任命，参议院一致通过。美国媒体也大量报道这一突发消息，认为此举给中国和平带来了新的希望。

7 月中旬，司徒雷登跟马歇尔一起去庐山牯岭向正在庐山避暑的蒋介石递交了国书。紧接着他回南京开始同包括周恩来在内的中共代表商讨和谈。7 月下旬，司徒雷登同马歇尔再次回牯岭同蒋介石面谈。不知是因为饮食不当还是因为从闷热的平原来到凉爽的高山而受了风寒，他病倒了。司徒雷登的病成了记者的报

道主题，人们关心司徒雷登生病对国共谈判的影响，也为司徒雷登的健康担心。

上面的照片记录的，正是司徒雷登在牯岭养病时的情景。司徒雷登自从妻子路爱玲 1926 年病逝后，一直未再婚。他们的独子杰克在美国大学毕业后，在美国南部当牧师。司徒雷登把燕京大学视为他人丁兴旺的家，他说学生们不断称自己是他的孩子，而他也对他们充满父爱。

照片里的傅泾波就是司徒雷登的一位"爱子"。傅泾波一直陪伴在司徒雷登身边四十多年，直到司徒雷登去世。傅泾波曾跟司徒雷登讲起，他的 Fu 总会引起外国人的疑惑，所以司徒雷登把他的姓改成英文姓 Fugh。傅先生的祖父曾任甘肃镇守使，他的名字"泾波"源于甘肃泾水。傅泾波的父亲是满族遗老，但立志维新，信仰基督教。傅泾波从十七岁时便见过司徒雷登。他二十四岁时司徒雷登成了他的证婚人。傅在燕京上学期间因处理家庭生意问题不得不辍学，复学后又疾病缠身。司徒雷登的妈妈和妻子在傅泾波困难时期曾对他非常关爱和照顾。傅泾波一心跟随司徒雷登，曾引起一些人的猜疑，指责他想借助司徒雷登当大官。可是司徒雷登认为傅凭自己的才华，完全可以当官。司徒雷登说，傅泾波将促进中美友好关系的努力视为他的爱国事业。傅泾波在司徒雷登为燕大募捐和调解国共关系的奔波中都是司徒雷登的左膀右臂。1949 年底司徒雷登中风后，傅泾波每日去医院探视，而司徒雷登的亲儿子也只是偶尔去看望他。司徒雷登的回忆录也是在傅泾波的帮助下完成的。直到司徒雷登 1962 年去世，傅泾波和家人一直像照顾自己的父亲一样照顾着他。司徒雷登在他的回忆录中深深感叹体现在傅泾波身上的中国养老送终的传统美德。

在傅泾波和他的儿子的努力下，司徒雷登的骨灰于 2008 年，终于得以安葬于杭州司徒雷登的出生地和他父母安葬的地方。

国共和谈未能像司徒雷登和马歇尔所希望的方向发展，司徒雷登同傅径波一起于 1949 年 8 月 2 日离开了中国。也不知照片里的孩子此后的经历如何？如果她们还健在的话，应该已是耄耋之年了。

犹忆当年访名家

潘志豪

1993年，为了引进竞争机制，1月18日，新成立的上海东方电视台首次亮相。由此，东方电视台和上海电视台形成两峰对峙、双水分流的格局。一个大型都市，出现并列的两个电视台，这在当时中国大陆是绝无仅有的。

新成立的"东视"，推出了琳琅满目的新节目，其中最为观众注目的是《东方直播室》。顾名思义，该栏目是一档直播（部分节目为录播）的谈话类节目，长度30分钟，19点播出。为什么观众倾心于直播节目？一是观众可以直接参与，从被动的受众转化为授众；二是它保持了本色风味，那种"羌笛无调信口吹""衣冠不整下堂来"，反倒给人以真实可信的亲切感。当从荧屏上看到熟识或不熟识的朋友坐在直播室里侃侃而谈，间或在语言或动作上出一点小洋相，顿令观众仿佛身临其境，忍俊不禁。

自东方电视台开播之日起，我就担任《东方直播室》编导，躬逢其盛，何其幸哉！在二十五年后的今天回首往事，依然心潮起伏，难以自已……

一

1993 年，由张丰毅、张国荣、巩俐和葛优主演的电影《霸王别姬》在上海首演，风头很健，观众尤其对横跨歌坛和影视的两栖明星张国荣更感兴趣。于是，《东方直播室》顺应观众的要求，向被歌迷们昵称为"哥哥"的张国荣发出了邀请。

7 月 25 日下午，尽管事先采取了保密和保安的措施，但消息灵通的歌迷们早把南京路浙江路口的"七重天"（东方电视台台址）围得水泄不通。原定张国荣 15 时到场，因故误点；直到 18 时许，当一身淡灰西装、清新脱俗的张国荣在众人的陪同下现身时，还是引起了轰动。

张国荣是个低调内敛、不事张扬的人，毫无某些明星那种趾高气扬、盛气凌人的做派。进入演播厅后，几乎没有寒暄，他就听从编导的指令，很快就与主持人曹可凡开始了对话。

话题围绕电影《霸王别姬》和《胭脂扣》的拍摄经过以及幕后花絮进行。张国荣率直爽快，有问必答，只是有些拘谨，话语惜字如金，仿佛在草拟电报文稿。

平心而论，《霸王别姬》并非张国荣的上乘之作，他毕竟对京剧不太熟悉，尤其缺少旧时京剧名伶的那种沧桑感和风尘感。让我感到意外的是，他始终有一种羞怯——一种骨子里的羞怯。这种羞怯不涉美丑，无论年龄，更非关风月。也许，羞怯只是一种示弱美学，使我们非常受用，大家都变得绅士起来，生怕孟浪和轻慢，会亵渎了张国荣。

在对话中，张国荣的声音是幽幽的，动作是徐徐的，尤其手势是柔柔的，这种肢体动作，令我想起京剧旦角的那种妙曼的兰花指和婀娜的身段，这也更使他有种楚楚的女性味。我素来厌恶"娘娘腔",但对张国荣的那份独特的温山软水——居然并不排斥。

我私下揣摩:这恐怕不是张国荣要追求那种"男性雌化,女性雄化"的病态时尚,而是为戏所累——因为他是个追求唯美的人。我知道,有的京剧男旦演员,由于长期在舞台上男扮女装的浸淫,以至于在生活中也常常会不自禁地流露出女性的情态动作。想不到"哥哥"也会如此这般,莫非是他演影片中的"程蝶衣"入戏太深,走火入魔了?

录了一段对话后,在休息的间隙,张国荣静坐一隅,那种文静安详也许只有他自己才能形容。我趁机过去和他说些题外话。他坦诚地告诉我:他对《霸王别姬》不太满意,但在拍摄

图1 我和张国荣

23

中极其投入，以致很难自拔。因此，戏一拍完，他就找了个近乎封闭的地方努力调整自己的心态。我问他效果如何，他笑了笑，没有作答，但他那有些疲惫的脸上似乎写着答案……

采访结束后，他在我的笔记本上签上了龙飞凤舞的大名。我本想和张国荣合影留念，可是看到人们争先恐后地和"哥哥"合影，我知难而退打算放弃了。善解人意的 Leslie（张国荣的英文名）大概看出了我的尴尬，向我微微点了点头，又轻轻地拍了拍沙发。我赶紧过去坐在他身边，他很松弛地把右手放在我的背后。此时，剧务小童不失时机地按下了快门（图1）。

谁知十年后的 2003 年 4 月 1 日，张国荣纵身一跃，把生命永远定格在了四十六岁。让人在慨叹世事无常、人生苦短的同时，不禁想起他那最为动人心扉的绝唱："不知道为何你会远走……不知道为何你会放手……"

二

1993 年盛夏，著名舞蹈艺术家杨丽萍在沪举行了个人舞蹈演出专场，这是她全国巡回演出的第一站。

出身于云南白族农家的杨丽萍，十二岁即与舞蹈结下不解之缘。她创作主演的舞蹈曾多次获奖。舞蹈是一种"世界通用语"。杨丽萍还携着舞鞋走出国门，扬誉海外。美国已故的石油大王哈默曾盛赞：杨丽萍的舞蹈艺术"属于全人类"。

乍见之下，杨丽萍给人的感觉一个字便可概括："细"。细长身材，细眉细眼，细臂细腿，细声细语。坐在她身边（图2），和她对话，真是一种享受，会令人油然想起她的独舞"雨丝"，仿佛正有一股小溪，潺潺淌过你的心田……

图 2 我和杨丽萍

　　不过，很快，我们便发现被自己的感觉欺骗了：眼前这位纤细清秀的女性不容小觑，在她心里装载着坚定而丰满的艺术见解。

　　在云南民间，孔雀舞原是男性集体舞蹈，男演员们穿上一副"孔雀架子"，模拟雄性孔雀的动作，展现男性的阳刚之气。然而，杨丽萍却另辟蹊径，穿上一袭长裙，运用肢体动作，流溢出女性的如水柔情，具有一股只可意会不可言传的灵动之气和地域风情，是不可多得的舞蹈艺术精品。每说及此，这位细女子的眼中全是关不住的喜悦。

杨丽萍还明白无误地告诉我们：她的舞蹈风格就是一个字——"土"。水光山色的秀气，华夏传统的美感，尽入她的舞蹈语汇之中。因此，她从不给自己的舞蹈添上一轮炫目的光环。她指出："我不想表现什么伟大的人生哲理，只想表现一种意境，一种美感。至于观众们对我的舞蹈怎样定位，那是观众们的自我创造。"是的，看她的演出，常常使人既感到古朴典雅，却又极富现代气息。就如同和她对话，她有时像三月小溪叮叮咚咚，有时却"落花无言，人淡如菊"。

杨丽萍不仅在艺术上标榜"我从不刻意创新，而是一切顺其自然"，待人接物也毫不造作。她脸上几乎没有怎么化妆，身上的打扮更俗得叫人惊讶：彝族的服装、白族的首饰、独龙族的腰带、藏族的项链——她坦言："我追求的是大俗之雅。"

交谈的氛围越来越松弛了。我们问她："人们都说做女人难，做名女人更难。你有这种感受吗？"她颇有深意地一笑，答："我觉得做名女人不难。因为少数民族的成员大都心胸开阔，我不会拼命去追求什么，当然也不会给自己带来失落感，更不会让自己生活得太沉重太累。"

面对经济大潮的裹挟，她称自己不会"下海经商"，因为她自知缺少这方面的"悟性"。这使我们看到她性格中的另一极"定力"。

需要特别指出的是，该节目播出后，观众反响甚好，其中作为该节目的主持人沙叶新先生功不可没（图3）。沙先生是著名剧作家，代表作有《假如我是真的》《陈毅市长》《寻找男子汉》《大幕已经拉开》《耶稣·孔子·披头士列侬》等，其作品曾在全国引起轰动。沙先生虽然貌非潘安，年非"花季"，但秉性幽默，为人机智，出口成章，应答如流，而且谙熟语言

图 3 此为直播结束后合影，中间穿红衣者为杨丽萍，其左一为沙叶新，左二为作者。

艺术，久积舞台经验，因此，我们突发异想：请正是鼎盛春秋的沙先生担任节目主持人，和那些俊男靓女的主持人分庭抗礼，这必将有力冲击观众的欣赏惯性。当时，我还对先生笑言：我们已铁了心把你这位主持"新秀"，从书桌边送到荧屏上，请"先生大胆地往前走"吧。沙先生则故作严肃状：没关系，我姓名的一半就是"少十斤"，我就等着为当节目主持人减少十斤吧！

往事依稀浑似梦。今年 7 月 26 日，风骨铮铮的沙叶新先生驾鹤西去。从此幽明阻隔，天人永别，痛哉！

图4 我和成龙

三

电梯门刚打开，五六个人簇拥着一条精壮的汉子出来。他穿着一身条纹套装，走路时上身有点摇晃，眼睛东张西望，孩子般真诚的笑容，分布在那只引人注目的大鼻子的周围，人们欢叫着——成龙！

在东方直播室里，几十只聚光灯笼罩着成龙。他毫不在意，居然文绉绉地把自己埋进大沙发里。

这种文绉绉只持续了不到一分钟，当主持人陈宝雷的一段开场白刚说完，成龙浑身的细胞早已亢奋了，只见他又说又笑，手舞足蹈，那只大鼻子则在面部灵活地搬来挪去。哈，采访成

图5 我和成龙的补拍照

龙真是一件赏心乐事，你只要丢给他一个话题，他的话语马上就像一江春水滔滔不绝，甚至连主持人也插不上话。

在港台演艺圈里，成龙的"观众缘"有口皆碑。别看他虎背熊腰，皮囊里却装着一颗对他的衣食父母——观众的敬畏之心。他可以为发烧友们签名，最多一天达三千份。他认为：签名对自己来说，不过举手之劳；而对影迷来说也许是终生难忘的记忆，因此他总是认真去做。

成龙是个世界级大明星，但他居然明白无误地表示：他也有崇拜的偶像。谁是成龙崇拜的偶像？成龙答：体操名将李宁、童非。说到这，成龙的神态十分认真，犹如他的影迷说起他的大名一样虔诚。

问起成龙这次上海之行有何愿望？他不假思索地说："看大熊猫。"说起大熊猫，简直戳到了他的痒处，他顿时眉飞色舞、笑逐颜开，活脱脱像个大孩子。可惜，他对大熊猫一片痴情，而大熊猫对他并不亲昵，那副爱理不理的模样，把成龙折腾得好不伤心。

这个在银幕上以阳刚之气征服观众的汉子，还坦率地告诉观众：年幼时，他不理解父母送子学艺的一片苦心，以致对双亲产生仇视情绪，后来马齿渐增，终于大彻大悟……在南斯拉夫拍电影时，他头部受了重伤，与死神搏斗了八天，但他对新闻界瞒得严严实实，为的是怕他母亲获悉后会承受不了打击……

成龙特别指出：在他踏上演艺圈时，父母曾告诫他：不要加入黑社会，不要吸毒。值得告慰他父母的是，这两件事他都没有做。成龙又笑了，自豪而真诚。

采访结束后，我要求成龙一起合影。他笑着走到我身边，恶作剧似的突然一把搂住我，我猝不及防，不由自主地闭上眼睛，恰好此时摄影师按下快门，于是才有了那张我双目紧闭的照片（图4）。后来趁摄像师与成龙合影时，我又补拍了一张照片（图5）。

美国亚洲舰队在烟台

魏春洋

众所周知，烟台是中国北方著名避暑胜地，每年夏天都吸引了大批游客来这里消夏避暑。鲜为人知的是，20世纪前半叶，几乎每年都有一批不速之客成群结队来烟台进行所谓的"避暑"，他们高悬星条旗的战舰停泊在芝罘湾内，他们的水兵在烟台大街小巷、海边沙滩和酒吧舞厅里寻欢作乐。这就是近代美国亚洲舰队来烟台"避暑"的景象。他们真的是来烟台"避暑"的吗？

溯　源

美国军舰来烟台"避暑"，应该追溯到第二次鸦片战争。这场战争中签订了《天津条约》。《天津条约》对烟台的影响至少有两个方面：其一，是导致烟台在1861年开埠；其二，是允许"没有敌意或进行捕盗的军舰可自由驶入（中国）所有港口"。自此之后，美国军舰可以在中国沿海各开放口岸、长江流域及其他地区自由航行。因此，1861年烟台开埠后，就不时有美国军舰来烟台"拜访"。比如1876年大清直隶总督李鸿章与英国驻华公使威妥玛（Sir Thomas Wade）在烟台进行外交谈判时，1895 年中日在烟台进行《马关条约》换约仪式时，美国就有多艘战舰停泊在芝罘湾。但当时还没有在烟台设立基地，直到美国亚洲舰队成立后，美国舰队才开始在烟台设立海军基地。

美国亚洲舰队成立于 1902 年，总部设在菲律宾。起初，美国亚洲舰队是分舰队（U. S. Navy Asi-atic Squadron）的级别。1910 年升格为舰队级别（The U. S. Asiatic Fleet）。美国亚洲舰队的活动范围主要是在亚太地区。从 1902 年到 1941 年，美国亚洲舰队以"保护美国侨民"和"保护美国利益"为由，不仅巡逻于中国长江上下游，而且也航行至华北和华南的港口城市，还远航到新加坡、香港、法属印度支那、荷兰东印度等国家和地区。在太平洋亚洲水域，美国亚洲舰队是一支令人生畏的海上打击力量。1925 年时，美国亚洲舰队已经拥有一艘巡洋舰、两个驱逐舰分队（每个分队拥有十艘驱逐舰）、两个潜艇中队（每个中队有六艘潜艇）以及为数众多的炮舰，此外，还有"黑鹰号"驱逐舰供应船，以及"海狸号"和"坎罗普斯号"潜艇供应船，

美国亚洲舰队停泊在烟台山前。

1935 年 9 月，美国亚洲舰队水兵在烟台聚餐。

有时运兵船也供舰队司令调遣。此外，美国在华驻军长江巡逻舰队（Yangtze Patrol）、华南巡逻舰队（South China Patrol）和"中国海军陆战队"（China Marines）也受美国亚洲舰队司令的调遣。

美国亚洲舰队的活动十分有规律。舰队大部分军舰从 10 月到次年 3 月在菲律宾甲米地（Cavite）过冬，在菲律宾水域里进行维修和演习。夏天则在中国北部海岸附近进行演习或访问港口。亚洲舰队在青岛设有一个夏季潜艇基地，在烟台设有一个夏季驱逐舰基地。

美国亚洲舰队为什么选择烟台作为驱逐舰的夏季基地？原

因是烟台作为北方最早的一批沿海开埠城市，其优越的地理位置早就为美国政府所觊觎。正如阿美德在《图说烟台》一书中提到："在七十多年前，当美国政府刚刚从内战的创伤中得到恢复，设在烟台的美国领事馆就强烈建议，华盛顿当局应该在烟台建立美国海军基地。这一文件在1866年就送达了美国政府，文件中宣称，烟台具有极其重要的战略地位，同时，从气候条件来说，烟台优于任何一座中国的港口城市。"

但美国亚洲舰队正式将驱逐舰基地设在烟台，已是20世纪初。

军　训

根据记载，烟台成为美国亚洲舰队驱逐舰夏季基地始于

1936年，美国亚洲舰队水兵登陆开平码头。

美舰在芝罘湾内演习。

1902年，一直持续到1941年。从1902年到1941年，美国亚洲舰队在烟台"避暑"分三个阶段。第一阶段，从1902年到1914年，每年5月底到10月亚洲舰队都有4到6艘舰只来到烟台，每次约有4000名美国水兵。在此期间，1906年8月4日，美国亚洲舰队司令特林（Charles J. Train）上将在烟台海滨旅馆因病去世。第二阶段，从1914年到1920年，由于一战期间美国战略重心在欧洲，因此美国亚洲舰队几乎没有舰只前往烟台"避暑"。第三阶段，从1921年到1941年，美国亚洲舰队每年都来烟台"避暑"，并由美国海军基督教青年会负责接待。

根据记载，1928年夏天，亚洲舰队的轻巡洋第二分舰队（Light Cruiser Div. Two）和航空中队（Air Squadron）来烟台"避暑"。1930年夏天，亚洲舰队至少8艘战舰同时来烟台"避暑"。这

8 艘战舰中最大的战舰是"黑鹰号"驱逐舰供应船（USS Black Hawk），还有扫雷舰（USS Heron），以及 6 艘驱逐舰。

美国亚洲舰队来烟台，绝不是他们声称的"避暑"这么简单，其主要任务是进行军事训练。训练内容有实弹演习、两栖作战等。

实弹演习的靶场主要设在担子岛（美国地图有时标为古岛）。据现有资料记载，美国亚洲舰队最早在烟台实弹演习始于 1903 年。光绪二十九年（1903），美国亚洲舰队即申请在"烟台口外古岛地方操练并演放来复枪"。此后民国时期，美国亚洲舰队来烟台"避暑"时，美国驻烟台领事馆都要向外交部申请租借烟台口外古岛操练。但从美国亚洲舰队 1903 年绘制的《烟台海图》可以看出，亚洲舰队进行军事训练的靶场不限于担子岛，还包括崆峒岛、马岛。在《烟台海图》上，美军将担子岛

1936 年美国亚洲舰队水兵在烟台博爱路行进。

称作肯塔基岛（Kentucky island），崆峒岛称作埃文斯岛（Evans island），马岛则称作威斯康星岛（Wisconsin island）。这三座岛上都设有海军步枪靶场。靶场正面宽度短则300码（274.32米），长则600码（548.64米）。实际上，亚洲舰队训练区域不限于崆峒岛诸岛，有时也在芝罘湾内进行海上多舰联合军事训练。

日　常

大量美国水兵夏季来到烟台，自然需要后勤供应和接待，这些工作主要由美国海军基督教青年会负责。早期，负责接待亚洲舰队的是烟台美国北长老会传教士、烟台基督教青年会创始人韦丰年（George Cornwell）先生和公共事务委员会（后期是华洋工部局）。一战结束后，亚洲舰队重返烟台，且舰只的数量远超以往。为接待更多的美军，1921年，烟台基督教青年会的负责人德宾先生，在一些当地中国人的帮助下在烟台成立美国海军基督教青年会，负责美国海军夏天在烟台的接待工作。"海军基督教青年会的经费来源于美国，这个机构成立之后，几乎垄断性地负责为美国海军亚洲舰队在烟台期间提供生活给养"。

美国海军基督教青年会院内设施齐全，可以提供多样化的综合服务。经过多次扩建，1932年，海军基督教青年会接待美军的机构设施基本完工。内部设有行政大楼、医疗室、餐厅、多功能厅等。体育场地有室内外篮球场、网球场、排球场、拳击台（棒球场、手球场设在东炮台附近）。并提供蛋糕、苏打饮料、冰激凌等食品。此外还提供移动电影、照片冲印等业务。根据资料记载：海军基督教青年会1921年为美水兵提供了

1930 年，美国亚洲舰队水兵与白俄舞女。

32500 人次的接待服务。到 1922 年，达到了 87900 人次。而在 1928 年，更是达到了 183500 人次。

　　根据当时一名亚洲舰队水兵保存的活动日程安排表，可以看出基督教青年会为美国水兵准备了哪些活动项目，从 1933 年 8 月 11 日到 18 日，海军基督教青年会每天都为水兵们安排有节目。节目有马拉松、足球、篮球、网球、棒球、拳击、健身、电影、舞会、音乐会，还有到崆峒岛野炊活动、参观烟台监狱、寿喜烧（Sukiyaki）集体聚餐，等等。这些活动时间大都安排在下午和晚上。

　　除了海军基督教青年会举办的活动以外，其他机构也为水兵们安排了节目。如烟台长老会、浸信会、天主教堂为水兵们安排的宗教活动，烟台基督教女子青年会举办的音乐会等。

1936年，美国亚洲舰队水兵在烟台乘坐黄包车。

1936年，美国亚洲舰队水兵在烟台西方人墓地。

寻 欢

　　除了由美国海军基督教青年会提供的节目之外，美国水兵在烟台的其他活动更是"丰富多彩"。20世纪20年代初期，美国亚洲舰队水兵对烟台的印象就是"海滨咖啡厅（Beach cafe）、俄罗斯舞女、犹太饭店、玫瑰溪（rose creek）和Cloob 49俱乐部"，以及其他各种各样的乐子。但中国方面的记载给了我们一个更清晰的图景。

　　1936年，茅盾先生主编了《中国的一日》一书，书中收录有穆林的《"五二一"在烟台》一文。该文描写了1936年5月

美国亚洲舰队宣传单

烟台美国海军基督教青年会门前的黄包车。

21 日美国水兵在烟台胡作非为的行径："海岸路,以散步的法子向美国水兵卖弄风情的白俄女人,穿着艳装和高跟鞋,对中国小脚妇女顾盼自豪。美国水兵在求四饭店里,乘着酒兴大声地哼着粗俗的西洋调子,然后醉眼蒙眬地跌出门外,在一群洋车夫争先恐后抢生意的包围中,随便坐上一辆,用皮鞋尖踢着车夫的背脊,命令奔向太平街长期妓馆。"而在烟台"那一家最大的巴黎跳舞厅,门面辉煌着霓虹灯,内面梦样的彩灯下,奏着爵士乐,美国水兵搂着舞女梦梦然旋转着。同条街,第二十号长期妓馆,一个中国妓女,操着蹩脚的英语,强拉美水兵。结果,她的娇嫩的脸蛋上印了一只大巴掌,那个外国水兵便掉头走了。中国警察是在那儿站岗的,然而他假装没有看见,其实他也理不清这种平凡小事情,他除了'也是'外,不会说

1936 年美国亚洲舰队水兵在烟台。

句英语。"

　　世事难料，美国水兵在烟台醉生梦死的好日子很快就到头了。1941 年，太平洋战争爆发，美国亚洲舰队驻扎地菲律宾被日军占领，舰队撤至澳大利亚，1942 年编入西南太平洋部队，1943 年又改编为第七舰队。

　　1945 年二战结束后，美国第七舰队妄图继续来烟台"避暑"，但遭到已先期解放并占领烟台的八路军的严词拒绝。至此，美国亚洲舰队在烟台的逍遥日子彻底结束了。

寻访 24 道拐

林冠珍

　　与友人自驾游，快乐地穿行在多彩壮丽的云贵高原。得知贵州晴隆是著名的 24 道拐所在地，立即飞驰而去，以身临其境，目睹这闻名遐迩的世界奇观。

　　2015 年为纪念中国人民抗战胜利 70 周年，曾编辑了一套大型图册《美国国家档案馆馆藏精选·中国与二战秩序》，其中一册为《重庆与中缅印战场》，内收有一张 24 道拐的老照片。这张照片是美国随军记者约翰·阿尔贝特于 1945 年 3 月 26 日拍摄的。画面上，一条蛇行逶迤的盘山公路在崇山峻岭中穿行，一队长长的军车在公路上负重前行。24 道急转弯的险峻完整展现在画面上，给人强烈的视觉冲击力，看过便永世不忘。二战期间，这是一条关乎中华民族生死存亡的交通大动脉，援华战略物资就是经滇缅公路到达昆明后，再进入滇黔公路这段 24 道拐源源不断地运达陪都重庆。照片一经发表，就轰动了世界，在国内外广为流传，成为中国抗战生命线的典型标志。

　　当年为了拍这张照片，在当地老乡的帮助下，美国随军记者爬了一整天的山，才找到最佳拍摄点，把这条抗战生命线的陡峭、险峻、神奇、雄伟、壮美表现得淋漓尽致。

1945 年，美军记者拍摄的 24 道拐。

1943 年 7 月 7 日，史迪威与宋美龄在交谈。

　　滇黔公路于 1927 年，由各地绅商筹资修建，时修时停。1935 年中央政府出资，1936 年 9 月才贯通了这条唯一连接中国东部和西滇边陲的国道。24 道拐便在这条道路上。

　　24 道拐所处之地，古称鸦关，位于晴隆县莲城镇南郊 1 公里，盘旋于雄峻陡峭的晴隆山脉和磨盘山之间的一片低凹陡坡上，有"一夫当关，万夫莫开"之势。明清时代，此处是蜿蜒的古驿道。鸦关之雄险，名闻滇黔，明嘉靖年间，诗人周文化由此路过，留下了"烈哉风高仰万山，云空叶积马蹄艰。一为行省衣冠地，便是雄图锁钥关"的诗句。

　　置身在群山之中，眺望雄关漫道，似一条蛟龙盘旋而上，腾空而去。耳畔仿佛又传来当年山谷里间叮叮当当的筑路声，军车马达的轰鸣声，敌机投弹的爆炸声……

　　1942 年，日军切断了国际社会向中国提供战略物资的滇缅公路，中缅印战区美军总司令、中国战区参谋长史迪威将军即谋划从印度经过缅北重修一条到达中国的陆上运输线，连接滇缅公路，也延伸了滇缅公路。为了早日筑成这条生命线，史迪威指挥中国远征军一面攻击日军，一面修路开道，出现了战争史上罕见的路修到哪里，仗就打到哪里的局势。美军少将刘易斯·皮克说："这是美军自战争以来所尝试的最为艰苦的一项工程。"1943 年 11 月，援华美军司令部为完成每月输送 1.5 万

1944 年 9 月 11 日，美军在靠近滇缅公路的山里安营扎寨。

1944年9月6日，史迪威与何应钦在重庆机场。

吨援华抗战物资需要，从盟军昆明战区办事处调来美军公路工程部队第1880工兵营负责改建、维修24道拐。这个工程的完美实施和保卫，是中美两国建筑专家的杰作，也是一首中美两国人民在反法西斯战争中并肩战斗的史诗。

修筑24道拐时，晴隆县男女老少齐出动，能拉能驮的牲口也全部上阵。当年人口不足5万的晴隆县城，就有3800余人投身抗战，保家卫国。

1945年2月4日，蒋介石发表了广播讲话，将这条援助中国的国际通道称为"史迪威公路"。24道拐由此载入抗战史册。

可遗憾的是，几十年来，国内外中国抗战史专家，各种媒体人百般寻找，都不知道24拐竟藏在哪个深山里。直至

中国民工与美国工兵塑像

2002 年才在一位日本老兵的提示下，在贵州晴隆找到了当地人人皆知的 24 道拐，成为了当年的新闻事件。

2006 年，24 道拐被国务院公布为全国重点文物保护单位，现在这里已被开辟成景区，也是当地的爱国主义教育基地。在纪念馆前，有一座美军士兵向中国民工借火点烟的青铜塑像，生动地表现了盟军携手在反法西斯战争中用鲜血凝成的友谊。当年美军记者的拍摄机位点，现在设了观景台，每一位到访者都能拍到与美军记者拍的一模一样的照片。历史仿佛凝固在了这里。

直至 1945 年日本投降后，美国工兵才撤离晴隆。2013 年为了揭开这条抗战生命线的神秘面纱，影视公司拍摄了 30 集电

美军士兵与中国民工借火点烟的青铜塑像的原型

视连续剧《24道拐》，2015年在中央电视台播出。拍摄基地复活了这里美军的工兵营、车站、加油站、高炮阵地和中国军队的后勤医院、指挥营等历史遗迹，建起了"史迪威小镇"。俯瞰绿树丛中，有了充满异域风情的美式乡村建筑，也有了咖啡屋、酒吧、吉他和小提琴。这里的宾馆，称为"大世界饭店""国际饭店""安乐酒家""太平洋旅社"等，具有国际化的时尚，成了美丽的"东方卡萨布兰卡"，一派恬静祥和景象。

在纪念中国人民抗日战争暨世界反法西斯战争胜利70周年之际，2974名晴隆县民众手持火炬，在黑夜中点亮了24道拐，火龙呈祥，让历史告诉未来，和平是每一个人心底永恒的夙愿。

父亲下南洋

沈 宁

　　我的父亲沈苏儒，1945年5月毕业于重庆中央大学英文系，随即到美国新闻处（现美国新闻总署前身）中文部任职，工作是每天收听美国各地广播电台新闻节目，选择与中国抗战有关的消息，翻译成中文，呈国府相关部门。8月15日，父亲听到旧金山广播电台首先报出日本宣布投降的消息，惊喜万分，立刻翻译成中文，成为向中国人民报告喜讯的第一人。父亲为此十分得意，数十年后跟我们提起，还会夸几句口。

　　9月中旬美国新闻处派父亲回到上海，报道日本投降的各种消息。当年12月，母亲回到上海，次年1月两人成婚。父亲一直梦想从事新闻工作，做"无冕皇帝"，可是美新处的工作，并非做新闻，于是经过许多努力，父亲于1946年7月离开美新处，入上海《新闻报》做记者。当时的上海《新闻报》，社长程沧波，总经理詹文浒，总编辑赵敏恒，是中国三大报之一，与《大公报》《申报》齐名。

　　当年8月，父亲被派到南京，任《新闻报》南京政治新闻特派员，这期间曾上庐山，采访国共和谈新闻。10月份，随同国民政府宣慰专使李迪俊，前往印度尼西亚等国，慰问浴血抗战的南洋华侨同胞（图1）。在南洋访问期间，父亲报道了国府宣慰团的种种活动，南洋同胞热爱祖国的心情，以及侨胞们抗击日寇可歌可泣的事迹（图2）。

这段时间里，父亲结识了时任雅加达中华总商会的总干事董寅初先生。上海解放以后，《新闻报》停刊，父亲当即失业，无路可走，刚巧听说董寅初先生回到上海，设立侨资建源公司，任总经理。父亲就跑去求职，并获录用，做总经理的英文秘书。此为后话。

在印度尼西亚期间，父亲还曾被当时的印度尼西亚总统苏加诺接见，成为苏加诺总统接见的第一位中国记者，也是父亲后来得意了几十年的一件事（图3）。

图1 国府宣慰团到南洋下飞机，左二为父亲。

印度尼西亚从16世纪开始，几百年来一直是荷兰的殖民地，很多欧洲商人也到该国经营，至二战时期被日本占领。所以在印度尼西亚，父亲可以逛不少纯粹欧洲人开设的商店，买到很多货真价实的欧洲产品。他从南洋带回来两套英国藏青哔叽双排扣西装，样式质量都非常高级，父母都很珍惜，压在我家铁箱底下二十年，偶尔出外访客的时候穿一穿。此外，父亲还在印度尼西亚买了三瓶欧洲出产的威士忌，说是给我们兄妹三人每人预备一瓶，将来我们各自成家的时候，开瓶畅饮。我记得这三瓶威士忌也一直藏在铁箱底下，只有每次开箱的时候，我才会拿出来看看，暗暗的颜色，胖胖的瓶子。

父亲1947年1月底跟随国府宣慰团回国，父亲又专门买

图2 国府宣慰团在雅加达合影，右三为父亲。

图3 印度尼西亚总统苏加诺接见父亲，左为父亲，右为苏加诺总统。

了几样印度尼西亚土特产，送给母亲做礼物。我记得有一套几件挂在墙上的黄木雕像，几个彩绘的瓶瓶罐罐。特别是一个乌木座雕，是个长发妇女，一手提着裙子走路，非常好看，很多年一直是我们装饰书房的两件宝贝之一。另外一件，是父母结婚时丰子恺赠送的一幅字画"双松同根百岁常青"（图4）。

可惜所有这些，印度尼西亚的黑人座雕和黄色挂雕，丰子恺的字画，还有父亲的哔叽西装，母亲的所有旗袍，那三瓶威

53

士忌，以及家里所有的书籍文物，都在"文革"红卫兵抄家时毁灭，永远无处寻找了。父亲下南洋时留下的所有照片，自然也都尽数销毁。后来我来了美国，会见几位舅舅，才从他们那里重新获得若干，那是当年父亲回国后寄给他们保留的。

父亲从南洋回国之后，由于工作完成出色，很受总编辑赵敏恒器重，很快被任命为《新闻报》驻南京记者站站长，成长为一颗新闻之星。在《新闻报》工作的那段，是父亲一生中最春风得意的时期。他在"国大"会上采访新当选的蒋介石总统，与蒋握手的照片，刊登在《新闻报》上，二十年后"文革"中间，成为他被打倒的证据之一。于右任先生是叔祖沈卫先生的学生，遂为嘉兴沈家的世交，父亲在南京也曾多次拜会采访（图5）。同时，父亲也经常采访中共驻南京的代表团，为中共政策做过

图4 母亲教妹妹写字，桌上台灯下摆的是印度尼西亚座雕，背后挂的是丰子恺字画。

图5 1948年于右任离开南京，父亲（左一）前往送行。

报道。这期间范长江和梅益两先生是直接领导，父亲还几次进入梅园，甚至与周恩来先生谈过话。

之后报馆一度考虑设立《新闻报》驻美国记者站，由于父亲文史皆通，中英文俱佳，采访报道写得出色，成为驻美之优先人选。父亲大学毕业时，曾被美国密苏里新闻学院录取深造，因为家里无法资助而作罢，现在有这个机会，自是兴奋异常，期盼若渴。

然世事难料，正于此时，大陆政权易帜，父亲的梦想，顿成泡影。

我父亲与建瓯剿匪的那些事

孟明明

　　我父亲孟健，1918年出生于山西省介休县的名门大户。平遥古城著名票号"日升昌"展馆的股东名册上，至今尚有祖父孟怀章的留名。祖父在解放前曾做过十年村长，他不仅没有乘机盘剥村民，而且还努力为村民做事。在他做村长期间，苛捐杂税按人头摊派下来，祖父总是替代全村老百姓交纳杂税。他自己出资，为全村百姓铺路、架桥、搭戏台。祖父还曾被推举做过八年"洪山灌区水老人"的民间官职，主持公道，解决和调解村与村、人与人之间因浇地用水所发生的事端，在村里有极好的口碑和威望。有一年汾河闹水灾，水淹了家乡的许多村庄，祖父捐款赈灾，极大地减轻了灾情给村民们带来的损失。当时的省政府、县公署曾分别赠与祖父牌匾作为褒奖，上书"救恤堪钦"和"心系民众"，并嘉封二等嘉祥章（名位）。图1为1902年祖父的照片。

　　1937年，父亲考进清华大学，立志科学兴国。半年后，日本发动全面侵华战争，年仅十九岁的他毅然投笔从戎，奔赴抗日根据地山西省沁源县参加抗日工作。我母亲李玉贞放弃家中较好的生活条件，也跟随我父亲投入抗日救国的活动中。八年

图1 我的祖父孟怀章

抗战胜利后，父亲又与阎锡山的国民党军队进行不屈不挠的斗争。国民党政权悬赏五百大洋捉拿父亲，因此，我奶奶也只能背井离乡躲避迫害。1948年，父亲任解放区山西省安泽县委书记，图2为父母于解放战争初期身着一套由解放区人民用土布缝制的略显宽大、陈旧的干部制服在宿舍门外的合影。这身服装与当今电影、电视剧中扮演共产党县领导干部身着笔挺、整洁、合体、崭新的干部制服反差较大。这幅照片中的服装细节才是历史本来面目。

1949年2月，父亲担任中国人民解放军长江支队二大队二中队领导。图3为父亲当年的军装照。他与二中队的109位同志告别亲人离开家乡，克服种种艰难险阻，从山西省安泽县出发，千里迢迢来到刚获得解放的福建省建瓯县，肩负起建设新

图2　父母于解放战争初期合影。

建瓯的重任。

　　1949 年 8 月，父亲担任建瓯第一任中共县委书记。图 4 是 1951 年建瓯县委班子合影照，照片前排左起第三人是我父亲。新政府面临首要的严重问题是匪患横行。建瓯解放前夕，国民党的军、警、宪、特人员提出"脱下皮鞋穿草鞋，离开城市上深山"的口号，占山落草，进行扰乱破坏活动。全县七个区公所有五个遭到土匪围困多达十八次。县委成立剿匪指挥部，父亲担任政委。第三区公所在 1950 年春遭到土匪三师数百人围攻

图3 1949年，父亲的军装照。

一天两夜，情况十分危急。父亲接到情报后守在电话机旁彻夜不眠地调度武工队、民兵参战。在援军的反击下，匪徒才逃窜山中，区公所转危为安。

剿匪不仅要懂军事，还要善于开展政治工作。时任第七区剿匪指挥所所长郭敬之回忆："我刚调到建瓯工作，县委书记孟健同志扼要地给我介绍了第七区的情况。当我请示如何开展工作时，孟书记回答：'十二个字，军事打击、政治瓦解、发动群众。这是方针，也是方法，三者紧密联系。依靠群众更为重要，要根据具体情况，灵活运用。'"郭敬之依据这些政策，一方面主动出击追剿土匪；一方面把闲居在乡里的国民党县参议员罗毅请出来，待上宾之礼，利用他在乡里的声望瓦解土匪；一方面在群众中宣传解放军是老百姓的队伍，揭露土匪的抢劫暴行，规劝那些和土匪有关系的人尽快与土匪断绝来往。经过一年多三管齐下的攻势，匪徒被歼、投降五百余人，改邪归正四百余人。其中两释三擒匪首的过程被传为佳话。郭敬之说："土匪郭震吉率二十一人窜到花桥村抢劫，被我打垮，郭被抓，求饶说决不再干。释放不到两个月，郭又领七名土匪为害群众，被我军活捉，他又赌咒立誓，央求免死。再次释放不久，他又带领残匪在附近村庄蹂躏妇女，拦路抢劫公粮。区指挥所决定第三次擒匪。经过侦察，部队东西两面合击，残存的七名土匪三死四俘，但匪首郭震吉钻入地道逃进深山老林，难以追捕。经过打听得知，他有个年轻漂亮的妻子，我劝他的母亲去传话：回来没事，否则带走他的老婆。这一招很奏效，半小时后，郭匪来到我面前跪下不住磕头：区长老爷，我该死，我该死。至此，小筒村就不再受土匪祸害了。"

图4 1951年中共建瓯县委班子合影照。前排左边第三人是我父亲。

图5 1951年1月,我父亲(左二)及副书记金楚、县长雷宏欢送建瓯县公安局局长杨柳(站立者)到新的工作岗位。

建瓯的土匪不仅聚啸山林,县城也潜伏着一批与土匪相呼应的特务。县公安局侦察员乔金来从线人老于处得知山上四名土匪将进城采购,便主动向县公安局局长杨柳请缨借机打进特务内部。在老于的引荐下,乔金来与四名土匪会面。匪徒握着手枪凶狠地盯着乔金来问:"过去是干什么的?"乔金来镇定回答:"我曾是国军。""为何到这里来?"匪徒进一步发问。"在厦门战役中被共军俘获,共产党给我路费遣散回家,到建瓯路费用尽,想得到山上的弟兄们帮忙。"匪徒们轮番盘问查不出一丝破绽,便相信了这位十足军人气的"国军"。次日,

图6 1951年元旦，为庆祝肃清匪特合影。乔金来挎着驳壳枪坐在第一排正中，县公安局长杨柳坐在他左手边。

匪徒们在老于家楼上点红烛、摆酒坛，将鸡血滴入酒坛，要乔金来对天发誓喝血酒结拜兄弟。此后，匪徒放松了警惕，外出联络叫上乔金来，接头暗号、任务也倾囊相授。几天之后，杨柳局长经过缜密部署，将四名土匪与城中特务一窝端了。图5为1951年1月，我父亲（左二）及副书记金楚、县长雷宏欢送

图7 1951年，建瓯县领导欢送我父母（前排中间二位）赴新的工作岗位。

建瓯县公安局长杨柳（站立者）到新的工作岗位。图6为1951年元旦，为庆祝肃清匪特合影。乔金来挎着驳壳枪坐在第一排正中，县公安局长杨柳坐在他左手边。

　　1951年6月，父亲受命离开建瓯，到福州从事经济工作，但身边始终珍藏着一把战争年代伴随他的驳壳枪。我记得小时候，好奇地看见父亲拉开抽屉，取出那把油黑锃亮的驳壳枪爱惜地擦拭。直到"文化大革命"开始，那把驳壳枪才上交有关部门。图7为1951年建瓯县领导欢送我父母（前排中间二位）赴新的工作岗位。

　　1987年4月29日晚，父亲突发疾病，因延误抢救而较早离开人世。年仅六十九岁。今年，正值他的百岁诞辰。

詹天佑铜像的推倒与修复

姚小平

　　1909年9月24日，中国人自己设计修建的第一条铁路京张铁路正式通车，负责修建这条铁路的总工程师是詹天佑。为纪念他为中国铁路作出的杰出贡献，1922年人们在北京八达岭青龙桥车站敬立起一尊詹天佑铜像。铜像在"文革"初期曾被推倒，后经修复又重新矗立起来。2003年，我采访了青龙桥车站站长杨存信、詹天佑纪念馆副馆长史文义，以及当年参与修复詹天佑铜像的北京车辆段退休职工李振海、韩小元、赵文治等，了解到铜像从推倒到修复的若干细节。

　　1967年3月30日，《红旗》杂志第5期发表了戚本禹的文章《爱国主义还是卖国主义——评历史影片〈清宫秘史〉》。4月1日，《人民日报》予以全文刊登。北京等地的一些红卫兵借题发挥，诬陷曾留学美国的詹天佑是卖国主义的代表之一，开始了砸詹天佑纪念馆、毁詹天佑故居和推倒詹天佑铜像的"革命"行动。

　　杨存信1963年出生于青龙桥车站旁的铁路职工宿舍，父亲杨宝华曾在青龙桥车站当值班员。据资料记载：1967年5月1日，红卫兵推倒了矗立在青龙桥车站的詹天佑铜像。当时年

图1 工人们在研究铜像修复方案。从左至右：姜桂林、王绍池、曾茂华、张宝贵、赵文治、李振海、韩小元。

仅四岁的杨存信目睹了这一幕。他回忆说，当时北京铁道学院（现称北京交通大学）和唐山铁道学院（现称西南交通大学）的红卫兵声称要把詹天佑铜像作为"崇洋媚外"的代表，拉到北京铁道学院去批斗。他们把绳子套在铜像脖子上，在"一二三"的叫喊声中铜像被众人用绳子拽倒在地上。据某报刊披露，当红卫兵要把铜像拉走时，有位铁路老工人挺身而出进行阻止，大声怒喝："谁敢搬走铜像，我就和他拼了！"我就此事向杨存信求证。杨站长认为此事应属虚构，"因为当年'破四旧'是革命潮流，而且人们也没有这种觉悟"。

杨站长这番话勾起我的回忆。1969年3月，我从北京景山

图 2 完成铜像修复后，工人们在修复现场与铜像合影。前排左起：李振海、王绍池、张宝贵；后排左起：姜桂林、韩小元、赵文治、曾茂华。

学校初中毕业分配到北京车辆段当木工。段东头露天仓库停放着一节据说是慈禧太后坐过的火车车厢，车厢木头为紫色硬木，车窗玻璃五彩斑斓，车内壁灯玻璃罩似盛开的玉兰花瓣。1971年的一天，我和邵铨等二十余名木匠奉上级之命，手持锛凿斧锯在一天内把这节被视为"四旧"的豪华"御车"拆得七零八落。拆除的原因竟然是为放置其他废旧木料腾地儿！可见当时人们对文物的认识水平和破坏程度。1980年，我从北京铁一中历史教师岗位调到以发掘、研究和保护文物为己任的中国社科院考古所当中国考古学会秘书。回想此事，不胜惭愧。据杨存信回忆："我后来听我父亲和其他当时在场的人说，红卫兵打算拉走铜像时，是附近守卫山洞隧道的警卫连得知情况后，赶紧打电话请示上级才拦下来的。"铜像后来被放入车站旁的詹天佑纪念馆陈列室保存。

李振海对究竟是谁拉倒的铜像，做出另一番解读。据他回忆，当年修复铜像时，北京铁路分局某局长亲口对他说，1967年5月1日红卫兵去了青龙桥，但没拉拽铜像，是他本人带着青龙桥车站职工拉倒的。从"文革"初遍及全国的"革命"氛围推测，李振海的说法应该更接近事实，抑或为二者共同拉倒的铜像？也未可知。

那么，詹天佑铜像是在什么时候修复的呢？有资料记载，1969年有位外国元首访华，特意提出要到青龙桥车站去瞻仰詹天佑铜像，于是在这一年修复了这尊铜像。詹天佑纪念馆副馆长史文义向我提供了另一种说法："文革"期间，国家文物局负责人王冶秋有一次向周总理汇报工作时谈到詹天佑，说詹天佑铜像已被拉倒。周总理说，他是中国人的光荣，铜像应该立起来。于是詹天佑铜像得以修复。

1969年3月14日，我初中毕业分配到北京车辆段，曾目睹詹天佑铜像拉到段里进行修复。在我的记忆中，铜像修复的时间应在1971年夏季。为此，我向当年一起入段的韩小元、邵铨、张季扬等进行求证。据韩小元回忆，1969年3月14日，北京一中、北京二十七中、河北北京中学、北京景山学校共四所学校八十名中学毕业生到北京车辆段工作。段里为他们举办一个月的学习班，"五一"前夕分到各车间。韩小元和其他二十九人被分到设备车间，他们先集中盖了三个月房，随后韩小元被分到革新组学习钳工。1969年底，韩小元转学焊工。他说，"修复铜像时天气很热，我主要为焊补铜像做辅助工作，必须具备

图3 韩小元在安装詹天佑铜像现场。

一定的焊工基础，所以铜像修复肯定不在 1969 年"。韩小元提供了一个线索：修复铜像紧接在改造履带自行火炮车之后。据张季扬回忆，出于战备需要，1970 年 7 月至 1971 年 2 月，北京车辆段将十余辆俄式履带自行火炮车改造为战场工程检修车。铜像当年运进车库时地面尚存残雪。据此推断，铜像运进车辆段的时间应在 1971 年 2 月底或 3 月初，修复铜像的时间则为 1971 年 7 月中旬到 8 月中旬。

修复铜像由北京铁路分局负责。他们曾先后找到南口铁路大厂和北京内燃机务段，都没人敢接，最后才给了北京车辆段。开始段里也没人敢揽这活，段长冷德明亲自找到修配车间锻工组的李振海，他二话没说就答应下来。李振海十四岁在天津干锻工，对煅、钳、焊等技术活都不含糊，但接下任务心里也打鼓。毕竟自己是铁工出身，从没碰过铜的东西，况且这铜还不是一

图4 北京车辆段工人完成铜像安装后在青龙桥合影。前排从左至右：韩小元、吴铁森、王绍池；后排从左至右：曾茂华、王金生、姜桂林。

般的铜，而是由铜锡复合而成的一种特殊合金，叫"风磨铜"。得名的由来是因为它不怕风吹，风越吹铜磨得越亮。采访杨存信时，他曾对我说，因为有人反映铜像被磨得太亮，影响游客拍摄效果，于是车站人员给修复后的詹天佑铜像涂上了一层黑漆。结果拍摄效果好了，铜像却失去了本来面貌。

据李振海等当年参与修复的人回忆，他们从青龙桥车站屋里把铜像抬出后，平放在铁路用来压道的平板车上，运到北京车辆段西车库东南角。经一番准备，7月中旬开始修复这尊2.5

图5　铜像安装结束后，人们正在清理周围环境。

米高的铜像。参加修复的除李振海外，还有钳工张宝贵和焊工
曾茂华、王绍池、姜桂林、韩小元、赵文治。铜像破损严重：
铜像后背从后脊梁延伸到脖子全部裂开；脑袋与脖子勉强连接，
耷拉下来向左偏斜；右后脑勺与前左脑勺各有一大窟窿；铜像
底座完全损毁。

　　为防止铜像焊接时见风开裂，他们把西车库东南角透风处
用破布堵上。此时已入夏季，车库内密不透风，气焊产生的高
温加上焊工作业时必须从头到脚全副"武装"，致使修复人员
汗如雨下。在焊接过程中，一般由一人先用大号气焊枪把焊接
部位周围烤热，另外一人再用小号气焊枪熔化紫铜，撒上助熔

剂（硼砂）形成黏性，把开裂处一点点焊牢。韩小元解释说，铜像里是空心的，铜材薄处仅 2.5 毫米，最厚不过 5 毫米。电焊比气焊火力猛，焊薄的东西稍不注意就捅一窟窿，所以只能采用气焊。即使这样，由于铜像为铜锡合成，两者熔点不同，所以很多地方必须靠手感和经验来掌握火候。我问韩小元，为何预先要把焊接部位周围烤热，他说："只有先把要焊接部位周围通过气焊加热到一定程度，后面的人在焊接时铜材才不会出现热胀冷缩导致开裂。"为使铜像修复部分与原貌一致，他们从历史博物馆找来一尊近半米高的詹天佑小铜像，据说詹天佑铜像当初就是比照这尊小铜像做的，如今它被请回来，比照修复已破损的大铜像。

修复过程中，李振海、张宝贵负责锉、磨等钳工活。曾茂

图6 1971 年，北京铁路局和北京铁路分局领导与修复铜像工作组的成员在青龙桥车站合影。

华是慢性子，但活干得细致漂亮，焊活由他"主刀"。铁路科学研究院（简称"铁科研"）提供科研支持和技术指导。"铁科研"不但为焊接铜像提供专用焊条，还为补配铜像头部两个窟窿取样化验，根据得出的数据和成分，做出与铜像材质相同的铜板。车辆段工人负责把铜板剪切加成与铜像窟窿基本一致的形状，由焊工焊上。然后钳工负责手工锉平焊缝凸起部分，用砂纸反复打磨平整。最后由"铁科研"人员涂抹特制药水做旧，力求达到与铜像颜色一致。抗战时期日本人以铜像为靶子留下的几个枪眼，这次也被他们全部堵上修复。

2016年6月，我在电脑上看到有位网名叫"积玉成林"的人，以"詹天佑铜像的遭遇"为题撰文叙述了詹天佑铜像的修复情况。文章作者找到了当年在北京铁路分局宣传部工作并参加詹天佑铜像修复工作的张淑玲女士。通过张淑玲的回忆，使修复詹天佑铜像的过程还原得更趋丰富和完整。张淑玲回忆说：

"我在分局宣传部工作时，于1971年春节过后接受了一项特殊的任务，参加修复詹天佑铜像的工作组。工作组的组长是分局政治部主任尹尚跃，组员有分局宣传部赵乃然、张淑玲，时任青龙桥车站站长程铨，分局建筑段王工程师及技术人员和几名工人。

"初期觉得这事简单，可真正干起来却很复杂，真是费了九牛二虎之力。首先是铜像已经破烂不堪，尤其是铜像的头部后脑勺部分基本没有了。身体部位也是千疮百孔。要恢复原貌必须找出詹公的照片做出模型；其次是修补的铜料必须要和原詹公的铜像用料一致，需要研究配制；第三才是焊接和筑立座，把詹公铜像立起来并达到修旧如旧的效果。

"做模型时，特意从故宫博物院请来一位画家设计师，可

图7 杨存信 2003 年在青龙桥车站，当年铜像推倒后曾放在他身后左侧屋里。

巧的是这位四十多岁的设计师与詹公是广东的老乡，更为奇怪的是他的长相与詹公极为相像。大脑门、大眼睛、方脸盘，皮肤黝黑。大家都说让他站在铜像底座上就整个一个詹公模型了。而这个设计师工作非常认真和吃苦耐劳，不但亲自跟我们去青龙桥车站考察、做詹公模型，还主动帮助解决现代金属材料与旧有材料不一致带来的焊接困难和焊接后的'作旧'问题。詹公铜像能够很顺利地修复，这位设计师出了很大力，可惜的是我忘了他的姓名。

"这期间，工作量最大的是修补材料的配比和制作。要把当年铜像的材料熔化后，找出其中的铜和其他材料的配比。由于铜像的材料已经有几十年了，与现代材料配不上，困难很大。我们在二七机车车辆厂、南口机务段、北京车辆段不知跑了多少趟，和工人技术员研究并请教铁科院的专家。大约经过半年的时间才

图 8 2003 年，笔者采访参与修复詹天佑铜像的李振海师傅。

把材料搞妥，最后由北京车辆段的工人们焊接完成修复。"

1971 年 8 月中旬，北京车辆段设备车间革新组的工人曾茂华、王绍池、姜桂林、韩小元、吴铁森、王金生前往青龙桥车站安装詹天佑铜像。他们在铜像到达的前一天来到青龙桥车站，第二天铜像到达开始安装，第三天上午铜像安装完毕。为让铜像归位，人们用一个铁三脚架，当中挂上两个倒链，通过接力把铜像一点一点吊装到两米多高的基座上。在用钢丝绳捆绑铜像前，李振海对青龙桥车站站长说，"我要把詹天佑铜像捆住才能安装上去，但又怕人家提意见，说我不尊敬铜像。"站长回答："他们热爱（铜像），咱们也一样热爱，你只管捆你的。"基座顶端为一深约 25 厘米的方槽，铜像底座正好放进里面。铜像入位后，韩小元等把熔化的锡灌入槽内缝隙处，将铜像底座与基座浇铸为一体，再用螺丝固定，圆满完成了修复詹天佑铜像的光荣任务。

回望生产队（上）

李百军

这些照片的由来

1976 年，我刚二十一岁。就在那年夏天，我大学毕业后分配在山东省沂水县革命委员会生产指挥部下属的科技办公室。这个革委会生产指挥部就是以前的县政府，总共不到一百人。所有的科局单位都在这一个大院子里上班，每个科局最多的也就五六个人。我去了以后，科技办公室增加到四个人，是全县大学生最多的地方。我从办公室的一张《参考消息》上，看到了美国苹果电脑公司创立的消息。没过几天，就发生了唐山大地震。我和其他单位的几个青年，一起住到了防震棚里。低矮的防震棚潮湿闷热，又有蚊子，咬得你整宿睡不好觉，第二天恹恹的没有精神。

有一天，老主任叫住我，拿出一个红布包，是一架捷克产"SABRE"120 老式照相机："这相机好久没人用了，听说你以前就会照相。正好县委和生产指挥部也没有会照相的人，你以后就用它给我们县里的活动拍资料吧！"回头和老张说："把地震棚割出一块给他做暗室。"正是喜欢玩的年龄，我乐滋滋

骑着摩托去乡村（1976 年）

给领导拍照就要跑在头里（1985 年）

地拿着相机刚要走，又被他喊住了："你不是学内燃机的吗，连地震办公室的摩托车也一块儿开着吧，我们就不专门配司机了。"在那个自行车都十分紧缺的年代里，能骑着三轮摩托车，背着照相机下去拍照片，那该是种什么感觉啊。

每到县里有会议，我都要去拍摄会议场面。有时跟着县里领导到公社和生产队去检查工作，并把当时拍的照片，写上说明，投寄给报社。当我在《大众日报》发表了几幅新闻照片后，就被发展为通讯员。领导也乐意看到县里的事迹在报刊上出现，就鼓励我多到基层公社和生产队去采访，积年累月，便有了这些照片。

生产队长

生产队曾经是农村最基础的生产单位。通常一个村庄就是一个生产大队，也有几个小自然村合并而成的大队。大队下边再分若干个生产队。

在农村，生产队长是最苦和最累的差事。

每个生产队长就是百多号人的当家人。首先他是庄稼地里的好把式，样样农活儿都能拿得起，别的社员才会瞧得起。另外，他要出工最早，每天一早给社员分配劳动任务。他收工最迟，查看地里有没有落下的农具和其他东西。还得没有私心，这么多社员眼睁睁地瞅着你，不能贪生产队的一点便宜。所以当生产队长不但没有额外的收益，反倒要更多的付出。他必须要懂得一年四季的生产安排，还要接受上级下达的生产指标。但凡能当上生产队长，他就有着说一不二的脾性，而且在本队有着极高的威望，是大伙信得过的人。

　　我们生产队的队长身材不高，剃个光头，皮肤黝黑，脸上胡子拉碴，一双手大得像蒲扇，一开口声如洪钟。要是他骂起娘来，一里之外都听得到。可他很少说话，整天绷着个黑脸，像别人欠了他什么似的。可这生产队里，谁也不敢惹他。他有着很多办法治你，让你不能偷懒——也不敢偷懒，你不得不服气！一些毛头小伙子天不怕地不怕，就怕队长，好像避猫鼠一样。他虽然从不多说一句话，轮到你了，肯定就没有好果子吃。

　　夏天干活，总是时不时地来场阵雨。每当下雨了，社员们都盼着他能喊一声"躲雨吧！"可他愣是假装不知道，总是闷着头干活。要是他的衣服没有湿透，你就别想去躲雨。实在

生产队社员开会，选举小队长（1976年）

生产队长要时刻关注农作物的生长状况（1977年）

浇得受不了，才听他瓮声瓮气地道："躲下雨吧！"可这时大伙儿的衣服已经全淋透了！于是有的社员就在背后骂他这头倔驴，他假装没听见。

那些年水利工程多，一进入冬季农田水利工程工地，队长除了带总工外，还要带一个体弱力气小的小组。这些人别的组都不肯要，他把这些人都集中在他组里，由他带着。为了不影响整体工程进度，他带的小组每天都是上工最早，下工最晚，中间歇息的时间也最短。他还把最重的活儿留给自己。抬大筐时他执意向后拉，总给前面的人留出大半个杠，整个大筐几乎抱在他的怀里。由于抬筐都是爬坡，队长个子又矮，分量几乎全在他这一头了。这样干活总是很吃亏，但他从来没有任何抱怨。

生产队每年都有一次选举。

选举都是在年终决算以后，队上开个会，大队干部和全体社员悉数参加。大家当场拟定人选，接着投票。每人发个一指宽的白纸条，把你要选的人写上。然后唱票、计票，一般都是差额选举，得票多的便当选。这个过程非常简单，但是基本上在几个月前就有可能开始酝酿候选人了。因为大家常年在一起，他的一举一动都在社员眼皮底下。谁在下年当生产队领导，社员在一起就会有议论，所以等到正式选举的时候，社员心里早已有数，也是水到渠成的事了。社员选举出来后，还要报公社批准。小队干部每天直接面对社员，接受社员监督，如果群众威信不高，小队长也当不成，谁说也没用。

挣工分

工分是人民公社时期独特的计工方式，社员管干活叫"挣工分"。

那时的社员也是实行按劳计酬的办法，生产小队设有记账员，每天收工前，就把大家集合起来，公布工分。

当记工员可谓是个苦差事，他不但每天记好出工的人数，还要扣掉迟到和缺勤社员的工分。记工员不但要做到工作认真，还要经得起别人的怀疑与指责，更要经得起骂。有些社员喜欢找茬儿，不想干重活，还想多拿工分，老是觉着记工员给他记少了，骂骂咧咧不算完。虽然是个吃力不讨好的活，但却责任重大，直接关系到每个社员的切身利益。因为工分就是劳动付出的报酬，是一切实物分配与现金分红的根本依据。拼死拼活干一天，也只有十分工，要是漏记或搞错了，不就是白干了

每天收工前，生产队记工员核实工分（1976年）

吗？！会计与记工员相比，工分是分配的关键，所以一个公正公平的记工员，比起会计来更重要。

那时候挣工分，男女老少根据体力划分成不同的劳力。一个壮劳力干一天是十分，也叫一个工。妇女则根据农活轻重，分别给予五分和七分不等。那些年老的社员，也是根据农活的分类进行评分。工分是要大家公开评议的，你说我应该算十分。那好，给你一把铁锹，和一个十分工的人比翻地，你只要和人家干的一样就给你十分。

每天队长和妇女队长会在下工时或傍晚派第二天的农活，也是根据社员的体力，安排相应的劳动。如果有些活赶时间，也会安排个别不是壮劳力的干重活，但那样就给算和壮劳力一样的工分。那时能干的人都喜欢干重活，因为能多挣工分。

在当时，农业基本上全靠人力和畜力的情况下，男人是生产队里的擎天柱。有时到晌午收工时，队长就招呼大家说：今天出工的社员，无论男女队上一律管饭！于是就去了一户提前安排好的社员家，男劳力每人有一张烙饼，地瓜稀饭随便喝。女人则没有烙饼，只能喝地瓜稀饭。如果有突击任务的重活时，生产队也会买上一些锅饼，再买上一个猪头或是一挂猪肠子煮上，到地堰上摘些山豆角，炖上一大锅。在农忙时，这种做法

一个壮年劳力干一天是十分工，到年终决算能分到一角钱（1977年）

青年女社员每天能挣八分工（1978年）

是鼓励社员多出工，多干活的犒赏。只是事前是保密的，往往只有队长和会计知道，否则就失去激励的作用了。那些没去上工的人，听到后都悔青了肠子。

那些人口多，劳力少的社员家庭也一样能有饭吃。因为那时按照"人七劳三"的分配政策，这就使得壮劳力多的社员家庭经常牢骚满腹。而那些丧失了劳动能力的孤寡老人和"五保户"，生产队也照样分配给正常口粮。

以前到了学校放假的时候，我们这些中学生也到地里去干活。生产队利用冬闲时候修水库和整修大寨田，我们也想给家里多挣点工分，就到工地上去推土。他们嫌我们推得少，就不让我们推车。我们只好和女劳力一起抬土，其实这是个比推车更累的活，那杠子压在肩上越压越酸，最后把肩膀都压肿了。但为了挣那七分工，你就得坚持。像我这样的抬一天土，只挣到七分钱，这就是我那时劳动的价值。

交公粮

每当夏收和秋收以后，都要以生产队为单位上缴公粮，每个生产队除了按规定给社员分一些口粮，并稍微有些集体预留种子等少量储粮外，基本上都如数上缴了。

交公粮是社员对国家尽的一种义务，按照当时的经济条件，从数量上来讲，似乎也远远超过税赋的意义。因为当时实行的

公社社员在扒玉米，准备上缴公粮（1978年）

往县粮库运送公粮的车队（1977年）

是计划经济，每年公社都要按照上级的要求并参照各个大队的土地数量和种植情况下达一定的产量指标，而大队又将这些任务分解给属下的生产小队，如果没有较大自然灾害等特殊情况，粮食下来后生产队就得按计划交公粮了。

交公粮基本上是一年两次，夏收后交麦子，秋收后交玉米、地瓜干和一些少量的杂粮，也有的地方还需要按计划交纳花生和大豆等油料。那个年代的收入分配的原则是国家得大头、集体得中头、个人得小头，提倡讲贡献。所以每个生产队都是竭尽全力上缴公粮，即使是遇到灾害歉收的年景，宁可社员群众自己勒紧腰带，也要最大限度地完成向国家交纳公粮的任务。

每到收缴公粮的时间，公社粮库会为各大队的生产队排定一个送粮的顺序。那时农村的通信条件十分不便利，有些偏远的山区农村接不到通知，常常造成几个生产队送粮的时间重合在一起。在粮库门前排队等候交粮的队伍经常是绵延二三里路，有时甚至要等上一整天。尤其是交夏粮的时候，在正午太阳的炙烤下，那些本已累得筋疲力尽的社员，蔫蔫地守在粮车旁，一个个晒得满头大汗，肚子饿得咕咕叫，那憔悴的脸上无不显露出一股焦急的神情。

那时也鼓励卖余粮，并且价格也是统一规定的，但如果卖的多了，公社也给予一些优惠购买化肥的鼓励和奖励。不过，那年月粮食亩产普遍都不高，绝大部分生产队实际上并没有多少余粮可卖，但是迫于政治形势的要求和对国家的虔诚心情，以及大队和小队干部们为了能得先进扛红旗的原因，不少生产队都会在交完公粮后千方百计再向国家卖一些粮食，甚至有个别地方发生过把群众的口粮也卖掉的情况，以此换取县里和公社的表扬。

到了20世纪80年代，实行土地承包以后，农民依然要上交公粮。有些家庭粮食打得多，就主动卖余粮，国家也乐意收购一些议价粮。但这期间卖余粮的价格，远远超过生产队时期卖余粮的价格了。

五保老人

那年月，几乎每个生产队都有五保老人，多的四五个，少的一两个。这些人要么没儿没女，或光棍和寡妇，要么残疾和痴呆，都是不能自食其力的人。

五保老人都是没有亲人、失去劳动力的孤寡老人(1977 年)

　　五保户还受年龄限制，光棍和寡妇等须得失去劳动能力后才开始享受。一旦列入了"五保户"，除了生产队分配给正常口粮外，公社还给予过冬被褥和部分零花钱。按理说，五保户是最自在的，衣食住行，生老病死，都是集体包下来的，这么自在的身份，却没有人愿意加入这个行列。因为他们不愿意把自己当成弱势群体和社会底层的人。当了五保户，就意味着自己绝了后代。所以谁也不愿意去当"老绝户"。

　　有的五保老人一直病恹恹的，那些久治不愈的气管炎，入冬就喘得蜷缩着，是风都能把他刮跑。这些老人身边又没有孩子，生产队就安排入党和入团的积极分子，去给五保户干些担水和劈柴的活儿。有时病了，生产队就安排专人推着去医院看病。这些五保老人也很知道感恩，尽量不给集体添麻烦。在收麦的时候，连走路都不稳的小脚五保户老太太，也提个篮子，大热天义务拾路上掉的麦穗。她们磕磕绊绊地捡着，拾满了就送到生产队的打麦场上。

那时生产队经常要招待一些人吃饭，比如整修农具请来的木匠和铁匠，下乡轮流演出的电影放映员，来生产队给牲畜看病的兽医，以及冬天请来的说书艺人等。凡是来人吃饭都安排在五保户家里，做饭的人也由队委会敲定，选一个厨艺较好的

五保户由生产队供给口粮，公社还发给被褥和零用钱（1977年）

中年妇女来担任。等客人吃完剩下后，五保户就可以尽情地享用了。

有些五保老人去世了，因为没有孩子，就由生产队里负责办理丧事。尽管队里还不富裕，也要尽量把丧事办得体面一些。队里还找人请来一帮喇叭匠，又扯上二十丈白布，把丧事办得很隆重。出殡时全队的社员都参加，送葬的队伍排了半里路。有时比那些正常的家庭丧事办得还气派。

自留地

自留地是人民公社化时期的产物，是按政策规定分配给社员长期使用的小块土地。1961年中央关于农村工作的"六十条"规定，分配给社员的自留地，一般占当地耕地面积的百分之五，可长期归社员使用。社员可以利用剩余劳动力和劳动时间，生产各种农副产品，满足家庭生活和市场需要，增加收入，活跃农村经济。

有了自留地，社员除参加集体生产劳动外，把相当精力都投入到自留地的经营上了。生产队里的大集体劳动，用社员的话叫作蔫驴不闲，根本体现不了多劳多得，见天在集体的地里磨洋工，不但白天要干，还常常搞什么大会战。挑灯夜战是很稀松平常的事。就是这么干，也是光挣工不见钱。所以人们就把精力偷偷地投入到自留地里，当时流传人们都在"大块地里养精神，小块地里打冲锋"。

自留地不像大集体的地受政府计划指令约束，社员想种什么就种什么。多数的社员，还在自留地划出一小块菜地，种一些四季应时的蔬菜，这样就解决了一家人的吃菜问题。剩余的土地精耕细作，一年两熟，充分提高土地利用率。自留地的收入对于维持一家人的基本生活来说，确实发挥了不可低估的作用。特别是那些庄稼行里的好把式，更是把那点有限的自留地，摆弄得像花儿一样。还有的为了肥水不流外人田，参加生产队的集体劳动的时候，拉屎撒尿都硬憋着，跑到自家的自留地去解手。

那些到了古稀之年的老年社员，已经成了生产队的附带劳力。平常在队里干些看护场院和薅牛草等一些轻活，参加生产队集体劳动也是想去就去，不想去就在家，没人和他们攀比。他们就抽空把自家的自留地经营得非常好，种几畦菜，再种点

社员还是对自留地里的庄稼最上心（1977 年）

在自家的地里间作上部分蔬菜，就满足家人的吃菜了（1983年）

西瓜和香瓜，悄悄地拿到集市上卖成钱，给上学的孙子买个铅笔和本子。

在极左路线时期的历次政治运动中，那些"积极分子"和"造反派"要割资本主义尾巴，说自留地是"三自一包和四大自由"的产物，有的村收回了社员的自留地。有的生产队没有取消自留地，只是调整为自留地上山，为丰产田让路，原先可以种蔬菜的也种不成了，山岭薄地上产量很低，社员的家庭收入自然减少了。

1978年十一届三中全会以后，农村实行家庭联产承包责任制，社员原有的自留地全部纳入实行承包经营的土地范围内，自留地就此永远地消失了。

1988：见证北京

胡武功

1988 年 11 月我有幸参加北京国际摄影周活动，第一次接触了在世界上享有盛名的欧美摄影家。七八天的时间里，白天跟随这些全球一流的大师们走街串巷，亲眼看他们如何发现题材，如何与人打交道，如何拍摄。晚上听他们讲述自己对世界的看法，对摄影的思考。

从摄影大师的言谈行为和作品中，我更加坚信摄影应该是件严肃的事业，不是游戏，不是演戏，更不是儿戏。摄影的成功有时候甚至是用热血和生命换来的，例如罗伯特·卡帕、约瑟夫·寇德卡等。

他们是一群有欲望，有信念，有追求的人。坚持人道主义的人文关怀，勇敢地面对现实，诚实地记录现实，是他们摄影的灵魂。一幅幅展现直接影响人类生存与发展的影像成为全人类共同的精神文化财富。

欧美摄影师的谈话和他们的作品，对我不仅是很大的鼓舞，更有重要的启发。我想，虽然我不能向他们那样可以及时赶到世界上任何一个突发事件和重大事件现场，根据自己的意志拍摄。但是，我完全能够深入到国人最平凡的日常生活中，体察

老北京（1988 年）

少女与士兵（1988 年北京）

匠人（1988 年北京）

买煤气（1988 年北京）

倒立（1988 年北京）

胡同口（1988 年北京）

人民的广场（1988 年北京）

农民工（1988 年北京）

留影（1988 年北京）

买冬菜（1988年北京）

早餐（1988年北京）

游客（1988 年北京）

小伙伴（1988 年北京）

售票员（1988年北京）

旅途（1988年北京）

遛鸟（1988 年北京）

练功（1988 年北京）

晨练（1988年北京）

和拍摄他们真情的喜怒哀乐。民众的历史就是由这些细节构成的！

　　于是，摄影周期间我拍摄了天安门广场遛鸟的市民，风雪中排队换煤气，北京站候车的旅客，公交车上的售票员，拆迁工地的小伙伴，购买冬储菜，等等。三十年过去了，今天再回头看在国际摄影周期间我的摄影习作，真应了大师们的话：这些照片成为1988年北京的见证。

南部的阳光

——岁月台湾1960之三

秦 风

在台湾，一般提到的"南部"，指的是嘉义县市、台南县市、高雄县市、屏东县等七县市，那是行政辖区的南部。至于印象中的南部，则是成片的稻田，戴着斗笠的农妇，宽阔的城市道路，湿热的天气，以及永远普照大地的阳光。

简单说，南部就如同北部、中部那般，代表着一种氛围、一种气质：大太阳暴晒下的人们，身体健壮，热情好客，说话一句到底，绝不拐弯抹角。对于南部以外的人而言，关于南部的印象主要来自于生活与旅游的经验。譬如小学到高中的毕业旅行，常选择到恒春的垦丁国家公园，或是经过台南、高雄的几个景点。大学时期，"南部来的同学"大多穿着、谈吐纯朴，对人毫无心机。至于南部人自己，对南部土地的体验，早已自然而然地成为生命的一部分。从小到大旅游的路线中，总是包括几个固定的地方，如高雄的爱河、莲池潭、澄清湖、寿山、旗津、西子湾、美浓镇；台南的台南公园、安平古堡、亿载金城、乌山头水库、关仔岭的"水火同源"；嘉义的阿里山小火车和神木；屏东的三地门、鹅銮鼻、垦丁、佳乐水，等等，都是南部人成长时期的记忆。还有在游览车上的歌唱和讲笑话，窗外

烈日下的台南农夫

　　台南县农地耕作的情景。烈日当空，广阔的嘉南平原一览无余，一群农夫踩在水田的烂泥里弯身插秧，汗流浃背的农事道尽了"谁知盘中餐，粒粒皆辛苦"的真谛。

清澈美丽的高雄爱河

　　高雄市爱河的美景。爱河源于高雄县仁武乡，长约12公里。高雄市府坐落河边，其前身为日据时期高雄州州厅，建筑古典雅致，与河面舟楫相映成趣。

倒退的旖旎风光，以及在景区留下的许许多多的朴素笑容的集体合照。在每一趟旅途之间，总是掺杂着求学时期必有的成功和挫败、张扬和掩饰、高兴和沮丧……或喜或怒，或欢或悲，累积成青涩的人生经验。

至于每天的生活，城市的孩子们骑脚踏车上学，假日走遍四周的大街小巷，看着楼房一间一间盖起来，而且楼层越来越高；乡下的孩子们则帮忙爸妈干活，野外放牛，背弟妹。一有空，少不了呼朋引伴，四处追逐嬉戏，仿佛到处都是儿童乐园。正是这种与大自然极其贴近的成长经历，培养出南部百姓强健的

到爱河边闲逛
　　一位父亲骑着脚踏车载着女儿到爱河边看船。爱河因穿越市区，寸步可及，许多市民闲逛至此，或观竹筏网捞，或眺十里港湾，心旷神怡。

竹筏网捞的美景

    由爱河远望高雄港。河面上散落着捕鱼的竹筏，渔获通常就在岸上交易。
几分劳作，几分悠闲，画面极其优美，远处左边的玫瑰教堂颇富历史意蕴。

坐牛车回家

　　台南县的一位母亲带着孩子们坐着牛车回家。牛车是农村最主要的运输和交通工具，每一个孩子成长都包含了许许多多坐牛车的日子。

除草和插秧

　　台南县几位农妇插秧时跪在水田中拔除杂草。烈日当空，农妇头戴斗笠，全身裹着衣服，以防晒伤。

休息中的农妇

　　屏东县一处农田，几名农妇完成插秧工作后，坐在田埂上。尽管农事艰苦异常，农妇却神态自若，鲜少倦意。

美好的亲子时光

　　一名渔夫与孩子坐在舢舨上闲聊。温暖的冬阳，荡漾的水波，殷殷的话语，留下了多少美好的记忆。

体魄与爽朗的个性。1969年起，台湾棒球运动兴起，南部的球队总是执牛耳。七县市推出少棒代表队，无论是来自台南或高雄，均虎虎生风，至于青少棒、青棒的美和队则来自屏东内埔。南部球队和球迷予人整体的印象，就是强打强投，斗志顽强。热情的球迷们不畏烈阳酷晒，总是挥着旗帜嘶声呐喊。

　　薛培德牧师在台湾工作期间，走过了南部的许多角落。作为台湾第二大都市的高雄，薛培德拍了许多爱河的照片，此时的高雄人口不多，街上车辆稀少，城市周边仍有着乡野气息。至于最大的民营钢铁厂唐荣铁工厂的工人脸庞，也进入了薛牧

友善的农人
　　台湾南部一名农夫扶着耕犁对着访客露出友善的笑容。在农业机械化实现之前，农作均以人力和兽力为主，农夫用传统方式犁田，将土地弄得松软，以利于种子生长。

薛培德在高雄街头

　　一群孩子围过来，好奇地看着这位友善的外国朋友。此时路上车辆十分稀少，甚至脚踏车也只是三三两两而过，薛培德牧师驾驶的金龟车格外醒目。

含蓄的甜蜜
　　高雄市郊，一名男子骑脚踏车载着女孩。在保守的年代，女孩双手抄在口袋，身体与男子保持着距离，但两人之间却又流露着一丝含蓄的甜蜜。

师的镜头里。南部作为台湾最主要粮产地的风情，自然吸引了摄影师的目光。就一定的意义上，薛牧师所拍摄台南县和屏东农业的种种细节，包括农家的生活风情、农民的精神面貌等，堪为这个时代记录最详细、质量最高的影像。这样的台湾南部的人事物，就如我们理解的种种形容词，如"炎热""绿意盎然""白浪冲洗着礁岩""阳光刺眼"等，那蓝天绿地中始终有着朴质百姓的身影。

（秦风老照片馆提供图片）

《语文小报》不小

——故乡雁荡杂忆之七

傅国涌

一

1978 年 9 月，我进入雁荡中学念初一，按正常的升学，我应该在户籍所在的雁东公社上初中（当时还没改为乡，再后来乡镇合并，合并到大荆镇，这个乡撤销了），但我母亲、二姐希望我到更好的雁荡中学去。大约从 1977 年就开始准备了，我二姐夫"文革"期间毕业于雁荡中学，与许多老师关系密切，尤其从温岭来的英语老师张金英曾是他的班主任，他们给我一切都安排好了，也通过了雁荡中学的转学考试，但在办手续时遇到了困难，雁东中学说我一天都没有在他们这儿上过学，无法给我开转学证明，找了熟人，只能先在这儿待上一个星期，也就是五天半，然后才可转走。这样，我先进了那块大石头迎客僧下的中学，本来是一个寺院，称为石佛寺，迎客僧又叫和尚岩，或叫石佛，我小学时代也常去这儿看露天电影，并不陌生。每天步行数里，早出晚归，熬过了人生中最无趣的一星期，老师说了些什么，全忘了，当时认识的同学也都忘了。接下来，我开始每周至少一次翻越谢公岭，来往于雁荡中学与家之

109

20世纪50年代雁荡中学旧校舍

间。我在这里前后一共求学四年（1978年秋天到1981年夏天、1983年秋天到1984年夏天），是我从少年时代停留时间最长的一所学校，对我一生有重要影响。

雁荡中学在核心景区"二灵"道上，往我家的方向是灵峰，往另一方向则是灵岩，再往西，翻过马鞍岭就是"一龙"——大龙湫。三折瀑近在咫尺，尤其下折瀑就是路边，不用爬山也能看到，中折瀑也不高，成为我常去之处。唯有藏在白云生处的上折瀑有点高不可攀。我后来在三折瀑下还住过近两个学期，那是后话。

校门口有小溪缓缓流过，下行没多远，就与灵峰流出的鸣玉溪汇合，成为白溪。溪水清可见底，我们不仅可以在此洗脸，甚至可以直接拿了饭盒来淘米。溪边种满了溪柳，每当春夏时分，溪边的柳林就是一个美好的世界。

学校靠山面水，一条公路从校门口穿过，将小溪隔开。那时我们有了地理课，在世界地理课本上看到一幅日本富士山的插图，学校背靠的后山形状与之有几分神似，当然远没有富士山那么高大。每次看到后山，我就会想到富士山，向往着有一天能亲眼看到富士山。后山是我们读书的乐园，山上种了许多油茶树，像小梯田似的。我们在树下找到相对固定的位置，找到平整的石头，每当黄昏或其他休息时间，都会躲在油茶林中读书，既读《三国演义》《封神榜》这些闲书，也读课本。

学校很老旧，正中间的那幢楼是民国早年的建筑，当时是办公室和部分老师的宿舍。昔日胡兰成避祸，在此任教，也是住在这儿。门前有两排高大的梧桐树，春荣秋枯，我当少年时代，年年目睹这些梧桐的荣谢，仿佛它们也成了我生命的一部分，记得第一次写作文《我的学校》，我笔下就有这些梧桐。我的语文老师兼班主任卢鸾娇老师给我好评，从此我的作文常常成为范文。

校园里有一棵高大的冬青树，几棵有年头的枇杷树，每当枇杷黄了，学校里有一种异样的氛围，我记得学校也曾分给我们吃，老师分得多，学生分得少。现在想来，长条形的校园并不大，宿舍在山坡上，大操场在小溪对面的山脚下，要跨过石碇，遇到大雨过后溪水猛涨，就过不去。校内只有做广播操的空地。图书馆也很小，只能隔窗借书，很难得有机会进去挑书。那时候能借到的书也都偏革命题材，像《女游击队长》《苦菜花》《林海雪原》这类小说，《桥隆飙》就算是好看得不得了的小说了，此外还有刘白羽、杨朔、秦牧这些散文家的作品。我最初在这里接触到的精神资源真的极为有限。当时刚刚开禁的古典小说，记得图书馆是没有的，都是同学之间流传，我陶醉其中，从四大古典小说到《说岳全传》《说唐》，再到《三侠五义》《施公案》这类侠义、公案小说，一直到《官场现形记》、三言两拍、唐人传奇小说，还看了《武松》等不少评书。整个初中三年，我在这方面耗费了大量的精力，这些闲书让我想入非非，心思意念常被古老中国的历史文化牵引，而对于正在急剧变化中的时代，我的感知是那样迟钝。当时，许多消息也未能进入大山深处，我不知道"西单墙"、民刊的浪潮，不知道外部世界思想的萌动，只从复刊不久的《中国青年》杂志上知道张志新、遇罗克这些人。唯一庆幸的是我热爱阅读，对于书始终怀着难以遏制的渴望，像个永远吃不饱的孩子。

二

雁荡中学其时号称乐清县二中，它的前身可以追溯到抗日战争早期。日本占领杭州之后，1938 年，宗文中学迁到偏僻的雁荡山中，学生最多时达到四百多人，只好散在山中多处上课，我的历史老师盛笃周先生是水涨人，少年时代有幸进入这所中学，接受过良好的教育。1941 年初，宗文中学迁往建德，大部分本地学生不愿离开，故乡镇上的士绅遂筹办私立雁荡初中学生战时补习学校，学生有二百多，原台州中学校长萧卫、春晖中学校长袁心灿等人为避日寇，也在这儿任教，可见师资之强。

到了 1944 年秋天，温州、乐清西乡等地相继沦陷，乐清师范学校、私立乐成初中及温州瓯海中学分部等校也曾辗转迁

1981 年春夏之交和同学在一起。

到雁荡。等到胡兰成躲进山里，战时补习学校已更名为乐清县私立淮南初级中学，为的是纪念华年早逝的张冲（淮南），他是与温州隔江相望的乐清琯头村人，曾任国民党中央执行委员、中央组织部代理副部长，中将军衔，是中统的要角，在第二次国共合作的谈判中，他和周恩来关系密切。难怪他在 1941 年病逝时，周恩来不仅送去挽联："安危谁与俱；风雨忆同舟。"还在《新华日报》发表《悼张淮南先生》一文。

前几年，我很想念雁荡中学的那排梧桐树，还有那幢熟悉的楼房，只是早已夷为平地，我托老友、温师院美术系毕业的美术老师詹碧美兄画一幅水彩画，留个念想。他初稿画出来了，而我却觉得不像，不是我记忆中的样子。

楼上的一间小屋也就是卢老师的宿所，1980年秋日的某天中午或下午，她叫我去，原来是她的丈夫、也就是徐保土先生要指点我改作文。这是我第一次正式见到徐先生，但他的大名我早已耳闻。当时他是县教育局教研室主任，周末会来雁荡，我只听说他是杭州大学前身浙江师范学院中文系毕业，写得一手好散文，有真才实学，早年有大学要他去任教，他因为自己不会说普通话谢绝了。他发表在中英文的《中国》杂志上的《雁荡山纪游》，这些文字曾一次次吸引过我——

> 我们来到灵岩，漫步在迂回的林荫曲径，眼前只见古柏参天，云杉蔽日，群峰兀立，怪石峥嵘。左边天柱峰高耸云际，右边展旗峰猎猎招展；峡谷正面危崖拥绝壁，连结成高不可攀的屏霞嶂；侧斜里，小龙湫瀑布，一头挂天际，一头穿深壑；北宋太平兴国古刹——灵岩寺，掩藏在一排粗大的银杏树中，露出别致的飞檐。

他发表在《浙江日报》的《我爱中折瀑》，更是我那时百读不厌的美文——

> 三折瀑是一脉明亮清澈的山泉，从雁荡烈士墓后边，挺拔巍峨的山上，三越重岩云崖，飞流直泻，构成奇异的上、中、下三个姿态不同的瀑布……
> 我之偏爱中折瀑，开始是那条平平常常的石级小路。石级小路穿悬崖，绕绝壁，上接凌空突兀的观瀑亭，下连几株枝叶茂盛的花桐树。……
> 走尽曲曲弯弯的石级小路，便是飞檐翘然的观瀑

亭。……自观瀑亭向西，见危崖壁立，遮住天空，雄伟峻峭逼人。那壮丽的中折瀑就深深地镶嵌其间。再穿过一片墨绿色的宁静的油茶林，便到了中折瀑，好像出其不意地堕入了一个深不可测的大竖井之中，令人顿觉天地奇异，世界寂静。

那一刻，真人就在我的眼前，我肯定有些紧张。我站着，先生坐着，手拿我的作文本，其中有我暑假写的一篇记叙文《捉石蟹》，他说准备将此文推荐给县里新创刊的《语文小报》发表，只是需要做一些修改。他说的其他话我都忘记了，只记得他说的"大、中、小"。

我的原稿写到用树枝把躲在石缝里的石蟹赶出来，他说，不能胡子眉毛一把抓，记事要有层次，从大到小。修改后，这一段是这样写的："这窝石蟹，大的大，小的小，四处乱爬。我乐极了，伸手先捉大的，再捉中等的，最后捉小的，不让一只漏网逃掉。"

我当时懵懵懂懂，只是按徐先生说的改了，抄正，交上。相隔二十多年，我才慢慢明白细节的力量，逼近真实的现场感。当年11月15日，这篇稚嫩的小文便成了人生中第一篇变成铅字的文字，听先生说还被《浙南日报》的习作版选载了。人生中第一次得到的二元稿费，是一笔难得的巨款，我买下了思念过许久的一套人民文学版《三国演义》，保存至今。"语文小报"，那几个字的样子，我迄今仍记得，那是俞龙孙先生的手迹，他大概是我们县书法最好的，那种苍老的、略有着钝拙的笔画，经久耐看。

随后的日子，我在雁荡中学还与徐先生接触过一次，也是

作文选登

捉石蟹

1980年11月15日　　　　　语　文

午饭后，骄阳似火，我拿了一个小桶、钓杆和蚯蚓去捉石蟹。穿过一片荒地，绕过一座小山，来到了一条僻静的小溪旁。

溪水弯弯曲曲地流着，发出汩汩响声，溪边长着平膝的茅草，成群的蜻蜓时而伏在茅草上，时而款款起飞。看看溪中，溪水清澈见底，水底石头历历在目，美丽活泼的小鱼在畅游。

我蹲下身去凝神专注地观察着。一会儿水面出现几个气泡，晃荡的水底隐隐约约有什么东西在动，仔细一瞧，是一只石蟹大摇大摆地横爬出洞。我一时高兴，卷起裤管下水伸手便捉。一不小心被它用大螯钳住了手指，痛得我龇牙裂嘴，把手用力一甩，石蟹落回溪水。水面平静下来后，它却半藏半露地和我玩起逃藏来。我伸手去捉，它就逃回洞中，我不捉，它又爬到洞口。于是我就把蚯蚓串在钓钩上去钓。它十分贪吃，用螯死死地钳住蚯蚓不放，我把钓竿一收，猛地伸开两指掐住蟹壳，它挣脱不了，终于我捉住它，丢进小桶。

我继续搜索，不会附近水面上冒出了串串气泡，我顺着气泡往下看，只见水底岩石有条裂缝。我立即在溪边折一根柳树枝轻轻往石缝戳，躲在石缝里的石蟹一只只惊慌失措地逃出来。这窝石蟹，大的大，小的小，四处乱爬。我乐极了，伸手先捉大的，再捉中等的，最后捉小的，不让一只漏网逃掉。大约过了一小时，我边捉的石蟹已装了半小桶。它们在桶里挤着、撞着，八条腿乱抓乱动，嘴里吐着白沫，好象在发泄它们的不满，有的还爬到桶沿企图逃走，我可不客气，用手一下抓住摔回桶里。

雁荡中学初三(2)
傅国涌

《语文小报》1980年11月15日发表的第一篇习作

他给我改作文，我们当时学了《岳阳楼记》，我写了一篇议论文性质的读后感，卢老师给他看了，他当面指导我怎么改，然后被油印出来，发给全班同学作为范文。这已是1981年春天或春夏之交了。

前几年，我托人去找《语文小报》创刊号，被洪水淹过一次的编辑部也没有保存下来。我感谢《语文小报》，不仅因为我在这儿发表了生平第一篇习作，也是在这儿我读到了胡适的《差不多先生传》，冰心《寄小读者》中的一些篇目，还有许多滋润过我生命的文字。胡适是谁？老实说我那时并不知道，我只知道鲁迅，但这篇《差不多先生传》明白如话，痛快淋漓，我便牢牢记住了他。在以后的岁月中，《语文小报》没有保存下来，这篇《差不多先生传》我还是剪下来，保存到了现在。

这是我与胡适先生的第一次相遇，这一相遇便埋下了十年后，也就是 1989 年后近三十年间的因缘，我在 20 世纪 90 年代开始大量接触他的文字，几乎把他的主要著作、日记、往来书信都读了，写过不少有关他的文章，他给我的教益胜过鲁迅。每次想到胡适，我记忆中总是《语文小报》最初看到的他那篇文章的样子。

2009 年春天，我和几个朋友到了安徽绩溪山中的上庄，去看他的故居，在一片油菜花中讨论他的"两个黄蝴蝶，双双飞上天"，讨论他对白话文、对更新话语体系的功绩。同年 5 月，我到了台北南港，去参加"中央研究院"近代史研究所举办的纪念"五四"运动 90 周年学术研讨会，主题便是"胡适与近代中国的追寻"，我是唯一没有学术背景和身份的与会代表。我递交的论文是《新语言和胡适的"得寸进寸"社会演进思路》，"新语言"，其实可以上推到 1980 年《差不多先生传》在我心中种下的因，那时我只是一个十三岁的无知少年，胡适这个名字都是第一次看到。数年后，胡适先生去世五十周年时，日本《朝日新闻》要做纪念专题，记者大老远来杭州采访我。我想起三年前站在胡适先生墓前的那种感动，曾默诵毛子水执笔的墓志铭，心中充满了亲近之感：

这是胡适先生的墓。
生于中华民国纪元前二十一年。
卒于中华民国五十一年。
这个为学术和文化的进步，为思想和言论的自由，为民族的尊荣，为人类的幸福而苦心焦虑、散精劳神以致身死的人，现在在这里安息了！

2009 年 5 月 4 日，"纪念'五四'90 周年学术研讨会"海报。

我们相信形骸终要化灭，陵谷也会变易，但现在墓中这位哲人所给予世界的光明，将永远存在。

不光是我，同行的智效民兄、邵建兄也都曾在墓前徘徊，久久不愿离开。胡适先生卒于1962 年，在遥远的海峡对岸，离我出生尚有五年。但在他形骸化灭之后，1980 年的某一天，通过小小的《语文小报》依然将光明带给了少年的我。现在回想，当时的编辑真是有眼光、有水平啊。老实说，这样的《语文小报》格局并不小，比许多唯利是图的媒体大多了。

三

《语文小报》编辑中有一位温师专毕业不久的夏尔福老师，我的名字"傅国涌"最后一个字就是他在发表我的习作时首次使用的。自 1981 年 10 月 1 日，我在县城他的单身宿舍（在教师进修学校里面）第一次见到他，前后有过两年的来往，他给我写过不少信，还帮我借过书，给我寄过稿纸，他的字迹一丝

1981 年 10 月 2 日《语文小报》第一次小作者座谈会留影。

不苟，很秀气，人也秀气，那时他大概只有二十几岁，还是单身。可惜这些信现在找不到了。后来他书生从政，做了当地的副市长，不料在一次车祸中丧生。我最后一次见到他是在 1983 年元旦，当时我在大荆中学念高二。

1981 年 8 月底，我本来升入雁荡中学念高一，暑期将终，我去学校拿样刊，当时我在《乐清文艺》发表了一篇习作《雁荡红叶》，意外地听到一个消息，卢老师以及一直照顾我的高中英语老师张金英（她后来成了我高二的班主任和英语老师）都调到邻近的大荆中学去了，徐先生则从教研室到大荆中学做校长，我翻过谢公岭，回到家，当天即步行四五公里去大荆中学找卢老师和徐先生，要求转学到他们所在的学校。接下来的这两年，我经常见到徐先生，经常给我改作文，包容我犯的错误，许多同学都知道我是校长喜欢的学生。他在学校不上课，卢老师则在初中部，视我为子弟，我常去他们的宿舍，偶尔还会在他们家吃饭。

这年9月中下旬，我接到通知，要我参加10月2号上午在教育局教研室召开的小作者座谈会。这是我有生以来第一次进县城，是我大姐陪同我去的，住在小报安排的县政府招待所，我大姐则到一个表姐家去住。

这次座谈会上发言的学生代表中有雁荡中学比我高一届的女生，她发表的习作好像是"我的梦"之类，她当时说了些什么，我全忘了，但她那种少年老成的样子，给了我深刻的印象。回校以后，我写了一篇《记小作者座谈会》，交给徐先生，他帮我修改了几处，不久就发表了，中缝一长溜，再转到正版。

1983年春夏之交大荆中学高二（三）班合影，前排右四为时任校长的徐保土先生。

只是剪下来的剪报已遗失，具体写了些什么，我已记不清。一篇简单的叙述文字，也无什么特别价值，只是我少年文字生涯的一点淡痕而已。

然而，就在初稿完成数日之后，编辑部已在排版，我意外地找到了这篇小文的剪报。真是踏破铁鞋无觅处——得来全不费工夫。

从习作可知，那天早上还下着细雨，会议室前有一排白杨树，县里的作家、诗人刘

在《可爱的故乡》扉页上有夏尔福老师的笔迹。

文起、贾丹华等都讲了话，提及浙江籍作家鲁迅、茅盾、夏衍、唐弢等，还特别讲了胡万春从"退稿专家"成为作家的故事。一位教研室的副主任在发言中说："今天这样的座谈会在我们乐清还是第一次召开，我相信这次座谈会定提高你们对写作的兴趣……"要我们不要偏科，学好各门课，我最终没有做到。我的数学自初三以后，几乎就没有及格过。

会议从八点左右开到十一点半，九点钟雨就停了，正好浮云遮住了强烈的阳光，合影就是那个间歇在操场上拍的。

这次座谈会上给我们每人发了一册《浙江日报》编辑部编印的《可爱的故乡》，上面留下了我所熟悉的夏尔福老师的笔迹，相距三十七年，那椭圆形的"《语文小报》编辑部赠"鲜红如初，只是夏老师已作古多年。

这本小书为杭州西湖印刷厂印刷，封面图案是西湖白堤、

作者第二次参加小作者座谈会的介绍信。

断桥、宝石山和保俶塔，白底，以绿色为主，简洁，清晰，看上去就喜人，不光有茅盾、夏衍、唐弢、徐迟、林斤澜等浙江籍作家，还有钱三强、苏步青、谈家桢等科学家，袁雪芬、叶浅予、常书鸿、张乐平等演员或画家对故乡的回忆。这是我得到的第一本非正式出版物。

这一次小作者座谈会，徐保土先生没有去，第二次小作者座谈会是在1983年元旦，我和徐先生一起去的，他亲笔填写的介绍信我还保存着，这是我熟悉的字迹。参加过第一次座谈会的不少小作者也在。会上突然传来消息，县委书记正在乐清中学出席航模比赛，叫我们全体与会者去那儿一见，看得出许多人不无兴奋，我隐约记得会场有点小小的骚动。我已是高二学生，有自己独立的想法了，但也只能不情愿地跟着大家去了。

1983年元旦《语文小报》第二次小作者座谈会留影。

县委书记叫什么忘了，他讲了些什么也忘记，只留下了一张合影，我站在最后一排的中间。两三年后，我与张铭、陈泉沐等成为同学好友，发现我们都曾出现在合影中。

时光无情地流转，三十五六年过去了，1981年那张合影因为母亲曾放在玻璃镜框中，早已斑驳模糊，1983年的这张却依然黑白分明，记录了那个精神上贫瘠、荒凉的年头，白衣少年留下的一点微不足道的痕迹，虽然那件白衣早已消失在时间的深处。

下南洋：舅太爷的新加坡往事

蔡力杰

偶然收拾老屋，角落里的摞落满尘埃的册页引起了我的注意。拂去尘迹，才发现这册页是硬纸材质，随着岁月的流逝早已留下泛黄痕迹。封面正中间有艺术字"首都"及著名的《米洛的维纳斯》图案，周围环绕着英文字母，并凸印新加坡标志性的鱼尾狮图，这应该是照相馆的商标。封面两侧则有上款："银丝姊惠存"；落款："弟李文树寄"。这位"银丝"便是我的曾祖母，闽南语称"阿祖"，而李文树则是故事的主人，也就是我的舅太爷。

打开册页，是一张手掌大小的全家福照（图1）。照片上三代人欢聚一堂，一对新婚夫妻则是主角。遗憾的是，这些陌生的面孔对我来说如对天书，完全不能体会他们的心境，更难知晓他们的故事。所幸，舅太爷是一个心思细腻的人，他在老照片上覆了一张硫酸纸，并用圆珠笔精心勾勒了每个人的轮廓，标上序号，并在硫酸纸上方打上表格，对应序号一一写明每个人的名姓与身份。这样，面对这张跨越时光的旧照我终于能将这些沾亲带故的长辈们逐个辨识。

原来，老照片上那位身着西装而正襟危坐的儒雅中年男子便是舅太爷，而那新郎新娘则是他的次子与儿媳妇。我与舅太爷未曾谋面，如今于老照片中也算是有了第一次的隔空相见，这种奇妙的感觉让我更有万分的兴趣去了解舅太爷。

无奈的是，这张照片能提供的信息实在是太少，而寻访家族中的长辈，长辈们口中的舅太爷又仅是一个支离破碎的模糊形象，有人说他身居高位，有人说他贡献巨大，却没能勾勒出一个大致轮廓。

于是我习惯性地寄托于网络，在搜索框中打上舅太爷"李文树"的名字，但如我所料，没有任何信息，想来也是，在浩如烟海的互联网上寻找一位身处异国且已过世多年的普通华侨简直是痴人说梦。但也许是冥冥中有神助，在几番寻找无果后我竟然偶然从新加坡《联合晚报》中找到了线索！该报在2015年10月26号的连载栏目中刊发了舅太爷四子所回忆撰写的关于其父李文树的往事，更巧的是文中附上的两张老照片与我手头上的旧照完全一样。由此，我终于得以知晓舅太爷在新加坡的曲折艰辛的创业史和足以光耀门楣的辉煌成就。

原来舅太爷从十一二岁便跟随其父从老家东山岛远赴南洋谋生。外乡人初来乍到，举目无亲，凡事总得亲力亲为，舅太爷来马来西亚伊始便以运输为业，自己开车在马来西亚金马仑和新加坡两地运送蔬菜等货物，赚得人生第一桶金，也算是在异国他乡稳住了脚跟。

然而运输业总免不了长期在外飘荡，对家庭往往无暇兼顾，而世事无情，纵是辛苦百倍也难得上苍垂青：一次在舅太爷载货回来之际，怀孕的发妻忽而生病发烧，不久便撒手人寰。

这一突如其来的打击对舅太爷的影响无疑是巨大的，但是他并未被击垮，反而以更顽强的姿态去对抗苦难的生活。投身事业的他，两地奔波，披星戴月，其间辛苦，更与何人说。

所幸，诚如闽南民谚所说"天公疼憨人"，这位本性纯良、白手起家的异乡人终于在新加坡扎下了根基：打拼多年，舅太爷在居住的新加坡大成村开起了家杂货店，取名"南发公司"，除了售卖日用品也继续着原来的运输业务。与此同时，舅太爷既已立业也不忘成家，他又娶了两房太太，以后生了六男四女，家庭美满幸福。

在生意场上混得风生水起的舅太爷也并非是一心扑在钱上，而是胸怀社会责任感，他在开店不久便当上了巴耶利峇公民咨询委员会的主席，成了大成村的村长，1963 年还荣获第一

图1　舅太爷的家庭大合照

图2 舅太爷年轻时

届公共服务星章，并受邀参加总统府的国庆宴会。

更宝贵的是虽历经艰辛苦厄，舅太爷却从未丢掉仁厚善良的本性，在大成村开杂货店时，他体谅手头拮据的村民，允许他们赊账；在担任村长之后更是处处为民着想，1964年新加坡发生种族暴动，身为村长的舅太爷身先士卒带领村中壮丁，彻夜守候，保护村民安全。

当上村长后的舅太爷更是奉公廉洁，行事低调，全无政治人物的排场与派头。他帮村里人重建受灾厂房，工厂主拿烟酒慰劳，舅太爷勃然大怒，强调自己办事以公心为本，并非贪图回报；而总统府的国庆宴会本是荣耀时刻，到场嘉宾都有奔驰接送，按道理讲，经商多年的舅太爷叫辆豪车接送并非难事，但他竟然只叫了辆运货的皮卡车接送，子女大失所望，唯舅太爷却能安之若素，认为并无不妥。

读罢这篇文章，这位拼搏奋斗、低调善良的舅太爷的形象逐渐清晰了。尽管过去了那么多年，但我眼里的他仿佛瞬间又鲜活了起来，有血有肉，这异乡人连同他的事迹，如同一道光，照亮了被遗忘的陈年往事，又似一团火，光阴荏苒，仍给人温暖与力量。我佩服他的成就，更赞叹于他的伟大人格。

我再次翻看老照片，竟发现了一个原来被忽略的细节：老照片上，透过人群，能隐约看到厅堂里悬挂着一张神像和一副对联，神像上有端坐的关羽、护印的关平和持刀的周仓三人，而对联由于遮挡的缘故只露出下联"同日"二字，这些虽未得全貌，但却是我再熟悉不过的场景了！在家乡东山，家家户户奉关羽为"帝祖"，悬挂关羽及关平、周仓的神像，这种关帝崇拜在全国是绝无仅有的。而这副对联的内容十有八九是"志在春秋功在汉，忠同日月义同天"，因为在东山，很多人家正是在关羽神像旁张贴此联。

可以说，舅太爷在新加坡的家最大程度地"模仿"了故乡东山的习俗与仪式，这位十一二岁即离家的舅太爷对故乡所残存的回忆可能所剩无几，但他却尽了最大努力去将故乡记忆通过物质载体表达出来，这种根植于骨子里的故乡情怀怎不令人动容？舅太爷的"反认他乡作故乡"是无奈也是乡愁，虽然离家千里但那份故乡情结一直都在，一块匾，一张像，一副联，纵是隔海跨洋也扯不断游子对故土的情思。

我实在没想到，在励志故事和杰出成就外，舅太爷对故乡原来也有这么浓烈的思念与愁绪啊！这位靠拼搏起家的风云人物，在刚强背后竟也有这般细腻与柔软的感情。

　　我继续向长辈们询问关于舅太爷的点滴，也逐渐明晰了他与故土亲友们的尘封往事。在整个五六十年代，舅太爷一直往老家东山寄侨汇，这些钱可能不算巨款，但也足以为故乡的亲人们改善生活。

　　到了70年代，随着中国外交局面的打开，中国和新加坡的高层领导人有了接触，两国关系好转。离开故土十数载的舅太爷回乡探亲的愿望也日渐强烈，于是写信告知了大陆亲友们。家乡的亲戚闻之莫不翘首以盼，早早地养起了年猪，想在这位游子归来之时，杀猪祭祖，设宴款待。然而当一年年的仔猪养成了大肥猪，到了年底却因为贵客未至而一年年被宰杀，这周而复始的养猪历程没能盼来舅太爷。1975年，噩耗传来，这位心怀故土的游子因为重病已倒在了异国的土地上了。年仅五十九岁的舅太爷积劳成疾，英年早逝，令人扼腕。那一年年为他精心准备的猪肉，他终是没能尝到！

　　浮生若梦为欢几何，往事惹人唏嘘。而更令人感慨的是，不久前舅太爷的妻儿们终于得以回乡探亲，而他们手中的凭证正是这张老照片，我方才知道，我一直在寻找的他们竟然也一直在寻找我们！想想也是，对于往昔的追寻总是一次次擦身而过的遗憾，然而幸运的是，每当回首凝望那背影，却发现似乎已遗忘彼此的我们仍有着深深的念想与羁绊，素昧平生的我们啊，原来都一直在互相寻觅。一段由老照片勾起的无限回忆，也能冲破时空的阻碍，激荡起彼此内心的涟漪。

民国少女刘燕瑾

王端阳

　　《老照片》第95辑曾发表过我的《母亲刘燕瑾和凌子风》一文，并附录了一组照片，那些照片都是在抗战期间拍的。近日翻看影集，看到我母亲少女时代的几张照片，从1933年到1938年，年龄在十一岁到十五岁之间，可看出民国时期少女小家碧玉的范儿。

　　从照片上看，我母亲当时的生活还是优裕的。没错，我母亲出生于一个满族的大家族，属正黄旗，多少沾了点皇族的边。听几位老祖奶奶讲，祖上（阿勒泰还是阿尔泰我没记清）曾跟皇上打过天下，至于哪个皇上也没讲清楚。在一次对外征战中失败，兄弟俩被杀，而且首级也被砍了，只运回两个腔子。没有头无法下葬，皇上见怜，赐了哥哥一个金头、弟弟一个银头，这样才在西直门外找了块地入殓下葬。

　　后辈子孙便靠世袭俸禄过日子，典型的八旗子弟，什么正事都不会干，只会架个鹰、遛个鸟什么的，甚至连汉字都不认识。也说不清是哪辈，居然得到皇上的信任，让他掌管玉玺，也就是给皇上的圣旨、文书之类的东西盖盖章。他也只会这个。有一次，有位大臣拿了个假圣旨让他加盖皇上的玉玺，他不认字，就给盖了。过了没多久，东窗事发，好在他只是无能，并没卷进事件中。可皇上很生气，就把他"掌玉玺"的差事给免了，但俸禄照发。这些故事都是听老人说的，也无从考证，

　　到了我姥爷那辈，家族早已衰败。我大姥爷，即我母亲的父亲，叫刘树棠，1937年任国民党第二十九军军医处处长。当二十九军在卢沟桥打响抗战的第一枪时，他正在家中休假。听到枪声，他不顾家人的反对，毅然返回南苑，参加了战斗，从此杳无音讯。之后，家中断了生活来源。第二年生活更加困难，已开始典当东西。此时我母亲正在女二中上初二，因交不起学

　　照片背书："此照系民二十二年十二月照于北平护国寺贞记照相馆内此外两女士系燕瑾学友左范英俊中王佩筠右燕瑾　时年十一岁在北平三十七小学四年一期今改为北平市立西直门大街小学　此记"

刘燕瑾（左）和女学友

费，失学在家。现在从照片背面的记述看，我母亲那时已参加了东北大学夜校的民先队。

我二姥爷刘觉非也是学医的，一二·九运动之后参加了共产党，后到冀中军区卫生部工作。1938年夏天秘密进京采购药品，见我母亲无学可上，便要带她走。我姥姥不让，他说服我姥姥，把我母亲带到冀中，参加了八路军，后又参加火线剧社。

二姥爷在 1942 年五一大"扫荡"的冷泉战斗中，为了掩护伤病员转移，壮烈牺牲。

我三姥爷刘振华，也参加过一二·九运动，后也到冀中参加了八路军，开始还有联系，以后就没消息了。

话说回来，我们老刘家的祖坟就在西直门外的一片林子里，当地人称之为刘家坟地（至于祖上为何改姓刘，我也不清楚）。1953 年建莫斯科展览馆（即今天的北京展览馆）时，将此地给征了。当时政府把尚在世的几位老祖奶奶和我姥姥都叫去，当面挖坟。那时还有一个看坟的，有几间旧屋，早已破败，再有

照片背书："一九三八年在东北大学夜校民先队参军前夕"。前排左三为刘燕瑾。

133

照片背书："燕瑾（右）和同学照的像片　一九三六"

就是几棵松树和几个坟头了。其实坟早就被盗过不知多少次了，而且老祖说都是监守自盗。挖坟自然挖不出什么值钱的东西，只有几口缸，装着尸骨和一些冥物、铜钱之类的小玩意儿。尸骨移到卢沟桥附近的第二公墓，小玩意分给了各家。我总觉得，

照片背书："在中央公园　花厅前　一九三八年春"

既然是政府行为，派出所应该有记录吧！刘家的后人也不知到哪儿去找。

此事我曾告诉过杨浪和鲍昆，他们考证西直门外果然有松林，有坟头，杨浪专门写了篇文章《老刘家的坟地》，收集在《地图的发现》（续）中。引其一段：

> 说起"老刘家的坟地"是一次朋友聚会饮酒的时候。剧作家王端阳说起姥姥家是旗人，祖坟就在西直门外现在北京展览馆的地方，1953年建莫斯科展览馆时征了这块地，迁了坟。那时候，这一带有树，还有看坟的后人繁衍形成的村落。坐在旁边的摄影家鲍昆跟了句：老舍在《骆驼祥子》里有一段就说到这个地方。他表示回去要查一下。我们随口夸鲍昆的记性好，谁想鲍昆真就把小说查了来，证明《骆驼祥子》里确实有一段叙及西直门外关厢附近，有松林，有坟头，有看坟的……

其实老刘家有一个家谱和一幅祖上的画像，一直放在我三舅家（我大舅去世，二舅是庶出），"文革"前我曾看见过，是一个木匣子，有点像我父亲收藏的《曾文正公日记》。我没打开过，那时也不注意这些。"文革"中红卫兵破四旧时，我三舅害怕，居然自己偷偷给烧了。后来我曾问过三舅妈，她说：那时被红卫兵抄出来，命都难保，烧了算什么？哎，说什么好呢！我三舅其实是一个地地道道的无产阶级，他十三岁进工厂当学徒工，以后也一直在燕京造纸厂当工人，文化水平也不高，可他就因为出身，也感到了极大的不安，居然把祖传的家谱和祖宗的画像给偷偷烧了。没有经过那个时代的人是很难理解的。

谈谈家族史，对老照片可以有一些更深的理解。

童年母亲与外公的合影

王　平

　　家里原来有好几本老相簿，都是父母年轻时候保存下来的。可惜那时我们年纪小，不懂得随着岁月推移，它们将愈发显现出的意义与价值，顶多因为好奇，背着父母从柜子里搬出来翻翻，如是而已。

　　当然看见父母结婚时的照片，还是觉得惊讶，父亲西装革履手持礼帽，母亲一袭洁白的拖地婚纱，两边还有男女傧相和男女花童，好不气派！待到我小时候，家里早已穷得叮当响，看着那些照片，更觉得恍若隔世。直至"文革"初期，相簿遭红卫兵悉数抄去，我们居然都以为这些东西属于地道的"封资修"，抄了就抄了，无所谓。

　　"文革"结束后的一年，母亲有次清理大衣柜，无意中在里头发现了几张残存的照片，这一下反而如获至宝了。其中母亲觉得尤其珍贵的，是她童年时候，跟两个妹妹与外公的一张合影。因为这是唯一一张有外公的照片了。

　　于是我将这张照片翻拍下来，给兄弟姐妹每人冲洗了一张。

　　我们晚辈除大哥外，都没见过外公，他刚满五十岁便去世了。母亲说，真是一语成谶啊。外公出生那年，老外公刚好

图1 母亲三姊妹与外公在湖滨中学的合影，其时为1926年左右。前面中间者为母亲，左右分别是她的大妹与二妹。

五十岁，便给他取了个外号叫"五十伢子"，不料真的只活了五十岁。

　　这张照片是母亲童年时候，在岳阳湖滨大学校园里拍的。那时候，外公在湖滨大学任教务主任。拍摄年代，推算应该是20世纪20年代中期，即1926年前后吧。前排三个女孩，母亲居中，看上去六七岁。左为大姨，四五岁的样子，右为二姨，

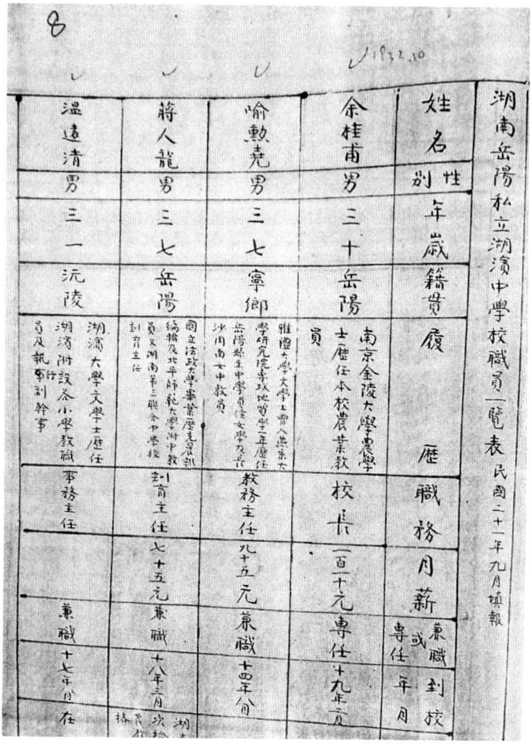

图2 岳阳湖滨中学的教职员工花名册。外公喻勋尧于民国十四年（1925）到校任职，民国二十一年（1932）兼任教务主任，工资为九十五元。

三岁左右。外公则面带微笑，站在她们身后。再稍稍细看，三姊妹，每人手里都提着一只小南瓜篮子。借此可断定，应该是过万圣节时拍摄的。

私下觉得，在三姊妹当中，母亲长得最漂亮。

湖滨大学是一所教会学校，美国人用庚子赔款办的。校长是个美国牧师，叫海维礼。创建初期是所大学，后因种种原因

图 3　母亲在长沙福湘中学读书时的照片。

难以为继，遂改为中学。外公毕业于长沙雅礼大学文科，先后在岳阳县立中学所属的贞信女学，以及长沙周南女子中学教过书，后来又入燕京大学研究院专攻地质学。外公是宁乡人，喻姓乃宁乡的大姓。但老外公去世时他刚刚八岁，家中田产无人照料因而家道逐渐中落。所幸外公性格刚毅，他上高中时便开始教初中，上大学时便开始教高中。在燕京大学毕业后，由雅礼的一位美国教师推荐，最后到湖滨大学教书了。教本国史与

图 4 母亲与我的大哥

世界史,教务主任是兼任,所以薪水较高,每月有九十五块光洋,仅次于校长。

其实外公情有独钟的还是地质学。记得母亲说过,那时候在湖滨的家里,到处都摆放着外公收集的各种矿石标本。到下午,每有阳光透过百叶窗,投射到案几上的矿石标本上,闪烁着迷人的彩色光芒。直到我小时候,家里仍保留了一小块说不上名字的矿石标本,但最后还是不知所踪。

图5 晚年的母亲。摄于2006年，时年八十七岁。

母亲亦曾多次回忆三姊妹在湖滨玩耍时的情景。说那时候，有一座铁路桥通过湖滨。她们过桥时，必得先将耳朵紧紧贴在铁轨上面，细听远方是否有火车驶来的车轮声。如果没有，则牵着两个妹妹放心过桥。否则走到桥的中间，火车来了无法避让，三个人必死无疑。把我们听得胆战心惊。当然，她也说过一些有趣的事。譬如有一回，母亲让大妹追她玩。大妹从一块草地斜坡上奔跑下来，跑一步放个屁，跑一步放个屁，不、不、不、不，极具节奏，把她笑得要死……

在岳阳湖滨，母亲跟她的两个妹妹度过了无忧无虑的童年。全家住在一栋地道的西式建筑里，家里还有一架老式风琴。妈妈会弹风琴，就是外婆教的。外公外婆当然都信基督教，所以母亲最早会弹的教堂音乐，就是童年时期在湖滨跟外婆学的。

乃至后来我小时候，也跟母亲学会了唱《平安夜》：

> 平安夜，圣善夜，
> 万暗中，光华射。
> 照着圣母也照着圣婴，
> 多少慈祥也多少天真，
> 静享天赐安眠，静享天赐安眠……

外公呢，虽说从小让子女受西式教育，可并没有忽略对她们进行传统文化的熏陶。所以母亲也能背好多古典诗词。直到晚年，她还缺着门牙，教我的儿子"唧唧复唧唧"，背《木兰辞》呢。

母亲后来的大半生，跟很多人一样，经历了社会的剧烈变迁与动荡。更因了父亲的缘故，遭遇了种种难以言尽的艰辛与困厄。但她一直持有一种乐观的心态，且时不时还回忆回忆她在岳阳湖滨度过的童年时光，聊以暂且忘却灰暗的现实。

幸而，母亲还有一个相对安稳的晚年。2011 年 11 月 11 日，母亲以九十二岁高龄安详离世。算一算，童年时候她们三姊妹与外公的这张合影，迄今亦有九十多年的历史了。

我的"瞎眼的老奶奶"

孙国建

这幅照片，是1925年在北京师范大学读书的四舅姥爷为我的太祖母孙王氏拍摄的。

太祖母孙王氏（1846—1929），山东省招远市张星镇北里庄人，十八岁嫁与石对头孙家村孙仕选（笔者太祖父）为妻。孙家家境较好，太祖母进门当家，育有二子孙继先、孙承先（笔者曾祖父）。1868年，太祖母在村中开设了五间房的洋广杂货铺，取名"鸿兴利"。由于做生意诚信公道，很快兴旺发达。为表彰祖婆母年轻寡居、抚养两子创业之功德，她向县衙门申报功德碑，经层层上报，请来圣旨，在其坟墓上树立了"贤良龙头碑"，一时轰动县乡，从此名望大振。接着，她办起了粉丝加工作坊，走上了农工商一体的兴家发展之路。

太祖母孙王氏始终恪守"忠孝传家、勤俭和睦、诚信仁义、奋发创业"的家训家风，治家严谨有方，她要求全家都必须参加劳动，并与雇工同吃同住。她的丈夫掌管杂货铺，两个儿子一个分管农活，一个分管作坊。家中不准雇女用人，所有家务都由儿媳、孙媳分工负责；孩童放学回家都量力分工承担家务；孙辈们读完私塾后，不管务工经商都必须到外家商号当学徒，

我的"瞎眼的老奶奶"

学满后才量才安排工作。到 19 世纪末，鸿兴利已成为羽翼丰满的商农工联合企业。

进入 20 世纪，孙辈都已成人，鸿兴利也进入大发展时期。由她的长孙孙洪义当大掌柜，总商号设在龙口，主营粉丝出口和广州、上海等地的商贸生意。孙洪义平易近人，经营有方，在龙口街上有很高的威望，可惜在三十八岁时英年早逝。当时龙口码头脚力行三十多位工人代表，步行三十五公里到村里为孙大掌柜送葬。二房长孙孙洪南在龙口与别家合资经营"鸿胜利"商号，并当大掌柜，主营南北杂货，后在招远县城开设"增顺福"商铺，由二房次孙孙洪宾（笔者祖父）当大掌柜，经营收购粉丝、南北杂货。太祖母又派大房次孙孙洪逵在青岛设立办事处，经营绿豆进口、粉丝出口业务。孙洪义辞世后，孙洪逵接任龙口总商号大掌柜。至此，鸿兴利进入鼎盛时期，成为知名的商贾企业，自有流动资金约四十万现大洋，拥有土地一百四十余亩，房屋七十间，分八个院落，商铺、粉坊各一处，雇工十余人。全家四世同堂共二十五口人，拍摄这幅照片时，太祖母已年逾八十，因常年操劳，她在七十四五岁时双目患白内障失明，家中曾孙辈称她为"瞎眼的老奶奶"。但她还是鸿兴利的当家人，重大事情依然由她决定，各商号按时回家向她汇报业绩，请示工作。

1928年，孙洪逵暴富发财心切，私自在青岛与投机商勾结，炒绿豆期货，被人坑骗。鸿兴利资不抵债，孙洪逵无颜见家人而自杀。青岛警局、招远县府会同招远商会对鸿兴利进行了破产处理，除留下七十间房屋未动，另留下五亩地供全家人谋生外，其他财产全部拍卖抵债。太祖母给孙辈们分家后，心火上攻，郁闷而终。

她苦心经营半个多世纪的鸿兴利也走向了终点。

六十六年前的"全家福"

杨汉祥

　　居民家庭拍摄"全家福"照片，时下已习以为常。开始是黑白的，后来都是彩色的，尤其数码相机的普及以及手机带有照相功能后，拍摄"全家福"照片就更加方便，也更加平常了。但是在解放前夕乃至解放初期，拍照片在民间则是难得一见的新奇事，至于拍"全家福"照片的家庭更是凤毛麟角。那时候不要说社会上的照相馆以及拥有照相机的人极为稀少，就是有了照相馆或者有人有了照相机，一般居民家庭也没有钱照相啊。然而在我的家中，至今却保留着一张六十六年前的"全家福"，家人们一直宝贝似的爱护与珍惜着这张照片。

　　这张全家合影是1952年底拍摄的，在当时江苏省南通县海晏镇北街我外公外婆家的场院里。背景的房屋虽然低矮，却配有简陋的砖墙与玻璃窗，外公外婆中间的那张双层茶几上，还摆有一些装饰物。这些，在解放初期的民居民宅中已经算是"高档"的什物了。照片上的成员有：我的外公与外婆、三个舅舅与舅母们、小姨与小姨夫，还有我的父母亲与我的哥哥姐姐，其余的孩子都是我的表哥与表姐，而我那时还不到一周岁，由我父亲抱着。照片上一共二十一个人，是一张名副其实的"全家福"。

照片上家人们的衣着穿戴，是解放初期苏中通东农村一带沙地居民的模样，显得土气而朴实。而引人注目的是我的两位舅母与小姨，她们都穿着当时十分时髦的列宁装，其中二舅母还戴着一顶解放帽，小舅母与小姨的腰间则扎着皮带，因为她们都是区、乡机关的女干部，当时都时兴这么穿戴。我父亲与两位舅舅都在解放前就加入了共产党的队伍，经历过抗日战争与解放战争。解放后他们相继转业到地方工作，当时都是当地区、乡政府的领导干部，身上都穿着刚去掉帽徽与胸牌的旧军装。而其余老人与女人们都穿着当时民间十分流行的长衫巾褂。

六十六年前的全家福

孩子们的穿戴都不怎么讲究，一般只要能遮体保暖就行，至于他们的表情与神态，都显得幼稚而憨厚。但不管怎样，从人们整体的穿着装束以及摆设来看，这在当时还算是一个比较殷实而幸福的大家庭。

据我父亲讲，当天是我外公五十岁生日，因为给他老人家祝寿，一大家子人才得以欢聚在一起，原本一家人只是聚聚餐、吃吃面，没有拍摄"全家福"照片的计划，再说当时地处沿海偏远的海晏镇上也没有照相馆与照相的人。然而那天正巧省里来了一位报社的摄影记者，在附近海边拍摄民工们维修海堤的场景，我父亲又正好代表当时三余区政府负责接待这位记者。完成拍摄任务后父亲就顺便带这位记者来到我外公外婆家吃中饭。可能是为了答谢招待午餐，这位记者在饭后非要给我外公外婆家拍摄一张全家人的合影照片，于是就留下了当时这珍贵的一瞬间，也有了这张当时十分难得一见的"全家福"照片。

时至今日，照片上当长辈的家人大都不在人世了。其中健在的家人及其后辈们仍经常将这张照片拿出来观赏，有的干脆将照片翻拍后录入自己的手机，以便有空拿出来翻看或介绍给别人看，为的是永远记住这些长辈与亲人，也永远记住这段不一般的经历，并从中了解当时苏中地区通东一带农村的风土人情。

一生奉献东北的父母

周　建

　　解放初期，中国一穷二白，而东北是中国的老工业基地，之前受到严重破坏，解放后急待修复，技术人员特缺。父亲1950年毕业于上海大同大学电机系，带着建设祖国边疆的满腔热情，踏上了北去的列车。

　　母亲从华东产校毕业，报名参加了江苏南京抗美援朝第四批自愿团。1950年11月到达长春野战医院，后改名十八陆军医院，现名长春208医院。当时医院条件很差，且不规范。母亲与同志们先将病种分类、分房建立伤员卡片。在创办血库时，发现了日本人的地下室，就作为恒定温度血库建立起来，接着母亲在血库做设备建设及消毒工作。

　　由于前线伤员迅速增加，母亲被调入急救病房做护理工作，除了日常工作外，还经常为解除伤员生理的痛苦和他们谈家常，在不忙的时候代笔给伤员们写家信。

　　我很小的时候，母亲就给我们讲过抗美援朝伤员的故事。图1前排左起第二位伤员叫廖贻训，他的双腿残疾，装了假肢，而双手十指也只剩了一个；前排右起第二位解冠华，他的双臂断送在了朝鲜战场。但母亲很钦佩他们的坚强，并以其为例教

图1 母亲与抗美援朝伤员及同事合影。

育我们：他们才十八九岁，虽然年纪小而且身体已经残疾，可是他们的生活态度值得学习。一有电影看的时候，有腿的解冠华总是背着双腿假肢又无指的廖贻训一同前去。长春十八陆军医院属于急救医院，伤势好转的伤员都被转到各地的荣军医院，这张照片是1951年8月5日两位英雄出院时与主要医护人员的合影。《中国青年》杂志曾以"祖国的儿子"为题报道过他们的事迹。母亲是后排左数第一位。

1952年11月，此时江苏南京自愿团的战士纷纷回南方，而母亲自愿留在东北，转业到父亲的单位东北电力设计院卫生

图2　父亲的学士照

所工作，与父亲共同建设祖国大东北。

父亲先于母亲到达东北，1950年5月先到沈阳电管局工作，如饥似渴地学习老工程师的实践经验。1951年10月，父亲和七位年轻人及两位管理干部赴长春组建起东北电力设计院。这八位年轻人在东北院被称作"八大金刚"。他们是周近岳、蔡文培、胡我求、葛民、俞祖寿、张直平、倪念先、张廷堃，前四人上海大同大学毕业，后四位上海交大毕业。东北院是中国最早成立的电力院，华东院、西北院和北京院均从东北院分出。那么，东北院的"八大金刚"即名副其实的中国电力事业拓荒者。

1952年，父亲担任齐齐哈尔火力发电厂总设计的工地代表，要将图纸化为能够发出电力的实体电厂。东北火力发电厂是日本人设计并建设的，上海电厂是美国人设计建的，中国还从没有自己设计和建造过火力发电厂。

父亲日夜揣摩、自行设计电厂图纸，整日和工人奋战在工地，检查设备安装，从燃料供给系统、到给水系统、蒸汽系统、冷却系统直至电气系统及辅助设备等细节。从图纸到真正能发出电是一个艰难的过程，其间不断调试，提出改进方案，再重新绘图和标注参数。经过一年的不懈努力，装机容量3000千瓦、运行正常稳定的齐齐哈尔发电厂终于在1953年发电了，这一步步的建设都是在父亲指导下实现的，开创了我国不仅能够自行设计火力发电厂，还有能力建设、安装与控制管理的新局面。

现在中国已经能够设计建设装机容量达到100万千瓦的火电厂。从无到有，由小变大，逐步改进，是何等的艰巨。1955年苏联专家带来全套火电厂标准设计图纸，父亲逐一翻译、制

图3 父亲与同学分别前的留影，前排右起第一位是父亲，青春绽放、神采飞扬。

定标准，包括"二次线机电保护等项目"研究。中国火力发电开始步入正规化、标准化设计与建设。父亲为国家节约可观的资金，荣获"增产节约"奖，对中国火力发电做出了很大贡献。

可谁又能料到，一位爱国青年，自愿从鱼米之乡的江南赴冰天雪地的大东北，仅做了几年的技术研发工作，就被剥夺了建设祖国实现自我价值的权利！不仅如此，1957 年还被戴上右派帽子，降职降薪。1958 年前往长白山劳改，开山筑路，若干年后回到东北院，父亲被安置在后勤处，做与自己专业不相关的自行车维修。在东北院食堂的一个角落里（约 10 平方米的房间），里面挂满了轮胎、车轮内胎和车轮骨架，各种修车工具都是父亲自己做的。那是我常去的地方，父亲身穿劳动衣裤，还系着一条油渍的围裙。

父亲的政治问题一直没有得到解决，"文革"中，父亲又被关入"牛棚"，除了继续戴着右派帽子，还有"反革命、特

图4　三排左起第九位是母亲。

154

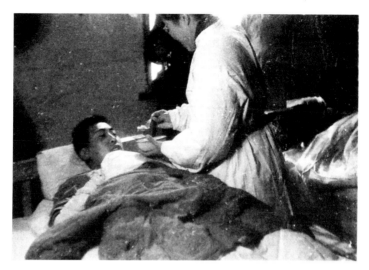

图5 母亲在给一位伤员喂饭。

务分子"嫌疑。父亲在大学期间，确有一位同学是特务，他竟然在父亲并不知情的情况下，把父亲的名字列入了其特务组织的名单，父亲从没去开过会，从没参与他们的任何活动。直到父亲后来被审查时才得知这一切，他又如何能澄清自己呢！

在"牛棚"中，父亲天天被造反派训斥，还戴着写有"右派"字样的高帽在全院同事及家属面前被批斗。父亲精神备受打击。然而，父亲也是幸运的，好在没有遭受皮肉之苦。也许是母亲在全院影响好，给很多人打针看过病吧。有位造反派是父亲一手带起的电机专业的徒弟，每当轮到他看守父亲时，他便与父亲讨论电气，聊聊家常。但当查岗的造反派到来的时候，这位徒弟也只能和他们一起大声吼叫父亲，门一关上，便细声细语亲切地称呼父亲"周工"，接着谈天说地。

"文革"期间，父亲每个月只有生活费15元，一家人全靠母亲支撑。母亲 62 元工资，要给姥姥 10 元，余下的才是我们一家人全部生活费。苦难中的父亲在家中得到了母亲的百般呵护，那时的肉、粮、糖都是按人头分配，而母亲总是给父亲开"特供"，并告诉我们说，你们父亲是老肺结核，身体不好，又在单位承受折磨。但是，母亲并没有给自己"特供"，她和我们一直都吃同样的饭菜。

在我的记忆中，二十年来父亲终日都在写检查，年年写，月月写。

父亲在家中很少说话，只是家中生活哪里有问题，都由他维修或处理。小时候家里日光灯不亮时，父亲教我做小镇流器，10厘米左右长短钢板纸内芯，一圈一圈绕上古铜色漆包线，满一层包一层绝缘纸，有时没有绝缘纸，就用云母片代替，拉出两根线头接电源，一个镇流器就做好了。父亲让我拿凳子，他站上去接到日光灯上，我做的镇流器启动了，一闪一闪日光灯亮起来了。

母亲勤俭持家，全家人棉衣棉裤，布鞋、棉鞋都由母亲自己做。母亲对孩子培养严格，从不惯养孩子。我上小学五年级时，冬天即将来临，母亲对我说："从今往后，你的棉衣棉裤全部自己做，你已经十一岁了。"我那时想要赖，还想着让母亲做，但等到全长春市的人都穿上棉衣了，我冻得受不了，只好自己做完穿上。从此，我什么也不靠家里，独立的意识树立起来了。

光阴如梭，岁月更新。"文革"结束后，一大批知识分子右派被平反解放了出来，东北院也给父亲落实了政策。父亲调回新成立的科研所做科研工作。

父亲的青春已过，身体精力不比当年，但仍然下电厂、做科研，还被聘到上海电机研究所，开发"不停电电源装置"，项目获上海市科学技术二等奖。从 1978 年至 1987 年九年时间，

图6 母亲转业前与同志合影。

我经常送父亲住院、出院。身体稍有好转，他便又往返于长春、上海、宝鸡、大庆等地的火电厂及科研院所。父亲从五十三岁到六十二岁的努力拼搏，先后被评为工程师、高级工程师。

回顾父亲为什么有着建设祖国坚定的信念和意愿，原因有三点：其一，父亲小时候曾跟随家庭躲避日本鬼子从江苏老家逃难到武汉，父亲目睹乡亲们一路被炸死的惨状。其二，我从没有见过的爷爷是个开明乡绅，1946年曾接待在苏南抗日的新四军，谭震林率领的一支养伤部队，并在撤离时护送部队穿运河、跨长江，安排父亲迷惑日军，使日军走向了与新四军撤离相反的方向。其三，父亲在上海上大学期间，与进步同学有紧密接触。当时，父亲不知他们是共产党员，在上海解放前一次大"扫荡"中，一夜之间，那几位同学全失踪了，父亲恍然大悟，才知他们全部是地下党员。

上述事件与父亲思想形成有着直接关联，由此可见，民族灾难与历史需要记录，传承，才能唤醒有志青年，为祖国存亡而奋斗。作为女儿，我写下此文以纪念逝世的父亲和母亲，奋斗一生为建设祖国大东北所作的努力和贡献。

· 书讯 ·

家庭相册里的中国：一个民族的政治与日常

（ *China in Family Photographs: A People's History of Revolution and Everyday Life* ）

Ed Krebs and Hanchao Lu *编译*

Bridge21 出版社　2018 年 3 月出版

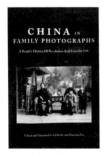

定价: 50.00 $

这是美国 Bridge21 出版社出版的一部《老照片》选本，从已经出版的《老照片》里辑录了 41 篇文章，每篇文章的前面都附有编译者的简评，从不同的侧面反映了 20 世纪中国人的政治及日常生活。编译者之一的爱德华·克雷布先生是美国的一位历史学者，关注、研究《老照片》已逾 20 年，其十几年前发表的论文《新近中国的旧事物：关于私人历史记忆的出版物》，即对《老照片》做过精辟的阐释。编译这部书，是他把《老照片》介绍给美国读者的尝试，也是《老照片》出版迄今的第一个英文选本。

父亲与一只黄雀

顾黎明

从父亲仙逝至今已十九个年头，我每年思时之敬的扫墓日均是在春节回乡探亲的前夕，今年的清明节前，终了我期盼在仲春与暮春之交，万物复苏之际，给父亲的墓上敬献鲜花之愿。

父亲戎马一生，十三岁便离家从军，这种从小颠沛的生活，让他更珍惜家庭的温暖，对儿女更是呵护有加。记得我小时候，他经常借出差时，给我寄回许多有趣的连环画书，那时的连环画均出自全国有影响的画家之手，这使我在阅读故事情节的同时，也熏陶了我的审美，终使我渐渐踏上了艺术的旅途。在我离家去外地上大学后，父亲寄给我的不再是连环画，而是一封封家书，几乎每周都能收到他那充满人生道理的"说教"信。父亲没有上过学，他的文化知识是在行军的背包上学成的。他信中很少有儿女情长，只有人生的大道理，我每次都会以一目十行的速度阅读完。现在想想，他是用一种做人的方式来不断提醒我，一个男人应该担当什么样的责任。其实，世间的任何道理都不复杂，只是我们没用心去感悟而已，随着年龄的增长，才经常感悟到父亲生前对我的真切关爱……

父亲是一个非常乐观，善于施惠于人的人。逢年过节，经

159

图1 20世纪50年代，父亲母亲的合影。

常在家里大摆宴席，并亲自下厨，宴请他的下属和朋友。他的
朋友中除了军人外，不乏工人、农民及其他行业的人，甚至还
有与他相差二三十岁的忘年之交。父亲帮助过许多人，但他很
少求回报，有时甚至还会把求助的人邀到家里和我们一起吃饭。
在他离世这么多年后，每逢春节，还会有曾受益的人偕自己的
孙辈来我们家拜年。父亲更是一个非常热爱生活的人，记得他
每天下班回家或节假日，都会在我们家的园子里鼓捣花草鱼鸟。

他最喜欢栀子、米兰和茉莉花，经常看到他把一朵茉莉花放在鼻子和人中之间，慢慢闭目饱嗅，连喝一杯茉莉花茶时都要再放一朵鲜茉莉花。父亲也爱养鱼鸟，院子里有个土红色大陶缸，里面养着鹤顶红、水泡眼和狮子头等金鱼，经常看到他不厌其烦地晒水、换水，有时还会邀来客一起观赏。父亲更爱养鸟，我们家二楼阳台上养了许多鸽子，每天一大早，隔着卧室门的阳台都能听到窗外咕噜的叫声，有时还会引来许多"新客"借宿。

让我记忆深刻的还是一只父亲最钟爱的黄雀，整天在院落的葡萄架下叽叽喳喳地叫个不停。后来，这只黄雀随着我父亲离休一起搬到了干休所的新家。新居因为没有了自家的小院，大部分的花鸟也送给了亲朋好友，但这只黄雀和他喜爱的几盆花却一直伴随着我们全家。每次最使我想起就会泪眼蒙眬的是这只黄雀与我父亲离别的一幕。在父亲离世后的第一个夜晚，

图2 20世纪70年代的父亲顾汉民。

图3 作者十二岁时与父亲、母亲和大姐、二姐全家合影。

黄雀在阳台上叫个不停，我赶紧把鸟笼门打开，准备放生时，它却从阳台飞过父亲的卧室，穿过客厅，径直飞落到我卧室恭摆的父亲遗像前，静静地站了许久，似乎在等待着什么。父亲健在时，会把蛋黄搓揉在小米里喂食它，还经常把这只黄雀放在食指上，它会频繁抖动翅膀叫个不停。据说，鸟在你面前出现这样的动作是一种亲近的表达，想必，这鸟和父亲有着特殊的感情了……其实，父亲对待我们也是这般厚爱，不仅在成长中倾注了无微不至的关爱，在做人上也像一封封寄我的家书一样，充满了对子女成长的教诲和厚望。黄雀在父亲离开不久也死去了，我们把它安葬在父亲的墓茔边，想让它和父亲在天堂里一起玩耍，"言旋言归，复我诸父"，不会孤单。

父亲的墓茔旁边的两棵松柏长势旺盛，浓郁的绿柏为汉白玉的墓茔挡风遮雨，透着春天的气息。湛蓝的天色透过影绰的绿阴在洁白的汉白玉上泛成片片淡紫色的"花瓣"，似乎在传递着那天堂里父亲满意的信息。与往常一样，每次给父亲扫墓，我耳旁都会听到黄雀的叽叽喳喳的歌声，这次，我是踏着春天的脚步来祭奠您的——爸爸，那黄雀的叫声似乎比任何时候都清脆悦耳！

征　稿

《老照片》是一种陆续出版的丛书，每年出版六辑。专门刊发有意思的老照片和相关的文章，观照百多年来人类的生存与发展。

对稿件的要求：所提供的照片须是20年以前拍摄的（扫描、翻拍件也可），且有一定的清晰度，一幅或若干幅照片介绍某个事件、某个人物、某种风物或某种时尚。文章围绕照片撰写，体裁不拘，传记、散文、随笔、考据、说明均可。

编辑部对投寄来的照片，无论刊用与否，都精心保管并严格实行退稿，文字稿恕不退还，请自留底稿。稿件一经刊用，即致稿酬。

来稿请寄：山东省济南市英雄山路189号B座　山东画报出版社《老照片》编辑部

邮　编：250002

E-mail：laozhaopian1996@163.com

网　址：www.lzp1996.com

电　话：（0531）82098460（编辑部）（0531）82098479（市场部）
　　　　（0531）82098460（邮购部）

邮购办法：请汇书款至上述地址，并注明所购书目。

邮发代号：24-177

《老照片》网站与微信公众号

官方网址：www.lzp1996.com

微信公众号：山东画报出版社老照片

日本强占时期的威海影像

徐健恒

　　威海位于山东半岛东端，与辽东半岛的旅顺隔海相望，从明代开始就是扼守渤海、捍卫京畿门户的海防重镇。俯瞰威海，南、北、西三面环山，陆地环绕着水域开阔的海湾，恰好还有一座刘公岛横卧在波涛中，又使得威海湾成为形势绝佳的天然避风良港。

　　近代清王朝筹建北洋海军伊始，威海、刘公岛就以其独具的地理优势，被选中作为海军军港，到1888年北洋海军成军，更是被正式定为北洋海军提督驻节、舰队驻泊的根本基地。曾几何时，威海湾内龙旗猎猎、樯桅如林，刘公岛上炮台屹立、军容壮盛，印记了那支亚洲第一舰队的荣耀。然而天有不测风云，黑暗腐朽的清王朝，小成即满，在19世纪90年代来临时，亲手堵截了北洋海军继续发展的道路，最终断送了北洋海军。

　　1895年4月17日，中日《马关条约》在日本下关签订，标志着中日甲午战争结束。根据条约规定，中国割让辽东半岛（后因三国干涉还辽而未能得逞）、台湾岛及其附属各岛屿、澎湖列岛给日本，赔偿日本2亿两白银。中国还增开沙市、重庆、苏州、杭州为商埠，并允许日本在中国的通商口岸投资办厂。

之后，日本继续在威海驻军占领了三年时间，以等待战争赔款交付。这是威海历史上最为黑暗的一段岁月。有关这一阶段历史的影像记录资料非常罕见。笔者2016年有幸从国外收集到一批老照片，恰好拍摄于这一时期。

这批照片共计23幅，蛋白纸基，尺寸均为6厘米×9厘米，装裱在厚卡纸上。卡纸空白处有摄影师用毛笔写成的简单标注。经考证：这批照片为1897年至1898年的冬春之交由日本摄影师所拍摄，内容主要涵盖了刘公岛上的北洋海军重要军事建筑、威海卫城建筑以及当时日军在威海的驻军兵营。这批照片填补了从北洋海军覆灭到英国强租威海卫之间，一个短暂而又特殊时期的威海卫及刘公岛的影像资料空白。

图1原标注为"刘公岛旧海军公署"。"北洋海军"成立于1888年，同年颁布的《北洋海军章程》规定："设北洋海军

图1 刘公岛旧海军公署

165

提督一员，统领全军，在威海卫地方建造公所，或建衙署，为办公之地"；"提督一员：统领全军操防事宜。归北洋大臣节制调遣，于威海卫地方建衙或建公馆办公。另于威海卫、旅顺口两处，各建全军办公屋一所"。这里所指的"衙""公馆"是北洋海军提督的办公之处，而另外于威海卫、旅顺口各建一座的"全军办公屋"就是"海军公所"。此照片即为北洋海军于"威海卫"所建的"海军公所"。现为"中国甲午战争博物院"。

图2原标注为"刘公岛栈桥"。拍摄地点位于"海军公所"西辕门外。"栈桥"即北洋海军码头，为钢结构混凝土浇筑的栈桥式码头，故而俗称"铁码头"。从这幅照片中可以看到北洋海军码头的桥面在日本占领军时期被拆除的情况。

图3原标注为"刘公岛旧海军兵学校"。拍摄地点位于现刘公岛丁汝昌寓所东侧的一个院落内。这张照片里可以清晰地看到假山、假山后面的拱门以及与拱门相连的别墅。笔者在与友人欣赏这幅照片时，意外地发现拱门上隐约有字。遂将照片进行扫描放大，辨识出拱门上的字为"学优则仕"。目前，此院落被驻岛海军某部作为菜园使用。院落保存大致完好，假山不知何时被毁，拱门以及别墅尚存。

图4原标注为"刘公岛丁汝昌庭园"。前文提到的《北洋海军章程》中，北洋海军提督可以"于威海卫地方建衙或建公馆办公"，然而在此章程颁布之前，北洋海军提督丁汝昌已经在刘公岛上建造了一处寓所。依照此章程，其正式名称应为"北洋海军提督公馆"，俗称"丁汝昌寓所"。此张照片可以看到"丁公寓所"前的一座水池、一座凉亭以及旁边的一座素雅的徽式建筑。笔者经多次实地考察、辨认后，确定那座凉亭为现今"丁公寓所"西侧的凉亭，那座建筑现已辟为"北洋海军将士纪念

图2 刘公岛栈桥

图3 刘公岛旧海军兵学校

馆"。

图5原标注为"刘公岛黄岛炮台"。黄岛炮台建造于刘公岛西端的一处名曰"黄岛"的小岛上，修筑此炮台前，先填海将黄岛与刘公岛陆地相连接。"又于刘公岛西连接黄岛上，设炮台一座，跨海通道，工力尤艰。"直隶总督兼北洋大臣李鸿章在奏折中如是写道。

图6原标注为"沉没军舰定远号"。"定远"号铁甲舰是北洋海军舰队的旗舰，由北洋海军右翼总兵刘步蟾任管带。定远级铁甲舰在设计上参照了当时世界上最为先进的两个型号的铁甲舰，即英国的"英弗莱息白级"和"德国的萨克森级"。采用了当时世界上最为先进的"铁甲堡"防御样式及双层舰底结构，装备有四门德国埃森出产、威力巨大的克虏伯305毫米

图4 刘公岛丁汝昌庭院

图 5　刘公岛黄岛炮台

图 6　沉没军舰定远号

巨炮（来复线后膛加农炮）。1895年2月5日凌晨，日军鱼雷艇偷袭停泊在铁码头附近的北洋舰队军舰，"定远"舰不幸中雷。鱼雷击穿了舰左舷后方水线以下的机械师室，重伤后的"定远"舰在提督丁汝昌的指挥下，抢滩搁浅在刘公岛东南口的浅滩上，作为炮台继续抗击敌人。2月10日，北洋海军即将覆灭之际，刘步蟾下令炸毁"定远"舰，以免资敌。"定远"殉爆后刘亦自杀。"定远"的部分残骸在日本占领时期被部分拆解。其中，舵轮被一名居住日本长崎的英国人用作咖啡桌，至今仍在日本。此照片可以看到海滩不远处殉爆的定远舰残骸，以及定远舰残骸不远处的日岛。

图7原标注为"日岛炮台"。"日岛"位于威海湾东南口的海面上，原本是一处海中的礁石。威海湾在构建海军基地、设计要塞防御时，鉴于其重要的位置，在原有的礁石基础上填海使其成为一座小岛。日岛炮台配属有两座上海江南制造局特制的英国阿姆斯壮式200毫米35倍径地井炮。"地井炮"是一种产生于19世纪中后期的全新武器概念，其主要目的就是用于海岸要塞防御，与一般要塞炮的不同之处在于这种大炮设计有可以折叠的炮架，并安装在圆形的深坑内（顾名思义地井炮）。平时炮架折叠，从外部无法看到火炮的踪迹。使用时，采用液压起重方式，炮架向上方展开，将大炮托举露出工事外。发炮射击之后，炮架在后坐力的作用下，自然向下折叠，将大炮重新带回到工事内部，继而进行火炮保养、弹药装填作业。"地井炮"由于其独特的设计，其战场生存率相对于一般的"要塞炮"有很大的提升。

另外日岛炮台还配备有两门120毫米45倍径德国克虏伯速射炮，以及四门小口径机关炮。日岛炮台在1895年2月初

图7 日岛炮台

图8 刘公岛东稍洪炮台

的威海卫保卫战最后阶段中曾发挥积极作用：其中在 2 月 7 日的战斗中，面对被日军控制的威海卫南邦三座要塞炮台群以及日军第二游击分舰队的绝对优势火力的压制下，台官北洋海军"康济"舰管带萨镇冰毅然指挥弟兄们升起大炮奋勇还击，直至一门大炮的炮管被南邦炮台群射出的一枚大口径穿甲弹拦腰击断。沉重的炮管一头栽在炮台底部，受其影响，另一门要塞炮也无法正常使用。不久之后，日岛炮台的弹药库也被击中。这张照片便能清晰地看到在日军密集的炮火下，被打得千疮百孔的日岛炮台工事。那门激战中被拦腰击断的"地井炮"的炮管连同炮架，目前陈列在甲午战争博物院大门东、西两侧。

图 8 原标注为"刘公岛东稍洪炮台"。现称"东泓炮台"，当时民间有"东风扫滩炮台"之称，日本人一般称其为"东洪稍炮台"，摄影师这里有笔误，写成了"刘公岛东稍洪炮台"。此炮台位于刘公岛东南角的一处绝壁上，以石岛红花岗岩配以进口"塞门德土"（水泥）砌筑而成。炮台上原配置有两门当时最为先进的要塞炮——克虏伯 1890 型 240 毫米 35 倍径中心轴距平射炮（来复线后膛加农炮）——与威海卫南帮、日岛各要塞炮台群相互配合形成的交叉火力可以封锁威海湾东南入海口的航道，打击日本舰队。日本占领军期间被日军拆解，运至日本佐世保。目前，炮台建筑已经修缮，保存完好。

外交世家的后人

周志跃

福州市鼓楼区南营罗氏是福州著名的外交世家，近现代出了一批外交家，包括清末著名外交家、李鸿章幕僚罗丰禄，晚清驻新加坡总领事罗忠尧，1926年出任中国驻丹麦公使罗忠诒，民国时期任中国驻伦敦副总领事罗忠咸，作为副代表兼任翻译随邓小平出席联合国特别大会的罗旭等。

下面这几张照片经笔者考证，正是罗忠尧儿子、罗旭父亲罗孝章先生和母亲许佩珍女士的个人及合影照。

跨国考证

图1是罗孝章先生妻子许佩珍女士给丈夫的签赠照。照片有背题："戊辰正月中浣影于二妙轩，时年二十有七岁。罗孝章爱存。梦醒邮赠。"

查百度"二妙轩照相馆""罗孝章"条，可证此照可能摄于福州西湖二妙轩照相馆。戊辰年即1928年，从"时年二十有七"，可推断片中女子生于1902年。据中华罗氏通谱总编罗训森先生提供的《豫章福州罗氏族谱》，罗孝章先生生于1904年，

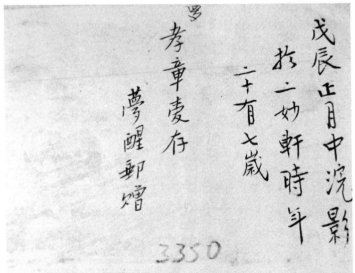

图1 许佩珍给罗孝章的赠照及背题。

图2 罗孝章夫妇合影。

他的夫人许佩珍女士比罗先生大两岁，正生于 1902 年。

故笔者当时第一判断是：片中女子可能就是罗孝章先生的妻子许佩珍女士。

图2是罗孝章夫妇合影照。经（图1）初步考证，知片中女子可能是罗孝章先生夫人许佩珍女士。经仔细比对，（图2）女子与（图1）为同一人，可知（图2）女子也可能是许佩珍女士。

图3 罗孝章留美肖像照

当时笔者怀疑，站在她身边的青年男子是不是就是她的丈夫罗孝章先生呢？

图3是揭开人物身份的关键照片。这是罗孝章先生美国留学肖像照。这张照片现为杭州老照片藏家应亚平先生收藏。照片背面印有拍摄的美国伦勃朗照相馆英文说明。据应先生介绍，当时他买这张照片的时候，还不知道照片中的男子就是罗孝章先生。

买到照片后，他发现相片背后有摄影师名字 Glenn Scobee，于是想查找相关的信息。借助互联网，应先生无意间认识了家住伦勃朗照相馆所在城市西拉斐特的艾米女士。艾米女士是一位历史爱好者，她十分热爱和熟悉自己生活的这座城市的历史，她热心、无偿地提供了帮助。艾米女士从西拉斐特城市档案中查知，伦勃朗照相馆于1921年至1939年间营业。照相馆所在城市西拉斐特，正是著名的普渡大学所在地。普渡大学以工学、农学、医药学闻名于世。当时普渡大学的年鉴照片主要是由该馆拍摄的。艾米女士判断照片中的男子极有可能是该校中国留学生。她表示如果知道照片主人的名字，她愿意继续帮忙去普渡大学查资料。

我和应先生因为（图1）这张照片，曾在网上激烈竞拍。后来我主动联系应先生，蒙先生雅量，将（图1）照片惠让于我。和应先生成为朋友后，一次无意间我从他的微信朋友圈发现他发的这张罗孝章先生留美肖像照片（图3），当时，我已从网上买到了这几张我认为可能是罗孝章先生和他夫人的照片，看到照片实物后，我告诉应先生，这男子可能就是罗孝章先生。1924年至1926年，罗孝章先生曾就读普渡大学电机学本科。

图4　普渡大学1926年年鉴封面

　　于是应先生再次发电子邮件向艾米寻求帮助，他将罗孝章中文拼音 Xiao Zhang Luo 发给艾米，并提醒她注意中国姓"罗"一般不会改，但那时用的是威氏拼法，估计英文名不是现代拼音。

　　令人兴奋地是，艾米女士很快回复邮件，她除了发来当年中国学生俱乐部三十人合影照片外，还发来了1926年美国普渡大学年鉴毕业照其中的一页（图4、图5由美国普渡大学档案馆提供，感谢艾米女士）。

　　这一页的第一排左一的正是 Hsiao Chang Lo 罗孝章先生本人毕业照。罗孝章先生身后是中国植物细胞遗传学奠基人李先闻先生。李先闻1926年毕业于普渡大学园艺专业本科，后获康奈尔大学博士学位。

　　通过（图4）和（图2）认真比对，证实（图2）许佩珍女

图 5 普渡大学 1926 年年鉴中的一页

士身旁站立的男子正是她的丈夫罗孝章先生。同时也证实了（图1）（图2）中的女子就是罗孝章先生妻子许佩珍女士。

多舛命运

综合网上公开资料，罗孝章先生和全国政协原副主席、北京大学校长周培源同为清华大学留美预备校甲子级（1916—1924）的同学。在这一年级学习过的清华学子（含插班生等）前后共有一百多位，经八年不断淘汰，1924 年夏天，有 67 位学子获得清华学校毕业文凭，其中就包括罗孝章先生。

身为长子的罗孝章五岁丧父，1924 年赴美留学，1926 年毕业于普渡大学电机系，后获伍斯特大学电机学硕士学位，回国后，供职于美国电话电报（AT&T）中国公司上海办事处，任总工程师，1949 年不幸罹患肝癌去世，年仅四十五岁。

《豫章福州罗氏族谱》记载，罗孝章先生爱好网球。去世后原葬于上海八仙桥公墓，1956 年迁青浦县，"文革"时被拆。

有关许佩珍女士的资料很少。2004年3月7日《福州晚报》一篇题为《毛泽东周恩来邓小平的翻译罗旭》的文章中有过简单的介绍，"许佩珍秀外慧中，曾在教会学校英华中学学英文，会一口流利的英语，还会填一手绝妙诗词"。"孝章患肝癌撒手人寰，许佩珍深受刺激，罹患重病。丧事由公司代办，不料代办人趁火打劫，将赡养费耗去大半，使得全家雪上加霜。1952年，因家中'弹尽粮绝'，许佩珍急得旧病复发。所幸三个成年子女都考上清华、北大。在老同学的夫君、北京图书馆馆长王重民教授帮助下，许佩珍携幼子和寡居半个世纪的婆母迁居首都，为王教授的学友抄书。她含辛茹苦，靠毅力和韧性，将四个（笔者按：应该是五个）子女都培养成国家栋梁"。"二十世纪六十年代，国内政治运动不断，许佩珍的母亲及小妹定居台湾，其表弟梁序昭又是当时台湾国民党'海军司令'，因此老人背上沉重政治包袱，后半生道路坎坷"。

据《豫章福州罗氏族谱》记载，许佩珍女士于1986年6月20日去世，享年八十四岁。骨灰葬于北京谷子峪陵园。

罗孝章先生与许佩珍女士共育有两儿三女。其中一个女儿正是著名的共和国外交家罗旭。罗旭1958年毕业于北京大学西语系法语专业，曾担任过毛泽东、周恩来、宋庆龄、陈毅、邓小平等国家领导人的翻译。2001年11月20日因病医治无效，英年早逝，享年六十八岁。

九十年过去了，这些穿越岁月留存下来的照片，向我们展示着罗孝章先生和他夫人的青春年华，弥足珍贵。

最后，感谢杭州应亚平先生无私提供了罗孝章肖像照片并对本文提出中肯的修改意见；感谢美国友人艾米女士的热心奔忙；感谢福州罗训森先生提供了《豫章福州罗氏族谱》权威资料。

一个琴师家庭的轨迹

谭金土

　　她姓王，在她的影集中有一份民国三十七年（1948）常熟王翼亭交田亩税的税单，王翼亭估计是她的祖辈，因此她的祖籍有可能是常熟。

　　照片有百余张，其中大量的照片是她的同学签名赠与她的，称她为莲话姐。这本影集是 2000 年前后在望星桥下塘，从一位二中的老师处收集来的。记得这位老师讲，王莲话是孤身一人，二中的一位退休老师，把房子和一张古琴等物品托付给了他，请他来处理她的后事。当时这位王莲话已过世，他要处理那张据说是明代的古琴，他说王的父亲是著名古琴家，开价三万，那时是可以买四十平方米房子的价格，我囊中羞涩，自然是无缘这张古琴了，只买下了这批散落一地的照片。一晃将近二十年，适逢我的老照片收藏馆搬家，才又翻出了它们。

　　作了一番考证，知道王莲话初中就读于乐益女中，乐益女中是苏州著名张家张武龄先生创办的。在张氏后人张寰和（其姐妹即张充和等）编写乐益女中校史时，曾提及王莲话提供了六十年前的毕业纪念册。抗战期间，王莲话就读并毕业于重庆大学；重庆大学校史的前言中曾写到王莲话等校友提供资料。

王莲话和她的弟妹

在这批照片中，有很多是重庆大学的同学寄赠给她的。

　　此外便没有她更多的资料了。解放后或许有种种的家庭或人事牵连，她的日子并不好过，以致终生单身。在这堆照片中有一张她的字条，似乎透露着她的一些不幸或恋情的曲折。

王莲话重庆大学毕业照

王莲话的同学赠照之一

　　我在微信朋友圈中选发了九张王莲话及她的同学寄给她的照片后，有微友向我发来了一些资料，揭开了王莲话及其家庭的一些秘密。

　　一位号称吴门琴人裴金宝的先生，在 2007 年 9 月为纪念吴兆基先生百年诞辰重印《今虞琴刊》杂志时写下了这样一段话："她的父亲叫王寿鹤，字仲皋，爱好物理、机械，祖籍苏州常熟，先后在四川邻水电信局、南京电报局、无锡电报局、苏州电信局工作。十余岁随父亲王元灿（字星如）学琴，为常熟今虞社早期社员，与妻周玉安生有一儿二女，儿子早年病亡，大女儿王莲话在川读书时，因感情问题患精神分裂症，小女王梅话在苏州读完高中，寿鹤夫妇仙逝后，靠梅话一人工作，二姐妹相依为命，从青年至中年，后莲话先去，而梅话终身未嫁，

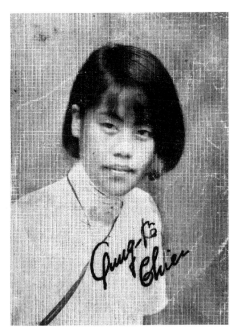

王莲话的同学赠照之二

孤身一人度日八十余年而终。寿鹤先生一生爱琴，初藏有父亲
传琴《枯木吟》等元明琴四张，《枯木禅》琴谱一套，寿鹤自
藏《五知斋》等琴谱十余种，并著有《琴学真铨》二卷（未梓）。
一九三五年二月二十八日，寿鹤先生被南京中央台邀请作古琴
演奏并播放。一九五二年去世后，计留有元琴一张，琴谱十余种，
回回堂带包装未用蚕丝弦一副，与周梦坡等琴人书信十余封，
杂物照片若干及保存极好之《今虞琴刊》。"

裴金宝何许人也，难道是当年卖给我王莲话照片的那个
人？在 2015 年 7 月 18 日严晓星的博客中读到了他的《〈今虞

王莲话同学赠结婚照之一

琴刊〉影印本之异》一文，相关的专业论述不在这里赘述，但他却在文章中提及了与裴金宝的一段交往："最后不妨扯一点闲话。庚寅（2010年）深秋，在杭州偶逢裴金宝先生。我知道他有王仲皋《琴学真诠》半部手稿，顺便问及。裴先生说，多年前他从一位中学教师那里买到一张古琴，顺搭拿下一些琴学资料，包括这半部手稿、几本琴谱、一本《今虞琴刊》和少量信札、老照片等。据那位教师说，他与王仲皋的女儿是同事，关系很好。老太太终身未婚，孤无可依，殁后便由他代办了丧事。这些东西皆为老太太的遗物，另尚有日记数册。琴与琴谱当给知琴之人，交易完成，便无瓜葛。裴先生又问他：'那日记怎么处理？'对方说，日记里有隐私，不宜公布，只能及身而毁之了。"

严晓星的博客中还说："他这么一说，我忽然想起自己的

王莲话同学赠结婚照之二

王莲话与同学在重庆大学（左一为王莲话）

如此事连不完了
本来就算了中国人不要
不恨你只求大家彼此侵犯大家
放鬆你的良心管束我绝对
我对你跪下磕头罢请你
我的心中卖在是明白的
望你不来担心我的事因为
事现在不必多淡了唯一希
都要恨我自己不懂人

一张费解的纸头

一个经历。十多年前，我撰写《古琴家徐立孙先生年谱》，所涉人物皆附注小传，但泰半不可详考。后来在网上列出一份名单，请求知情者提供资料，尤其是生卒年代，几乎无人应答。历时既久，也便渐渐淡忘。戊子岁暮登录某网站，收到一位'huangximing'发来的社区短消息：'我有王仲皋（王寿鹤）女儿从抗战到建国后的日记，其中记到一些王家琴事，另外还藏有王寿鹤印章一方。日记反映：王仲皋生于1881年（光绪七年），死于1952年阴历

1951 年的王莲话

十一初七（阳历12月23日）。'王仲皋正是那份名单中之一人。我立即回复，但从此再无回音。他真是一位神秘人物！"

如此看来，"huangximing"便是当年与裴先生接洽之人。他能为琴与琴谱找到合适的新主人，而严守隐私，可谓忠人之事，不负逝者。这样的操守在今天尤其可贵。只是那本日记里，一定会有许多琴史资料，任其消亡未免太可惜了。我若能和这位先生联系上，一定会劝他，销毁日记之前，先将其中的琴史资料整理出来。如此，才是真正的人琴两不负罢。裴先生将王仲皋小传与小影加在《今虞琴刊》影印本之后，想来也有这般饮水思源、彰显前辈的微意在。

如此说来，为王莲话或王梅话料理后事并将王莲话的照

片转让给我的当是网名称作"huangximing"的人了。关于裴金宝说的王莲话、王梅话的人生经历也只是听来的传说，我记得"huangximing"当年转让给我照片的时候说这些照片是王莲话的，她是苏州第二中学的一位老师，因感情挫折而得精神分裂症的当是王梅话，且在20世纪80年代她依然有将乐益女中和重庆大学的校史资料提供给相关人员的善举。如果王莲话得了精神分裂症，应是毕不了业的，而那张王莲话戴学士帽的毕业照片，看上去也是神采奕奕的。

不管如何说，我虽然错过了王氏家族更有价值的古琴和曲谱等资料，但终究它是有了一个好去处，古琴得其所在，琴声依然悠扬、琴学得以广大，也是值得欣慰的。作为老照片收藏爱好者，来钩沉一位古琴家的一点兴衰往事也算是尽了自己的一点责任吧。

书感 末言

《老照片》的衍生出版

冯克力

《老照片》的衍生出版，这些年我们一直在做。像升级版的豪华典藏本、分门别类的精选集，还有各种《老照片》专辑等。这些由《老照片》衍生的出版物，并不是简单的重组和重复，而是因应广大读者阅读、研究乃至典藏需要的举措，进而也扩大了《老照片》的传播与影响。

今年以来，《老照片》的衍生出版，迎来一个小小的高潮。

除了按计划出版了"《老照片》二十年精选集（四种）"之外，还尝试面向青少年策划推出了"《老照片》温情系列之一（四种）"。这套"温情系列"面世后，已经一印再印，受欢迎的程度，远出预料，让我们颇感欣慰。目前，"《老照片》温情系列之二（四种）"也在编辑之中，即将出版。说老实话，如何让青少年也喜欢读《老照片》，一直是个难题，久而久之，似乎已不再怎么有信心去面对，而"温情系列"的一举成功，无疑让我们对《老照片》的生命、对其潜在的读者群，又有了新的认识。

网络阅读也是衍生出版的一部分。近年来，《老照片》依靠自身所积累的丰厚资源，从开通网站、博客，到创建微信公众号、与"今日头条"深入合作……伴随着网络的发展，一步一步走来。年内，《老照片》因网络阅读与开发的种种探索，还有幸入选了"全国出版传媒集团品牌传播十大金案"。

还有件事，不能不提。今年三月，美国 Bridge21 出版社出版了一种《老照片》的选本——《家庭相册里的中国：一个民族的革命与日常》（*China in Family Photographs: A People's History of Revolution and Everyday Life*），担任编译并促成这项出版的，是美国的《老照片》研究者爱德华·克雷布（Ed Krebs）先生。虽然《老照片》已被不少的美国城市和大学的图书馆所收藏，但英文版的选本走出国门，还是第一次。

但愿这是一个良好的开端。

图书在版编目（CIP）数据

老照片.第121辑／冯克力主编.—济南：山东画报出版社，2018.10
ISBN 978-7-5474-2935-8

Ⅰ.①老…　Ⅱ.①冯…　Ⅲ.①世界史—史料②中国历史—现代史—史料　Ⅳ.①K106　②K260.6

中国版本图书馆CIP数据核字（2018）第221765号

老照片.第121辑
冯克力主编

责任编辑　冯克力　赵祥斌
装帧设计　王　芳

出 版 人　李文波
主管单位　山东出版传媒股份有限公司
出版发行　山东画报出版社
　　　　　　社　　址　济南市市中区英雄山路189号B座　邮编 250002
　　　　　　电　　话　总编室（0531）82098472
　　　　　　　　　　　市场部（0531）82098479　82098476（传真）
　　　　　　网　　址　http://www.hbcbs.com.cn
　　　　　　电子信箱　hbcb@sdpress.com.cn
印　　刷　山东临沂新华印刷物流集团有限责任公司
规　　格　140毫米×203毫米　32开
　　　　　　6印张　151幅照片　120千字
版　　次　2018年10月第1版
印　　次　2018年10月第1次印刷
书　　号　ISBN 978-7-5474-2935-8
定　　价　20.00元

A-FONG
CHEFOO. 芳榮

1930 年，美国海军士兵在烟台照相馆合影。（参阅本辑《美国亚
洲舰队在烟台》）

国内订阅：全国各地邮局

邮发代号：24—177

地　址：山东省济南市英雄山路189号B座（250002）
E-mail：laozhaopian1996@163.com
网　址：www.lzp1996.com

责任编辑／冯克力　赵祥斌

装帧设计／王　芳

扫码听书

《老照片》微商城

微信公众号

《老照片》网站

ISBN 978-7-5474-2935-8

定价：20.00元

OLD PHOTOS

老照片

定格历史　收藏记忆

大雅宝记忆　李榗

滕万林老师——故乡雁荡杂忆之八　傅国涌

民国著名海军将领吴振南　吴申庆

周楞伽与金性尧的交谊　周允中

抗日义士安重根的遗照　金月培

山东画报出版社

北京大雅宝胡同甲2号院内的合影

　　20世纪50年代初，齐白石、徐悲鸿、李苦禅、李可染、滑田友、叶浅予、李瑞年、王朝文等，在大雅宝胡同甲2号院内合影。（参阅本辑《大雅宝记忆》）

（李楣　供稿）

老照片
OLDPHOTOS

出 版 人　李文波
主　　编　冯克力
执行编辑　赵祥斌
特邀编辑　张　杰　丁　东　邵　建
美术编辑　王　芳

第一二二辑

目　录

李　楯　大雅宝记忆 …………………………………… 1

傅国涌　滕万林老师
　　　　——故乡雁荡杂忆之八 ………………… 20

李百军　回望生产队（下） …………………………… 39

秦　风　大海的远方
　　　　——岁月台湾 1960 之四 ……………… 61

王秋杭　西湖边上的包子铺 ………………………… 66

吴申庆　民国著名海军将领吴振南 ………………… 72

沈　宁　二伯伯的恩情 ……………………………… 83

周允中　周楞伽与金性尧的交谊 …………………… 89

姜　蒙　一个平凡家族的时代记忆 ⋯⋯⋯⋯⋯⋯⋯ 101

徐义亨　小城深处 ⋯⋯⋯⋯⋯⋯⋯⋯⋯⋯⋯⋯⋯ 109

熊景明　1928 年的全家福 ⋯⋯⋯⋯⋯⋯⋯⋯⋯⋯ 116

杨艳玖　剪辫之忆 ⋯⋯⋯⋯⋯⋯⋯⋯⋯⋯⋯⋯⋯ 119

杨　潜　苏濯溪与自忠中学 ⋯⋯⋯⋯⋯⋯⋯⋯⋯ 123

张友谷　口述　许元　整理

　　　　南下干部张友谷 ⋯⋯⋯⋯⋯⋯⋯⋯⋯⋯ 140

孙国辉　九十多年前的绅商出殡 ⋯⋯⋯⋯⋯⋯⋯ 158

谭金土　严裕棠魂归姑苏 ⋯⋯⋯⋯⋯⋯⋯⋯⋯⋯ 171

金月培　抗日义士安重根的遗照 ⋯⋯⋯⋯⋯⋯⋯ 179

彭均胜　刘公岛上的三块功德碑 ⋯⋯⋯⋯⋯⋯⋯ 184

冯克力　历史与当下 ⋯⋯⋯⋯⋯⋯⋯⋯⋯⋯⋯⋯ 188

封　　面　清末南洋舰队袍泽合影（吴申庆）

封　　二　北京大雅宝胡同甲2号院内的合影（李楢）

封　　三　1958年，文化干部在济南北园绘制宣传画（孙家骐）

大雅宝记忆

李　楯

> 有一种记忆是深深地刻画在一个人的心中的，人还活着，记忆就不可能消失。大雅宝，就是这样的一种记忆。
>
> ——题记

我在1948年秋，一岁时随父母从椿树胡同的旧宅（那是一个大院落，正门在南柳巷）搬到大雅宝胡同甲2号居住——当时，它是国立北平艺术专科学校的宿舍，住在那里的有李苦禅、李可染、叶浅予、董希文、韦江凡、滑田友。一些美术界中人，如齐白石、徐悲鸿也常去。后来，搬到这里住的，又有王朝文、张仃、彦涵，以及黄永玉、范志超、吴冠中。

1952年，我家从这里搬出，住进了和平门内东顺城街48号，是北京师范大学的宿舍。

对于一个年近七十的人来说，已到了该把回顾、反省人生作为一件事来认真做的时候了。从我一岁到五岁在大雅宝胡同居住的四年中，所经历的，与后来的几十年有着太多的不同。其中前期属于共和国建立之前的历史，而因居住在一个建立于1917年的艺术院校的宿舍，它又与始自清末止于1952年院系

1

1951 年，我在大雅宝胡同甲 2 号。

改革的中国近代高等教育史相关联，与那样的一个时代的人文
历史相关联。儿时的记忆，是破碎的。我甚至不能清楚地描摹
大雅宝胡同甲 2 号的三个院落。我只记得家里不同于后来所见

我和母亲在大雅宝胡同甲 2 号院内摘西红柿。

一般房屋的是：进门处，先有数尺宽的水泥地，然后是房屋的大部分地面比水泥地略高数寸，铺有木制的地板。我常在地板上玩，一把小刀被我从地板缝中插进去，就再也取不出来了。

我记得院中种有很多西红柿，母亲带我摘西红柿时用的是给我洗澡的盆。后来，这个盆被父亲按刘亚兰的主意，改作了自制的烤箱（用两个同样大小的盆，一个去了底，在盆面上焊上一层铁皮，上面放一个不到一寸高的支架，要烤制的食品就放在这个支架上，另一个盆打几个孔透气，焊两个把手。烤制食品时，把第一个去了底的盆放在蜂窝煤炉上，支架上放了食品，然后再把第二个盆倒扣在第一个盆上）。

我在"抓周"时，抓弄着画笔和水彩色盒。

　　大门外是一片略有坡度的平地，有一些拉车的牲口在那里进食、休息。我常能见到驴打滚。我还记得出大门不远（哪个方向记不得了）有个小铺，母亲曾叫我去买过酱，好像我买的酱是坏的，又去换过。记忆中那时常随父亲去美院，我个子很小，在美院的操场上跑；也随父亲去画室，那画室中支立着一个一个的画架。父亲周围的人们都认为我长大也会是一个画家——在我周岁"抓周"时，我抓弄的是画笔。谁知长大后笔下画出的竟不是画作，而是别的。

　　我三岁上幼稚园，在东单三条，还记得由老师带着，排队

我和妹妹在大雅宝胡同甲2号中院的家中。

出去玩。

　　东单有家法国面包房，那里有很好吃的起司面包和苏打饼干。母亲总说我是吃美国奶粉长大的，到有了妹妹后，就没有美国奶粉卖了。我还记得那时王府井的东安市场，记得吉士林的西餐。母亲在协和医院生了妹妹后（我和妹妹都是林巧稚接生的，我出生时，由于是战后，协和医院还没有恢复正常的运营，所以妹妹出生在协和，我则是请林巧稚出来，在后来是人民医院的西四西边的一个医院出生的），父亲曾高兴地带我去了吉士林。后来，吉士林成了父母时不时带我和妹妹去的地方。

除吉士林外，整个东安市场都给儿时的我留下深深的印象：一处四面相对的四个摊子，卖果脯、金糕、栗子羹和糖葫芦，在另一些地方，有卖绒花、折扇、纸狮、脸谱、戏人等工艺品的，有旧书店，有写着"丹桂市场"的匾，还有卖奶油炸糕、核桃酪、爆肚等小吃的，还有东来顺和森隆。东安市场北是金鱼胡同，东有校尉胡同，邻近的就是父亲就职的美院和我的东单三条幼稚园。我们搬到大雅宝胡同住后，爷爷、奶奶时常会来看我们。那时，爷爷、奶奶来都是雇三轮车。大雅宝胡同门外的那片小小的空地，是常常停有三轮车的地方，蹬三轮的，和那些赶大车的，也常常蹲在门外的路边休息、吃饭。如果说，大雅宝胡同甲2号是画家的聚落或是聚会之所，那么，门外，就是个世俗的聚落了。

当我只是一个小孩，站在门口望去时，不知这样的一种门内的艺术和门外的市民生计都行将变化——当然，这变化已在悄然发生。母亲1946年结婚，1947年毕业于中央大学，同年生我，1950年生我妹妹，直到1951年，我四岁（妹妹一岁半）时，母亲才去中国美术家协会工作。为了照料我和妹妹，先是请来了我的五奶奶。五爷是爷爷的弟弟，爷爷在清末离开旧家庭，去日本学印刷制版，后来在清度支部的印刷厂工作。爷爷带出了他的两个弟弟——五爷、六爷，一个在铁路工作，一个在邮局工作。五爷先去世，五奶奶寡居，在我和妹妹小时候，照看过我们。当时，是1950年。半年后五奶奶回去了，我的外婆和小姨来了，由外婆照看我们——后来，直到"文革"中才知道，外婆和小姨在当时之所以从四川来，是因为大舅在"土改"中被镇压了。大舅是母亲的哥哥，在他的影响下，母亲参加学生运动，成了中共地下党员；三舅在解放军到了四川后，

在东单三条幼稚园时，老师带我们去玩，第二排左起第七人是我。

也参加革命，后来是中共党员、政府官员；四舅、四姨入伍，后来死于朝鲜战场，而大舅自己却在"土改"中被镇压了。在很长一段时间里，人们不提此事，后来，人们虽不再回避、遮掩，但仍不愿提此事。一个人来到世上，就这样无声无息地走了。我曾想，他有坟吗？他的亲人会去看他吗？而外婆，则同时或稍后，成为被镇压者的母亲和革命烈士的母亲。

　　我不事收藏。前几年在电视台做谈话节目时，才知中国大陆竟有7000万人做文物字画的收藏，于是才会催生了那么多的"鉴宝"节目。我见过太多的好东西了。劫后遗存的一些物件，倒与我的大雅宝记忆相关联。这，就是一个纪念册和一些从我

爷爷、奶奶、我和妹妹，在大雅宝胡同甲2号。

儿时相册上撕下来，幸而未毁掉的照片。纪念册 16.5 厘米长，11 厘米宽，布面、洋纸，用丝带扎系。之所以是洋纸，我想，可能一是因为父亲是画西画的，二是因为这在当时是个好东西。现在，扎系纪念册的丝带早已不见了，纪念册的布封面上污迹斑驳。纪念册中留下了当时与父亲相交的一些人的笔迹，但纪念册的大部分是空白的——我想，父亲在我儿时给我这个纪念册，是应觉得它是可以画满的。大部分空白，是因为在大雅宝

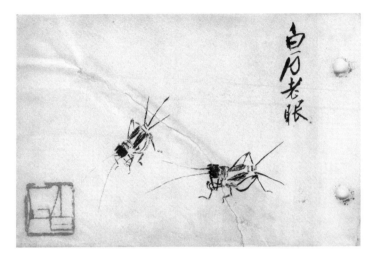

我的纪念册：齐白石画的蛐蛐

之后，就已经没有什么人再在这个纪念册上画画了。纪念册中的第一页，是齐白石先生画的两只蛐蛐，纸的右上角有"白石老眼"四个字，左下角有一方篆刻着"白石"二字的印。父亲说，这是齐白石先生来大雅宝胡同时，用可染先生砚池中的残墨给我画的。我想，白石先生一生作了那么多画，而用洋纸画的，不说唯一，大概也不会多。纪念册中的这一页已被撕破，在背后用透明胶条粘起。

纪念册中还有吴作人先生用铅笔给我画的像，寥寥数笔，在左下角写着"作人，1948，北平"。

纪念册中还有李可染先生画的一个小孩和一只青蛙，也只是简单数笔，地面略加烘染。画面题有"可染"二字。

纪念册中又有一页，四人用钢笔作画，画了三个小人，一把钉耙，画的人是戴泽、韦启美、董其香和另一个我辨识不清

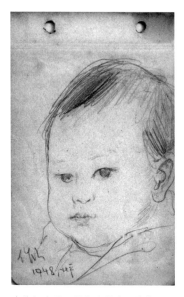

我的纪念册：吴作人给我画的像　　　　我的纪念册：李可染画的小孩与蛙

他的签字的人。

　　纪念册中还有几幅，是父亲后来的学生画的。

　　从这个纪念册中，可见大雅宝这样的一个画家聚落，或是文化人聚落中在一个时代即将过去时的情景。画西画的和画中国画的是朋友。一些画作是他们生活的印记。由此，我又想起来我家已失去的另一个纪念册——我父母的结婚纪念册。我清楚地记得，上面是徐悲鸿、吴作人、谢稚柳、陈之佛、傅抱石、潘天寿等人的画。父母结婚时来宾的签到册尚存，上面记载着来客中的画界人是：徐悲鸿、吕霞光、黄显之、吕斯百、赵无极、林风眠、秦宣夫、庞熏琴、王临乙、王合内、余文治、胡善余、黄君璧、常书鸿、刘开渠、傅抱石、潘天寿、李可染、关良、陈之佛、谢稚柳、费成武、秦威、蒋碧微和张道藩。

父亲于1928年就读于当时的北平艺术专科学校，师从王悦之、卫天霖。在这前后，曾经在这个学校任教的有林风眠、徐悲鸿、常书鸿、高乐宜、彭沛民、钱祝九、王曼仳、郭风惠。父亲的同学有秦宣夫、秦威、郁风、张瑞芳、张仃。而其他在这里学习过的，前有李苦禅、王雪涛、刘开渠、萧淑芳，后有侯一民、李天祥等人。

父亲留法，就学于巴黎高等美术学校，同在这所学校

我的纪念册：戴泽、韦启美、董其香及另一人（署名难以辨识）的画。

中学习过的有：徐悲鸿、林风眠、潘玉良、张道藩、常书鸿、吕斯百、刘开渠、颜文梁、王临乙、曾竹韶、吴作人、唐一禾、秦宣夫、胡善余、吕霞光、黄显之、赵无极、吴冠中。

父亲于1940年到重庆，后在中央大学任教，其时共事交往的有：徐悲鸿、张道藩、吴作人、唐一禾、吕霞光、黄显之、吕斯百、秦宣夫、王临乙、傅抱石、潘天寿、陈之佛、谢稚柳、李可染、黄君璧、常任侠、常书鸿、丁聪、叶浅予、秦威、冯法祀、余仲志、郁风、张安治、艾中信，以及吴祖光、田汉、艾青、老舍、曹禺。

在中央大学，父亲和徐悲鸿同教一班（父亲每周去两次，徐悲鸿每周去一次）。从那时，至北平艺术专科学校，再至中

央美术学院初期，父亲所教学生有：李斛、戴泽、韦启美、张大国、吴承砚、单叔子、侯一民、钱绍武、骆新民、靳尚谊。

自 1948 年至 20 世纪 50 年代初，父亲在北平（后为北京）交往的，除前述各个时期的之外，又有：李苦禅、王朝闻、郑振铎、滑田友、蒋兆和、常任侠、黄永玉、吴冠中、卫天霖、潘洁兹、任率英、翟奉南，以及启功、黄药眠、陆宗达。

我曾说：应该认真梳理一下父亲那一辈人的绘画传承谱系，以及因了一种当时人的生存方式所致的在艺术上的交互影响。这会是近代中国美术在与外部交融过程中的传承谱系，以及一种蕴涵、显见于画家及其他文化人的交谊、往来、聚会中的交互影响——画中国画的，也上过美术学校，学过素描；画西画的，后来也多画水墨画（父亲除外）。私人交往中，父亲与傅抱石是酒友，经常一块喝酒，买一个松花蛋下酒，一人一半。还有一次，一个开葡萄酒厂的，要买吴作人的一张画，吴作人及朋友们的出价是用葡萄酒摆满画面，于是父亲、吴作人和一些画界的朋友跑到山坡上，把酒都喝光，一个个跌跌撞撞地下了山。在这种看似一般的交往中，蕴涵着不同艺术、不同人之间的交互影响，其实有着深邃、久远的意义。除西方美术（父亲还在法国学过博物馆学，有很多时间，终日在卢浮宫）外，父亲对宋明以降的画作（包括文人画）无所不喜，对汉唐陶俑、民窑粗瓷、壁画及碑帖，及域外东亚、南亚、中亚佛教题材或世俗题材的绘画，也都有兴趣。父亲是有过收藏的，只不过后来，没有了。

父亲搬出大雅宝后，与人的交往日少，从父亲那里可见的画家聚落或文化人聚落的情景也就终结了。只在父亲晚年，才想到要留下些朋友们的画，又准备了一个画册，但一是旧友飘

在大雅宝胡同甲2号的家中，父母背后是齐白石先生给父亲的画。

零，所余无几，二是父亲自己的时间也有限了，不久，父亲辞世。父亲最后准备下的画册上只留下了李可染、吴冠中的两幅画。

我儿时的相册，记得是棕色的封面，在黑色的相册纸上，用今天已经不再用的透明相角固定着一张张120胶片洗印的照片。照这些相的相机，也是个历经劫难的器物。父亲留学的那几年，手头拮据，省吃俭用积下些钱，买画册和书，后来，又反复去挑选，买了自己喜爱的Rolleifler相机（后来，父亲又被称作摄影家，受郑振铎之命和吴作人、常任侠等去做麦积山勘察，出版《麦积山石窟》画册时，收入的照片，多是用这个相机照的）。回国时，走到上海，遇中日战事起，回不了家，只

大雅宝前院，母亲和我。

得随流亡的人们经南京、武汉、长沙到昆明，最后，又去了重庆。从法国带回的自己的画作、买来的画册和书，都毁于日军的轰炸，唯独这个相机带在身边，得以留下来。后来，"文革"抄家，相机被当时北京师范学院美术系的人抄走，"文革"后，"落实政策"还回来时，已是伤痕累累。

曾经装入我儿时相册的照片，曾使人回想起那旧日的时光：母亲坐在书桌前，背后的墙上是幸存的父亲留学时的习作；父母在一起，墙上除父亲的画作外，还有齐白石先生为父亲画的蟹——当时，还没有裱，现在，早已不知去向。

大雅宝前院，父亲和我。背后是张仃先生家，左侧是董希文先生家。

　　另有些照片，是在大雅宝甲2号的前院，有着我一生喜爱而北方又不多见的竹子，我和父亲坐在张仃先生的家门口，父亲是在教我吸烟吗？他可能想不到，这个孩子长大后却是个强硬地主张在公共场所"禁烟"的人呀（作为法学家，我主张尽管吸烟有害健康，但吸烟是个人的自由，吸烟不应伤害那些被动吸烟人的健康）。

　　我家住在中院，照片中可以看到：母亲和我在父母卧室的

母亲和我在父母卧室的窗前。

窗台前；母亲带着我和妹妹在家门口——当时，我至多五岁，妹妹应是不到两岁呀。

父母 1946 年在重庆结婚，当时，"二战"结束，人们祈望着一个和平时期的到来。父亲原本是一个只生活在艺术的场域中的人，回到北平，住进大雅宝胡同甲 2 号，正是父亲一生中相对安稳的几年，可以不问其他地搞艺术。一张早已遗失，在国内的亲友中也已都找不到，从海外扫描传回的照片，再现了那个时候家族最后聚首时的影像——我才两岁，由母亲抱着，地点是清华大学的丙所——我五太姨父梅贻琦先生的家。

大雅宝中院，我家门前，母亲、妹妹和我。

　　搬到大雅宝时，父亲三十八岁，在国立北平艺术专科学校任教。今天通过网络检索尚能知道在那年父亲画的画有：《古殿》《五龙亭》《鼓楼鸟瞰》《美人蕉》《白塔》《中南海》《蝴蝶花》。同是在那年，父亲在中山公园的水榭举办了画展，展出油画三十五幅，另有画稿十四幅。画展由徐悲鸿作序。徐悲鸿曾和父亲共事，同教一个班。教学上，他看重父亲的方法，凡学生作画有了毛病，他就把这个学生交给父亲，说是"治治病"。绘画上，他非常喜欢父亲的画，称其为"中国油画风景第一"。他为父亲的画展作序，说：

余尝谓艺术家之倾向可以不问，但艺术家苟无为艺术而艺术之精神，其艺术必不能持久。可以断言，李瑞年教授留比、法多年，浸润其艺术作品，好为沉深雅逸之音。其作风与法之 Daubigny、德之 Achenbach、俄之 Levitan 相近，得外光派之神趣。如其所写青城——尤以《采花人》幅，其情调之高逸比之吾国古人，殆云林、子久之俦也；又如静物之《鱼》《瓶花》等幅，皆精妙绝伦。此皆潜心于艺，以美为归，所艺为艺术而艺术之精神者也。李先生频年教授中大艺术系，孳孳作画，绝意外务。此次集其作品三十余帧，公开展览，吾知爱好艺术之人士必将以先睹为快也。

父亲还有一幅画，极为徐悲鸿先生称道，画面上是两棵枯树。徐先生曾对父亲说，要父亲为他临一幅。父亲说，临出来，即使是画者自己临，也难与原创作时同，就把这幅画送给了徐先生。母亲说，这画原挂在徐先生在美院的办公室中。徐先生去世后，曾被对外友协借去挂过。后来，就不知去向了。那应也是父亲重要的代表作。一个时代过去了，另一个时代开始了。

1949年3月8日，北平军管会派沙可夫为军代表，接管了国立北平艺术专科学校。1950年1月，中央美术学院成立，徐悲鸿任院长。1951年，父亲参加文化部组织的赴广西土改工作队，田汉任队长。

1952年，知识分子思想改造运动后，父亲调至北京师范大学图画制图系（美术系）。后来任美术系系主任（这个美术系后和音乐系一起从北京师范大学分出，成立了北京艺术师范学院，后又改为北京艺术学院，后来又分出，到了当时的北京师范学院）。

一个人，能记住什么，忘却什么？一个人群，能记住什么，忘却什么？——"记忆"，作为人文社会科学研究中的一个领域，有时是会使研究者惶惑的。父亲九十诞辰时，妹妹和我为早已逝去的父亲做了纪念展。当时研究美术史的范迪安先生正担任中央美术学院的副院长，他见了大为惊异：没有见过，也不知道有李瑞年这样的画啊！于是到了他做中国美术馆馆长时，就一定要为父亲做百年诞辰展。中国美术馆在范先生做馆长时，收藏了父亲的十余幅画（其中包含父亲的代表作）。父亲百年诞辰展时，我的朋友、北京大学的郑也夫教授起意约三五个朋友看画，并在一起谈谈。打电话给陈丹青（当时，陈先生在国外，故未能参加。参加的有：阿城、章诒和、丁学良、李公明、郑也夫，以及妹妹和我），陈先生说了一句话：我真的不知道有李瑞年先生这个人。

美术界人不知道，忘怀了，界外人就更不知道了。这，就是记忆，在这样的一块土地上，我不忍心中的记忆随肉身逝去，故写下来。

滕万林老师

——故乡雁荡杂忆之八

傅国涌

一

在认识滕万林老师之前，我就已读过他的文章。最初是在
1980 年元旦后，我还在雁荡中学念初二，二姐去了一趟县城，
带回一册县文化馆编的《雁峰》杂志第二期，1979 年 11 月出版。
其中有一篇《"雁荡初传晚唐世"——谈雁荡山的开发年代》
吸引了我，作者署名"范林"（我当时并不知道是谁）。同一
期有他和另一位英语老师合译的屠格涅夫散文诗两篇，署的则
是真名。1981 年 12 月 13 日，我读到 1980 年 7 月出版的《雁峰》
第四期，又有署名"范林"的《从雁荡山开发年代之争想到的》。
他的《"雁荡初传晚唐世"》一文以南宋温州籍哲学家叶适的
诗句为题，提出雁荡山在唐代即已开发，沈括在《梦溪笔谈》
中所言宋代开发说不能成立。一位叫"胡牧"的先生不同意他
的看法，写了一篇《雁荡山的开发是一个漫长的历史过程》与
他商榷，认为雁荡山早在汉、三国和晋之间就已为人认识，隋
唐之际即已定名，唐宋间，雁荡的建设初具规模，至南宋，雁
荡山之游始盛，到清代才认识全貌。此文刊登在 1980 年 3 月出

1960年夏，滕万林于丽娃河畔的华东师大。

版的《雁峰》第三期，我直到1982年12月才看到。此时，我在故乡小镇大荆中学念高二。我们高二（3）班是个文科班，几乎集中了全校最好的师资：教英语的是雁荡中学三年间一直照顾我的张金英老师，她同时担任班主任；教历史的是大夏大学毕业的蒋祥贞老师，1949年前大学时代就加入了民盟的老盟员，也是全校唯一自费买《新青年》影印本的老师；教政治的是教导主任干学斌老师；教语文的就是大名鼎鼎的滕万林老师。我1981年9月入校念高一，就听说他是华东师大中文系毕业的高材生，经常在报刊上发表文章，校园里也常能碰到他，只是没有来往。到了高二，他成为我们的语文老师，我和几个同学于是有了经常去他办公室请教的机会。

保存至今的《雁峰》第三期扉页还有他的签名，除了"万林老师赠之"几个漂亮的钢笔字，还有"十二"两个字，否则我已完全想不起来这是他所赠。这一期的封面是我故乡那块朝夕相对的巨石——迎客僧。上面刊登了胡牧的《雁荡山的开发是一个漫长的历史过程》，也刊有他读白居易《与元九书》的两点感想。

其实，他只教了我一年语文，因为1983年7月我们就毕业了。短短的一年却留下了许多难忘的记忆。我记得在他那儿读到一篇考据性的短文《关于李孝光的生卒年》。李孝光是元代文学家，《元史》有传，李氏的故乡就在我的邻村，他的读书处七星洞和他的墓都离我家不远，在去外婆家必经的路上，我自然感到亲切。我在滕师那里看到此文，他根据李氏宗谱和其他第一手的材料，纠正了《元史》和《中国古典文学作品选》（1962年出版的华东师大教学用书，选了李孝光《雁山观石梁记》）、《西湖诗词选》（1979年版，选了李孝光《满江红·烟雨孤帆》）介绍作者生卒年的错误，确定李孝光活到六十六岁，而不是《元史》所载五十三岁。

此文发表在《温州师范专科学校学报》1982年第一期。这是我近距离看到我的老师以严谨的态度在校正史实，对于我后来踏上历史研究之路也有无形的影响。一年后，我在雁荡中学认识了来自李孝光村庄的同学李学川，得知滕师正是托他找的《乐清淀溪李氏宗谱》。

我第一次读到李孝光的传世之作《雁山十记》，也是他当时托人刻印的油印本。时间久了，到底是他刻印的，还是隐居雁荡北斗洞的盛牧夫老师刻印的，我印象已模糊。问了滕师，

1962 年 1 月，滕万林摄于南京中山陵。

他确切地说："记得是我请人刻印以备作注释时所用的稿本。"
大约是他那时送我的。

二

遥望三十六年前，滕师教我们语文时，正是他开始致力于
启发式教学实践的时候。我们订阅的《语文新圃》《语文小报》
上也时有他发表的研讨文字。这些报刊没有保存下来，好在两
年半前，他将当年的文字汇编成了《温故知新——我的语文教
学文存》，由上海印书馆出版。我可以重温在学生时代读过的
那些文章，比如《搞好两个结合》《不习惯怎么办？》《语文
课要精讲》等，都是我做他学生时，他发表的。他提出的"不
习惯怎么办"，就是因为他的"不讲""少讲""精讲"，鼓

励我们提问，我们当时真的很不习惯，我大概是班里语文程度最好的学生，也对他的"启发式"课堂探索很不适应。

他回首当年，曾说过：

> 在十多年的教改实践过程中，酸、甜、苦、辣都经历过，概而言之，不无欣慰，也有感慨。
>
> 所谓欣慰，我觉得自己的付出没有白费。语文教学的改革是件难事，我的改革实践也不可能是完美无缺的，但毕竟是有成效的。譬如，在课堂教学中，提倡学生在课前或当堂自学课文，发现问题和提出问题，然后由教师解答，有些学生就感到不习惯，有意见。

当时在"启发式"和"满堂灌"之间，语文界存在着争议，他是大荆中学第一位大胆的探索者，在整个乐清县也是超前的，校内校外就不乏质疑者、批评者。他不断发表文章，将他的思考公之于众。事实上，启发式教学对老师和学生的要求都更高，难也更大，引起一些非议几乎也是必然的。一位比我高一届的女同学金娇珠就写过一篇文章《我们要支持老师的教学改革》，登在1982年12月20日的《语文小报》上。而今天看来，他的这种启发式教学毫无疑问是对的。

他的启发式教学实践正是对叶圣陶先生提倡的教师"少讲点"、培养学生自学能力的积极回应。早在1963年10月他就给叶老写过信，那时他还是个初出茅庐的新教师，正值语文学界对于"语文"究竟是语言文字还是语言文学有过一场讨论，他自己倾向于后者，但心中不踏实，所以写信求教。年近古稀的叶老时任教育部副部长，1964年2月1日他惊喜地收到叶老

1964年2月1日，叶圣陶先生给滕万林回信影印件。

的回信，信只有四百来字，却将"语文"的来龙去脉说得清清
楚楚：

> "语文"一名，始用于一九四九年华北人民政府教科
> 书编审委员会选用中小学课本之时。前此中学称"国文"，
> 小学称"国语"，至是乃统而一之。彼时同人之意，以为
> 口头为"语"，书面为"文"，文本于语，不可偏废，故
> 合言之。……其后有人释为"语言""文字"，有人释为"语
> 言""文学"，皆非立此名之原意。

在这期间，在他任教的乐清中学还有过一番对语文教学的"文道统一"的认识之争。在一次语文教研组会议上，大家谈到语文教学的"文道统一"（或叫"文道结合"）问题时，几乎一致认为：用马列主义的道对课文进行批判和联系实际进行教学，就是"文道统一"。他则提出：讲课持马列主义批判态度，是教学的指导思想问题；联系实际是教学方法问题。"文道统一"的本意指的是文章中的"道"和"文"是统一在一起的。换言之，文章的思想内容与文章的语言文字是不可分割的。会后，有几位年轻教师对他说："你的看法挺新鲜，以前还没有听说过。"到期末，教导处和教研组都说这个讨论很好，下学期继续，却因 1964 年 2 月他被抽调去"参加社教运动"而自然停止。1964年下半年他回校任教，发觉年轻教师对"文道统一"的看法已有所改变，他也不准备再坚持讨论。他在这一年写了一篇文章《要坚持"文道统一"的原则——不要把语文课讲成语言知识课》。

有人向校领导反映他的教学思想有问题，在当年 12 月 12 日召开的语文教研活动会议上，专门请了一位校长来坐镇。在谈到"文道统一"时，他简要地谈了自己的看法，这位校长指责他的看法是有问题的。他禁不住当场反驳，也因此在次年 10 月被调离乐清中学。

三

我在滕师身边受教时，他正好五十出头，也就是和我现在差不多的年龄。对于他的过去，我当时所知甚少。直到最近这

1982 年 8 月 7 日，乐清县中学语文教学研究会成立摄影留念。前排左二为滕万林。

些年，我才将他早年的经历慢慢搞清楚。1931 年他出生于大荆镇上，1960 年，从华东师大中文系毕业时已年近三十。原来他初中毕业后读的是黄岩农校，1953 年，分配到浙江省农业厅农场当农技员。1956 年夏天考入华东师大中文系，享受调干生待遇。比他早两年考入北大的彭令昭也属于调干生。华师大毕业前夕，学校发表格征求毕业生的个人意向，他自愿填了去山西，结果被分配到山西晋北师范专科学校当文艺理论教师。这很符合他的意愿，在校期间，他最感兴趣的就是文艺理论，深受徐中玉、钱谷融等先生的影响，毕业论文《谈美与美感》得了满分（5分）。

他在华东师大求学期间，曾给丰子恺、朱光潜写过信。他先是写信给上海书画院院长丰子恺先生，请教"美学怎么定义""什么是美感"等。丰先生回信说自己对这两个方面的问题没有研究，并提议说朱光潜先生在这方面比较专业，可去向朱先生请教。他开始写信向朱先生请教。朱先生回信说："你的逻辑思考力和对美的感性认识都很好，在这个基础上进行美学研究是会有成就的……"并寄赠了新译的《柏拉图对话集》等书。朱先生给他的亲笔信有六封，其中有两封编入了《朱光潜全集》。那时他毫无疑问是用马克思主义美学观来思考问题的，朱先生不以为忤，与这位年轻的大学生平等讨论高深的美学问题。

1958年"大跃进"浪潮中，高校也有一场学生自编教材的"大跃进"，他参与编写了华东师大函授教材《毛泽东文艺思想讲义》第一册，署名是：华东师大中文系编。此书由华东师范大学出版社作为内部读物"凭证发行"，第一次即印行40000多册，定价0.44元，纸张是十分粗糙的草纸。

此书分三章：第一章是文艺必须为政治服务；第二章是坚持文艺的工农兵方向；第三章是如何为工农兵服务。他说六十年来几乎没有给人看过此书，我前些天去他家的书房，问及这本书，他才拿出来给我看。作为编者之一，他得到了一册样书，扉页上有油印的几行字，是1959年1月"毛泽东文艺思想讲义编辑小组"写给他的信，他的名字是用红色笔填写的。其中说："这里有你一分力量，赠送一册，以资鼓励，希望在今后的科学研究中，发挥更大的力量。"

对于他来说，这本薄薄的讲义不过是时代的产物，这一页早已被翻过去了。他到塞北大同工作一年，也编过一本文艺理论讲稿。因为身体无法适应晋北的高寒气候，到1962年2月他终于调回故乡，先是分配到大荆中学，很快就被任命为语文教研组长。仅仅一年即被调到乐清中学，三年后调到乐清农校，曾下放到农场。1970年5月，他回大荆中学任教，直至1991年，二十多年没有变动，成为语文名师。我也因此有机会在20世纪80年代初成为他的学生。

四

说起来，我和滕师还是雁荡中学的校友，在同一个学校念的初中，只是时光相距三十年，他是1948年在雁荡中学的前身私立淮南中学毕业的，我是1978年进入雁荡中学的。我进校时，雁荡中学一进校门就看到的那幢老楼，1934年建造的雁山旅社还是标志性建筑，典型的民国小洋楼，有点中西合璧的味道。蔡元培、马寅初、马君武、莫德惠、吴稚晖、顾祝同、张发奎、陈诚、张大千、谢稚柳、黄君璧、方介堪、毕士登等达官显贵、中外名流都曾在这里住过。抗日战争以后成为淮南中学的校舍。

我入学时，楼上是老师们的宿舍，楼下是办公室，进门有一个不大的门厅，楼前几棵梧桐树已长成遮天蔽日的样子。很多年后，当整个校园夷为平地，我托朋友遍寻老照片不得时，没想到在滕师家看到了1948年他的毕业照，赫然就是在这幢楼前拍的，只是那时候梧桐树还没有长大，而建筑也要更新一些而已，照片中第一排出现了胡兰成清晰的面容。

我知道胡兰成，是在读了《今生今世》《山河岁月》之后，《今生今世》中有一篇《雁荡兵气》记录了这位注定一直会引发争议的作家、亡命者在雁荡的岁月，从1948年春天到深秋。滕师在淮南中学从初二读到初三，并提前毕业。他当然想不到教他们初三国文的这位老师张嘉仪是一位大名鼎鼎的作家，还是汪伪政权的重要人物，隐姓埋名到山里来避祸。在少年的眼中，才四十出头的张嘉仪——

"看上去，脸色灰暗，面部肌肉松弛，额上有皱纹，比实

1948年，乐清县私立淮南初级中学欢送第十五届毕业同学留影。前排左起第七人为胡兰成，四排左起第六人为滕万林。

际年龄老得多。"

我曾问起，张嘉仪的国文课上得如何。在他的记忆中，一位妙笔生花的才子讲课并不出色，没有教材，而用他自己挑选的"经""诗"作教材。开始给他们上的是《易经》，讲"乾、元、亨、利、贞"，讲"初九，潜龙勿用"，讲"九二，见龙在田，利见大人"。他讲得好像头头是道，很投入，可学生听得稀里糊涂，好像听天书不知所云。于是就改讲《诗经》。开篇讲的是《关雎》："关关雎鸠，在河之洲；窈窕淑女，君子好逑……"经他带腔带调的诵读和讲解，同学们似懂非懂，也有了兴趣，跟读时的声音也响亮起来。接着还讲了《氓》《木瓜》《蒹葭》和《黄鸟》等篇目。因为大多是情诗，他讲得声情并茂，学生也学得起劲。数十年后，一些同学还能随口诵读这些诗篇的句子。

从他 1947 年 4 月 10 日写给梁漱溟的信，大致上可以知道他对《诗经》的见解和推崇，他说《诗经》中把看牛种田、割稻收麦、煮酒烧饭、建屋筑宇、生男育女，写得如此有声有色，热闹开心，是《荷马史诗》以来西方文学中所没有的。他说："中国民间的气象至今仍是《诗经》的，工作不叫'工作'，叫'做生活'，人生是这样的完整，理知与美并不被从日常生活里特别提出来。"这些美好的见解想来也曾在 1948 年的课堂上表达过，只是少年们不大懂而已。

他也给初三班的学生讲过唐代诗人刘希夷的《代悲白头翁》，学生中有人到晚年还能脱口背诵："洛阳城东桃李花，飞来飞去落谁家？""年年岁岁花相似，岁岁年年人不同。"这首拟古乐府大概是他给学生讲过的诗文中最浅显易懂的，留给他们的印象也最深。数十年后，滕师回首当年，才明白原来他是在借他人之酒杯——刘希夷的《代悲白头翁》来浇自己之块垒——世事变迁、人生无常、青春易逝的感伤情怀，所以才讲得这么动听，如此令人难忘。

他的口音是南腔北调，想来是嵊县口音的普通话。究竟是哪里人，同学们谁也不清楚。那时，他对教学生恐没有太多的心思，也很少和师生来往，连到灵峰、灵岩和大龙湫去看风景，常常都是独来独往。平日里他除了上课，就是闭门著述，少年学子根本不知道他是什么人，更不会知道他是作家张爱玲的丈夫。除了上课和一天打两次太极拳之外，多数时间他都关在屋里写作，有时少年滕万林去送班上的作业本，看见他用的钢笔特别粗，比他们通常用的大一倍。稿子上的字书写流畅、清晰可辨。这就是《山河岁月》的初稿《中国文明之前身与现身》，大约是 1948 年 6 月完成。他叫一个会刻钢板的学生刻出来，印了几十本。那位刻印的同学得到一本油印本，因为好奇，少年滕万林曾借来看过，没有看懂，所以什么印象也没留下。这就是寄到重庆北碚向梁漱溟请教的那个油印本。这个油印本，梁没有表示意见，只是拿给知识渊博、学风严谨的邓子琴看过，邓当时在北碚的勉仁书院任研究员，写下了这样一番评语："张君颖悟力高，深于诗之比兴，其书中颇多令人喜悦处，阅之令人意消，惜其疏于历史，颠倒错乱不一而足，其尤甚者则以稗官小说为历史，其短在此，或其所长亦正由此。"七十年前的评价，与我今日读《山河岁月》的感受一致。这一评语一直和署名"张玉川"或"张嘉仪"的九封来信保存在一起，梁并不知道此人就是胡兰成。近三十年后 1976 年 8 月华北地震时，梁还找出这批信写了几段按语，其中说："张君头脑思路远于科学，而近于巴甫洛夫学派所谓艺术型。联想超妙，可备参考。于人有启发而难资信据。"与邓子琴相呼应。

那时，张嘉仪住在淮南中学唯一的这幢楼楼上扶梯边那一间房。校长仇约三和五六位教师及十多位女生也在楼里住。家境比较富裕的女生见这位张先生孤身一人，生活清苦，常常带鸡蛋、水果和茶叶送给他。有位女生的母亲是裁缝师傅，曾做过几双布鞋送他。他很高兴，还专门去向她的母亲致谢。与他一同来雁荡的范秀美回到临安蚕种场后，大约隔一段时日也会来团聚一次。在少年的眼里，看上去只有三十出头的范秀美貌如其名，像一位小家碧玉。

滕师回忆，大约因为他是班里的班长，平日听课又专心，有求学的欲望和兴趣，所以张先生开始和他比较接近。一次晚饭后，在楼下办公室门口碰到，就叫他进去，跟他说自己有很多藏书没有带来，并说自己对诸子百家都有研究，对佛教、基督教也很熟悉，知道三民主义，也了解共产主义……这一席谈话给他留下了这样的印象：这是一位饱学的先生，真不简单啊！

但是没有多久，就发生了针对一场他的罢课风波。此事起因是作为国文老师，他竟然在自修课时跑到教室给学生上起了英语课，伤了英语老师的面子。接下来，1948年10月的一天，几个学生课间在教室里掷骰子，被他看见，他动手打了一个学生三个耳光。学生们对此很反感。正好年轻的英语老师和物理老师是黄岩同乡，住在一个宿舍，滕师是班长，去送作业本时，两个老师很气愤地对他说："张嘉仪动手打人，这是法西斯作风，怎么不向学校请愿，罢他的课？"他回到班里和同学们商议，一致同意：全班罢课请愿。第二天，他们做了请愿用的小旗子，分别写着"反对张嘉仪的法西斯作风""张嘉仪的教学等于零""张嘉仪滚出淮南中学"，还在墙上张贴同样内容的标语。因仇约三校长在大荆高地的家中，他们全班同学，集合翻过谢公岭，从我家的山村前经过，前往校长家。校长叫他们先复课，写了一封短信给教务主任项章五。几天后，学校派一位新老师接替了他们的国文课，罢课风波就此平息。

张嘉仪和校长的关系不错。仇校长善书，常有人请他写对联。滕师有一次曾和几个同学目睹校长每写好一副对联，张先生就在旁边夸赞："好一笔马体字，笔力扛鼎，精彩！精彩！"校长是马一浮的弟子。轮到张先生写对联，速度较快，笔姿较飘逸，一下子就写成了。仇校长颔首微笑，未加评赞。滕师说，在他的印象中，"张先生的字有点像康南海，至于是否到家，当时不知道，现在也说不清。"

当年11月中旬，淮南中学因"赤化"嫌疑被浙江省保安司令部下令停办。张嘉仪也离开雁荡山，回温州去了。

五

接替张嘉仪的周庸平老师，是画家周昌谷、散文家周素子的父亲，出身于大荆镇上的一个书香门第，书法好，文章学问皆不俗，当时正在写《雁荡丛谈》。滕师说，周先生的课讲得深入浅出，态度又和蔼可亲，深得学生喜爱。因学生的宿舍靠近周先生住的地方，他经常去请教问题，看到未完成的《雁荡丛谈》手稿，就借过来抄了一册。半个多世纪后，周先生的原稿早已在时势的变迁中遗失了，幸好他还留有这份字迹有些模糊的手抄稿，交给了周先生的大女儿周素琳，此书才得以面世。

从周庸平老师的《雁荡丛谈》到滕师1979年以来讨论雁荡山开发年代的那些文章，再到20世纪90年代后他陆续完成的几本雁荡山的著述，中间有一条神秘的线索，就是雁荡山水

1982 年 1 月，滕万林（后排中）和文学家洛地、作家孙伟权与叶红先生于周守华先生家阳台合影。

将这一切连接起来的。

　　我在 1983 年到 1985 年曾醉心于雁荡山的研究，那时滕师还忙于语文教学，没有空闲致力于雁荡山的研究，其间我也没有向他请教。1996 年，他出版了《雁荡山览胜》一书，此后一印再印，长销不衰。说起当初在景区签名售书的盛况，他至今还充满喜悦。接着，他又于 2000 年和 2008 年出版了《雁荡山楹联赏析》《漫话雁荡》这两本书。2010 年又出版了他编的《历代名人话雁荡》散文卷和诗词卷。这算是他退休之后的名山事业，但如果要追溯渊源，可以追到他求学雁荡的少年时代，抄录《雁荡丛谈》的那些时光。《温州都市报》记者金辉称他是雁荡山的知音。其实，何止是知音，这座山与他早已是不可分割的血肉关系。

1982年10月，参加乐清县中学语文教学研讨会时，滕万林（右二）和徐保之、王纪芳、黄圣铎老师合影留念。

早在 2004 年，他就出版过一本《书学漫步集》，收入了他自 1985 年以来发表在《书法研究》《书法导报》《书法》《书法报》《美术观察》等报刊上的书论文字，涉及古典书论和书法美学的探讨、书法批评和书法书家的评价、书法的学习和创作，偏重则在书论方面。这是他长期以来学书和思考的结果。他自称学书的情况是漫步式的，过去写的文字也是类似。

七年前，他出过书法作品集。后也举办过书法展。他书卷气十足的书法作品得到许多人的推许。前几天我见到他，闲聊时我说起他退休之后在书法上的建树，他却说他的雁荡山研究比书法更重要。也许他对雁荡山的感情比书法还深，书法则是代表了他们那一代读书人的修养。一个人能在三个不同的方面有所建树，尤其考虑到他自 1962 年回到故乡之后，长期在一个小镇的一所中学执教，更是难能可贵。他以自己对语文教学的探索，持久地影响了包括我在内的数以千计的一代代学生，他有关雁荡山的著述今天读来依然不过时，他的字越到晚年写得越有精神，所谓人与书俱老，我在他和他的书法中目睹了。

滕万林老师在雁荡山留影。

最近他为我写的几幅大字，每一幅都是笔墨饱满，在笔墨的背后是他在古典文学、文艺理论、美学方面的修为，从七十年前的雁荡山下到五十八年前的丽娃河畔，从胡兰成、周庸平到徐中玉、钱谷融，他与这些老师的相遇，他和丰子恺、朱光潜、叶圣陶他们的通信，毫无疑问都已化为他生命的一部分，融入他的笔墨当中，他的书法也因此与职业书家们不同。他是一位饱读诗书、有阅历、有故事的老师，在历尽沧桑之后写出来的一手好字，远超过笔墨情趣和笔墨技巧。

作为一个整整三十年站在讲台上的中学语文老师，他在时代的大起大落中从来没有停止过追求，他是具有丰富心灵世界的人师。我们曾多年失去联系。十多年前他打听到我的消息，我们才重新续上师生之缘。他曾赠我一联：

愿为独立思想者；
甘作自由撰稿人。

他知我有意在晚年回故乡建一个石梁书楼，还专门执笔写了一文，对我多有勉励和期待。我故乡迎客僧巨石下面有一个石佛亭，石柱上刻着他撰书的对联：

四面有山皆入画；
一僧无日不迎宾。

东石梁洞前也有他撰书的对联：

洞前石像，原是老僧接客；
岭上清音，莫非康乐吟诗。

从 1979 年初读他的文字到如今，近四十年过去了，多少水深浪阔，风雨如晦，而我们师生还能闲话雁荡，这是何等的奇妙。他给我写的"与世界对话"几个大字，挂在雁荡山中，我们在雁荡山与世界对话，山中的小世界可以连接山外的大世界。生于 1931 年的滕师和生于 1967 年的我，我们在年龄上相距三十六年，而在千万年屹立不变的雁荡山面前，这一点时间差距几乎可以忽略不计，山在石在，我们的心就踏实如初。滕师说起 1948 年以前的雁荡旧事，离我出生虽还有近二十年的距离，而我听来却无比亲切，仿佛我也曾在那个年代活过。无论历史还是现实，过去还是将来，心灵为"一"，爱默生的话让我深感安慰。他让我相信人类拥有同一个心灵。

回望生产队（下）

李百军

忆苦思甜

"天上布满星，月牙儿亮晶晶，生产队里开大会，诉苦把冤伸。万恶的旧社会，穷人的血泪仇，千头万绪，千头万绪涌上了我心头，止不住的辛酸泪挂在胸……"这首《不忘阶级苦》的歌曲，对于许多中老年人来说，可谓耳熟能详，人人会唱。歌中唱到的，就是当年生产队"忆苦思甜"的事。

每到秋收结束，要交公粮的时候，生产队就要开忆苦思甜会，请苦大仇深的老贫农给社员们讲那些苦难的家史。张老太一边说着一边哭，给大家讲他们在旧社会如何吃不饱穿不暖，挨地主老财欺负的悲惨日子。当说到她爹娘和妹妹被鬼子的飞机炸弹炸死的时候，已经哭得说不出话来。

有位刘大爷父母双亡，从小给地主家放牛，大了就给地主做长工。有个大雪天，他到山上给地主砍柴，一不留神摔到了山沟里，昏死了半天才醒来。讲到激动处，霍地把衣服扒开，让社员们看看他当年留下的伤疤。

这时，队长开始带领大家呼口号："打倒国民党反动派！""打倒万恶的旧社会！"人们也义愤填膺，跟着振臂高呼。队长接着说："咱们今天能过上太平日子，多亏了毛主席和共产党，咱们要感谢恩人毛主席和救星共产党，千万不能忘本。可有些走资本主义道路的人却要复辟资本主义，让咱们再回到旧社会，受地主反动派剥削和压迫，让咱们再继续过穷苦日子，咱们答应不答应？"

大家振臂高呼："不答应！"

队长接着号召大家："为了不再过苦日子，咱们就要好好干社会主义。我们把公粮交上去，就是为了更好地建设国家。解放军同志吃了我们的粮食，才能保卫我们安定的生活。大家乐意不乐意交公粮？"

听到动情处，台下哭声一片（1977 年）。

这位大爷讲到激动处，掀开衣服，亮出身上的伤疤（1977年）。

社员们擦干眼泪，大声回答："乐意！"

开完忆苦思甜会，接着吃"忆苦饭"。用麸皮、米糠和地瓜面混合后，加了菜叶、树叶和野菜蒸的窝头，难以下咽。队长带头拿起窝头就啃，其他社员也强打精神吃了起来。

那年冬天修水库

前些年父亲还健在的时候，我和年迈的父亲说，别老在家里闷着，趁着还走得动，我拉着你出去转转吧。我知道年轻时的父亲是个从来闲不住的人。父亲说，老了，哪里也不想去了，但有个地方倒真想去看看。

父亲说的是沂水境内的跋山水库。据史料记载，这座水库是"大跃进"时动工修建的，当时投入民工六万余人。民工都

公社水利站的技术员做水利规划（1976年）。

是仿军事编制，分为师、团、营和战斗小组。父亲当时是诸葛团古村营的营长，带着附近十几个村的几百民工参加了构筑大坝的会战。

水库清基的时候正值寒冬。清基的目的无非是把大坝基础下的淤泥清理出来，直到清理到坚硬的岩石，这样构筑的大坝才结实。父亲所在的营就承担了部分清基的任务，他们要把一个泥塘里的淤泥一锹锹地清出来。那年月天气特别地清冷，数九寒天的，人穿着棉袄都冻得打哆嗦，要跳到结了冰的泥塘里去挖泥，那滋味就可想而知了。

就像过去打仗时的战前动员一样，经过发动，有十几个党员和正在要求入党的青年站了出来。担任师长的县委书记张方庚亲自给父亲和他的突击队员们壮行，在热情地鼓励一番之后，给每人斟了满满一碗酒。父亲喝完后第一个跳下泥塘，后边的人也跟着下饺子一样跳下去。

寒冬的冰凌像刀一样划破了他们的腿，他们也没觉得痛，刺骨的寒冷早把他们的腿冻得麻木了。抵御严寒的唯一办法是不停地挥动铁锹往上抛泥，只有剧烈的运动才能使人不至于冻僵。岸上的人使劲为他们喊着激动的口号，他们也用战栗的声音回应着。

渐渐地他们没了声音，脸色由绛红慢慢变成了青紫，全身的血液在一点点地凝固，但他们丝毫不敢怠慢，仍努力地挥动铁锹往上抛着。他们往上抛泥的速度越来越慢，当他们中的一

公社组织社员加高水库大坝（1976 年）。

个终因体力不支歪倒在泥塘里的时候，其余十几人也像被传染了一样，相继缓缓地倒下了。

岸上的人顾不得再喊激励口号，急忙把他们从泥塘里拽出来，此时他们已经冻得站不起来了，一个个躺在地上，像一坨坨的泥巴。身上的泥水经冷风一吹，顿时结成了冰疙瘩。团长急了，赶紧找人强拽硬拖地架起他们，边为他们敲碎腿上的冰，边硬拽着他们活动。就这样连拖带跑不知过了多长时间，他们才感到腿脚有了些痛的感觉。而在他们上来的时候，第二拨人已经跳下去接着挖了……

生产队里除了开展"农业学大寨"，还大力提倡"兴修水利，

生产队女社员在水库大坝上打夯（1977年）。

改造山河"。每年夏秋粮食收割后的农闲季节，便开展农田水利基本建设。工地上人声鼎沸，车轮滚滚，夯声不断。尽管社员们缺衣缺食，生活艰难，有的人家吃了上顿无下顿，但修起水利来却不甘人后，干劲十足。他们使用镢头、铁锨、条筐和独轮车等最简陋的工具，完全靠肩挑手推，筑起坚实的水库大坝。

修水库基本是以村为单位，在自己村进行。有时也由公社集体组织，分片进行，几个村的社员集中起来修一个大水库。有条件的大村庄，中午就在工地上给社员解决午饭，提供的无非就是煎饼和咸菜。正是在"人定胜天"信念的鼓舞下，修了大大小小的水库，才部分地改变了山区农村干旱缺水的状况。

赤脚医生

"赤脚医生"是"文化大革命"中产生的一个新生事物。人们形象地把"不拿工资，在家种地"的农村卫生员称作"赤脚医生"。他们和社员一样，采用的是不拿工资拿工分的计酬办法。

20世纪70年代的农村，每个生产大队都要配备赤脚医生。他们一般都经过公社医院的短期培训，其医术当然不能像医学专业学校毕业的医生那样精湛。其实他们就像"万金油"一样，不管中医还是西医，不论内外科还是妇产和小儿科，多少都要通点。因为大队医务室是最基层的农村医疗单位，所有病人都要先从这里经过，所以就要求赤脚医生必须样样都会一点。治疗原则是不误诊，不耽误病人。自己拿不准的，赶快送公社医院。

我的一个远房大哥，高中毕业后回村当了赤脚医生。由于他爱学习，尤其喜欢研究中医，用很少的草药和偏方就能治好一些疑难杂症，成了远近闻名的乡间名医。好多外地的病人也慕名前来求医，他所在的大队卫生室，常常人满为患。最后只好连大队办公室也腾出来给他做了临时病房。

那时候，上级对农村合作医疗非常重视，对赤脚医生的培训工作也抓得很紧。从20世纪70年代开始，上级卫生部门对赤脚医生统一进行培训，都是请地区医院和县医院的专家或名医讲课。学习内容也非常系统，从人体解剖到医学病理，从门诊到病房，从中医到西医，从诊断到治疗，几乎全都接触到了。经过不断的培训和实践，他们可以很熟练地诊断和治疗农村的常见病和多发病，还可以做一些简单的手术，也能实施一些农村常见的触电、溺水和农药中毒等的简单急救。为了减少社员

等待看病的社员（1979 年）

生产队卫生室的赤脚医生为社员取药（1980年）。

的医疗费用，他们普遍学会了针灸和拔火罐等民间疗法。记得那时候的赤脚医生给病人看病，是不准戴口罩的，为的是不和病人拉开距离。急救时对休克病人要嘴对嘴进行人工呼吸，有的甚至用嘴给病人吸痰。

虽然干赤脚医生看起来活很轻，工分和下地劳动的壮劳力一样高，但他们也确实很辛苦。他们除了看病外，还担负着农村的灭蚊灭蝇和环境卫生等工作。还有一项最重要的任务是防治各种传染病，为此每年都要花费大量的时间和精力，比如预防疟疾、清查血丝虫、防治小儿麻痹症和接种各种疫苗等工作。他们利用空闲时间上门为社员送防疟疾药，给小儿预防麻痹症的糖丸，为孩子们接种各种疫苗，等等。每到夏季的夜里，还要挨家挨户登门抽血化验血丝虫。

据报道，到20世纪70年代末，我国已经清除了常见的主

病人都要自己带着被子来诊室（1980年）。

要传染病，其中严重危害人民生命安全的天花、霍乱等也都绝迹了。这些成果里，也有赤脚医生付出的辛勤劳动和心血。

"地瓜主义"

在沂蒙山区农村，地瓜是最主要的农作物，也是社员的主要食粮。

多年以来，这里的地瓜都是几百年传承下来的老品种，长得像细长的根一样，产量很低，一口咬下去，嘴里全是地瓜丝，难以下咽，慢慢地就种得少了。1958年，公社推广了"胜利百号"大地瓜，质量有了很大改善，结的地瓜又大又好吃，产量一下提高了几倍。社员尝到了甜头，种植面积也越来越大了。有个公社书记在讲到国际形势时，曾经戏言：美帝国主义有什么了不起？我们就用"地瓜主义"，来打败他们的"帝国主义"！

那时候，社员家里都有几分自留地，差不多都是种的地瓜和玉米，秋收完后再种小麦。老百姓经常说，人生天地间，庄农最为鲜。农历八月初，在地瓜收获前，社员们都会提前刨一些给家人吃。玉米也不等成熟，就掰下来给孩子们煮着吃。

有一年的雨水特别大，整个夏秋两季都在不断下雨，很多庄稼泡在水里，有些都涝死了。这年秋季收成很差，地瓜长得就跟胡萝卜似的。大家经历过 1960 年挨饿的时光，再也不敢像以前那样，放开肚皮胡吃海喝了，而是精打细算，小心翼翼地过日子。收获地瓜时，哪怕一个手指头粗细的小地瓜也舍不得丢在地里。收地瓜前，还把地瓜叶都收起来，因为用地瓜叶熬菜，

地瓜食用方便，煮熟即食，是彼时农村社员的主食（1978 年）。

要比其他树叶好吃多了。

秋天把地瓜切了，晒干，很容易储藏，加工起来也方便。社员们长期食用地瓜，也变换出了很多吃法。最普遍的做法就是地瓜干煎饼，把地瓜面用宽水泡好，过滤掉里面的黑水，放到鏊子上薄薄地滚一层，就成了薄如蝉翼的煎饼。地瓜面掺上少许榆树皮面，烫好后做皮，萝卜和豆腐做馅，蒸出来的大包子醇香筋道。还有一种更精细的做法，把地瓜面洒上水珠，形成一个个绿豆粒大小的面团，用筛子均匀地筛在蒸锅的笼布上，旺火蒸熟，就成了松软可口的发糕。

我从小都是以地瓜和玉米为主食，因为天天吃地瓜伤了胃，以后看见地瓜就反胃。这些年在饭店和酒楼的餐桌上，经常有地瓜面和玉米面的窝头端上来，有时还会有煮熟或烤熟的地瓜。大家都兴高采烈地争来抢去，我却从来都不动。说实话，地瓜

社员的午饭，就是地瓜干煎饼卷大葱（1983年）。

自己晒地瓜干的孤寡老人（1981 年）。

和玉米，我从小就吃够了。

戏匣子

在以前，沂蒙山区农民习惯地把收音机叫做"戏匣子"。
而在 20 世纪 60 年代初期，戏匣子指的是有线广播喇叭。
记得小时候，每家都挂个有线广播喇叭。用一根线接到每家每户的喇叭上，另一根地线接到地上的一个钉子上。有时天旱，喇叭声音就小了，给钉子下的地线倒上水，声音才大起来。喇叭里的声音来自县广播站，除了播新闻，也唱戏。社员最关心的，还是喇叭每天一次播放的天气预报。特别是到了农忙时节，关注天气实在是太重要了。

　　到20世纪60年代末，有在外地当兵的复员回家，带回来一个半导体收音机。社员们对这个木制外壳的"戏匣子"迷惑不解，好奇地围着这个怪物，收听着新闻和戏曲。"五保户"张大爷显得更是痴迷，他眯缝着双眼，笑眯眯地转到"戏匣子"木壳的后面，看了又看，自言自语地说："奇怪，这唱戏的人在哪里啊？"一席话，逗得村民们哄堂大笑。

　　那时农村没有什么业余生活，夏天社员干活回家，匆匆吃完晚饭，就到生产队打谷场上听收音机。几十人围着收音机，支棱着耳朵，屏气凝神地听着。村干部和有点文化的社员喜欢听"新闻和报纸摘要"节目，了解一些上级指示精神和国内外

社员得到外界信息的唯一渠道，就是听县里的有线广播（1976年）。

有收音机为伴，卧床的病人不再寂寞（1981 年）。

发生的事。孩子们喜欢听"小喇叭"和"星星火炬"，听不几句，就被大人调到别的频道，惹得孩子撒泼哭闹。老人则钟情于"戏曲园地"和"评书联播"，有的长篇评书一播就是一个多月，他们听了上篇还挂念着下篇，夜夜不落下。这里的农民一辈子生活在乡村，甚至连县城都没有去过，现在能够足不出户听"大戏"，那高兴劲就甭提了。每到广播结束，听得入迷的社员们才恋恋不舍地散去。冬天夜长，收音机到了 10 点就没有台了。社员们听得正在兴头上，别提有多扫兴。有的青年不死心，转着旋钮，反复地调来调去，里面除了沙沙声，什么声音也没有。

　　20 世纪 80 年代初期，我一个当海员的朋友在日本买回了一台二十一英寸电视机，我就把原先那台十四英寸的黑白电视机带回老家给父母看，这下可轰动了全村。一到晚上，来我家看电视的有上百口子人，把天井挤得满满的，连墙头上都坐满了人，把我们家的咸菜瓮都踩碎了。最后老爸只好把电视机搬到生产队的打谷场上。那时信号极其微弱，时有时无，就把天线绑在树梢上，才勉强看出点影来，声音也是刺刺啦啦的听不清。尽管这样，也阻挡不住村民看电视的热情。在播放《霍元甲》的那些日子里，村里上百口子看一台十四英寸的黑白电视机，那场面该是何等热闹！

庄户饭

社员家的庄户饭简易而清淡。

四十多年前，农村生活还很贫困，能吃上煎饼、窝头和咸菜就不错了，很少有菜吃。从生产队里分的花生，每年才打几斤花生油，更谈不上炒菜了。社员把南瓜或是土豆放点盐煮熟，就当菜吃了。有时候在玉米粥里面放上萝卜条，就连菜带饭都有了。

到了20世纪70年代末，农村生活得到一些改善，好多农户开始做豆沫吃。煎饼和豆沫，成了庄户人家经常吃的饭菜。豆沫，也叫渣豆腐。它是把大豆磨成豆沫糊，掺和菜叶做成的。尽管叫豆沫，那时用的黄豆很少，做成的豆沫几乎看不到豆子，都是黑绿色的菜。能吃上这样的菜，也算是社员家的美餐了。在山区农村，可用来做豆沫的菜叶种类繁多，春天的荠菜、菠菜、苦苦菜、蓟蓟菜，夏天的萝卜缨子、白菜叶，秋天的嫩地瓜秧子，都是做豆沫的好原料。这种菜做起来也较容易，无论什么菜叶，只要把它洗净，切碎，然后用热水一烫，经淘洗，攥去淘洗水，连同磨好的豆沫糊放在锅里，加盐，搅拌均匀。先急火，后慢火，

豆沫里面只有很少的豆子（1979年）。

在玉米粥里放上菜，连菜加饭都有了（1984年）。

熬半小时左右，一锅豆沫就做成了。

揭开锅盖，一股清清的香气扑鼻而来。盛在碗里，稀稠可人，碧绿的菜梗菜叶，和着淡淡的豆沫汤汁，咸淡适宜。咬一口煎饼，就一口豆沫，喝一口汤，真是舒服。

如果在豆沫锅里再炖上一碗红辣椒，那就更美了。农家舍不得用鸡蛋，就把切好的红辣椒、葱姜和盐，放在一只大碗里，舀上一勺豆沫糊，把碗蹾在菜锅里。等豆沫熟了，辣椒也炖熟了。碧绿的菜叶承托着一簇通红的炖辣椒，你一定馋涎欲滴了！

吃饭的时候，端上一盆煮熟的地瓜、玉米和带壳的花生。那地瓜红皮里裹着淡黄色的瓤，吃一口，又甜又香。那玉米如一颗颗珍珠晶莹透亮，啃一口，满嘴软糯幽香。剥去花生的硬壳，

老人舍不得吃，留着白面烙饼喂孙子（1984 年）。

把几粒花生米投到嘴里，一嚼，面嘟嘟，香喷喷。

晚饭，就炒山豆角喝糊糊。山豆角是田边地堰上种出来的，不施化肥不洒农药。熬熟了，就一口幽香绵远。这糊糊是玉米面做成的，再在糊糊里放了一些萝卜条，撒了一把大黄豆，又放了一点儿盐。喝着不稀不稠的玉米糊糊，又软又畅，猛然间，吃到一颗大黄豆，细细嚼来，又香又脆，又吃到几根萝卜条，中间有点咸味，喝一碗还想喝。如果碰上麦收季节，那刚打下的鲜麦子，捧在手里闻闻，有一种独特的清香。把它放在碾上压扁，略放一点盐，掺上青菜熬成菜粥，吃时配上春天腌渍的香椿芽，能把你的肚皮撑得滚圆。

在农村，一辈又一辈的庄户人获得了大自然丰美的馈赠。淳朴的庄户饭孕育了庄户人淳朴的性格，铸造了庄户人强健的体魄，滋养了庄户人久长的寿命。

分田单干

1978 年 12 月，中共十一届三中全会在北京召开，全会的中心议题是把全党的工作重点转移到社会主义现代化建设上来。批评了"两个凡是"，停止使用"以阶级斗争为纲"的口号。

1979 年春节过后，沂水县召开了县、公社、生产大队和生产队四级干部会议，贯彻落实中共十一届三中全会精神。会议历时 13 天，以公社为单位组织了讨论。很多干部的思想一下子转不过弯来，县里就分期分批举办学习十一届三中全会精神的学习班，统一大家的思想。在农村，依然沿袭着人民公社的生产模式。

1980 年秋，沂水县为了贯彻中共十一届三中全会精神，在部分公社和生产大队试行了联产计酬，超产奖励，将零星土地分给户种，收入归己。按人口分地，包产到户统一分配和分田单干等几种管理模式。走了二十多年人民公社化的集体道路，吃了这么多年的大锅饭，猛地要把地分了，好多人还真是想不通，特别是一些劳力少人口多和孤儿寡母的社员更是担心。

这年冬天，我到村里拍生产队社员分地的照片。他们拿着丈量土地的杆子，按照人口把地分到每户社员家，从他们洋溢着笑容的脸上，我看到了他们拥有自己土地的满足。从此，也结束了人民公社吃大锅饭的历史。我拍完照片后到老书记家吃饭。他是老退伍军人，曾在淮海战役中负过伤。他当书记几十年，一直是县里的先进干部。这次实行包产到户，他心里很纠结，还怀念着人民公社时期的日子。他泪眼婆娑地和我说："辛

生产队丈量土地，分到农户，结束了生产队吃大锅饭的历史（1980年）。

用木犁耕地的一家人（1984年）。

辛苦苦几十年，这不一夜又回到解放前？"还有一位老贫农拉着他的手哭着说："书记呀，我们托了社会主义的福，跟着人民公社几十年，怎么忽然就不管我们了？"

　　还有一个老书记，眼看着多少年自己带领大伙积累的集体财产，一下子都分个精光，他真的心痛极了：这好好的人民公社怎么一下子说散就散了？分田单干后，为了多出点地来，生产队的灌溉渠道都被相邻的农户扒了，小队屋也都拆了，队里的财产也瓜分了。往日生产队的地，如今都成为各家各户的了。从此各家种各家的，也不用上级安排种植什么的了。他光抽闷烟不吃饭，好像一下子老了许多。过了些日子，就卧床不起了，据说是得了什么癌症。他去世的时候，乡亲们都很难过，好多人都哭了。

我们村也一样，尽管下面的干部社员有抵触情绪，但最终还是在公社派驻工作组的指导下，坚决贯彻上级精神，把土地分下去了。记得我们家分了六亩耕地，平均一口人一亩多。我们家分到还一条牛"腿"，和其他三户社员合用一头耕牛。这头耕牛只用了一季，因为使用和喂养等几家不好协调，就拉到集上卖了。我们家还分了一个盛粮食的囤和一张木锨，还通过抓阄分到一间烤烟房，因我们家没有会烤烟的，就转让给亲戚家用了。

尽管这样，大多数社员还是格外珍惜第一次分到的土地，他们再也不用队长催促着上工了，干活也不像给生产队里干活那样耍滑头了，他们起早贪黑地经营着自己的土地。以前在生产队里废弃的边角地，也被他们开垦出来，想尽一切办法扩大自己的地盘。分地以后，街上捡粪的也陡然多了起来，都巴望着地里多打粮食。分地以后，一些社员试探着做一些卖豆腐等家庭小买卖，集市上慢慢出现了卖油条和蒸馒头的小本生意。

大海的远方

——岁月台湾 1960 之四

秦 风

　　台湾四面环海，除了南投之外，每一个县份都有滨海的区域。海洋是如此地接近每一个人的住家，以至于骑一段脚踏车的路，就可以看见汪洋大海。

　　的确，大部分的人在生命的某一刻，都会走到海边，脱掉鞋子，把脚踩进柔软的沙子。烈阳高照，让人全身发烫，却阻挡不了人们戏水的兴奋与快乐。大海的辽阔让人心旷神怡，海滩信步之余，总不免凝望海天交际的远方，引发人生的梦想。到了夜晚，海风轻拂，树影摇曳，拍打沙滩的海浪声显得特别嘹亮。此时一片漆黑的茫茫大海，展现了巨大而神秘的力量，仿佛可以吞噬一切，让多彩的世界恢复到原始的混沌。

　　这几乎是每一个人面对海洋时所共有的心灵体验，更是四面环海的台湾人心灵体验的重要部分。这样的地理环境，让薛培德牧师不可避免地多次走到不同的海边，目睹美丽的海岸风情以及沙滩上的捕鱼活动，而他所从事的救济会赈济工作，自然也涵盖海边和离岛的贫穷渔村。在照片整理过程中，可以清楚地看到薛牧师的足迹所至，以及他的视线所在。在花莲的海滩上，薛牧师看见一大群健壮的男子，每人双手提着一个捞网，像铲土一样，对着正面冲过来的海浪猛挖，希望能捞到几尾随着浪花冲上来的鱼儿。此外，在另一处海滩上，则有一大群男女渔工，正奋力从海中拉起一条长长的渔网。这些劳作者是一般人所称的"牵罟仔"——这是今天已消失的古老捕鱼方式，却透过这些影像得以完整地重现。还有一些渔夫费力地把沉重的舢板扛上岸，或者把竹筏推进海里。渔夫们笑容满面地展示当天的渔获，颇为得意；也有几名老渔夫在面无表情地收拾渔网，脸上深刻的皱纹道尽了讨海人的岁月风霜。其中一张照片是两名渔夫蹲坐地上，叼着烟，默默地看着前方，这种无言的

花莲海滩的年轻渔人

　　花莲海滩的网捞活动。两名男子拿着简易的三角鱼网设备，趁海浪冲上沙滩的一刹那，捕捉鱼群。男子身体黝黑壮硕，露出健齿，艳阳白浪之间，尤显健朗。

其方法是将鱼网铺设于浅滩处，拦往岸边洄游的鱼群，一段时间后，齐力将鱼网拉上岸，收取渔获。

海边的天然游乐场

　　渔村的孩子们对放鸽子一向充满了好奇。大海、沙滩、岩石以及岸边的防风林，都成了孩子们最

去海边一起抓鱼

　　一群妇女挑着扁担到海边协助男人们的捕鱼活动。海边的网捞活动通常需要十多个人手，

好的天然游乐场。

的一处旅游胜地。

收网

    一名农夫将渔网拉上岸，舢板围捞后，需要收网，并将舢板拉上岸。这种低生产的方式仅能维持渔家基本的温饱，渔民生活的艰苦与农民并无二致。

热络的渔市买卖

　　台中梧栖渔港的渔获交易。每天清晨，市里的鱼贩集中至此，选购刚捕上来的鱼。渔获以白刺、白秋、黑鲳、鳍鱼为主，市场人声沸腾，买卖热络。

壮观的东北角海岸

台湾东北角海岸线，运送煤矿的小火车，沿着海岸线驶去。远处即为龟山岛，此为台湾海岸线上

充满诗意的沙滩
　　漫长的海岸，涨潮时海面辽阔，退潮时又露出广大的沙滩。一名渔夫扛着渔获，踩过沙滩回家，脚下拖着细长的波纹，形成充满诗意的美景。

画面，仿佛承载了千言万语。

　　离岛方面，薛牧师一行造访了宜兰龟山岛和屏东小琉球岛。龟山岛于1988年被列为军事演习火炮射击区，岛民悉数迁至宜兰头城，于今已是无人岛。薛牧师的相机还原了早年龟山的风土人情，不仅艺术上乘，其宝贵的文献价值也是无可替代的。小琉球则充满了热带风情，今日已成了旅游胜地，而当年却是贫穷的农村。孩子们光着身子在海边四处奔跑，正如其他地方一样，见到外国访客，高兴地围拢过来；救济会的一名女同仁看见小琉球如梦幻般的清澈海水和柔白的沙滩，忘情地躺在白沙上，孩童般地绽开了笑脸，顿时所有工作的辛劳都消逝无踪

讨海人的生活

　　一名老渔夫叼着烟，端起收获的白晶晶的马嘉鱼，露出满意的笑容。讨海人的日子伴随的就是烈阳、海浪和精打细算的渔获。

凝视大海的远方

　　一家六口人到海边游泳，爸妈带着三个儿子玩水，留下小女儿披着毛巾，坐在沙滩上，看着戏水的家人，也看着大海的远方。白浪一波波推向岸边，沙滩上凌乱的足迹中有着快乐的人生记忆。

了。

　　这是薛牧师拍摄台湾海岸的另一面，除了捕鱼活动和渔村的生活外，海边的大自然风光也是重要的主题，包括东海岸鬼斧神工的山崖，山海争雄的宏大气势，处处震撼人心。至于西海岸，落潮时的长滩，形成辽阔的湿地，渔人陆上行舟，孩子们弯身捡拾贝类，呈现了远处生动的身影。薛牧师留下的这些台湾海岸的影像，既潜藏了辛酸岁月，也充满诗情画意，构成了那个时代独具魅力的史诗。

西湖边上的包子铺

王秋杭

　　这组报道摄影是我 1992 年很认真地拍的，记得还花了很大工夫钻进暗房放大了好几组，分别投了《中国摄影报》《人民摄影》《南方周末》等好几家报社。结果是有去无回。如今整理老照片时发现了它，真是感慨万千啊！

　　20 世纪 90 年代初，杭州西湖边上有个很有名的南方菜馆，据说被个体承包后生意火得不得了，为了扩大经营，满足顾客日益增多的需求，另开战场，推出了南方大包快餐系列，皮白馅大，分肉包、油包、菜包几种，以迎合东西南北不同的口味。一元钱一个，一下子就受到游客们的热烈欢迎，一天竟能卖出几万个，日营业额光包子就是几万块啊！那个火爆场面从这些黑白照片上可以看得出来吧？再加上南方菜馆坐落在离西湖很近的湖滨路上，仅隔一条马路，对逛完西湖回城购物的游客来说，是再方便不过的午餐了。又经济又实惠，就是吃相难看点。你看大马路上无论男女老幼，一个个龇牙咧嘴、狼吞虎咽……当时杭州的报纸，没少赞美过这南方大包的。我就是看了《杭州日报》的报道，特地去看过，买来吃过，才下决心去拍的……

　　一连好几天哪，早晨四点钟起床，骑车赶去，面板房里早已热火朝天了。尼康FM2相机、35–105CM镜头、乐凯400度卷儿、D–23显影液、G–70放大机、俄罗斯碳素相纸……好辛苦的。没人派我这任务，完全是我自愿的，为了中国式快餐尽点宣传义务。如蒙发表，出点小名不说，还能拿点稿费，喝点小酒。呵呵！据说那时麦当劳老板亲自来杭州市调研后，未敢冒进，就是因为有了这南方大包。我当时取的题目是《中国式快餐"南方大包"阻挡洋快餐》，很愤青吧！可惜没有一家报纸登，肉包子还真成了打狗的有去无回了！再一想，幸好没登，登了的话那才是自己扇自己嘴巴子呢！

　　不知道为什么就败了呢？如今的杭城麦当劳、肯德基雄起

　赶地开了一家又一家，别说南方大包，就连南方菜馆也从湖滨路上消失了。尽管现在有一家招牌很大的酒家也挂着南方大包在卖，但总有些挂羊头卖狗肉的味道，再也见不到当年火爆的场景了。虽然包子还是有的，为什么中式快餐就是抵挡不住洋快餐的侵入呢？难道仅仅是吃相不雅吗？

　　大家评评这个理！

民国著名海军将领吴振南

吴申庆

一、两度留学英国，南洋舰队"楚观"舰管带

清光绪十八年（1882），祖父吴振南出生在扬州一个木材店业主家里。先辈做木材生意创立家业，但到曾祖父吴文林、曾祖母蔡氏一辈，虽苦心经营，终因社会动荡，家道中落，以致难以维持家中九个孩子的生活。少年吴振南为了闯出一条路，十五岁就离家投考南京江南水师学堂。水师学堂学业艰苦，但膳宿书籍一概免费，每月还可得到数元的零用，成为许多穷苦而有志少年向往的去处。祖父刻苦学习，历经五年风霜寒暑，终得回报，毕业考试列一等。光绪三十年（1904），被选送到英国皇家海军东方舰队任见习士官，后转赴英国格林威治海军大学朴茨茅斯枪炮学校及勃列茅斯领港学校系统地学习航海、驾驶、操炮等海军高等技术。光绪三十二年（1906）期满回国。光绪三十三年（1907），吴振南等六人再次被选派赴英国伦敦海军大学学习，于宣统二年（1909）毕业回国。两次出国，共四年时光，青年吴振南克服了语言文化、生活习惯等方面困难，发愤刻苦学习英国海军先进技术，获得优异成绩。在他的文凭

图1 吴振南将军

上这样写道："大清国海军三等二级士官吴振南已遵定章毕业，大考应得最优等文凭。"包括枪炮科文凭、鱼雷科文凭、引港科文凭，其中详细列出所学科目，从微积分、航海天文，到轮机、操炮、海战海图等数十种科目，考试成绩均为优等。他随英国东方舰队军舰长期远航，曾三次驶过非洲好望角，掌握了过硬扎实的航海技术。

吴振南学成回国之后，先后在江南水师学堂任教习，后调任"建威"舰大副。宣统三年（1911）任"通济"舰管带。吴振南在水师学堂和训练舰"通济"舰主要教授实用航海、天文、枪炮、鱼雷及帆缆、船艺等课程，训练培养了一批海军骨干。

他的许多学生如陈绍宽、朱天昌后来成为民国海军的中坚。

1911年吴调任"楚观"炮舰管带。"楚观"舰排水量750吨，长200英尺，两座蒸汽主机1350匹马力，最高航速11节，乘员117人；舰艏尾装备二门4.7英寸主炮，两舷各一门3英寸炮。传说慈禧太后曾搭乘过"楚观"舰。

二、率舰起义参加辛亥革命

辛亥革命爆发后，1911年11月，吴振南所属的南洋舰队的"楚谦""楚观"等13艘战舰被清政府派往镇江江面镇压革命。受到西方民主共和思想影响的吴振南在革命党人的感召下，由同情革命转而参加革命。11月11日，吴振南与舰队统领宋文翙毅然率舰队易帜起义，配合沿江义军作战，大振革命军威，协助攻占南京。海军舰队集体起义，在辛亥革命关键时刻发挥

图2 吴振南（中）与同学在英国学习期间在大海中健身。

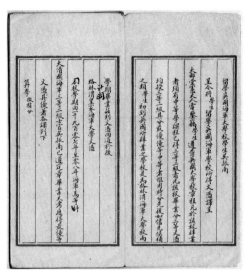

图 3 吴振南在英国皇家海军大学的毕业文凭
（呈报清廷的翻译件）。

了重要作用，是当时左右战局的一支重要力量。而参与辛亥革命的青年海军军官们也成为后来民国海军的中坚。

在镇江召开的海陆军联席会议上，起义人员公推宋文翙为海军总司令，吴振南为都督府海军处长，并由林述庆发给委任状。

1912 年南京临时革命政府成立，吴振南被大总统孙文委任为海军部参事兼"楚观"炮舰舰长，并被推为海军协会会长。1913 年任军衡司司长，1914 年升授海军少将。1916 年任海校学生考选委员会主任。

值得一提的是，为了复兴民国海军事业，加强海军建设，海军协会在 1911 年创办了《海军杂志》，由吴振南亲自主持编辑。杂志为 16 开本月刊，共出版了十余期，后因故被迫停刊。

图4 辛亥革命前的吴振南（右），左一为杜锡珪。

这是中国历史上最早的海军期刊。

另一件事是，1916年吴振南在担任考选委员会主任期间，严格按规定之入选条件录用人才。各省达官要员、亲朋好友纷纷来人来函向他关说，祖父对于来者一一婉辞谢绝，来函一封未启，竟封存各类关说信函一大箱。最后不徇私情地从九百多名考生中录取了一百名。如此秉公办事，不仅在当时难能可贵，在当今也是难以做到的。

三、任职海岸巡防处，出席巴黎和会

祖父吴振南先后在民国海军担任各种要职，"一战"时期任国防事务委员会海军委员，海军高等捕获审检厅评事。1927年3月起任职国民政府全国海岸巡防处处长，办公地在吴淞，

下辖东沙岛气象台、厦门坎门嵊山报警台。7月兼海道测量局局长。其后长期主管全国海岸巡防工作。海岸巡防处和海道测量局都是海军技术、海事专业要求很高的部门，管理海域广，难度大。而民国时期我国国力赢弱，海军军力单薄。加之派系门阀林立，官僚之风盛行，使得祖父任职处处遭遇掣肘。巡防处只有200吨以下炮艇十二艘，而实际上这些炮艇的指挥调动权却属于海军部，遇到意外事件或船难求救，需要经由海军部派船处理，辗转费时，往往坐失良机。祖父在任十年，兢兢业业，恪尽职守，处理了大小无数事件，然而回顾这段经历，往往感叹唏嘘，怏然不乐。

1919年，第一次世界大战的战胜国为讨论战后问题在巴黎召开会议，出席会议的除美、英、法以外，还有意、日、中等32个协约国国家代表，这就是著名的巴黎和会。中国代表团由陆征祥等5名正式代表组成。吴振南奉命派赴法国作为专门委员参加会议。

中国在第一次世界大战期间参加了协约国，支援协约国大量粮食劳工，作出了很大贡献和牺牲。作为战胜国之一，中国起初对巴黎和会抱有很大的希望，除了限定的正式代表外，又派出吴振南等多人与会。中国提出索回德国强占的山东半岛的主权，撤出外国军队等七项要求，后又提出取消帝国主义在中国的特权，取消日本强加给中国的《二十一条》，收回山东的权益等提案，表达了正义合理的要求。可是和会完全被英、美、法等国操控，加之日本从中作梗，使会议成为少数列强重新瓜分世界利益的会议。中国提案被否决。在五四运动浪潮冲击下，中国代表团拒绝在《凡尔赛和约》上签字。

吴振南在其自传中写到和会时说："我对此事，至感愤懑，

图5 1919年1月1日，美国报纸报道胡霖、梁尚栋、吴振南及王赓（左起）参加巴黎和会的消息。

故未待闭会，即请示返国。"

　　参加巴黎和会的经历，使祖父受到极深的教育。在此之前，祖父较多地看到西方国家的民主制度以及经济科技的先进性，而通过这次会议则重新认识了西方世界，看到了帝国主义列强弱肉强食、强取豪夺的贪婪本质，痛感"弱国无外交"，"强权即真理"。

四、接受日本淞沪海军投降，保卫上海安全

　　1937年"八一三事变"后，日军开始进攻上海，设在吴淞的海岸巡防处被战火摧毁。祖父吴振南奉命率全处及电台退入市内坚持工作。11月12日上海沦陷。祖父奉命撤离。可就在此时，祖母病故了。料理丧事之后，为了躲避日伪军抓捕以及汉奸告

图 6 抗战前与家人在一起。

密，他隐姓埋名，隐居到苏州，只与重庆海军司令王寿廷保持着联系。八年抗战，祖父生活极为困难，常靠典当度日。面对国破家亡，祖父仰天叹道："日本海军中不少知名将领是与我同在英国留学的。他们人才并不出众，但在日本海军中便能大显身手，而我们中国海军却无所作为，不战而败。弱国的人才不如强国的庸才，怎不令人沮丧？"

经过八年艰苦卓绝的抗战，1945 年 8 月日本宣告投降。10 月吴振南突然接到海军总司令陈绍宽的一个特殊而光荣的任务：代表中国接受日本淞沪海军的投降！在日本淞沪海军舰队司令部举行的隆重而庄严的受降典礼上，吴振南将军代表中国从日本森少将手中接过指挥刀，接受日本的舰队司令部、陆战队司令部、军需部的投降，宣告日本侵略者占领上海的日子从此结束！

图 7 20 世纪 40 年代的吴振南

　　祖父在自传里写道："是时余心情愉快，难以言宣，实不料此接收事务为我生平最感艰辛之工作也。"原来接受投降后还有大量事务需要处理，包括看管遣返日军人员和清点接收从日军手中缴获的巨量物资等，其中包括分布在上海的仓库 400 余所，房产 70 余处，以及大量军火弹药物资。而祖父当年已六十三岁，他手下最多时只有 500 名官兵。其后为了清点保护看守这些资产费尽心血。由于日军许多弹药已经过期，随时都有意外爆炸的危险。为防止意外，保障上海市民安全，祖父率其手下数百官兵日夜奔波操劳，处置了 600 余吨炸药，1600 枚深水炸弹，没有发生任何事故。随后祖父于 1947 年告老退休，脱离海军，所管辖的所有物资，包括房产、军火如数移交，而一家三代十几口人仍居住在一套租用的公房里。

图 8 1947 年退休之后，享天伦之乐。

　　祖父"七十抒怀"诗中，有一首很好地概括了他的这段人生："凯唱声中意气扬，江头降寇集中忙。物资亿万空储备，八载侵华梦一场。"

五、拥戴新中国，欣慰度晚年

　　1949 年，新中国诞生。吴振南从晚清、民国到新中国，在上海迎来了人生第三个历史时期。他开始时有疑虑，以为自己曾做过国民政府的特任官，曾是个旧军人，又有海军少将的军衔，担心人民政府会把他作为敌人对待。可是人民政府不但没有追究他，反而妥善安排照顾这位旧军人。吴振南受交通大学之聘，担任该校管理学院航管系航海天文学主任教授。以后又被上海市人民政府聘为上海市政府参事。见到聘书上印有鲜红的陈毅市长的印章，祖父热泪盈眶，他深感人民政府的信任，给了他这位旧军人如此殊荣。后来，吴振南加入了宋庆龄先生领导的中国国民党革命委员会。

1961 年 3 月 18 日，一代海军名将吴振南因病在上海逝世。上海市人民政府为这位爱国民主人士举行了隆重的追悼会。宋日昌副市长在悼词中评价他热爱祖国，毕生从事海军事业，解放后拥护新中国，努力学习，对他的一生作了充分肯定。

征　稿

《老照片》是一种陆续出版的丛书，每年出版六辑。专门刊发有意思的老照片和相关的文章，观照百多年来人类的生存与发展。

对稿件的要求：所提供的照片须是20年以前拍摄的（扫描、翻拍件也可），且有一定的清晰度，一幅或若干幅照片介绍某个事件、某个人物、某种风物或某种时尚。文章围绕照片撰写，体裁不拘，传记、散文、随笔、考据、说明均可。

编辑部对投寄来的照片，无论刊用与否，都精心保管并严格实行退稿，文字稿恕不退还，请自留底稿。稿件一经刊用，即致稿酬。

来稿请寄：山东省济南市英雄山路189号B座　山东画报出版社《老照片》编辑部

邮　编：250002

E-mail：laozhaopian1996@163.com

网　址：www.lzp1996.com

电　话：（0531）82098460（编辑部）（0531）82098460（邮购部）
　　　　（0531）82098479（市场部）（0531）82098455（市场部）

邮购办法：请汇书款至上述地址，并注明所购书目。

邮发代号：24-177

《老照片》网站与微信公众号

官方网址：www.lzp1996.com

微信公众号：山东画报出版社老照片

二伯伯的恩情

沈 宁

我们家比较老派，礼仪严格，辈分清楚，晚辈人不可直呼长辈姓名。古代读书人，都有名、字、号。按照传统，天下只有皇帝、父母、老师，可以叫人的名。同辈亲友则用对方的字相互称呼，或者为了表示尊重，以号呼之。至于晚辈，须以辈分称呼长辈。现今国人，经过几十年涤荡，这些规矩都被扫除干净，往往没大没小，皆直呼大名。

二伯伯是浙江嘉兴人，沈姓，名讳钧儒，字秉甫，号衡山。二伯伯的祖父跟家父的祖父是亲兄弟，人称老三房。二伯伯的祖父是长兄，家父的祖父是小弟。我的祖父一辈，兄弟八人，二伯伯的父亲是长兄，家父的父亲是老八。二伯伯称我的祖父八叔，称我祖母八婶娘，我亲耳听到。我父亲一代，二十四个儒，二伯伯排行二，我父亲排行二十三。父

二伯伯沈钧儒像

亲叫他二哥，我们叫他二伯伯，至今如此。

二伯伯是亲情浓厚的人，对我们家有过很大的恩情。他在上海做了大律师，跟鲁迅、宋庆龄都是好朋友，可是每次回故乡嘉兴，都必去看我的祖父祖母，而且一定要下跪行大礼。家父在浙江上学的时候，一直是靠着二伯伯资助。每年学业结束，家父拿了好成绩向二伯伯报告，二伯伯高兴，就资助他下一学年。父亲到重庆读大学的几年，还会经常到二伯伯家去谈天吃饭。

1945年二伯伯的三儿议，我的叔羊三哥在重庆结婚。二伯伯办婚礼，出席者甚众，一幅巨大的贺幛上，数百签名，足见二伯伯获得的爱戴和敬重。许多政要名流都到场，如褚辅成、于右任、董必武、周恩来、林彪、邓颖超、黄炎培、史良、陶行知、郭沫若、张申府、茅盾、浦熙修等，及一众沈家亲属，包括我的父亲。

家父大学毕业，二伯伯介绍他到美国新闻处求职。当时美国新闻处英文部主任是金仲华先生，中文部主任是刘尊祺先生，都是中国文化名人，也都是二伯伯的朋友，他们录用了父亲。

图1 三哥婚礼贺幛

工作如意，薪水丰厚，父亲母亲郑重订婚。二伯伯代表男方家长，外祖父作为女方父母，双双出席，把酒言欢，世交联姻，格外亲密。他们还不仅只是私下里吃顿饭而已，第二天《中央日报》刊出这则订婚消息，陶希圣沈钧儒两个名字，赫然并列。

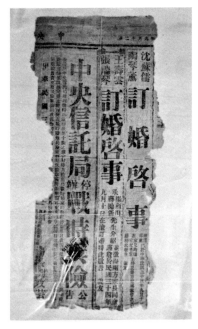

图2　父母订婚启事报纸

抗战胜利之后，父亲离开美国新闻处，进入上海《新闻报》，不久调至《新闻报》驻南京记者站，专访要闻。当时中共在南京设有一个代表处，驻在梅园。中共代表团的首脑是周恩来先生，而其新闻发言人是范长江先生。范长江先生是二伯伯的女婿，称家父为苏叔叔，便经常通过家父的报道，向上海和全国民众宣传中共的主张。父亲给我讲过很多次，他如何接受范长江先生的约定，到哪个哪个餐厅见面，又如何如何被接入梅园去，甚至曾经跟周恩来先生谈过话。

1949年，外祖父跟随蒋介石，远走台湾。父亲坚决留在了上海。母亲表示跟父亲厮守，生死不渝。解放军进入上海后，封闭《新闻报》，遣返员工。父亲因之失业，全家生活，无以为继，惶恐之中，写信请求二伯伯帮忙。

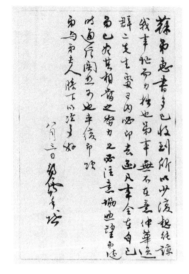 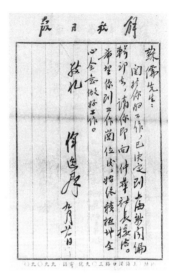

图3　二伯伯写给家父的信　　　　图4　恽逸群先生写给家父的信

　　我手上保存着二伯伯两封亲笔信的拷贝，一封是写给我的父亲的，告诉父亲，他已去信上海，向金仲华和恽逸群二位先生推荐。当时金仲华先生是上海新闻日报社社长，后任上海市副市长，恽逸群先生是解放日报社社长兼总编辑。同时二伯伯又鼓励父亲说，凡事全靠自己努力，为兄的必会注意协助。

　　不久，父亲便接到恽逸群先生来信，约见父亲，并随即分配父亲到金仲华先生主持的英文上海《新闻日报》工作。我也保存着当时恽逸群先生写给父亲的通知，呼应了二伯伯的介绍信。能够到《新闻日报》工作，父亲非常高兴，认为自己终于参加了革命，成为国家干部了，于是把自己的汽车也捐给了报馆。

　　几年之后，为了开展国际宣传，决定成立外文出版社，便

图5　二伯伯沈钧儒在家中。

下令将《新闻日报》全部人马，包括编辑部和印刷厂，悉数搬
到北京。我们全家迁到北京之后，头一个去登门拜见道谢的，
就是二伯伯。

　　我保存的二伯伯另一封亲笔信，是写给当时上海民主妇联
负责人韩学章的。母亲当时在上海找工作，需要一份政治担保，
便也请求二伯伯帮忙。当时我的外祖父已被中共中央宣布为国
民党四十三名大战犯之一，给战犯陶希圣的女儿作书面政治保
证，担着很大的风险。二伯伯接到母亲的信，正值出国访问前
一天，他完全可以放下此事，多观望观望，等回国之后再说。
但是二伯伯亲情当先，急人之所急，怕耽误母亲求职的机会，
连夜落笔，为我母亲做出政治保证。

　　因为二伯伯的担保，母亲获得上海市总工会的聘约，任教

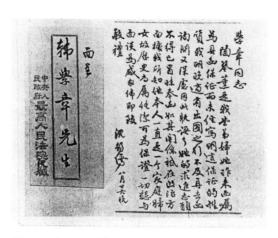

图6 二伯伯写给韩学章的信

于工会学校。后又接受任务，建立起若干工会学校，深受上海工人的爱戴和尊敬，曾得到工人学员们赠送的一面锦旗，一直到母亲偕全家老小，搬去北京，与父亲团聚。

20世纪60年代初的一天，二伯伯派了汽车，来接祖母和舅婆婆去聊天。那天我放学回家，在门口碰到，祖母便拉了我一道去。苏联的吉姆车，很舒适，一路也不用停红灯。二伯伯是全国人大常委会副委员长，行车是有特权的。

走进东总布胡同的铁门，在天井里，就见二伯伯赶下台阶，连声说：八姊娘，实在不好意思，我应该去看你，却劳动你老人家跑路。祖母拉着他的手，不知如何是好。三个老人坐在客厅里，喝茶谈天，无非问问好，讲些旧闻轶事。我则在二伯伯书房里，看他收集的各种石头。

回家路上，祖母感叹：衡山做了大官，到底还是我们沈家的儿郎。

周楞伽与金性尧的交谊

周允中

我父亲周楞伽，在20世纪30年代末的上海孤岛时期，通过当时《文汇报·世纪风》的编辑柯灵，结识了金性尧。后来金主编《鲁迅风》杂志，我父亲在《鲁迅风》上发表了一篇文章《从无关抗战的文字说起》，惹恼了巴人（王任叔），双方爆发了激烈的笔战。为此，我父亲还写了一封四六骈文的信给金性尧，表达他对这场论战的看法，现在将此信披露如下。

性尧吾兄：

久违雅教，无任驰系。近维春深绣幕，伉俪谐燕婉之欢；笔走龙蛇，文字增珠玑之价。下风遥祝，允符私颂。弟常年作客，到处因人，人似死灰，形同槁木。愁闻鹧鸪之声，乡关何处？爱吟放翁之句，九州孰同？乃蒙不弃菲菲，时投桃李，每周来《鲁迅》之风，握管惭刍荛之献。盖昔如何涓，赋一夕之潇湘；今则潘纬，吟十年之古镜。对客挥毫，秦少游流风不作；闭门觅句，陈无已腹负空嗟。凡此皆属实情，并非虚话。乃中情未蒙荃察，绿衣忽断好音，秋水望穿，良风不至。在他人或反喜遣负之轻，而弟

89

则转增鄙吝之气。爰抛断烂之砖，期引无价之玉。辟"抗战无关"之论，势夺"教授"之"秋"魂；作深刻批判之谈，气吞《宇宙》之《风》度。大类初生之犊，妄效吞象之蛇。倘不欲以覆瓿之作，重苦梓人，则请葬字纸之篓，再谋獭祭。专此布臆，顺候俪祉。

弟　周楞伽拜启

1939 年 3 月 10 日

随着论战的逐步深入，金性尧将我父亲有关论战的稿件分别退还，并且请他自酌。于是，我父亲极度气愤，写信指责金性尧。他是这样说的：

> 来信及退稿都已收到了，读了来信，使我不禁莞尔。
>
> 说自己本人"对双方都是极友善，决不敢有所袒护"。我却要问你，登了任叔的《不必补充》，却不登我的《还需补充》，是不是有所偏袒？说是"为息争着想"，其实我和任叔哪里有什么争端，上星期在文艺座谈会见面，大家还很客气的握手，后来选举时到他时，我也是举手者之一，这足够证明我和他之间，根本就无所争，更无所用其"息争"，倘说有所"争"，则一切争端都是任叔神经过敏，白昼见鬼引起来的。既然"觉得此种文字总以少载为妙"，为何要把任叔的《不必补充》"载"出来？兄可以"忍痛退奉"我的《还须补充》，难道就不能"忍痛退奉"任叔的《不必补充》？兄在任叔面前可以不必"忍痛"，在我面前就要"忍痛"，我要请问兄：所"忍"的是什么"痛"？殊不知我所"忍"的"痛"，比兄还要超过万倍。兄一面

在读者面前"痛"打我的耳光，一面却又在我面前装笑脸，说"对不起"，还要我"自酌"，我就是最没出息的阿Q，也不能忍受这种耻辱。忍耐应该有一个限度，这却超过了我的忍耐限度之外。

从此，我父亲不再理睬金性尧了。后来，经过柯灵的劝解，我父亲的火气退消了，于是又去信加以说明："自己前函多有冒犯，因弟

1953年4月，家父周楞伽在南京东路的哈同大楼二楼，租了两间办公室，将自己开办的新人出版社迁入二二七号时的留影。

富有感情，理智常易为感情所驾驭。知我如兄，当勿见责。前已托柯灵代道歉意，谅蒙鉴察。"于是两人消除了隔阂，又恢复了友谊，并且相互继续约稿、写稿，保持着往来。

后来我父亲经陈蝶衣的介绍，应国民党三青团宣传部长毛子佩之邀，主编《小说日报》第一版，而且向金性尧约稿，金用"浙孺"笔名，逐日在报上连续发表他的《婆婆居日记》。

太平洋战争爆发以后，沦陷区的作家生活都很艰难。当时国民党潜伏的中统特务陈东白，任"上海社会福利处"副处长，出资创办了一本综合性的文艺刊物《万岁》，开始由我父亲和金性尧联合编辑。不知道什么原因，金后来退出了编辑。此刊物共出版了八期，因物价飞涨，纸张配给，中途夭折了。

1935 年，十九岁的金性尧与二十岁的武桂芳结婚留影。

解放以后，我父亲和金性尧一起供职中华书局上海编辑所，我父亲在第一编辑室，金在第二编辑室，他后来被提拔为编辑室副主任。"文革"之中，因他谈及江青的往事，被判作现行反革命，吃尽苦头。

1998 年，我在编完并且出版父亲周楞伽的文坛回忆录《伤逝与谈往》之后，内心仍存在许多疑问和盲区，为了撰写有关父亲过去与一些文人的交往历史和旧迹，我只得去请教与父亲相交时间最长的老朋友金性尧先生。他在去世之前，曾经与我通了七封书信，其中一封已经遗失，现在将存留的六封抄录如下，并且略作解释，以飨读者。

周允中同志：

　　由古籍社（指上海古籍出版社）转来的大札已收到。所询各点，因年久日常，我又衰迈，难以省忆。陈西玄是什么人？我还是第一次见到，是不是陈东白？他是敌伪一个官员（？）创办《万岁》的，"三和楼"似在今大世界附近，记不起了。何家槐和徐转蓬的事发生时，我还未参加文学活动。

　　其余都不甚记得，将不确实的回忆告人也不很妥善，乞见谅。匆匆　顺颂

　　近祺

金性尧上

9 月 7 日

1993 年，金性尧与孙子、外孙的合影。

1973 年 4 月，家父周楞伽在上海家中。

　　我想询问的问题是在沦陷区的上海，有关我父亲周楞伽和金性尧一起编辑综合性文艺刊物《万岁》的经过。这套刊物共出版了八期，如何会创办的？为什么编辑之中，金性尧先生中途退出？另外杂志之中提到的陈西玄是什么人？研究创办刊物的三和楼酒店在什么地方？这些都是我所关心的。金先生的回答是都记不清楚了，并且告诫我不要将不确实的回忆告诉别人。这是我应该认真记取的。但他也揭示了一个信息，陈西玄即陈东白。陈在汪伪时期曾经担任过伪社会福利处副处长，处长是丁默邨，《万岁》杂志是由他资助的。陈东白此人过去是国民党中统的人物。抗战胜利以后，作为国民党中统的潜伏人员，未受到任何处分。这是抗战刚刚胜利后，军统在上海文化方面的接收大员张冰独告诉我的。张说他在胜利以后结婚时，陈东白就是他的证婚人。

二

允中兄：

　　久不见，念念。拙文承关心，尤为感激。

　　顷阅中国作家协会来信所附河北教育出版社函，云全套书二十册，稿酬千字三十元，俟出书后两个月内付给。该书数量很大，一时还来不及结算，好在有中国作协之约信，迟早会付的。中国作协地址：北京朝阳区东土城路 25 号，中国作协权益保障会。匆复　顺颂

谭祺

弟　金性尧
5 月 4 号

　　又：作协邮编：100013

　　此信写于 1999 年，我在三月间，因为金先生想阅读我父亲的文坛回忆录《伤逝与谈往》，曾经携书前往拜访。除了谈及过去许多文坛的往事之外，主要是告诉他，他有许多作品未经本人允许，被许多出版社随意选载在书籍之中，并且告诉了他有关我所知道和记录在案的一些出版社。金先生表示十分感谢。信中提及的河北教育出版社的那套书，是指回忆鲁迅的一套丛书，内中选载了金先生的作品。另外我父亲也有不少作品被其他出版社转载和改编，他殷切地告诉了我中国作协权益保障会的地址和邮编，希望我便中帮助他去查询一下。

三

允中兄：

　　来函诵悉，奉答如下：

2001年，我去信询问有关家父与苏青笔战的往事，这是他的回函。

（1）《苏台散策记》的文稿，金已收到。

（2）苏红是苏青之妹，《社会日报》上的事情不详。

（3）杂志联合会地址已忘。

（4）周修庵是谁，不详。

（5）拙文《忆苏青》在《伸脚录》中。

（6）令尊与苏青笔战事，完全忘记。

（7）大作甚佳。

因病简复，乞谅。顺叩

年釐

金性尧启

1月22日

此信写于 2001 年，当时我已经撰写完成了父亲与苏青笔战的文章初稿，但有几个问题始终无法解决，就去信向金先生了解。这封信是他回答我提问的内容的。《社会日报》上的事情，是指我父亲在该报上笔战苏青的文章。杂志联合会地址，金先生表示已经忘却，后来我考证，是在今天上海的延安东路泰晤士大楼里。周修庵是杂志联合会的工作人员，与苏青关系比较密切。

四

允中兄：

　　承告两书店地址，深为感幸。舍下电话为 62585452。关于令尊文稿事，《茗边老话》以后是否续出，亦一问题，而且每册至多三万字，唐代文人之类，题材亦嫌泛，有机会时，我会问的。顺颂

　　近祺

　　　　　　　　　　　　　　　　　金性尧上
　　　　　　　　　　　　　　　　　4 月 14 日

此信写于 2001 年，主要是我想将父亲过去曾经发表在各报纸杂志上，有关古典文学和历史掌故的文章，以"文史论稿"的形式出版，但始终未果。见到金先生为辽宁教育出版社出版的"茗边老话"为题的一套丛书，我想能否以"唐代文人"为题出版一本小册子，这是他回答我的这个设想的一封信。

五

允中先生：

手书诵悉，弟与令尊，缔交于三十年代，后又共事于
中华书局编辑所。前尘旧事，历历在目。最使我佩服的是
他在文革中对恶势力不屈精神，一连写了几张大字报为自
己申辩。他曾对我说，不要把心思放在检举揭发上，应当
为自己的问题申辩清楚，光是揭发别人又有什么意思呢。
可写的原不止此，只因近日为顽疾所困，构思良难，只能
简复数言，并祈鉴谅。顺颂

　　冬绥

金性尧启

12月28日

2003年12月去信询问"文革"
中有关家父的往事，这是他的回函。

此信写于2001年冬，
我曾经多次去金家，闲聊过
去的文坛往事，其中主要是
孤岛和沦陷区时期的上海一
些文人的事情。这之中，让
我回忆最是深刻的是，他告
诉我，日本人主办的第三次
"大东亚共荣圈"文学大会，
其中邀请参加出席的上海作
者有他金性尧，还有张爱玲。
张曾经打电话询问他，是否
参加，金表示他不想参加，
张在电话之中也表示，既然

金不去，她也不想去了。有关这些往事，我曾经劝说金先生是否将这些文坛回忆录写将出来发表，金表示可以考虑。后来，果然他在《万象》杂志上写了一篇文章。我也曾经婉转地问他是否能够写写有关我父亲的回忆，尤其是在"文革"之中的往事。他在这封信中，就是回答我这问题的。

六

允中兄：

　　接诵来信，且感且愧。因弟小病，未及时上复。杭州的书中收有拙文，不知其具体地址如何？

　　张鑫先生的《世纪》收到，是隔年的。张爱玲谈的人太多了，苏青可谈之事不多，因为我已有文写过。我编《文史》，考虑到袁殊的政治结论，到底怎样，我自己一直这样想的。

　　欢迎张鑫先生等来，时间请在上午九时或下午三时后。近来精力衰颓，懒于握管，阳历的元旦我也过忘了。不知阴历新年如何，怅怅。专此，尚请明鉴，并请

　　　冬安

　　　　　弟金性尧
　　　　　一月七日

2002年，去信了解有关金性尧与张爱玲、苏青的交往，这是他的回函。

2003 年 10 月，我与金性尧在他的家中。

　　此信写于 2002 年，张鑫当时是上海文史馆和中央文史馆合办的《世纪》杂志的编辑，我曾经在该刊物上发表过文章，并且与张鑫谈及过金性尧先生，她表示想去看望一下金先生，于是，我去信向金先生表达意愿，他写了这样一封回信。

　　另外还谈及该刊物，问金先生是否能够就沦陷区的作家苏青、张爱玲等人与金先生的交往写些文章，金先生做了如此的回答。同时他表示许多人事均涉及袁殊这个人物，解放初，他去北京曾经见到袁殊，现在确知袁是潘汉年圈子里的人物，至于到底怎样，他的心里没有数，云云。

一个平凡家族的时代记忆

姜　蒙

　　每当我翻开家族相册，一张张泛黄的老照片便映入眼帘，这些黑白影像记录了一个家族的成长与蜕变、逝去与新生，也在不经意间记录了一个时代的变迁。跨越近半个世纪的历史，伴随着共和国的成长，从一个家族的角度重新审视历史，会发现历史远非书中描写的那般，而是一代人的青春，他们的友谊、他们的爱情、他们的美丽与哀愁，这是一个属于他们的"黄金时代"。在历史的洪流中，没有人能够主宰自己的命运，大时代下国家的命运与个人的命运如此密切相关，远非当今的人们所能理解。如今斯人已逝，才觉对他们的了解不多。犹记姥爷晚年的时候，由于中风而无法行走，整日里沉默寡言，呆坐在电视机前，有着外人无法理解的孤独与无奈。转眼，姥爷离开已有多年，照片上的很多人也已相继离去，往事开始渐渐模糊，记忆开始慢慢消逝，只剩这些老照片，无声地记录着一个平凡家族的时代记忆。

　　我的姥爷苗福春1934年出生于山东蓬莱大苗家，随家闯关东迁往东北，后又陆续返乡。由于他母亲早逝，加上奶奶去世，父亲病重，姨母在家里最困难的时候将他们兄妹接至家中

图 1

抚养。图 1 中的长辈就是姥爷的姨母钟氏。她的一生经历坎坷，结婚不久丈夫被抓壮丁，从此便音讯全无。她没有改嫁，独自抚养儿子。1950 年儿子参加抗美援朝，牺牲在朝鲜战场，不久，

图2

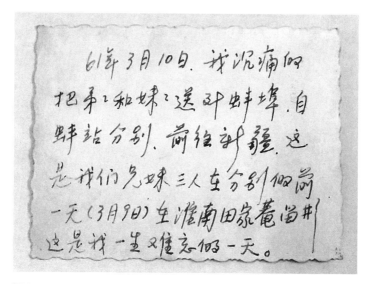

图3

图4

儿媳改嫁，她便带着孙子（右一）一起生活。她为人开朗热情，
一直到晚年都在辛勤劳动，每年都会给各家寄一袋她自己种的
花生米。姥爷的姨母活了八十多岁，去世前姥爷（后排中间）
和姥姥曾去照顾。这张照片是建国初姥爷和他的弟弟妹妹、姨
母一家人在山东老家的合影。

　　图2是姥爷兄妹三人的留影。左一是五姥爷苗福奎，中间
是姑姥姥苗慕杰，右一是姥爷。这张照片的珍贵之处在于背后
的字迹（见图3），这是唯一一张有记录的照片，可见它对于
姥爷的意义。事实上，照片中三人不太自然的表情是由于长期
饥饿导致的浮肿，五姥爷和姑姥姥因饥饿从山东老家来投奔姥
爷。但是姥爷的口粮不能养活弟弟妹妹，在严峻的生存危机面
前，只好将他们送到新疆二姥爷那里。对兄妹三人来说，这是

图 5

图 6

一次悲伤的离别。

图 4 是兄妹三人时隔十多年之后的又一次合影，神情要轻松愉快得多。当时五姥爷和姑姥姥都已在新疆石油系统工作，从新疆回来看望姥爷。

姥爷酷爱照相，这应该是当时年轻人中一件颇为时髦的事。1958 年，二十四岁的姥爷随着国营 375 厂的内迁从东北来到安徽，从此就扎根于此，在这里工作、生活，为祖国的化工事业奉献了自己的一生。图 5 是姥爷于 1958 年 5 月在合肥的留影。

图 6 是姥姥初中毕业拍的照片，也是她最为喜爱的一张。姥姥 1946 年出生于安徽省颍上县，拍这张照片时十七岁，当时给黑白照片手工上色从而营造一种彩色照片的感觉，颇为流行。姥姥初中毕业不久便嫁给姥爷，一直辛苦操持着家庭。还记得姥姥去世后，在整理遗物的过程中发现了珍藏已久的初中毕业

图 7

证书。她将自己的理想融化成对于后代的爱与希望。

图 7 摄于 1968 年，五姥爷从外地来看姥爷。当时正值"文革"时期，每个人都必须佩戴毛主席像章，小孩也不例外。左一是刚出生的阿姨，中间扎辫者是我的妈妈。

图 8 拍摄于 1968 年 10 月 1 日。姥爷（后排右一）作为淮南市工人代表前往天安门广场观礼并受到毛泽东接见。照片中的每个人都手拿红宝书，佩戴毛主席像章，正前方是《毛主席去安源》的画像。姥爷作为亲历者，见证了一个时代的国庆盛况。

20 世纪 80 年代初，二姥爷（左一）从新疆来看望姥爷，阔别多年，兄弟重逢，在家中拍摄了这张照片（见图 9）。当时后排的阿姨、妈妈、舅舅都已长大，一家人其乐融融。这张照片被阿姨放到相框中,一直摆在家里最醒目的地方。

还记得小时候,姥姥有时会拿出相册,指着那张涂彩的照片问我:"这是谁啊?"我会一脸茫然地看着照片,摇摇头。"再看看,不认识么?"这是一副如此年轻的面庞,姿势与装扮都像极了现在的艺术照,还有着些许青涩与娇羞,这完全不像我所看到的姥姥,强势、泼辣,还有一丝严苛。"这是姥姥啊,不像么?"我会故作惊讶:"那时好小吧,好年轻。"其实我明知故问,也许我从没真正想了解姥姥的过去,姥姥的心中怕是也有些失落。如今斯人已逝,我再次看到这张照片,心中却充满着理解之同情,甚至觉得眉宇间自己和她有些相像。很后

图8

图 9

悔当初没有问问姥姥过去的事，没有坦诚相告自己内心的想法，如今我的困惑与焦虑是不是也是她所经历过的？正如日本电影《步履不停》中所说，"人生路上步履不停，为何总是慢一拍"。每代人之间的隔阂总会由于人生轨迹的相似而渐渐弥合，但往往会慢一拍，这就是人生的缺憾吧，或者说是成长的代价。曾经对于家族传承有些反感的我，而今却相信那流淌在血液中的血脉亲情，不曾割舍。借用张爱玲《对照记》里那句话："他们只静静地躺在我的血液里，等我死的时候再死一次""我爱他们"。

谨以此文献给我的姥爷姥姥！

小城深处

徐义亨

这是我记忆里半个多世纪前的江南小城。

在我读中学的年月，有多个寒暑假是在父母亲工作的医院里度过的。自1958年后，再也没有回去过，于是有关医院的印象在我的脑际便尘封起来。有时觉得那医院离我已很遥远，像一缕浮云，会随时随风轻散；有时那浮云又慢慢聚集起来，成了一朵硕大的云，堵在面前，让你轻易绕不过去，那些点滴的往事会慢慢浮出，在眼前搅动。

这座创建于1935年的医院规模不大，前面是座建于20世纪20年代，带有民国风情的西式小楼，作门诊室用，后面是座住院楼兼作员工宿舍，再往后隔着篱笆便是一条大河和无际的农田。每当假期从学校回到医院，走进父母亲的宿舍，推开窗户，河面上的微风习习吹来，田野的景色尽收眼底，读书的疲劳和校园的喧闹顷刻都抛在脑后。

很喜欢那座西式小楼的点滴诗意，红灰砖、拱门窗，加上阳台上欧式的铁丝花纹和古典的罗马立柱，无不述说着曾经的华丽。但医院里没有我的同龄伙伴，住久了闷得慌。待到和几位护士相熟了，心中才觉得玉兰树荫下的小楼多了一层深意。

图1 父亲摄于 1935 年

她们唤我为"小鬼头"，父亲要我称她们为"大姐姐"，而我觉得有点别扭，干脆没大没小，径呼其名。

她们是 20 世纪 50 年代初来自姑苏城的一批护校毕业生，说一口清脆、细软的吴语，那声音像带着清晨的露水和白兰花的香气。在美丽被刻意淡化和模糊的那个年代，女性的着装不作兴显露，尽管封闭，在她们身上依然充满端庄的神韵，散发出另类的幽香。若和她们一起走在小城的石板路上，直觉能把街市人们的目光吸引过来。

传统的教育使她们都有着南丁格尔所说的"一颗同情心和一双愿意工作的手"。一身洁净的白工作服和戴在眉梢上的帽子足以让人把她们和圣洁联想在一起。她们几乎每天都站着工作，脚穿白色的工作鞋，手端白色的治疗盘，轻盈地来回于病人和诊疗室之间。数十年来，每想起她们，总觉得这是医院里一道难忘而感人的风景。

每个到医院就诊的病人，在拿到医生开出的处方后，无一例外地要去药房里取药。联想到现时医院里在药房窗口前的排队、叫号以及向面无笑容的药剂师提些简单的问题都会遭到不耐烦的对待时，我就会想起当年在小城医院药房里工作的红（化名）。

图2　红摄于1956年

在文盲还十分普遍的年月里，遇到许多不识字的患者，我常看见红会站起身来耐心地拿着装药的小纸袋，用朴素、形象的言语嘱咐如何按时服药，直至病人明白为止。她让病人感到温暖，感到满足，觉得自己病体的康复就好像含在她的嘴里。医者的几句体贴入微的言语，常会给病人埋下战胜疾病的信心，这种信心有时会产生始料不及的奇效。

在少年人的目光中，红是一位眉清目秀，言语、穿着都很得体的女性。但她更在意自己的业务。一天，我看见在她办公桌的玻璃台板下，压着许多记有药品化学结构式的说明书。

"能看懂吗？"红问我。

"还没有学过。"

"待你学了《有机化学》后就明白了。"

自那以后，我知道她在准备报考大学，这是国家号召"向科学进军"的最初年月。连续两年的报考红都未能如愿。如果首次高考的失利，红觉得可能是成绩的缘故，那么第二年的再次落榜，红疑惑了：凭借着毅力和勤奋，红深信自己的成绩和水平。

图3 蓝摄于1956年

在得知自己被筛选在大学校门外的真正原因是父母亲于解放前夕去了台湾，政审不合格后，红并不因自己无望跨入高校的大门而灰心，她将夙愿转托给了自己的新婚丈夫，一位刚转业的军人。红的丈夫已是大龄青年，他没有辜负期望，一年后，圆了红所期望的梦。此后，为了自己梦寐以求的未来，红用微薄的工资支撑着丈夫的五年寒窗。

过去了的岁月常常能洗亮人身上许多可爱的地方。

一次我生病发烧，父亲给我开了针药，并带我到注射室去找蓝（化名）。我抬起臀肌，只感到她用手指绷紧皮肤，轻捶一下，分散了我的注意力，针头却已快速刺入，丝毫没有以往的痛感，这是刚推广的"无痛注射法"。回想起当年蓝注射动作的轻盈、敏捷，被她注射的那种感觉，会让少年人感到腼腆，也感到温暖。

每到周末，医院里常有舞会，许多外单位的男性青年会慕名前来参加。蓝长得好看，圆脸、丰腴，是频繁被人邀请的舞伴。看着她满场飞扬的舞姿，前进后退，左旋右转，或疾或徐，忽起忽伏，让人羡慕不已。她尝试带着我，让我很快地就迈出了舞步，于是我便成了她的铁杆小舞伴。有时当舞曲刚刚响起，为躲避那些被她认为讨厌的邀请，蓝就会拉着我早早地滑进舞池。

我有意无意地发现在蓝的桌子抽屉里总是有本书，得闲时就翻阅一下。爱读书，这对一个忙得连喘息的时间都没有的人是很难得的。她坐在那间属于她的，其实是注射室的屋子里看书的表情很专注，也很动人。父母亲不让我在上班的时间里去小楼。持少年本能的我，有一种难以言语的心理，会悄不作声地从注射室门前走过，就为了看她一眼。她会看什么书呢？医学类？文学类？我猜度着。一种莫名其妙的感觉渐渐地注入我的心脉。

　　一天傍晚，蓝拿了一本书推荐给我，让我喜出望外。这是国内刚出版不久的爱尔兰作家伏尼契的不朽名著《牛虻》。书中的主人公亚瑟是个有信仰的青年，然而欺骗、陷害和误会使他远走他乡。十三年后，亚瑟重返家乡，此时他容貌可怕，甚至让曾经的爱人琼玛都认不出他，然而为民族独立的信仰坚韧不拔。最后，亚瑟被处死刑。刑场上，他从容不迫，慷慨就义。而把亚瑟送上刑场的不是别人，正是他的生父、红衣主教蒙泰尼里。

　　我几乎一口气读完了这本书。牛虻那忠贞不渝的追求，不可调和的仇恨，以及感人肺腑的情感，在一个中学生的心灵里便留下了永久的记忆。

　　之后，蓝和我多次议论过亚瑟、琼玛和蒙泰尼里三者的信仰和情感。后来我在大学里又观看了苏联的同名电影，当看到影片的结尾处，琼玛在含泪读着亚瑟临刑前写给她的长信时，我体察到这是一个行将死去的人在憧憬他的幻想，也真实地感到人性在光怪陆离的世事中有着非凡的意义。

　　数十年来，每想到《牛虻》这本书以及这部电影，我总会联想到最初将此书推荐给我的蓝，也自然地想到：蓝很会读书。

图 4 母亲摄于 20 世纪 30 年代末

一次偶然的机会，蓝让我看她珍藏的相册。在翻到一张放大了的、身穿西便服的男性照片时，她那美丽的脸庞泛起微微的红晕。我明白这是她的未婚夫，是一位在东北牡丹江医院工作的医生。照片上的他，英俊潇洒，再回望她，我想到了"佳偶天成"这个词语。

看多了文学小说，常会感叹艰深怪诞的情节。其实，艰深怪诞的不是文学家的臆造，而是人的命运。

1957年我刚进大学后不久，"反右"把我的父亲划入另册。从此花时已去，梦里多愁。我再也没回过医院，往日视我如小弟弟的大姐姐们以及树荫下的那座风情小楼便成了我的记忆。

后来是母亲告诉我一些有关红和蓝的情况。

在那个年代，由于红的出身背景，被造反派无休止地批斗，红因不堪受辱而自尽了。更令人寒心的是，她在外地工作的丈夫，为表白"站稳立场"，拒绝回医院为红料理后事。这噩耗让我少年时对她的尊爱之情一下子翻回心头，我的心收缩得像石头。一颗无名的天际小星，年纪未过中年，就这样陨落了，如此凄惨，如此悲凉。每当翻开相册，看见红在小城医院里送我的那张清秀的照片，背面还写着"给义亨小弟弟"，我便心酸不已，似有凉风在心底穿越。

蓝和未婚夫在小城办理结婚登记后不久，收到了一封匿名信，写信者自称是牡丹江的一位女性，信上扬言自己和蓝的爱人有染，要蓝放弃和爱人的关系。这正值她准备调往牡丹江工作之际。之后，无奈于无法澄清的事实，无奈于双方领导的劝解，她只得远离小城去牡丹江工作。听母亲说，她后来的生活不尽人意。每当联想到她离开江南小城远去北国，半个多世纪前在医院舞会上常放的那支哀怨的慢步舞曲《昭君怨》就似在我耳际回响，如歌般地回响着……

在我平淡无奇的过去里，许多人和事都像过眼云烟似的消逝了，但每想起红与蓝——我少年时代的忘年交，总会唤回我的少年和她们的青春，那温馨和惋惜的情绪也始终封存在心底。

1928 年的全家福

熊景明

昆明是国内最早有照相馆的城市之一。清末以来，"水月轩""二我轩""留青馆""春影阁"陆续开张。1912 年，广州的"艳芳照相馆"到昆明来开了分店，带来新的摄影及照片冲洗技术。本地相馆老板不甘落后，远赴香港挖掘人才。20 世纪 30 年代新开张的花园相馆"存真"，以户外真实景观代替室内画布，抢尽风头。

照相馆坐落在离市中心不远的双塔寺下，一条名为大绿水河的小溪畔。主人别出心裁在报上登出对联之上联"绿水河，河水绿，河映双塔存真相"，征求下联，传为佳话。50 年代公私合营的社会主义改造运动，令私人相馆的日子到了尽头，国营的"人民相馆""东风相馆"取而代之，乃是后话。

这张照片，应当是在距外公家较近，翠湖边的"水月轩"所拍。想想看，那是何等的家庭盛典。当天每个人，尤其女眷悉心打扮不在话下，有人需要为之添置新衣，那时没有什么服装店、百货公司，得光顾裁缝铺，量体裁衣，耗费时日。这老老小小二十人的大家庭，来自四个屋檐下，安排交通，协调时间都需一番操劳。时间大致在 1928 年。

坐在正中央的白须老翁，显然是照片中的尊者，当天很可能是他的生日。他是我母亲的外公，云南省现代教育的一位推手。"简历"大致如下：钱用中（1864—1944），字平阶，举人。云南省正经学院高材生，1904年赴日本考察学务，1910年创办《云南日报》，曾任中学教员、省议会议员、省政府秘书等职。著有《中国社会总改造》《我之国民改造观》等书。这些从出版物、网络可查到的记载，当年我们小辈一概不知。在我们成长的新中国，大凡被旧社会所肯定的人和事，必定是坏的，大人宁可不告诉我们。

母亲和舅舅只讲过太外公的琐事，例如他几次考进士落榜，皆因字写得太差（母亲不止一次提起，用以警示写字很烂的我）。

母亲小时候外快的来源便是替他抄文章，结果练得一手好字。传说他早年曾经到北京，参与"百日维新"被捕。慈禧亲自审问，他一口云南方言，无法沟通，太后最终令这名少不更事的土包子滚蛋了事。这些传说的真假无法考证，而他毕生致力维新，办报，办教育，担任过 1923 年成立的云南天足会（促成释放妇女小脚）副会长则是事实。

如果他不曾到日本，便没有我。他以督学身份前往，归来后将两个女儿许配给他的两名爱徒，即我的外公苏澄及庾恩旸。三人在日本都加入了同盟会。庾后来成为护国运动将领，1918 年三十四岁时遇刺身亡。照片上没有他夫人，钱老先生的另一位女儿钱维芬，只有他们的两个女儿，后排左三庾亚华，她的姐姐、姐夫立后排最右。云南野史将钱维芬说成红颜祸水，她后来改名钱文琴，远走香港，1964 年去世，2012 年迁葬昆明金宝山。她留下许多传奇故事，但无法证实。

照片中排最右面，清秀文静，着昆华女中校服的芳龄女孩，是我的母亲苏尔端，生于 1914 年，在十一个兄弟姐妹中排行第三。外婆每隔两年生一个孩子，在那个年代很普遍，家中有多少小孩，视乎有几个活了下来。故家境不俗的人家通常儿女成群。此时，母亲已经有三个哥弟，五个姐妹。前排小藤椅上正襟危坐的两个小男孩是我的二舅、三舅。我对二舅最深的印象即他随时擦得贼亮的皮鞋，从照片上可见，这是从小的习惯。三舅苏尔敬是这个家庭中第三代公费出国留学生。1943 年考入云南公费留美班，两年后赴美。他 2012 年在美国去世，女儿苏霭中整理遗物，找到这张发黄的照片。

剪辫之忆

杨艳玖

1966 年 8 月 30 日，那一年，我 19 岁。留了 6 年的视若宝贝的长辫子将不得不剪去，我带着无奈与悲伤走进了理发馆，这张珍贵的纪念齐腰长发的老照片也由此诞生。

1963 年，因父亲接受劳动改造，母亲带着我们姐弟五个从辽宁去了黑龙江。我当时 16 岁，作为家里的老大，无可选择地挑起了养家糊口的重担。父亲在密山县兴凯湖农场机械厂给我找了份工作，在厂里拿最低工资，每天一元钱。父亲是厂里的会计，所以我只负责工作，不负责领薪水，当然父亲会给我一点买生活必需品的零花钱。

日子很艰难，生活要继续，无论如何都不能改变一个事实——那段岁月里怒放着我最美好的青春。我是一个乐观的人，爱唱歌爱打扮，尤其爱照相。生活拮据，爱美的天性不灭，怎么办呢？我不得不佩服父亲的心灵手巧，他买来花布，自己动手剪裁，然后教我缝纫，于是就有了照片里的这件花上衣，在当时还是很时髦的，同事们很是羡慕。当然，在我和父亲的合作下，弟弟妹妹们也都能穿上件像样的衣服了。即便如此，买花布的钱也是极有限的，事实上我只有两件衣服可换，两条裤

子可穿，鞋子不穿坏永远是同一双。我非常珍惜，衣服总是洗
得透透亮亮，叠得整整齐齐的，穿的时候也无比精心。

　　物质上的极度匮乏，也未能熄灭心中燃着的青春火焰，那时最让我骄傲的就是我的长辫子。我的头发很浓密，又黑又亮，没有一点分叉，前额是天然卷发，两条乌黑的大辫子在腰间摆来摆去，成了我身上的一道风景。我有时用一条手帕把两条辫子扎起来，有时把两条辫子叠起来，我总可以让我的辫子花样翻新。那个年代梳长辫子的人很多，我成了其中的佼佼者，吸引了很多艳羡的目光。我对这一头长发倍加呵护，那时没有洗发露，只好充分利用现有的东西：淘米水、肥皂、大碱等——这也是在艰难日子里人们的发明创造。尽管由于头发过长也给生活带来不便，但是我依然乐此不疲。

兴尽悲来。1966年，"破四旧"运动开始了。当不许留长发的噩耗传来，我当时的心情难以形容，可以说如坠深渊。因自己有着执拗的性格，硬着头皮，拖延不剪，很多人和我一样不情愿，厂里还有一些不想剪辫子的人拿我做挡箭牌："小杨剪我就剪。"但形势所迫，厂里的女同事陆陆续续都剪了，我的压力越来越大。到最后我成了厂里唯一一个还梳辫子的人，什么事我都能妥协，唯独这件事我表现得很倔强。后来领导找到我并且给了半天假让我去解决头发问题，我知道我和我的辫子到了必须说再见的时候了。

我还清晰地记得那天。我很难过地握着两个辫梢迈着沉重的脚步走出了工厂大门，先去照相馆拍照留念，最后去理发馆剪掉了将近3尺的长辫子。回到家，我痛痛快快地大哭了一场。当然此事一时间也成了身边人茶余饭后的谈资。没有了就找不到了，失去了就回不来了，那两条长辫子不只是我青春岁月里追求美渴望美的资本和象征，也是那个精神生活同样匮乏的年代里的一种精神寄托。

别人剪下的辫子都卖了，只有我留着，小心翼翼地放在一个布包里，时不时地拿出来看一看。直到 1968 年，举家搬迁，离开密山，我不得不把辫子拿到采购站卖掉了，得了 5 元 7 角钱，买了件塑料雨衣，这件雨衣一直用到 1991 年。至此，这条辫子彻底地在我生命中消失了，我和辫子的故事也画上了句号，以后我再也没留过这么长的辫子。这件事既是我青春记忆里的点缀，也是伤痛。

今年我已是古稀之年，生命里总有些事情值得回忆，值得品味，尤其是在老年，会常常沉湎于往事。往事如昨，历历在目，或苦或甜，或悲或喜，都已成为我生命的一部分。

每个人的生命轨迹或多或少都会留下历史碾过的痕迹，每张老照片的背后都有说不尽的故事，这张老照片只是我青春岁月的一个插曲，时常悠扬而感伤地回荡在耳畔。

·书讯·

《老照片》温情系列之二

《老照片》编辑部 编

山东画报出版社　2018 年 11 月出版

单册定价：25.00 元

《老照片》温情系列之二共四种：《我的童年》《我的同学》《我的故乡》《我们的节日》。所选文章大多是从《老照片》中精心挑选适合青少年读者阅读的温暖篇章，文字质朴平实，感情自然真挚。另约稿、辑录了贾樟柯《忧愁上身》，让我们在故乡的山川异路中怀想起青春岁月；冯骥才的《年夜思》、迟子建的《关于年货的记忆》，唤起我们对传统节日的许多遥远有美好的回忆。

苏濯溪与自忠中学

杨　潜

　　自忠中学是抗战教育史上的一个传奇。

　　1943 年 3 月 3 日，自忠中学正式创办于河南省邓县（现邓州市），为附设于第三十三集团军的子弟中学。学校最初取名"七七中学"，后为纪念枣宜会战中壮烈殉国的张自忠将军，更名为自忠中学。这所开办于抗战后期的中学，由传奇将军张克侠领导建校，后来也因张克侠在淮海战役率部起义而解散停办，存在了近六年的时间，培养了约六百名学生。

　　自忠中学的创立、办学等一些史事，至今尚不为世人详知。因有缘结识参与创办学校的苏濯溪先生的后人，又经多方查访与搜寻史料，使这段艰辛办学的史迹逐渐清晰。苏濯溪是自忠中学的创办人之一，也是该校唯一一位见证学校从开办到解散全过程的人。撰写此文，既为历史存证，更为致敬先贤。

邓县建校

　　七七事变后，北平、天津、保定相继沦陷，正在河北省立农学院就读的苏濯溪被迫中止学业。不愿做亡国奴的热血青年

苏濯溪在自忠中学时。

纷纷结伴南下参加救亡，苏濯溪忍痛告别了双亲、妻子和一岁多的孩子，与几个同学自保定出发，徒步数百里绕过石家庄，再乘火车到达河南郑州。经同乡介绍，流亡在外的苏濯溪参加了全国基督教青年会军人服务部。这是一个为适应抗战需要而成立的民众救亡团体，主要服务于对日作战伤亡的军人，同时也救助难民。

抗日战争使国共两党的阋墙之争，变为共同抵御外侮。国民政府为民族生存与发展计，积极兴办教育，为国家造就人才，积聚生力。自1937年底起，教育部陆续设立了一批国立中学，专为接收流亡失学的青少年学生。除此，公立或私立创办的中学也普遍建立起来，自忠中学正是为了因应抗日救亡需要创办的。

自忠中学建校时，抗战已进入艰苦的相持阶段，中国战局也趋于相对稳定。邓县是第三十三集团军的后方基地，为解决随军子女及当地子弟入学读书，总司令冯治安遂委派时任本军参谋长的张克侠将军，负责开办一所子弟中学。张克侠早于1929年秘密加入中共，并由周恩来批准成为特别党员，不与地方党发生关系。张克侠受命开办中学时，便在选聘教职人员方面做了精心布局。

办校之初，张克侠聘请了在教育界享有盛誉的杨绳武具体负责筹建工作。作为保定同仁学校的创办者，杨绳武与教育改革家，如陶行知、晏阳初等人均有交谊，与张克侠都曾在北京汇文中学读过书。他本人是虔诚的基督徒，有民主爱国的思想，与第三十三集团军有着良好的关系，曾协助该集团军开办过子弟小学，是创办学校最合适的人选。聘任杨绳武，既可以为冯治安所接受，又可以将国民党色彩浓厚的人摒弃在外，张克侠可谓用心良苦。杨绳武在接受委托后，便把军人服务部的同工，如苏濯溪、郝树荣、刘锡九等具有左翼思想的人吸收进来，作为骨干力量参与创办学校。办校之初所聘用的教师人员，以进步人士为取用对象，有中共地下党员加入其中。这使这所附设于国民党军队的学校，从一开始就注入了"红色基因"。

抗战时期国立中学的经费，皆由政府拨给。自忠中学虽在河南省教育厅备案为"河南私立自忠中学"，但吃穿由第三十三集团军按士兵标准供给，师生一律发给军粮、军服，教师家属也计口授粮，全国基督教青年会则承担学校的办公经费

1947年春高二级第一班（商丘，身后是壮志亭）。

第一班部分同学合影（1948年春季）。

和教师的薪水。在艰苦的抗战环境下，师生待遇算是相对丰厚的。集团军总司令冯治安挂名校长并兼董事长，校董有张克侠、何基沣、孟绍濂、刘振三、李宝善等军方人士与青年会军人服务部总干事肖洄千。杨绳武任副校长，主持校务工作。建校不久，苏濯溪便接替因故离校的郝树荣，担任了教务主任，后任训育主任。1947年末，杨绳武离校，苏濯溪与赵庆辉全面负责起了学校的工作。

战火弦歌

自忠中学于1943年春招收了第一批学生，主要来自第三十三集团军的军人子弟以及当地的民众子弟。招收条件须具备高小以上文化程度，但军人子弟来自各地，且受抗战的恶劣环境影响，文化程度参差不齐。经入学考试，将合格的学生编为第一班，计54名；未合格但成绩较好的学生编为第二班，计24名，做必要的文化补习。其余学生则编为高小班，升级后再学习中学课程。学校教学与教育部颁布的课程和学制相一致。学校开办时曾制订教育要点：一是陶冶学生健全品格，加强忠勇牺牲精神之培植；二是培养学生自动与自治的能力；三是启发学生劳动意识，锻炼生产技能；四是实施军事管理，养成迅速确切严肃之风度。在以后的教育实践中，又将办学宗旨进行了系统具体的细化。

学校的最高行政组织为校务执行委员会，下设教务、训导、总务三处。陆续成立了以学生为主的自治组织，如经济委员会、学习委员会、课室委员会、康乐委员会等。各委员会定期选举，

女同学合影（1948年）。

迁校商丘后部分教职员合影，后排左一为校长杨绳武（1947 年 5 月自忠堂门前）。

不连任，每个学生均有锻炼的机会。办校的第一年仅设立初中部，规模也比较小，但开展教学方面正规完备，这主要得益于校长杨绳武与教职员们的悉心筹划。在战争环境下，杨绳武结合自己在保定同仁中学的办学实践与探索，倡导和吸收了陶行知"教、学、做合一"的教育思想，呈现出崭新的面貌。杨绳武身体力行，尽管校务繁忙，他还兼着英语和音乐教学，其他的学校领导也分别兼有课程。

学校职员王儒林在《教学特点珍忆》文中忆及富有特色的课外活动："训导处办的《三日广播》是一种开展批评与自我批评的有力武器，其内容是向学生进行品德教育，发扬优点，改正缺点。每周六按班级召开生活检讨会，使学生自觉遵守学校纪律。训育主任先是祁鹿鸣，后为苏濯溪，他们对学生所犯错误主要是讲清道理，分析不改正的危害性，使学生心悦诚服，

实习工厂的木工科

知错改过。"这些细节可以体现"教、学、做合一"理念的落地生根。建校当年，学校分批组织学生帮助当地农民收割小麦；派部分师生赴南漳慰问前线官兵并演出自排的节目，鼓舞了前线将士的斗志。特别是学校招收驻地贫寒家庭的子弟入学读书，拉近了军队与民众的关系。

　　学校最初设于西操场村被废弃的一座宅院。它曾因这户人家惨遭横祸家败人亡而被称为"鬼宅"，经过一番改造加固、清理粉刷后，校舍里的琅琅书声又使它恢复了生机。师生们在紧张的课业之余，开展了许多寓教于乐的活动。由师生共同参加的"自中剧团""合唱团"最为活跃且受到欢迎，他们排练演出的既有《刑》《雷雨》《夜店》等著名话剧，也有来自延安的秧歌剧《兄妹开荒》，此外还自编自演了许多活报剧。学生中的文艺骨干刘莹回忆："1946年冬季，学校排演了宋之的创作的话剧《刑》。为演好这部话剧，以教务主任苏濯溪为领导的校剧团，集中了全校师生擅长表演的充任，苏担任总导演并出演了官僚地主这一重要角色。1947年元旦，一连演出两场，深受好评。"富有才艺的苏濯溪有时集编剧、导演、演员于一身，是开展文娱活动的中坚。在特殊的环境中，他潜移默化地向学生传播进步思想。

1944年11月，第三十三集团军副总司令张克侠（1943年9月任职）来校视察，在讲话时提出办学的目标，勉励师生立志"为人类谋平等幸福"而工作和学习。杨绳武大为激赏，决定以此作为自忠中学的"校训"，随后又有了以此为主题的《自忠中学校歌》："忠勇牺牲，坦白又诚恳。是非要明了，学习要认真。韧性的战斗，不知休息也不怕艰辛！为人类谋平等幸福，我们永远向前进！"校歌由祁鹿鸣作词，杨绳武谱曲。从此，激昂铿锵的旋律便响彻校园，也终生回荡于师生们的心头。

学校开办不久，苏濯溪也盼来了个人的喜庆之事。分别六年之久的妻子偕长子苏悦，从老家保定秘密南下，辗转千里，穿越战区，一家人终于在邓县团聚了。战乱中的亲人别离尤为牵肠挂肚，苏家来之不易的团聚给艰辛的日子带来了欢乐与温馨。但安定的生活并未持久，1944年4月发起的豫中会战失利，自忠中学开始了第一次逃难，西迁至位于豫、鄂、陕三省交界处的淅川县李官桥。学校雇用牛车运输教学设备、生活用具，教职员工和学生均徒步转移。苏濯溪的长子苏悦曾经回忆起这次充满历险的童年经历："逃难队伍在学校组织下井然有序，为数不多的几户家属，跟在女生队伍后面行动。一路上爬山过河，昼夜不停。一次要过河，水不深但流速很急，简易渡桥是

暑期补习班教职员合影（1948年8月商丘）

木板搭起的，只能单人通行。母亲拉着我一前一后在桥上挪动，当走到桥中间，母亲向水中望去便觉头晕目眩，随之失足落水，我也被拉到了河里。"好在众人援手相救，化险为夷。全校师生于5月13日抵达李官桥，被安顿在一座颇具规模的寺庙里，稍作休整即行复课，琅琅书声又响起。这期间，恰逢麦收季节，发生了严重的蝗虫灾害，师生们便帮助村民抢收麦子，扑灭蝗虫。直到8月初，中学才回到原址。

1945年春，日军再次进攻豫西南，进占南阳，自忠中学仓促转移。3月下旬，学校刚到李官桥落脚，空袭的敌机就尾随而至。为避免学生伤亡，校长杨绳武决定分批向界山进发，行李等物被弃置于丹江岸边。师生日夜兼程渡过丹江、襄河，进入鄂西北山区。为了减缓劳顿与紧张，师生互相鼓舞，一路唱着歌曲，喊着口号，响彻崇山峻岭。此次逃难学校财物损失巨大，个人行李被褥丢失殆尽。张克侠获知学校抵达湖北竹山驻地，除发去慰问函电，还安排集团军总部军需部门运去了军用被褥、夏装等生活用品。

学校一路逃亡，教学用具大多丢失。面对困难，师生毫不气馁，用竹子自制了蘸水笔，捡来石头做成砚台，用乡下唯一能买到的草纸装订成作业本。生活与教学环境也极为恶劣，师生及家属分散借住于学校附近的村庄，上课既无教室也无桌椅，只能露天席地而坐。但这一切没有稍减学生的求知热情，读书声始终回荡于蓝天绿地之间，他们要把失去的时间夺回来。驻地附近有一处规模不小的寺院，负责学校总务的老师去借了一些桌椅，他发现寺庙的方丈很喜欢苏濯溪家里刚满一岁的小儿子，想出了一个拉近关系的"妙招"，便对苏家说："就叫你家小二认他做'干爹'吧，让和尚高兴高兴。"方丈大为欢喜，特意买来一个银项圈，还备了一桌素席，宴请学校领导和苏濯溪全家人。自此，学校遇到什么困难，寺庙总能鼎力相助。直到抗战胜利，学校才于当年9月返回邓县。数千里风雨颠沛，弦歌不辍，几次迁徙师生饱尝苦辛，却砥砺了他们不屈的意志和报国的信念。

"同流"不污

苏濯溪晚年回忆说："自忠中学的成立、发展，直至最后解散，都是在一种特殊条件、特殊环境和特殊人物领导下产生的。离开当时的历史背景和没有亲身经历过那段风风雨雨的历程，从复杂、艰难、曲折的道路上走过来的人，很难想象自忠中学是一个什么样的学校。"张克侠将军的特殊身份与领导建

学生自办《实践双刊》

校时的巧妙布局，以及平时对师生们的关心和保护，是学校得以发展的关键。

张克侠在晚年写过一份《关于"自忠中学"的说明》，并交由中组部备案存档。这份书面材料记述了创办学校的缘由、经过以及办学宗旨。他说："自忠中学的学制和课程，同当时国民党地区的中学完全一样，但是校内充满了民主空气，教师讲课不受任何限制，学生可以自由阅读进步书报，唱革命歌曲，演抗日话剧，出壁报，开晚会。"自忠中学设有"自忠堂"，将张自忠将军的"十四条特长"定为"自忠精神"，书写悬挂于内。在商丘校园，建起了一座"壮志亭"，对师生进行民族气节教育，以激励进取之志。

自忠中学在教书育人中的"革命色彩"浓厚，引起了该集团军上层某些守旧人士的疑忌，也让国民党党部人员感到惶恐不安，试图以"党化教育"对师生施加影响。他们还明里暗里地对进步教师进行调查和打压，让有"共产党嫌疑"的教师不安于位。但在张克侠与学校领导层的巧妙周旋下，不仅保证了进步师生的安全，还排斥了国民党、三青团在学校的组织活动。

由于历史的原因，冯治安等人对自忠中学所起的正面作用甚少提及，一直为人讳言。从还原历史真实的角度，若没有冯治安给予的必要支持，其为人行事的宽容，则很难想象学校能在复杂艰难的情况下生存发展。冯治安戎马倥偬之中，也曾亲临学校视察，并偕张自忠的女儿到校看望师生。何基沣、孟绍濂、李宝善等将军，对学校也很关心和支持，时常帮助解决困难。该部的老底子是西北军，为国民党非嫡系军队，大多数将领的党派成见不深，与国民党嫡系部队和国民党党部人员存在某些利益之争，这些客观因素，也是促成自忠中学"红色基因"生根发芽的有利环境。

自忠中学迁至湖北竹山期间，学校指派苏濯溪和教师张景明赴重庆完成两项任务：一是去军人服务部总部领取教学用品、课本，二是委托陶行知先生为自忠中学聘请教师。两人风餐露宿，跋山涉水，徒步行进数百里，方在长江岸边的奉节县城，登上去重庆的江轮。苏濯溪在重庆拜访了仰慕已久的陶行知，还前去观摩了陶先生开办的育才学校，学习办学经验。陶行知推荐了教师杨一凡、肖远淑；苏濯溪又持集团军干训班教官牛斗（中共地下党员）亲笔信，去中央大学找到了即将毕业的赵庆辉，赵庆辉又介绍了刘美云。他们先后起程前往自忠中学任教，苏濯溪后知杨一凡、赵庆辉、刘美云均为中共地下党员。1946年5月，学校迁往商丘得以稳定后，赵庆辉又陆续从上海、南京等地聘请了不少进步教师。

由于战争环境的严酷，学校不断迁徙，加之国共斗争的复

学校篮球队

杂性，教职员队伍有相当大的流动性。自忠中学在六年中先后聘请了八十余名教职员，其中就有中共地下工作者二十多人。他们在不同的时间，通过不同渠道来校任教，也无横向关联，只与相应的中共党组织保持单线联系。这些肩负秘密使命的地下党员，在自忠中学时间或长或短，但彼此的心照不宣，相互合作、信任和支持，特别是与杨绳武、苏濯溪等进步人士的"心有灵犀"，使中共的活动能够卓有成效地开展。

周旋脱身

日本宣布投降后，自忠中学师生带着胜利的喜悦，离开了大山里的两河口村。尚在重庆的苏濯溪和张景明，得知学校师生已于9月初启程，随干训班回迁邓县。办妥学校的事务，两人即直接赴邓县与师生会合。战火蹂躏后的邓县西操场村面目全非，入冬前，学校便迁至河南临颍，这里成为师生们的又一处临时落脚点。1945年12月初的一天，苏濯溪被叫到张克侠的住处，将军仔细询问了学校授课的情况，又对他说："已经在商丘找到了一处新校址，今后固定下来，也不再随干训班移动了，以利于学校的发展和教学。"这处原由日伪军占用的公房，设施较为齐备，经过一番准备，次年5月学校迁至商丘西关小校场，成为自忠中学校史上留驻最久的一处校址。

抗战胜利后，国民政府即着手整军。第三十三集团军整编为第三绥靖区，后由商丘移驻徐州、临城等地，张克侠出任副司令官。商丘则由第二十六集团军编成的第六绥靖区接防。换防时，张克侠对学校安全及教学做了审慎安排。他以"三绥"司令部和司令官冯治安的名义，给移驻商丘的"六绥"司令官周喦发去公函，恳请给予学校关照。同时指示学校加挂"第三绥靖区附设自忠中学"校牌，并增加门岗。在国共两党关系尚未破局时，学校开展的进步活动，即已引起注意。国共内战爆发，加上先后有数批师生前往解放区，一时流言纷传。驻商丘特务人员加大了对自忠中学的监控。一次，一个来路不明的军人突然闯进学校，提出查看教职员花名册，追问有没有张华棠、肖长杰两个人，说要和他们谈话。学校答复说他俩请假回乡未归，随即通知二人当夜离校，以避遭敌抓捕。

整编后的"三绥"对学校补助经费也出现了捉襟见肘，时常拖欠，并传出了拟解散学校的传言。心力交瘁的杨绳武，于1947年底请假去天津，此后因多种因素未能返回学校。

杨绳武离校后，学校顿失支柱，张克侠及时给予了书面指示：学校暂由苏濯溪、赵庆辉两人负责，日常工作由校务执行

商丘学校大门（1946 年 5 月至 1948 年 10 月）。

委员会集体领导进行。受命于风雨如晦之际，苏濯溪与自忠中学面临着严峻的考验。

1948 年春，商丘附近的中共地方武装的活动日渐频繁。一天，苏濯溪与王耀华以了解战情为名，去"六绥"司令部面见周喦，周喦已离商丘，副司令官区寿年接见了他们。苏濯溪问及目前局势和学校安全，对自忠中学心存顾忌的区寿年不置可否，说："安全问题很难讲，除非去问刘伯承，他若不来攻打就安全。"6 月中旬，豫东战役打响，学校大部分校舍被国民党战车第一团征用，不得不提前放假。又因频频发生教师、学生赴解放区事件，为"三绥"高层恼怒，便有人向冯治安进言称学校有共产党操纵，遂派驻一名高级参议"监校"。此时，商丘的几所中学已受到特务机关的严密监控，如省立商丘中学、归德中学等学校先后被搜查，并抓捕了多名进步教师。苏濯溪

实习工厂缝纫科的女生

与赵庆辉配合默契，为防止特务的"突然袭击"，将进步书刊、文件转移隐藏起来，还巧妙地借助驻校高参的身份保护学生，与敌周旋。1943年3月入校的三班学生刘钊在《母校在斗争中发展》一文中回忆："驻商丘县的'六绥'特务机关曾数次冲入学校，指名逮捕中共地下党员祁鹿鸣、张华棠、任彝玺、肖长杰等，这些同志都在苏濯溪先生的巧妙安排下脱离险境。"

淮海战役前夕，中原地区已是风声鹤唳，草木皆兵，"三绥"从学校及子弟安全角度考虑，下令南迁江苏省句容。这期间，又有多批学生离校奔赴解放区，一时流言再起。苏濯溪和赵庆辉经过斟酌，请示张克侠，遂决定按"三绥"的命令迁校，客观上起到了消除冯治安等人对张克侠及学校的戒备和疑忌。迁校有关事宜，冯治安有意绕开张克侠，委托第四绥靖区司令官刘汝明利用所部撤离开封，派人到校督促南迁。刘汝明不仅安排军用专列输送师生，还沿途提供了饮食等方面的周全保障，因此虽匆忙南迁，比起抗战时期的逃亡要顺利了许多。

1948年10月底，自忠中学被迫迁往句容桥头镇，虽远离了烽火连天的战地，但更大的考验正等待着自忠中学师生。师生刚刚安顿下来，即传来张克侠、何基沣等人率部于11月8日在战场起义的消息。学校不仅立刻陷于孤立无援境地，而且随即收到了勒令解散学校的通知。在国民党尚未派人来校向师生"训示"之前，苏濯溪与赵庆辉决定以学生自治会名义召集全体学生，由学生会负责人张弘讲一讲"形势与前途"。张弘对同学们说，这是全体同学的最后一次集会，现时局突变，学校即将解散，希望大家按照校歌中讲的"是非要明了"的教导去应对，前途的选择要慎重，要果断。很快，冯治安派人接管学校并遣散校工学生。但他们没有想到的是，迁来句容桥头镇的许多师生，冲破重重阻碍，通过不同途径奔向了解放区。

1949 年 2 月，苏濯溪也有惊无险地辗转到达济南，经短期休整，被安排在山东省教育厅工作，后派往汶上县第一中学支援教育，再调往泰安筹建泰安第二中学，任学校教务主任。

苏濯溪在"文革"中受到不公正待遇，个人遭受磨难，他的"自中生涯"成为压在身上的"历史问题"，被迫离开教学岗位，度过了数年"牛棚"生涯。"文革"结束后，张克侠不仅给苏濯溪去信慰问，还给泰安二中党委亲笔写了信，出具相关证明，澄清历史。苏濯溪平反复职后，继续发挥余热，并在市政协担任职务。1998 年 5 月，部分自中校友在商丘参加自忠中学建校 55 周年纪念会，有当年已是中共地下党员的教师，在座谈时提议说："当年，苏先生是无党派人士，起到了共产党员所不能起到的作用，为革命做了贡献，我们今天到会的师生有责任帮助苏先生还历史本来面貌，使他能早日成为一名共产党员。"会后，许多校友联名或单独给苏濯溪致信，表达愿望。随后，苏濯溪郑重递交了入党申请书。当年年底，这位八十五岁的老人获准加入了党组织。

2003 年 11 月 10 日，九十高龄的苏濯溪于泰安辞世。

南下干部张友谷

张友谷 口述　许元 整理

张友谷，女，籍贯湖南长沙，入伍时间 1949 年 7 月，曾任重庆市秀山县县供销社股长、县政协常委。

我的家庭

我出生于一个知识分子家庭。祖父是读书人，但他在二十几岁时眼睛就瞎了。那年乡试后，喜报送来后，家里高兴极了，就大办宴席，但后来说喜报送错了，中举的不是他，祖父急火攻心，一气之下两眼就都失明了！因为祖父失明，家里只能靠卖田鬻地过日子。祖父天天只知道背书，人家都说他像是在念经。日本鬼子来轰炸的时候，我们不断地逃难，躲出去，再回来，搬来搬去。（长沙）三次会战时，大家都说有关公张飞等保佑，鬼子打不进来，但有钱的还是逃了，没钱的只好留了下来。祖父说，如果你服从当顺民，那你就是汉奸。九十几岁，祖父才去世。我的父辈也都念书，五四运动的时候，除了父亲外的三个叔叔全部进了城，半工半读；大姑读古书，二姑学了缝纫专科，三姑和四姑是大学毕业。

张友谷五六岁时和大弟弟合影。

　　我父亲读过书，人称"学富五车"，但他相信共产党，从来不到国民党的机关工作。毛主席在长沙办《湘江评论》杂志的时候，父亲在长沙推销革命书籍。后来共产党搞农运打土豪，红军一退，国民党就抓人，父亲躲到床下才幸免。经历此事后，下次父亲再进城就没有人要了。父亲只好留在家里，从读古书转到读外语书，有钱就买书，白天黑夜地看。生活就靠他自己搞机器生产香精、蚊香、卫生香维持，解放后土改被划为手工业者。

　　我外祖父叫金若虚，给孙中山当过医生，父亲见过他写的

张友谷父亲年轻时。

药书。在陈炯明事件中，外祖父只身从兵舰上逃出，倒在地上就死了，叫脱症，可能就是今天的急性心肌梗死。外祖父原籍是江苏省武进县，外婆带着五儿两女，无依无靠，流落长沙。大姨和母亲先后结婚，二舅参加了红军，在地下兵工厂工作，叫金什么我记不清了，赶上国民党进"剿"，躲在阴沟里两个月，出来后得肺病死了，大舅和其他几个舅舅先后去世，都是肺病。小舅我见过，当时他在长沙泥码头学做糕点。因外祖父思想开放，母亲没有缠脚，由此母亲也不让我做事，让我念书，说不能再一辈子在锅边打转转了，所以我一点家务活不会做。父亲说，如果不学洋学，只能当姨太太。

三叔在上海开湘绣馆，是地下党的掩护职业。他是1927年在上海大学入的党，名字叫张建石，1956年去世，但解放后没有承认他的党籍。因为做地下工作是单线联系，他的单线联系人是潘汉年，后来潘汉年去了香港，关系就断了。不过，组织上还是给他分配了工作。他后来问怎么处理组织关系，领导就让他再写个申请，成了解放后第二次入党，说他关系复杂，因地下工作要与各类人联系，包括李白等，被捕后就是叔叔找姓张的救出来的。20世纪80年代上海《解放日报》刊登一篇文章，介绍了张建石的营救工作。我弟弟及弟媳都恨三叔，因

1955年张友谷与母亲在长沙合影。

为受他的连累曾经被抄家，去世后三叔被埋在上海公墓，人家通知搬迁，我们不去，现在尸骨都找不到了。

参加革命

大约是1947年，我三叔回来看祖父，祖父就让三叔带我到上海念书。但我没念成书，在上海住了几个月后，就去建承中学管图书，中学下设小学部，有老师请假，我就代课，校领

家人合影。后排左起四叔、大哥，前排左起四叔的
儿子张友隽、三叔张建石。

导说教得好的话就让我改当老师。但是我不干，我想去解放区，
想参军，就参加了地下党的外围组织，但当时自己不晓得是外
围组织。有个老师叫徐宝璟，介绍我到陶行知生活教育社进修
班去学习，老师们都有名，有的解放后当了部长。

外围组织有个女同学，穿红呢子大衣，专门来陪我睡了一
夜，说新城区要派四个人去团校学习，将来接管小学。那时上
海开各种大会我都去当纠察队员，管十几个学校，拿个板凳站
到大街上就敢做宣传，后来报上刊登了我的名字，我被录取了。

学校召开座谈会、欢送会时，外围组织的同志都在一个笔记本上面给我签了名。在秀山第二次沦陷时我在县委组织部搞组织工作，我的同事李中山说是剿匪要轻装，主动要求替我背着这个笔记本，结果后来他说行军途中丢失了，其实是他想要，这样外围组织的同学的名字也就都丢失了，导致后来找不到证人来证明我参加地下工作的革命经历。

我是第一批入团的，当时还是骨干，我们小队里有一个人参加过国民党下属组织，大家对他恼得很。他的观点和我们不一致，有人就叫他反革命，他不服气，开始我去帮助他，做他的思想工作。但后来他说他参加过一个特务组织，我就不和他在一起了。直到组织上把他抓起来，让我揭发他时，他还不承认，

1949 年，上海市文西女中报名参加西南服务团的同学合影留念。

1949年，张友谷在西南服务团驻地、原国
民党政府财政部门前留影。

我只好把他写在我本子上的字拿了出来。我因此立功，并且记
入档案。后来，他趁看守睡觉逃跑了。

　　戴平秋和我一起报名参加的西南服务团，她原来留在农村，
没有被带来上海，所以她对她爸爸有意见。报名的地点在上海
市女中，接收的教导员姓张，是山东人，问我们有什么要求，
我和戴平秋商量好了想分在一起，但教导员说参加革命就把一
生交付给了党，就要听从分配，革命是个大家庭，都是亲姐妹，
父母给了生命，党给了政治生命。后来戴平秋在财经大队，我
在二大队十五中队。一旦确定部别，队里就来人接，我们睡在

1949年，张友谷与西南服务团战友瞿金成在玄武湖畔合影。

国民党财政部，铺开油布，搭地铺，男女寝室分开，只有学习吃饭在一起。开始我不敢讲话，领导就讲，我们是个大家庭，都是一家人，不要害羞，该说就说。

　　学习和培训结束后，我们开始了八千里小长征，从南京浦口坐闷罐车到郑州，一节车厢一个队，男女各占一头，配有一个领导干部。民主生活会上开展批评与自我批评，有些人激动得跳起来，但会后大家都不记仇。南方人不习惯吃面食，炊事班就做成面块，天热中午就馊了，晚上就更别提了。上海来的学生就闹，说身体是革命的本钱，不能吃馊的，老干部就说粮食是人民节省出来的，馊了也要吃。炊事班说，饭量他们估计不准，要么剩下，要么不够，难弄。后来老干部抢着吃馊的，青年学生也跟着学，这种舍己利人的行为在大会上得到了表扬。行军中的面块叫饼干，装在可以盛七斤米的粮袋中，在灶上烤得并不干，但过一天就馊了。

匪徒围攻

1950 年初，秀山县遭到近万名匪徒围攻，县政府撤退到酉

西南服务团第二支队第四大队第十五中队第四小队合影。前左二为张友谷，前右二是混入队伍的特务。

阳龙潭镇。后来听说秀山是解放后土匪暴动唯一攻下的县城，可见当时国民党残余势力的猖獗。当时秀山全县的反革命政治武装达几十股，四五千人，而驻秀山的解放军武装部队不计收编的地方武装，总共一个县大队，除去护送运输车辆往返于重庆、常德的两个排，就只剩三连和一个排，而且大多是新兵。

当时不像现在分为党委、政府、人大和政协四大班子，但党政也分系统，于是各个系统就分别召开全体人员大会来传达应对计划，说明了要暂时撤退的路线。但县委这个人数最多的系统，当时一共只有六个人（其中仅县委组织部就有三个人），也就没有正式开会，只是把大家召集了起来。我就问，近期回来吗？回答说：要回来，不重要的别带。这时候县委给南下干部发枪，一人一支，但没有给我，县委就两个女同志，但那女同志和丈夫在一起，县委书记（于政委）问我，想不想要枪，我就笑，他就打个条子让我去公安局领枪。枪比左轮大，比驳壳枪要小，四五发子弹，我不会打，县委组织部的干事李中山是山东来的老干部，就说来我给看看，抬手就打了一枪。于政委火了，问谁打的枪？我说是李中山打的，政委说你的枪就该你保管，他打枪你也要负责，交上来。这时候情况很紧张了，大家都劝我去找于政委做个检讨把枪要回来，于政委也拿我当小孩子，问我你还想要枪？见我不做声，他就又把枪给我了，但是却没有给子弹，别人说汤县长有子弹，但汤县长给了我三颗步枪子弹。因为平时我爱唱爱跳，他们这是在逗我，但谁也没想到这个玩笑影响了我的一生。

这时，县委秘书处的段芳义（山东人）叫我过去，硬要给我擦枪，结果卸开就再也装不起来了。段芳义没有办法，只好让我到官舟乡去找李治武，但也没有装好，枪头还是缩不进去，

土匪暴动之前,与战友盖淑润一起借来县委书记和县长的驳壳枪摄影留念。

步枪子弹也放不进去,他就退还给我,这时大家又开始转移了。后来我不止一次后悔,要是没有这些阴差阳错,要是有一颗子弹能打,我也就自杀了,咋会被土匪给活捉!

这天行军又是山路,我本来和部队的同志在一起,李某某喊我去了干训班的队伍。后来才听别人讲,干训班队伍的两头,是国民党投降过来的中队,干训班在中间,共有两期三百余人,分成三段,我带其中一段。走到官庄天已经黑了,就听见枪响,前面又打起来了,我喊着叫大家蹲下来别动,干训班学员听话蹲下了,但队伍前后起义的国民党士兵都跑了,后来学员也跟着跑,就只剩下了我一个人,也只好往山上跑。后来找到一个青干班的小同学,在路上又碰到一个农民代表会的代表,还遇到一个给政府做饭的炊事员。因为我穿军装,他们都不愿意和我一起,很快穿长衫的代表和炊事员都走了,就剩我和小同学两个,我就牵着他不放。那天天好冷啊,下着小雨,离开部队怎么办呢?我语言不通,又穿着军装,躲在乡村公路边上也不是办法,我们就摸到路边,沿着大路朝前走,看到土地庙里有很多人,他们是代表正争论朝哪边走。我们本打算明天再行动,但后来看到对面田里有火光,走近看是个草屋，里面已经住了很多人，有农民，有学员。其中一个青干班女学员说："张同志，你来我这儿，明天天亮先去我家。"这时我发现了原来部队的一个姓黄的炊事员也在，他曾经在半夜闯过女同志的宿舍没有被抓住，他为什么会在这里呢？

我睡不着，想自己是解放军，要镇定，我说我去找部队，你们来带路。两个人（一个姓段）自告奋勇地说："你不能出去，女同志而且穿军装，一出去就被抓住了，我们出去找到后回来叫你们。"这时候天刚蒙蒙亮，从门缝里我看到他们走到大路上，和几个背枪的交谈后，背枪的就来了，我想坏了，连忙叫大家都藏到楼上床下柴堆中。婆婆床上有一个绿色的帐子，我就站到后面躲了起来，把枪放在裤包。这时，土匪包围了房子，这处房子没有板壁，是竹子编的，里面看得见外面，枪不能打，我只好不做声。他们进来后就把床上的那些人抓出去了，一会儿又进来搜，喊婆婆：有个解放军你要讲，不讲就枪毙你。老婆婆哭着喊：我良民，是瞎子。黄姓炊事员这时也抱住我的脚，大声说怎么得了，故意让土匪听见好进来抓人。

被　俘

我还是没有做声，这时土匪进来扯下帐子，就看见了我，抓住后搜走了枪，拿枪托就打。抓到官庄街上，那些农民代表就喊，我们是农民，是本地人，土匪就把他们给放了，离开官庄不远，土匪要杀男的，拉出来那个姓黄的炊事员，他哭了："我是国民党，是解放过来的。"土匪听了，就放他走了，还指给他应该走的几条路。土匪转过身来就要打死我，有个年岁大的保长装好人，说："慢，慢，你是我们抓的，你很幸运，

脱险后，张友谷和同事在县委后院的合影。

你是哪里人？"我说是上海的。"为什么来这里？"我想，正好可以做宣传，我就说："我听说共产党是为人民谋福利的，你们一年到头没饭吃不合理，我是相信解放军才参军的，我在上海不是没事做，没饭吃。"这些人穿得很烂，老的那个就问我："你有薪水没有。"我说没有，一个月两角钱，吃住交钱交粮票，以后新中国还有电灯电话，用机械耕地再也不用牛，我们和你们一起发家。他接着问解放军还回来吗？我说当然回来，还要进军西藏呢。他走到我身边就牵着我上山，我奇怪地问为什么？他说这里不安全，山上安全。上山后老家伙安排了两个人看守我。我摸着岩壁靠着大石头站着，他们逼着我把军装脱了，说要用火烤干，但我趁他们不注意赶紧穿上。

　　一会儿，老头子带了一位姓田的青干班学员上来，见面叫我张同志。下山后，我说手表被土匪抢走了，他就去把手表要回来了，我很奇怪：你怎么可以跟土匪要东西？他说他和土匪是小学同学。到了田家，他父母就叫我把军装脱了，穿上媳妇的衣服，装成当地女人。还有两个青干班的学员在他家，一个叫欧阳玉，是老师。姓田的出去一天，傍晚回来说，解放军在蔡头（音）打了一仗，于政委负了伤，李中山肚子疼得在地上打滚。第二天，我让姓田的送我到龙潭。他说："那不行，土匪五步一岗，十步一哨，谁都过不去。"不过，几天后他父亲送走了青干班学员。走之前，我问为什么不能送我走？青干班学员说："我们走了再回来接你。"但实际上他们走了就再也没有音讯了。一天，我和他母亲在厨房做饭，他母亲说，熊子云没有反对政府，是本地人乱搞，打起熊的招牌闹事，把你安排在这里是熊子云的主意。我问你们怎么认识熊？他是什么人？他母亲说，熊是县大队长，他儿子给熊干过勤务兵。我想他抓我是在观望，如大军回来他就讨好，如大军不回就杀我。我意识到这个地方住不得，曾经偷偷溜出来沿着小路跑，没几步听见有人咳嗽，原来是姓田的正在打草鞋，晓得走不脱了，就停下脚步说："老田，你在打草鞋啊？"他不讲话，但我知道他变脸了。那天晚上又来了三个青干班的学员，都姓严，叹气说，到处找我都没找到，坐了一会儿就走了。第二天，他们又来，偷着给我递了一张纸条，上面写着："张同志你还没有脱离危险，今晚接你出去。"那天晚上逃出来后，我就住在严俊（音）家，他当时三十几岁，只有爱人和娃娃，家里有柴房，我住在楼上，睡地板，下面把梯子抽了藏入柴堆，每天搭起梯

合作社主任训练班学员在成都合影。前蹲者左一为张友谷。

张友谷与战友葛淑润合影。张友谷的假小子发型引来很
多女同事争相合影。

子给我送饭，晚上我可以下来烤火。严松林很积极，严循凯是
税务局干部，不大讲话，晚上他们都来，跟我讲外面的形势，
讲打听来的情况。过了十几天，快过年了，严俊着急了，说如
果解放军不来，就给你召个馆教书。我说不行，他没再说什么，
我打定主意要他送我走，想让他送我回茶东，最好送我回长沙。

我说祖父最爱的就是我，你送我回去他肯定报答你，我带你出去四处游玩，还有好吃的。他说以后再看吧。那天是年二十九还是三十，我不晓得了，因为没有心思。天没亮就听见枪响，土匪进来了，过了一会儿，严俊悄悄地搭梯子送饭，让我别出声，那顿饭吃不下。晌午几点，严松林跑了进来："张同志，吉人天相，部队来接你了，赶快下来。"当时，除了严松林、胡德华、张光恩也来了，但我一看不放心，因为没有看见穿军装的，他们就说快拿军装打绑腿。

我战友、后来担任涪陵政协副主席的宫家和同志曾经告诉我，说根据查阅到的县档案馆所存镇反档案，当时拘禁我的土匪在交代材料里供述，之所以没有杀我，就是幻想着可以最终劝降我并为反攻大陆储备人才。

终身未婚

我到了地方后觉得不如在部队，想参加抗美援朝，但组织不同意，当时已经不收女兵了。政委说我性格像男孩子，给介绍个对象，答应了就可以回部队。我说参军就是参军，但要作为战士过去，而不是当家属去。

回机关后就开始下乡工作，隔了很久，县委于书记（我们习惯叫于政委）要把酉阳军分区侯政委（有人说他还有个名字叫杨礼堂）介绍给我，于政委老婆抱着娃娃带我去侯家，给我泡红糖水喝，我看着不对头就自己跑了出来。后来侯给我写了一封信，把名字都写错了，写成张又骨。再后来侯政委来到秀山，在县委住了几天，那时我一直忙着开会、讲课、作报告和表演，他也来看。于政委讲，他是老红军，对革命有贡献，于的老婆也给我做工作。我说我不够格，不是党员。后来我到西阳学习，他每天来看，做早操时他也穿着新大衣站在旁边看。后来地委宣传部长王达，也就是梁岐山的爱人，打电话让我去西阳，她说别怕，老百姓都能婚姻自主，何况干部，我这才去了。天冷下着大雪，在路上还坐了一夜，靠烤火来御寒。王部长拿她自己来打比方，说中学生嫁给了一个工农干部，我还是不同意，我不答应，我要回去。她说如果同意就调到军分区，我想到部队去，但这样的调动我不干。大雪天里我又自己背着背包走了回来，侯政委在后面开着吉普车跟着我，我不管他，自己朝前走。于的老婆做工作说人家这是看得起你，政治上强，对你前途有利，我听不惯。我说，在上海我也听过首长报告，知道个人的前途离不开革命的前途，但是从来没听到过这种个人的前途。和她吵了起来，就得罪了人，入党也不入了。

我从县委调出来到了县政府，但办公室人也满了，就调到财粮科，我说我不会打算盘，不愿意干。最后，组织上派我去合作科，三大合作是社会主义的桥梁，合作科我愿意去。再后来，合作科改成供销社。这期间，还是不断地有人说这个喜欢我，那个喜欢我，我都拒绝了。此时，调我到哪里去我也不走了，你就去调查吧，我有医院的妇科检查证明，我清清白白地来，清清白白地死，调走就说明我怕了。所以我就决定了，第一，一辈子不离开这里，不然我就成了逃兵，成了叛徒；第二，一辈子不能结婚，不然我就再也说不清楚我没有和土匪上过床。

九十多年前的绅商出殡

孙国辉

　　旧时亲人亡故后家人往往在抬棺瘗葬的路上列队展示仪仗
而行，谓之"发引"，俗称"出殡"。

　　九十八年前，在塞外赤峰，绅商朱云彭因病去世，家人按
照传统习俗为其举办了排场奢华的丧礼，拍摄了大量照片以作
留念，有15张照片辗转流传至今。

　　赤峰地处原热河省中部，恰是中原地区与蒙古族牧区的交
会地带，其东南毗邻北平、天津，东北与锦州、沈阳相望，西
北直连所辖各旗县与锡林郭勒、哲里木盟等牧业和农业区。清
朝定鼎后，各种割据藩篱消除，赤峰从一个赶集的村落，因了
商业的流通迅速发展为一个热闹的商业大镇。自山东、山西、
河北和蒙古农牧区的坐贾行商如过江之鲫，麋集于此，形成人
烟辐辏、衢通广陌的繁荣街市。

　　而一些善于经营的商贾，已成创业垂统、功成事立之势，
民间描述赤峰首富，有"一朱二骆三王萼"（三家富绅的排序）
之说。

　　朱家举丧之际拍了大量照片，经过近百年风雨，历经兵燹、
军阀割据、社会变革、日本侵略、各种运动和人际纠葛，能保

存下来已属侥幸。

这组照片在配合"四清"运动搞展览时即被鄙人翻拍保留，五十余年过去，闲暇时常审视琢磨，其间也曾拜询耄耋老者，有了些许认知。

老式丧葬习俗滥觞于古代灵魂不死的观念，笃信人死后从阳间（现世）转至阴间（幽冥）继续生活。于是人们祈望冥伯（已故的长辈）在另一世界（冥府）享幸福安宁。同时认为，经历了幽冥两世的冥伯具有超自然的能力，于是祈求他保佑家人的幸福安康。为此，家人倾尽全部人力、财力重殓厚葬，极尽铺张，事死如视生。其礼仪的繁缛，排场的宏大，仪仗冥器的奢华，亲人的轸悼……成为富绅大贾和达官显贵竞奢赌豪的契机。也力图通过瘗前出殡让全城的街坊邻居看到自家的阔绰、儿女的孝顺、家族的和睦和社会地位及影响，亦彰显了死者哀荣。

欲想解读这组表现民国九年（1920）拍摄的场面宏大的发引照片，先要厘清当时的社会背景：届时国际上风云变幻，民国甫立，继而军阀混战，武人争雄。北方政府亦频繁更迭，正是"城头变幻大王旗"的时代。地处塞外的赤峰偏安一隅，一段时间未有大的动荡。朱云彭恰在是时亡故，得以从容斥资举办奢华葬礼。

明清两朝更迭之际，朱氏先祖因为姓朱（明代国姓）而罹满人大忌，被清军虏获卖到山东莱州府昌邑县王姓之家，朱家四代被奴役近百年。到乾隆六年（1741），王氏家境败落，无力遣奴使婢，遂还朱氏后人以自由身。朱家栉风沐雨、夙兴夜寐，经历半个世纪的劬劳，成为富足之家。后闻赤峰颇具发展潜力，于乾隆末年举家携资迁来赤峰。

当时来赤峰的朱家掌门人为朱铎，生有二子，长子云彤、次子云彤，其经营方略主要是倾力于金融工商业。据不完全统计，其独资经营的铺号甚多，这些买卖皆非小打小闹，而是铺面宽敞、外观恢宏的大商号，再加经营有方，遂致买卖兴隆，财源广进。

当时赤峰街区的面积并不大，从六道街（现哈达街）往南皆为田畴荒野，而以头道街二道街及三道街最为繁盛，临街店铺鳞次栉比，而属于朱家的房屋店铺几乎触目皆是。由于朱云彤在19世纪末掌家有方，在商海博弈中游刃有余，使朱家的资产和影响达到巅峰。

这组照片是在什么地方拍摄的呢？逐一细看照片时，发现全部照片中间部分都有一根耸立的高杆，与旁边的人物相比照，直径约50厘米，底部以夹杆石固定后埋入地下，十分坚固。这成为判断拍摄位置的关键。民间传言清朝流行中举之人可在家乡居所附近或冲要之处悬旗彰显功名，此为旗杆的可能性较大。而赤峰彼时有董承荣、李世卿二人中过举，则此杆应为二人之一所立。鄙友刘玉祥先生（八十岁）回忆，曾于1946年在三道街与西横街交会处以西见有夹杆石的粗木杆。再有老友刘世明先生（七十二岁）于1976年在自来水公司铺设三西街自来水主管道时，在自家原老宅门前排水的阳沟下挖出一截长约1米、直径约30厘米垂直埋着的朽烂木桩。刘世明忆起爷爷曾谈及自家屋外街上曾立有旗杆的旧话，判断此木桩即那根旗杆的地下部分。从几个人的回忆可以确认，这根旗杆就矗立在现三道西街与步行街交叉处西侧的路边。而从照片拍摄的位置和镜头的俯仰角度分析，是在旗杆南部的平房屋顶上拍摄的。且从拍摄年代和不变的机位推测，使用的当为玻璃版底片，毛玻璃调焦取景、折叠暗箱的老式笨重外拍机和木质三脚架，另从画面中人群对照相机和摄影者充满了好奇的观望及各张照片中马骡车辆等冥器（俗称纸仗）都放在地上，显然是安排专人按屋顶上摄影师的要求，让发引队伍逐次停下来拍摄的。当时的照相机快门要凭摄影师手攥橡皮球来控制快门开启和关闭。另一种可能是用更落后的开合镜头盖拍照，这就使快门速度难于准确一致，也就出现了曝光不一致和人物影像虚化的情况。

在第二张照片的铭旌牌上写着"大花翎同衔海三朱府君讳云彭享寿六十□□□□"的标准宋体字，因有棍棒遮挡难于看清，经辨识和推导一些笔画初看是"六"字，但细看其右撇比正常位置高，似乎可推测为"有"字的一撇，但推测享寿"六十六"似有不妥。在已故张式显先生于《红山文史》上所撰"赤峰复盛号朱家"一文中写"朱云彭去世时已七十余岁……"对此疑窦，鄙以为可以这样解释：可假定铭旌牌上写的年龄下面被挡住的为"六十有九□□"，因赤峰地区历来有用虚岁推算年龄的习惯，故称为七十有余则可以理解了。另其老妻当时六十七岁，旧时习俗，一般男比女大，这样揣算基本合理。

"同衔"之意为同等官衔，揣意为与头戴花翎的官员相类的品级。另一揣测虽略偏颇也可参考："同衔"也可能是"同知"这级官员的相互称谓。

铭旌牌上"海三"当为朱云彭的字，朱云彭以上几辈人居于莱州昌邑县。而该处距渤海莱州湾较近。是秦始皇、汉武帝曾遣人寻访长生不老药，并传在海上发现蓬莱、方丈、瀛洲三仙山的地方。当地民众仰慕三仙山，于是以"海三"为字，似有可能，此为假设，但在有的照片中官员和乡绅所送的挽幛上亦有"海三"称谓，则以"海三"为字之说似可成立。

铭旌牌上起首即写大花翎，实在不通。

　　朱云彭去世于清朝被推翻九年之后的民国时期，"大花翎"及发引时所用的"回避""肃静"牌，所绘的清朝官服画像均使用前朝的体例，不过是为了彰显并不存在的威势而已。

　　铭旌牌上对冥伯的头衔及身份的描述历来夸大其词，不由得想起古典小说《红楼梦》第十三回"秦可卿死封龙禁尉　王熙凤协理宁国府"中秦可卿的公爹贾珍为死去的儿媳在发引时风光些，花一千二百两银子为仅是黉门监生的儿子贾蓉买了个五品龙禁尉的虚衔，于是在灵幡经榜上大书："奉天洪建兆不易之朝诰封一等宁国公家孙妇防护内庭紫禁道御前侍卫龙禁尉享强寿贾门秦氏恭人之灵柩"。可谓极尽张扬之能。而在赤峰的丧事中，这种心理亦未稍减，只不过帝制已逝，只能假清朝官衔做心理上的铺张罢了。惜为朱云彭拟写铭旌牌的人似乎不谙此道，于是便写就这种夸张而不通的文字。

　　那么，拍照的是什么人呢？这就要谈及近百年前赤峰摄影处于什么状态。

　　在东南沿海大都市于1860年左右即开设照相馆，在照相馆风靡上海、广州之后，内地也逐渐兴起开设照相馆的热潮。19世纪80年代，随着玻璃干版的流行，繁难的湿版照相被便捷的干版照相取代，更随着底片感光度的提高，各地也纷纷开起了照相馆。

　　赤峰与沈阳、北京呈掎角之势，且相距不远，1900年前后出现了"文瀛斋""华昌"照相馆。到1920年朱云彭发引时，就是由其中的一家照相馆派出有经验的照相师完成拍摄的。从拍得的照片分析，这样频繁而全面的拍摄，用湿版拍摄从效率和感光度上看都是难于做到的，故肯定用的是玻璃干版底片拍摄。以年代和开业顺序揣测，赤峰最早的照相馆"文瀛斋"当为这次大生意的被委托方。

欲透过这组近百年的照片来了解当时的丧葬习俗，还要弄清发引队伍的排列顺序。而可供参考的资料少之又少，为此查阅了不少北方地区的丧葬习俗，更在明清时代的书籍中寻找可供参考的轶事。除看了《红楼梦》中秦可卿的殡事描写，又忆起《金瓶梅》中的发引描写，感到在其他资料和在网络上查到的有关山东（亡者朱云彭祖籍山东）和与赤峰毗邻的直隶、辽宁及满族和蒙古族还有赤峰当地的丧葬习俗，都与这段描写有很多雷同之处。尤其引人注意的是第六十五回"吴道官迎殡颁真容　宋御史结豪请六黄"一章中，附有一幅名为"愿同穴一时丧礼盛"的明清小说里常见之绣像画，表现了主人公西门庆嬖妾李瓶儿发引的场面，画出出殡队伍和执事人擎彩扎的开路鬼、幡旗、乐人、绢亭、享亭、护仗、花亭等，也有写有"故西门孺人李氏……"的铭旌亭逶迤转过弯路。

明代出殡时动用"带了弓马、全装结束"的巡捕军士和排军跟殡，而时至三百年后的民国仍动用驻军骑兵跟殡，丧葬习俗的惯性何等强大而执拗。正应了哲人所云"古今人情不远"这句话。

据传，这次葬礼耗费白银三万两，丧事过后，朱家不得不出兑了几家店铺以补亏空。

值得一提的是，在民初的塞外，这样所费不赀的丧葬并非仅此一例，朱云彭离世后三年，发妻赵氏亦因病辞世。朱家同样为她出了大殡，并同样拍了照片。经过多年的追寻，终于找到了仅存的八张照片。品相极好，且装在原有的衬托中，经同意作了翻拍。

三年后的大出殡拍照时仍在原来的位置，机位、角度、周围建筑几乎没有变化，尤其是路边的旗杆。只是一些冥器和挽额上的文字说明了逝者的不同。如铭旌亭上的文字为"元配朱母赵老太君喜丧七十岁之钩故"，挽额写有"清封夫人朱母赵太君仙逝之灵右""淑德犹在""安赴瑶池""清封蓝翎同知衔"……同样有开路鬼、喷钱兽、哼哈二将及享亭、影亭、悬山、三节彩楼、肃静牌、回避牌……只是没有热河都统送的挽幛和派出的骑兵助殡，但其显赫铺张依旧。在民国十一年（1922），隶属赤峰（原昭乌达盟）的敖汉旗菠萝素他拉（现下洼镇河西村）大富豪王福成（绰号王三老虎）家几次办丧事，其排场奢靡不逊于朱家，棺椁槔盛冥器冥镪皆出其右，只是没有留下照片而已。

为防眷乱，鄙人将照片洗印十英寸，摆在案上。在反复观察这些照片时发现了一个疑点，就是第十四（误）张照片的光线效果和其他照片不同，队列行走的方向亦与其他照片相悖，街道对面的房屋与其他照片相比虽外形一般无二，但是图像相反，遂意识到这是当年照相馆暗房师傅用接触法印相时忙中出错，将玻璃底版反置，以致形成反印的照片。当时的人及后人出于对照相真实性的信赖和缺乏暗房知识，一直未看出这一简单的纰漏，甚至在展览这些照片时亦将错就错，谬误百年。

由于年代久远，暮虢朝虞，欲稽古钩沉，实非易事，因不愿信息湮没，便忝然做浅陋分析，恐谬误难免，恳请方家匡正。

第一张：这并不是发引队伍最前面的照片。队伍过来时，摄影师肯定拍下最前面的队列，一般发引队伍都以开路鬼、打路鬼、方相、方弼等这些神祇皆为形销骨立、面目狰狞的厉鬼纸仗作首发，而这组照片中没有纸仗，只能以队首照片佚失论。同理，全部发引队列的照片也有佚失，现存照片是不完整的。

这张照片中，在发引队伍中间和行进方向的右侧，可看到不少骑兵的身影，这些军人全副武装，骑乘的都是白马，斜挎白布（或白绸）绶带，显为举孝之意。从中可以看出朱家和驻军首脑的关系。当时控制赤峰的武装力量为毅军。毅军是清末民初的一支武装，组于1861年，其头领在清朝被封为"毅勇巴图鲁"（巴图鲁为满语勇士意）而简称为毅军。曾先后参加镇压太平天国、围剿捻军、平定陕甘回变、随左宗棠西征、参与甲午中日战争、在平壤大同江与日军血战、跻身庚子之战、掩护慈禧"西幸"、镇压辛亥革命……因作战骁勇，备受清廷赏识，从普通地方团练成为护卫清廷的重要武装力量。一度与袁世凯的北洋军相颉颃。毅军曾在民初辖制包括热河在内的北方大部

第一张

地区。

这张照片因为照相器材和技术的原因而略显模糊，但依然可以看出是以毅军士兵所骑白马为主体。

左下方的双色伞很清晰，中间近景有牌子，隐约可见"前清侯□府□□□□"，"肃静"牌也很清晰。

这张照片中间有明显深浅不一的痕迹，系暗房操作失误所致。

第二张：图片中行进于队列最前面的是铭旌亭，亭高约4米，所嵌铭牌用标准宋体字写着："大花翎同衔海三朱府君讳云彭享寿六十有九耆故"（后四字为推测所得，待考）。继之为两位表情和善，手挚朝天镫，身披甲胄的神将。其后面两位飘髯

第二张

第三张

者似乎是哼哈二将了。再后边是喷钱兽，有人称之为獬豸或独角兽，很多老人传说当年喷钱兽喷的是真钱，更有人传喷的是小洋（即面值半块的银元），此说太过奢侈，权作参考。

　　根据当时的风俗，发引的时间应从卯时开始，据老辈人说朱家老宅即朱云彭生前居住的地方在二中街路北（现电报局胡同）。朱家在朱云彭亡故后，将装殓遗体的棺枢停放于五道街财神庙中，发引当从财神庙起灵，逶迤转到三西街已日高三竿了。

　　治丧的过程大略是这样的：朱云彭病故后，家人请本地最好的木匠寅夜赶制棺椁，时人称为"赶热活"。鄙人曾走访王宏业老人（九十七岁），其父便是赶热活的木匠之一。他听父

167

亲回忆说："棺材是用上好的柏木制作，做好后在里面烫上黄蜡和松香，装殓后外面再烫上厚厚的松香，当然棺内也放些防腐的药料、石灰以及陪葬器物。"设灵祭奠，做过法会超度之后，便将棺柩奉至财神庙厝了起来，雇请全热河省的优秀扎彩工匠在可避风雨的财神庙大戏台上耗时一年（一说半年）扎制各种冥器后，始赴窀穸，也就是说发引队伍是从五道街东段财神庙出发，绕经繁华宽阔的三道街向西出街奔向西南方向的朱家祖坟（现赤峰学院）。据老人回忆，出殡的队首已经到了坟地，后边还未起灵。又有"扎了一年，烧了一天"的谣谚来形容焚化纸仗（冥器）的热闹场面。

第三张：这帧照片是挽幛的队伍，最前头的一幅是写有抬

第四张

168

第五张

第六张

头为"清封通议大夫海三仁兄先生千古"（清季的"通议大夫"乃文散官名，正三品），挽词为"哲人其萎"的挽幛，之所以将这幅幛子排在众幛之首，是因为落款"愚弟米振标拜挽"。而米振标当时是热河省副都统，也是驻在赤峰的毅军最高长官，而发引队伍中毅军骑兵的出现，显然是奉了米副都统之命。

注意到对面房檐上挂着幌子的中药铺，两侧幌子中间还有悬壶，以示济世之意。据原房主后人回忆，这家中药铺及其他店铺所用的坚固而考究的房屋，系山西商人所建。

第四张：现在把当年的失误纠正过来，则是正确的照片。这是出殡的主体，带有棺罩的棺柩，棺罩四周可见流苏，前额有二龙戏珠的纹饰。棺柩前后可见杠夫，由于人影混杂，有多少人抬杠已不清楚，据说为48杠，每杠两人，还需有一班用以替换的杠夫，那人数就应为192人，杠夫穿绿衣，戴统一的白帽并插鸡翎，下穿黄色套裤。

在看热闹的纷乱人群中，又看到持云锣的人，这显然是另一乐队的成员，再往后看，有戴法王冠的僧人，其周围必是唪经的僧尼、道人的队伍络绎走过。

第五张：为赵氏出殡时的铭旌亭和喷钱兽、哼哈二将、开路鬼等，一如三年前的殓事。

第六张：赵氏出殡时，各种冥器包括悬山、享亭和三节楼……几乎是三年前出殓的重演。

严裕棠魂归姑苏

谭金土

2013 年 9 月的一天，我赴上海与网友聚会，交流收藏老照片的经验体会。其间，我乘隙到上海城隍庙上海老街藏宝楼去淘老照片，在一家专做纸质品的古玩店，看到了题着"先君先慈在台北最后合摄之遗像"的老照片，这是儿辈为纪念已经去世的父母洗印放大的合影照片，一般情况下，这种照片一般人是不会收藏的，但是看了照片两侧的文字和落款，我知道这张照片与我有缘分，它是在等待着我来收藏，把它带回苏州的。

现将这张照片底版上的题款抄录于下：

> 一九五八年春初，统战部八办同志顾舍言：先君先慈即将自巴西飞归祖国，饬祥即行整修庭园。是岁九月廿三日，先君偕先慈乘机飞抵中途站，台北六弟庆龄夫妇坚留休养。何期先君心脏病突趋严重，经住医院治疗，不幸延至十月十八日遽离人世。祥接电报，在家设灵堂，成服於佛寺营奠。亲友咸集以相吊唁。一九六六年九月九日先慈弃养，时值文革高潮。祥接噩耗，惟有伏地哀号而已。今岁值先君与先慈百岁追庆之辰，敬将前影复印，以志蓼莪

先君先慈在台北最后合摄之遗像

之痛于万一也。

一九七九年春日追庆长子严庆祥敬记

这张照片上落着严庆祥的大名，显然，照片上的人物便是严庆祥的父母亲了。严庆祥何许人也？严庆祥的父亲又是何许人也？严氏父子与苏州又有着怎样的关系呢？

严庆祥，1899年生于上海。他的父亲是严裕棠，父子俩都是近现代著名的实业家。他们父子为振兴苏州苏纶纱厂，发扬光大苏州近代工业做出过重大贡献。

严裕棠（1880—1958），号光藻，原籍江苏吴县，先辈早年移居上海。清光绪二十八年（1902）在杨树浦太和街与人合办小作坊，取名大隆铁工厂，修理纺织机械起家，民国初年发展成千余人的机器制造业大厂。严庆祥（1899—1988），严裕棠的长子。民国五年（1916），严庆祥十七岁时，因父出差武汉两个月，临时代管厂务。他针对厂里诸种积弊，按生产程序建立了一套管理制度。其父回厂后，看到厂制一新，很是高兴，就让他正式主持厂务，民国九年（1920），严庆祥正式担任大隆铁工厂厂长。此后，父子俩积极吸收外国企业的经营理念，准确把握市场行情，制造适合中国农用的柴油发动机、抽水机、碾米机、磨粉机和小型拖拉机，进而生产织布机、清花机、打包机等机械。民国十三年（1924）他们在上海光复西路购地60余亩，建造新厂房，民国十五年（1926）迁入新厂时，已形成拥有工作母机200余台，职工1300余人的大企业了。

民国十四年（1925）初，正当严氏在上海的事业兴旺之时，严裕棠故乡苏州兴起于光绪二十一年（1895）洋务运动时的苏纶纱厂和苏经丝厂正处于停业状态，或许是对故乡的关注，也更为严氏家族工业资本的扩张，民国十四年春，严氏父子先以5万银元承租了苏纶纱厂，到民国十六年（1927），严家便以30.05万银元独资购进苏纶纱厂和苏经丝厂，成立"光裕公司"。"光裕公司"是上海大隆机器厂和苏州苏纶纱厂的总管理机构，严裕棠任总经理，严庆祥任副总经理，开始实施严氏家族"棉铁联营"的宏图大略。

苏纶纱厂由严氏独资经营后，进行了大规模的设备更新和产量翻番，将原有的2万纱锭扩大到4万纱锭，织布厂从原有的320台织机添加到720台织机，将原有的蒸汽动力改为电机动力。在设备更新过程中，除一部分机器为进口外，大部分是光裕公司上海大隆机器厂的产品，苏纶的扩建促进了大隆的发展，大隆的机器推动了苏纶的增产。至民国十九年（1930），苏纶已拥有纺织工人3000余人，年产棉纱30000余件（包），苏纶出品的天宫牌棉纱以其质地优良，成为上海交易所做期货的筹码，苏纶带给严氏的纯利，每年平均达到40万元之多。严氏父子构想的棉铁联营计划产生了巨大的经济效应。

为进一步推行"棉铁联营"，民国二十三年（1934），他们又接办常州民丰纱厂，兼营苏纶、仁德、大隆、民丰、通成、豫丰等6家工厂。还先后创建中国实业社、裕苏银行、老万盛酱园、昆山振苏砖瓦厂等产业。抗日战争爆发前夕，苏纶纱厂已有51800枚纱锭，1516台织机。严氏家族已成为上海乃至苏南著名的实业家族。

然而正当苏纶纱厂进入高速发展阶段，日本帝国主义发动了侵华战争，淞沪战争期间，严庆祥极力捐赠犒劳十九路军抗日将士。1937年11月19日，日军侵占苏州，日本内外棉株式会社掠占苏纶厂，掠走苏纶厂库存的纱布等物资，1940年元旦

1936年，苏纶纺织厂全体职员技手合影。

1947 年，严氏修建抗战期间失火烧毁的厂房。

苏纶厂失火，烧毁 25600 绽的设备和厂房。1941 年太平洋战争爆发，日本人有条件地归还中国人的企业。这时严庆祥来到苏州，以 335 万日元、折算黄金 9960 两，并被迫向日伪"捐献""苏纶号"飞机一架，"赎回"苏纶厂，惨淡经营。

抗战胜利后，严庆祥因"捐献"飞机事被控，苏纶厂遂由他的弟弟严庆祺掌管。其间重建被烧毁的工厂，苏纶厂逐渐恢复生机。民国三十六年（1947），苏纶厂曾筹建机器染布工场，使苏纶成为纺、织、染一体的全能企业，这时的苏纶已有纱锭 27000 枚，布机 1000 台，职工 3000 余人。严氏家族掌管下的苏纶产业基本恢复到了抗战前的黄金发展期的水平。

1948 年底，苏州面临解放，时任苏纶厂总经理的严庆祺移居香港，拆运了苏纶的 320 台布机，带走了原准备扩建的

1954 年 9 月，苏纶厂实行公私合营。

15000 纱锭的全套设备，调走了数量可观的流动资金和部分管理人员，去香港开设怡生纱厂。在上海，光裕公司的大隆、泰利等厂的部分机器也由严裕棠的小儿子严庆龄运往台湾，开设裕隆铁工厂及台元纺织厂，逐渐形成拥有汽车、纺织、机器、金融等业的裕隆集团，成为台湾十大财团之一。而开创严氏家业的严裕棠也带着复杂的心情迁居香港，嗣后侨居巴西。苏纶纱厂则由资方任命的厂长浦良元代为管理。唯有严庆祥一直坚守在大陆，50 年代初，经严庆祥协调，移居香港的严庆祺向苏纶纱厂提供了 9000 担美国产的棉花和急需的资金，保证了苏纶纱厂的正常运转。

　　1954 年，苏纶纱厂实行公私合营，1966 年，苏纶厂实行国营，改名为苏州人民纺织厂，1978 年恢复苏纶纱厂的原名。20 世纪

90 年代在职员工达 9000 余人，退休工人超过 9000 人，苏纶纱厂自 1897 年开设到 20 世纪 90 年代后期转制息业，在苏州存续了整整一百年，一直是苏州首屈一指的现代化龙头企业。在这一百年间，严氏家族对苏纶的贡献最为突出和巨大，严氏家族不但留给苏州裕棠桥、光裕里、裕斋、鹤园、苏纶职工子弟学校等物质遗产外，苏纶，更像是一匹牵引苏州经济向前发展的火车头，并以它的工业文化注入苏州文化新的血液。

严家留守在大陆的严庆祥先生则多次把存在香港的外汇调回上海，接办华丰钢铁厂，自任总经理。1952 年，又将存在香港的 40 亿巨款调到上海仁德纱厂，补充厂内流动资金。1959 年严庆祥退休。在上海愚园路 699 号（原公共租界田鸡浜路）有一幢严家别墅，别墅建筑面积 1570 平方米，花园面积有 4900 平方米。严庆祥退休后，别墅成为他与老友、艺术家交往聚会的场所。1979 年春天，改革开放的春风已在中国大地紧吹，

盘门城墙脚下光裕里

严庆祥也从各种思想禁锢中解放出来，他想起自己的父亲母亲因海峡阻隔，生前不能见最后一面，死后也不能前往守灵，这时恰逢父亲百岁冥诞，于是便翻拍了父母亲在台北合影的照片挂于堂前，焚香祭拜"以志蓼莪之痛于万一也"。

晚年的严庆祥热衷慈善事业，向国内有关博物馆和儿童福利会多次捐赠，1981年，将早年购置的古典名园"鹤园"捐献给苏州市政府。严庆祥非常关心祖国统一大业和经济民用工业，随着两岸人员往来顺畅和国门开放，严庆祥坚持每年去港台或美国，向旅居海外的亲朋好友宣传党的政策和祖国的建设成就，期望他们回大陆观光投资。

严庆祥喜欢书法，晚年曾主编《中国楷书大字典》，历经6年，于1985年10月由江苏古籍出版社出版，并获江苏省优秀图书一等奖。书端于这张照片上的235字小楷也可一窥严庆祥晚年揣摩书法的功力。

然而不知何故，这张寄托严庆祥对父母亲"蓼莪之痛"的合影照片却也随着严庆祥于1988年去世后散出严家别墅，不亦悲哉？！恰逢我在上海街头与严裕棠夫妇的这张合影照片相遇，于是，便毫不犹豫地把严氏请回了苏州，供奉在我的老照片收藏馆，接受苏州百姓对前辈的瞻仰。因为我曾撰写苏州"沧浪工商文化丛书"的《觅渡青眄》卷，其中就有《苏纶百年》和《苏纶泽雨润苏城》两篇文章，因而对苏纶纱厂的创业前辈严裕棠和严庆祥有较多了解。

收藏老照片也需要有缘分，我因著述搜索过严氏的相关资料，而严氏便也在彼处默默地等着我的招呼，或许这就是我与从未谋过面的严氏的缘分了。

抗日义士安重根的遗照

金月培

老照片的神奇之处，是可以让冰冷的历史变得具有温度，让模糊久远的岁月变得清晰可见。这两张从韩国安重根纪念馆获得的人物照片，定格记录的是东亚近代史上一位特殊人物，在其生命终点时的瞬间。

安重根，字应七，1879年9月2日出生于朝鲜黄海道海州的一户官宦家庭。1895年甲午战争后，朝鲜半岛一步步被日本控制、蚕食，沦为日本的殖民地，目睹国难临头，安重根立志投身于恢复国家主权独立的抗日运动，最终踏上了慷慨赴死之路。

1909年10月26日上午9时30分左右，哈尔滨火车站的站台上，印刻下了安重根谱写的历史。

当天，曾参与策划发动侵略中国、朝鲜的甲午战争，参加对中国百般勒索的《马关条约》的拟定和谈判，曾密谋控制朝鲜李氏王朝、吞占朝鲜半岛，且曾出任过日本朝鲜统监府统监，对朝鲜实施殖民统治的日本政治家伊藤博文，乘坐专列来到哈尔滨，和俄国财政大臣科科夫切夫进行会谈。当伊藤博文在站台上走向欢迎他的日本侨民队伍时，早已经准备多时的安重根从人群中冲出，开枪射击，将双手沾染了近代中国、朝鲜民族血泪，象征着近代日本对朝鲜、中国侵略扩张的伊藤博文当场击毙。

根据史料记载，成功刺杀伊藤博文后，安重根振臂高呼"大韩独立万岁"，从容就捕。之后，先是被关押在哈尔滨俄国裁判所，当年的 11 月 3 日引渡到日本殖民统治下的关东州（旅顺、大连地区），关押于位于旅顺的日本关东都督府监狱署（原址位于今旅顺日俄监狱博物馆）。

在旅顺监狱中，安重根共计被审讯 11 次，其间慷慨陈词，对自己刺杀伊藤博文的理由加以陈述，痛斥日本对周边国家的扩张侵略，阐述有关东亚和平的理想。最终于 1910 年 2 月 14 日被日本关东都督府地方法院判处死刑，3 月 26 日就义，时年仅三十一岁。闻知安重根的壮烈故事，袁世凯曾题悼诗：平生营事只今毕，死地图生非丈夫。身在三韩名万国，生无百岁死千秋。

本来安重根希望在 3 月 25 日赴死，即韩国（1897—1910 年，朝鲜王国改称大韩帝国）为纪念纯宗皇帝的诞辰日设立的建元节，日本当局考虑到如果在这一天行刑，会引起韩国人民的强烈抗议。而此后的 3 月 27 日又是西方宗教的复活节，由于 3 月 25 日和 27 日都很难作为行刑日，最终日方定于 3 月 26 日对安重根执行死刑。

这两张安重根的照片，就拍摄于安重根被关押在日本关东都督府监狱署期间。

其中的第一幅（图 1），摄于 1910 年 3 月 10 日。当天，经日方批准，安重根的弟弟安定根、安恭根以及威廉神父（韩国名字洪锡九）来到监狱最后探望，安重根在此时向弟弟留下

图1

了著名的《告同胞言》和《最后的遗言》：

> 我死了以后，希望把我的遗骨埋在哈尔滨公园旁，等
> 我们恢复了国家主权后返葬到祖国。我到天国后仍会为国
> 家的独立而努力。你们回去后向同胞告知，每一个人都应
> 负国家的重任，尽国民的义力，合心合力创下功劳，实现
> 实业。当大韩独立的呼声传到天国之时，我会欢呼，高唱
> 万岁！

　　照片所摄的，就是这历史的一幕发生时的情景。照片中会
谈桌前正在口述话语的男子就是安重根，他的身后以及左手边
坐着的全是进行监视的日本军警。照片前景中央，安重根目光

图 2

所示、正与之进行交谈的人，是探望安重根的威廉神父，照片
左侧两名表情凝重的年轻人，则是安重根的弟弟安定根、安恭
根。

　　另外的一幅照片（图 2）是安重根的单人照，拍摄的时间
就是在他被执行死刑的 1910 年 3 月 26 日。这天上午，安重根
换上了他的母亲托人于前一天晚上送来的朝鲜民族服装（白色
上衣、黑色裤子），于 10 点钟被押到行刑室，这张照片就是在

此时所拍摄，安重根在行刑室中，穿着白色的韩服。这是这位渴望实现国家独立、渴望东亚和平的抗日义士，生命最后一刻来临前的照片。

日本关东都督府地方法院向日本外务省提交的《安重根死刑始末报告书》中记载，当时安重根曾想要高呼"东洋和平万岁"口号，但被典狱官制止，而后立即被用白布蒙住眼睛，于10时4分由狱卒执行绞刑，15分钟后狱医进行检查，确认死亡。

作为后话，安重根就义后，尽管当天赶到旅顺的安重根的弟弟安定根、安恭根想要认领回遗体，但监狱当局根据日本政府特别命令，拒绝交出安重根的遗体，并于下午1时在监狱署墓地某处秘密埋葬。在旅顺哭喊怒骂不已的安重根的两名弟弟，则被日本警察强行送至火车站，乘坐当天下午5时的火车返回朝鲜。

因为日本当局销毁档案、记录，抗日义士安重根的遗骨究竟埋在何处成了谜团。第二次世界大战胜利后，奉行侵略扩张的日本军国主义遭到失败，1948年，大韩民国临时政府主席金九和朝鲜人民委员会主席金日成在平壤会谈时，就提出了共同寻找安重根义士遗骸、迁葬回祖国的设想，以此完成安重根"等我们恢复了国家主权后返葬到祖国"的遗愿。经过漫长、艰苦的史料搜集、查证，2008年，经中国政府批准、协助，当年3月25日至4月2日，及4月10日至4月29日，由朝鲜、韩国发起，中国、韩国具体实施，在旅顺进行了发掘调查活动。然而遗憾的是，按照间接史料所进行的调查，并没有能找到安重根遗骨的埋葬位置，历史的谜团仍未解开。

刘公岛上的三块功德碑

彭均胜

　　记功载德或颂扬政绩的碑通称功德碑。对于碑主来说，是褒奖和颂扬，对于当时和后人则是楷模和榜样。由于这种碑既有现实意义，又有历史意义，勒石镌刻功德无量，因而历代官民无不高度重视，统治者更是乐此不疲。功德碑设计制作要考虑到持久性，因此功德碑的选材一般为石质，石雕功德碑不易风化，保存寿命长。北洋海军时期，刘公岛存有"柔远安迩""治军爱民"和"军肃民安"三块功德碑，是刘公岛绅商分别为北洋海军提督丁汝昌和北洋护军统领张文宣设立。

　　1888年，中国近代第一支海军北洋海军在刘公岛正式成军。历经七年多精心筹建的这支背负着自强梦想的北洋舰队，成绩蔚为大观。岛上已建成海军公所、铁码头、机器局、囤煤所等较为完善的军事设施。拥有主力战舰25艘、辅助舰艇30艘、运输舰艇50艘，官兵4000余人，实力号称亚洲第一、世界第九。当时的刘公岛前海面上战舰云集，锦旗猎猎，北洋海军提督丁汝昌励精图治，指挥若定，将士厉兵秣马，训练有素，此时的北洋海军可谓是达到鼎盛时期。

　　1890年的初夏，威海卫民众以刘公岛绅商的名义，为丁汝

1880年，在英国纽卡斯尔接收"超勇""扬威"
巡洋舰时的丁汝昌。

昌、张文宣竖了三块歌功颂德碑。其中"柔远安迩"四字是为
丁汝昌题写的，但这四个字却涵盖着大清王朝的韬略底蕴。《清
史稿》记载"朔漠荡平，怀柔渐远"，当时朝鲜国王给大清皇
帝的咨书上就写着"宣天朝柔远之德"。所谓"柔远"指的是
怀柔感化四方，意指外国；所谓"安迩"就是平定安抚内地，
意指国内。身为北洋海军首任提督的丁汝昌，自 1879 年被李鸿
章调任北洋海防差用至北洋海军于 1888 年正式成军，已逾十个

现存龙王庙内的"柔远安迩"和"治军爱民"功德碑

年头。其间，丁汝昌乘坐大铁舰，历经风涛洗礼，周历了朝鲜、日本、东南亚和海参崴，也踏遍了陆地上合庆、皂埠一带的座座山头，且自北洋海军入驻威海卫以来，威海卫外无骚扰、内无盗匪，一片祥和，既"柔远"，也"安迩"，颂称丁汝昌"柔远安迩"倒也实至名归。

接下来，我们看看这块功德碑都刻有什么信息。碑的上款是"钦命头品顶戴海军提督总统全军西林巴图鲁丁老军门禹廷德政碑"，皇帝给丁汝昌的荣衔是一品顶戴，珊瑚顶子，勇号赐用满语"西林"，意为战斗，"巴图鲁"是勇士或勇敢，那时只有满族官员才能享用满语，这对汉族官员的丁汝昌来讲可谓是很高的恩宠和褒奖了。

1884 年，为了加强海防建设，李鸿章选定了旅顺口和威海卫作为北洋海军驻泊和训练之地，修筑坚固的炮台，装备能击毁敌铁甲舰的守口巨炮，以阻挡由水路来犯的敌人。

根据当时李鸿章的安排，身为李鸿章外甥的张文宣从朝鲜被调回国内，驻守旅顺要塞，任庆军防营管带。他治军严格，爱护士兵，与将士同甘共苦，故部下无不为之用命。后因张文宣练兵守土有功，北洋营务处奏保其升任都司，官正四品。1885 年兼领刘公岛护军营。

1887 年，威海设防，张文宣被调防至威海，率亲军正、副

英租刘公岛时期的"军肃民安"碑

两营驻刘公岛，自此，开启了张文宣在刘公岛上长达九年的治军、筑炮台以及抵抗日军的生命历程，直至 1895 年 2 月 12 日在岛上自杀殉国。

当时的威海卫（特别是刘公岛）的平民百姓，久处于海防前沿，长期存在着一种大兵压境、黎民遭殃的恐惧心理。张文宣作为北洋护军统领和管理刘公岛最高行政长官，在修筑炮台之暇，他还督率士兵加练新式陆操，"且操且防"，不仅使刘公岛成为海防重镇，而且对百姓没有惊扰，还为老百姓做了一些实事和好事，赢得百姓信赖和爱戴。1890 年夏天，威海卫民众以刘公岛绅商的名义，根据康熙皇帝"致治之道"，以及"近来兵民多不能调和，尔宜尽心料理"的御言，为治军严明、待人宽厚、深得百姓民心的张文宣，专门立了"治军爱民"和"军肃民安"两尊功德碑。

当时，三块功德碑到底竖立在何处？现已查无实证，成为一个谜团。然而，历经百年风云，三块功德碑却经受了种种磨难。1895年，北洋海军全军覆灭，日军占据刘公岛，三块功德碑便从显赫的位置上倒了下来。"柔远安迩"碑在英租时期，被一个英殖民当局雇佣的文书，叫做邵"帖写"的荣成人放置于岛上龙王庙里，并且就地布置了个纪念丁汝昌的简易"纪念室"，使得该碑总算保存下来。"治军爱民"碑先是被埋在水师学堂前，后来不知被谁挖出，由驻军挪作小桥铺石用。1981年，北京师范大学一些师生进岛实习，其中曾在岛上当过兵的一个叫陈健敏的大学生知道这一事后，与师生们一合计，就报告了文化主管部门，此碑才被发现并加以保护留存下来。"军肃民安"碑在"文革"中被当作四旧"扫"掉了。唯有"柔远安迩"和"治军爱民"两块碑得以幸存，现陈列在刘公岛上龙王庙东厢房内，供世人凭吊。

书感 末言

历史与当下

冯克力

前几天，应邀参加了深圳越众历史影像馆的年度研讨会。会上，大家对馆里正在举办的几位当代摄影家有关中国江河人文地理的展览，看法上有些分歧：作为一家历史影像馆，是否应该展藏当代纪实摄影作品？

这让我想起了《老照片》创办时，同仁们对"老照片"如何定义的纠结。多久的照片可以算作老照片呢？五年？十年？二十年？还是五十年？这的确是个问题。有人甚至认为照片一经拍得，所定格的一切即已成为过去式，便可作老照片观了。是啊，所谓新与老、当下与历史原本就是相对的，并没有一个截然的分界。而且这种分界往往因人而异，比如我就亲见一个两三岁的小儿手擎一个新得的动物气球，欢喜之下，竟也喃喃自语地感叹："我从小时候就喜欢小猪佩奇了！"看吧，连稚童也有自己的"小时候"，也有他们的"历史"感呢。只是他们对今昔的感觉，在时间上与成人有所不同而已。

至于《老照片》最终将"老"定义为二十年以前拍摄的照片，乃是综合考虑之后，为回望历史所设的一个基准，为照片的选用和出版所做的一种规范，纯属一家之规，既无意用来区别新老照片，更无分野当下与历史的企图。

著名摄影家雍和说过的一句话给我留下了很深的印象，他说："那些好的摄影作品，今天看是新闻，将来就成了历史。"这句话，似乎正可以用来回应上面的分歧。但凡精彩的新闻纪实摄影，自有其宝贵的历史价值。所谓纪实影像，原本就在历史与当下的交融中。

当下与历史的交融，不止是当下的一切终究要走进历史，而历史的演变又孕育了当下之种种，还在于历史上发生过的事情常常还会在当下重演。古往今来，这样的事例实在是太多了，数都数不过来。用中国古人的话说叫"似曾相识燕归来"，用《圣经》里的话说则为"太阳底下没有新鲜事"。

明白了这一层，我们衡度新老照片的胸襟与视野，会不会便为之豁然了一些呢？

图书在版编目（CIP）数据

老照片.第122辑／冯克力主编.—济南：山东画报出版社，2018.12
ISBN 978-7-5474-2939-6

Ⅰ.①老… Ⅱ.①冯… Ⅲ.①世界史—史料②中国历史—现代史—史料 Ⅳ.①K106 ②K260.6

中国版本图书馆CIP数据核字（2018）第233364号

老照片.第122辑
冯克力主编

责任编辑 冯克力　赵祥斌
装帧设计 王　芳

出 版 人 李文波
主管单位 山东出版传媒股份有限公司
出版发行 山东画报出版社
　　　　社　　　址　济南市市中区英雄山路189号B座　邮编 250002
　　　　电　　　话　总编室（0531）82098472
　　　　　　　　　　市场部（0531）82098479　82098476（传真）
　　　　网　　　址　http：//www.hbcbs.com.cn
　　　　电子信箱　hbcb@sdpress.com.cn
印　　刷 山东临沂新华印刷物流集团有限责任公司
规　　格 140毫米×203毫米　32开
　　　　　　6印张　137幅照片　120千字
版　　次 2018年12月第1版
印　　次 2018年12月第1次印刷
书　　号 ISBN 978-7-5474-2939-6
定　　价 20.00元

1958 年，文化干部在济南北园绘制宣传画。

（孙家骐　供稿）

国内订阅：全国各地邮局

邮发代号：24-177

地　址：山东省济南市英雄山路 189 号 B 座（250002）
E-mail：laozhaopian1996@163.com
网　址：www.lzp1996.com

责任编辑／冯克力　赵祥斌

装帧设计／王　芳

扫码听书

《老照片》微商城

微信公众号

《老照片》网站

ISBN 978-7-5474-2939-6

9 787547 429396 >

定价：20.00 元